JN106231

科 学 哲 学

53-2

日本科学哲学会

2020

PHILOSOPHY OF SCIENCE

Journal of the Philosophy of Science Society, Japan

Vol.53　No.2

President

Tetsuji Iseda

Editor-in-Chief

Mitsuhiro Okada

2020

特集テーマ「タイプ理論」について

　2019年11月の第52回日本科学哲学会大会において，シンポジウム「タイプ理論再考—Type, Abstraction, Classification」が開催されました．提題者は，Jean-Baptiste Joinet氏（University of Lyon），佐藤雅彦氏（京都大学），岡本賢吾氏（首都大学東京/現東京都立大学），岡田光弘（慶應義塾大学）でした．編集委員会ではこれをもとに「タイプ理論」を本号の特集テーマとしました．本号の特集テーマ記事はシンポジウム提題者からの寄稿と査読過程を経た特集テーマ公募論文計5篇から構成されています．提題者のうち佐藤雅彦氏は公募論文と同じ扱いの査読付き論文として提出されました．Jean-Baptiste Joinet氏はThomas Seiller氏との共著の形でシンポジウム提題講演をされ，共著論文として本誌に寄稿されました．

編集委員長　岡田光弘

査読付き論文

証明支援系と型理論

佐藤雅彦

Abstract

In this paper, we analyze the historical process of emergence of proof assistants, and acceptance of proof assistants by the community of mathematicians. Our analysis is done by reflecting on how the notion of proof deepened through the proposal of formalism by Hilbert, formalization of the notion of computability, and especially development of type theory. In this analysis, we view mathematics as human linguistic activity where proofs are produced and communicated by means of both natural languages and formal languages. The complete acceptance of proof assistants by mathematicians is yet to be achieved, but we argue that it should and would happen by properly designing and implmenting a meta proof assistant which can talk and reason about any formal systems.

1 はじめに

周知のように，ラッセルはフレーゲの体系における公理 V [35] が内包する矛盾を解消するため，型の概念に到達し分岐型理論を提唱した．その後，型理論は高度に発展し，現在では理論計算機科学を支える大きな支柱となっている．さらに現代数学の現場においても，数学における証明の正しさを保証する道具として，型理論ベースの証明支援系 (proof assistant) が，徐々にではあるが，使われるようになりつつある．

このように，型理論は証明支援系の基盤を支える重要な役割を果しているのであるが，筆者はこの現状にいささかの危惧をおぼえている．本稿では，数学の発展の流れの中にある型理論を観察，分析し，証明支援系の理論的基盤としての型理論の有用性と同時に型理論が抱える問題点を明らかにし，さらにはその問題点を解消するための方策を提示する．

そのため，本稿では，数学を人類の言語による知的活動の産物であるととらえ，言語行為としての数学を分析する [1]．言語行為としての数学の特徴は，人類の自由な発想に基づき，数学の言語自体を動的に拡張・変更し既存の理論を解体ないし変革できることにあると筆者は考えている．このため，型理論に基づく証明支援系については,「型理論」という固定された理論の中で数学全体を捉えようとする視野の狭さに危惧をおぼえているのである．

2 歴史的背景

証明支援系と型理論の関係について論じるためには，ギリシャ以来の数学の発展を**証明概念の深化**の過程として振り返る必要がある．筆者は，歴史的に

2020 年 6 月 20 日投稿，2020 年 10 月 28 日再投稿，2020 年 11 月 13 日審査終了

見たとき，証明概念は以下の4つの段階を踏んで発展してきたと考えている．

1. 自然言語による証明
2. 証明における論理の形式化
3. 証明における計算の形式化
4. 証明支援系による証明

いずれの段階においても，証明が言語により表現され，したがって証明は読み書きすることができ，情報として保存，伝達可能であることは不変である[2]．発展の段階を測る尺度としては，証明の形式化の程度および論理と計算についての証明の形式化の程度を用いる．本節では，最初の3段階を扱う．最後の第4段階については，現在進行中の段階であり，本稿の主題でもあるので，第3節で扱うことにする．

2.1 自然言語による証明

自然言語による証明は，形式化以前の証明であり，ユークリッドの原論における証明がその典型である．原論でのピタゴラスの定理の証明や，任意に与えた自然数に対してそれより大きい素数が存在することの証明に見られるように，非形式的な自然言語で書かれた証明の本質的な部分は，現在でもそのまま証明として通用する．証明はすべて自然言語で述べられているが，点をギリシャ大文字 A, B, Γ で表す等，日常言語では通常用いられることのない**変数**の使用が認められる．

2.2 証明における論理の形式化

数学の形式化を行うとき，形式化された数学を記述する言語を **O 言語** (object language)，形式化を行う言語を **M 言語** (meta language)[3]，また形式化された数学を O 数学とよぶことにする．数学の形式化が自覚的に行われると O 証明を研究対象とする M 数学 (証明論) が自然に誕生する．

2.2.1 フレーゲの概念記法

フレーゲの概念記法 [34] においては，原論の証明をより精密化し，公理とする判断から出発して，既に得られた判断に厳密に規定された推論規則を**適用**することにより新しい判断に到達するという形式化がされている．ここでの推論規則は，すべて論理的な規則であり，さらに，原論と異り，フレーゲが用意した公理はすべて論理的な公理であった．

2.2.2 型理論および超数学の誕生

しかし，フレーゲの後の著作『算術の基本法則』[35] における公理 V が体系の矛盾を導くことがラッセルにより指摘され，型理論および超数学の誕生の契機となった．とくにヒルベルトのプログラムは，有限の立場のもとで形式化された数学を超数学の研究対象とし，形式数学の無矛盾性のメタレベルでの証明を目指すものであった．

2.2.3 ゲーデルの不完全性定理

しかし，ゲーデルは有限の立場での超数学を用いて，Russell と Whitehead による Principia Mathematica の体系 (PM) の無矛盾性を仮定すると，体系 PM の内部では PM の無矛盾性をコード化した命題は証明できないことを示した (第 2 不完全性定理からの帰結)．これによりヒルベルトのプログラムはヒルベルトの目指した形では遂行できないことが明らかになった[4]．ほぼ同時期のゲンツェンによるカット除去定理の証明および自然数論の無矛盾性の証明やゲーデルの証明は，形式的定理を対象とする超数学的証明であり，数学の一分野としての証明論を確立した成果である．

ゲーデルは体系 PM で扱われる O 論理式や O 証明を記号の有限列としての有限の対象と考え，それらの有限列に M 自然数を，異る有限列には異る M 自然数をという風に，対応させた．これにより，O 論理式や O 証明と M 自然数との間の両方向の機械的翻訳が可能になる．したがって，この翻訳により O 論理式や O 証明の間の M 関係は，M 自然数の間の M 関係に再び機械的に翻訳可能になる．ここで重要なことは，ゲーデルの M 証明に登場する関係はすべて M 自然数の上の原始帰納的な M 関係であり，さらにこれらの M 関係が体系 PM の中での O 自然数達に関する O 論理式に数値別 (numeral-wise) に翻訳できるということである．

このようにして，ゲーデルは O 証明に関する M 命題を M 自然数に関する M 命題として翻訳し，その M 証明を与えたのであった．つまり，ゲーデルの第 1 および第 2 不完全性定理は M 自然数に関する純粋に数論的定理である．これらの数論的定理が体系 PM における O 証明についての不完全性を示す M 定理として受け入れられている理由は上に述べた機械的な翻訳 (それは O 対象と M 対象を対応させる関数である) を，この翻訳関数の数学的に満足できる定義の欠如[5] にもかかわらず受け入れているからである．

2.2.4 ゲンツェンの証明論

ゲンツェンは シークエント (sequent) を彼の超数学の道具として用い，1 階述語論理の体系を定義し，その上の自然数論の無矛盾性を証明した [8, 27].

1 階古典述語論理の体系 LK を例にとると，基本的な M 概念として，記号の有限列としての O 論理式 $A, B, \ldots$ を定め，$A_1, \ldots, A_m \vdash B_1, \ldots, B_n$ の形の (記号の有限列としての) 表現を O シークエント として定めた[6]．とくに，$m = n = 0$ のときは空の O シークエント $\vdash$ となるが，これは内容的に矛盾を表す．次に O 証明を O シークエントを節 (node) とする有限の木構造の図形として帰納的に M 定義した．O 証明は木構造を持つので，したがって唯一の根 (図形として書いたときに最下部にある O シークエント) を持つ．この根を O 証明の終式よぶ．終式はこの O 証明により証明された判断とみなすことができる．ゲンツェンは LK では O シークエント $\vdash$ を終式とする O 証明が存在しないこと，すなわち LK の無矛盾性を M 証明した．この証明は，任意に与えられた O 証明を，終式を保存しながら，カットを使用しない O 証明に変形する M 関数 (操作) を帰納的に M 定義することによるものである．終式が空シークエントである O 証明は必ずカット規則を一回以上使っていることが O 証明の M 定義からすぐにわかるので，これにより LK が無矛盾であるという M 定理が従う．

2.3 証明における計算の形式化

2.2 で見たように，証明論は体系 PM や LK における O 証明について，無矛盾性等の M 命題の M 証明を与えることにより発展してきた．さらにそこでの M 証明で重要な役割を果したのが O 証明を具体的に操作 (計算) する M 関数である．こうして，計算可能性 (computability) の概念や (原始) 帰納関数の理論が誕生した．また，ほぼ同時期に証明論とは独立にチューリング機械や λ 計算のような計算可能関数を扱う理論も誕生した．ここでは，それらの中で形式化を最も自然に行うことのできる λ 計算を取り上げる．

2.3.1 チャーチの λ 計算

λ 計算 [3] では λ 項とよばれる O 対象が，以下のように M 定義される．以下 λ 項を O 項とよぶ．O 項を定義するために必要な O 記号は「x」，「$'$」，「λ」，「(」，「)」の 5 つであり，これらを (O 項を記述するための) アルファベットとよぶ．最初に **O 変数**を以下のように定義する．

1. x は O 変数である．

2. x が O 変数ならば x' は O 変数である．

このような定義の仕方は**帰納的定義**とよばれる．この定義を詳しく見てみよう．まず，この定義は M 定義であるので，M 言語である日本語で書かれている．ただし数学を日本語で書くときには，数学的対象 (今の場合は O 言語の

アルファベットの有限列) について語るため，日本語のアルファベットである漢字やかな以外の記号，とくにラテン文字や数字を用いる．上の定義では項目 2 の最初の「x」がそうである．さらに，O 言語のアルファベット列も日本語の一部として臨時に追加されている．上の定義では項目 1 の中の「x」や項目 2 の中の「′」がそうである．

さて，上の定義は 2 つの日本語の文から構成されていて，それぞれに項目番号 1, 2 が付与されている．ここでは，これらの文を，O 変数とよぶことを許されるアルファベット列の作成手順 (規則) を記述する以下の文に書き直して理解することにする．今，作成のためのアルファベット (のコピー) がいくらでも入手できるとし，作成者は左から右に選んだアルファベットを並べていくものとする[7]．

1. アルファベット x をひとつだけ並べることにより新しい O 変数が作成できる．

2. 既に作成した O 変数があるとき，それの右隣に ′ を並べることにより新しい O 変数が作成できる．

5 つのアルファベットを並べてできる列は様々あるが，これら 2 つの手順のみを用いて列を作成することを強制することによって，すべての O 変数そして O 変数のみを作成することができるひとつのゲーム (形式体系) が定義される．このようなゲームの定義方法を **操作的定義** とよぶ．

操作的定義によりゲーム G が与えらえたとき，その一回のプレイ (一局) とは G で許される手順のどれかを選ぶということの有限回の繰り返しのことである．したがって，今考えている O 変数作成ゲームの場合は手順 1 または 2 の列として，それぞれのプレイを **棋譜** として形式化できる．たとえば，棋譜「122」により，行われたゲームが 3 手から成り，3 つの O 変数「x」，「x′」，「x″」がこの順で作成されたことがわかる．

このように，ゲームの棋譜は，手順の実行の繰り返しという行為について成り立ついくつかの事実の正確な記録になっている．O 変数作成ゲームにとって最重要な事柄は，一回のゲームのプレイにより最終的に作成された「O 変数」が何であったかという事であり，棋譜を読むことによりそれを知ることができる．

棋譜をこのように解釈することにより，ひとつの棋譜は，どれもあるゲームのプレイによりそのプレイに固有のひとつの O 変数が生成されたことの証明になっていることがわかる．

このように，ひとつの O 変数を書くということは，上の定義が定める規則に従うゲームである．一般に，5 つのアルファベットから任意に記号を選びな

がら左から右に順に記号を書いて得られる記号の列は，O 変数である場合も
そうでない場合もある．重要なことは，与えられたアルファベットの列につ
いて，どちらの場合であるかを決定する手続き (algorithm) があるということ
である．[8].

次に **O 項**の帰納的定義を与える．

1. x が O 変数ならば x は O 項である．

2. x が O 変数で M が O 項ならば $\lambda x M$ は O 項である．

3. M, N が O 項ならば (MN) は O 項である．

上の定義で用いられた記号「x」，「M」，「N」は M 記号であり M 変数とよ
ばれる．このとき，O 項中の O 変数が O 項中に自由出現するとか束縛出現す
るといった M 概念を定義することにより，O 項 M 中に自由出現する O 変数
x に O 項 N を代入した結果が M 定義でき，それを指すための M 記法として
$[x := M]N$ が用いられる [3]．

λ 計算における O 証明も，論理の形式化と同様に公理と推論規則に対応す
るものがある．O 証明は，ゲンツェンの LK と同様に，木構造をもつ O 対象
として定義される．証明の節に書かれるのは $M \triangleright N$ または $M = N$ の形の
O 判断である．（新しく O 記号「$\triangleright$」，「$=$」が追加される．）

公理に相当するのは β-conversion とよばれる以下の書き換え規則である．

$$(\lambda x M N) \triangleright [x := M]N$$

上で x はどんな O 変数でもよく，M, N はどんな O 項でもよい．したがっ
て，この公理は，実際は公理スキーマである．さらにもうひとつ公理スキー
マ $x = x$ がある．

これらに以下の推論規則を追加すれば λ 計算の M 定義は完成する．M 定
義のため O 項を指示する M 変数「P」，「Q」を追加した．

$$\frac{M \triangleright N}{\lambda x M \triangleright \lambda x N} \qquad \frac{M \triangleright P \quad N \triangleright Q}{(MN) \triangleright (PQ)}$$

$$\frac{M \triangleright N}{M = N} \qquad \frac{M = N}{N = M} \qquad \frac{M = N \quad N = P}{M = P}$$

2.3.2 計算可能関数の概念

チャーチの λ 計算の登場の前に，エルブランとゲーデルにより帰納的関数
の概念が形式化され，後にはチューリングによるチューリング機械による計
算の形式化がなされた．さらに，これら 3 つの計算モデルが同等の計算能力

があることが証明された. 例えば, 帰納的関数と λ 計算が同等の計算能力があることの証明は次のようになる [9]. まず, どんな帰納的関数も自然数の上の関数を計算するのであるが, λ 計算は λ 項の上の関数を計算する. そこで, チャーチは自然数のコードとしての λ 項として次のようなものを考えた. $\bar{0} = \lambda f \lambda x x, \bar{1} = \lambda f \lambda x (fx), \bar{2} = \lambda f \lambda x (f(fx)), \bar{3} = \lambda f \lambda x (f(f(fx))), \ldots$. 今, 例えば帰納的関数として $s(n) = n+1$ で定義される関数 s が与えられたとする. このとき $\bar{s} = \lambda n \lambda f \lambda x (f((nf)x))$ と定めると λ 計算の体系の中で以下の O 判断を順次示すことができる. $(\bar{s}\bar{0}) = \bar{1}, (\bar{s}\bar{1}) = \bar{2}, (\bar{s}\bar{2}) = \bar{3}, \ldots$. これにより帰納的関数 s が λ 項 $\bar{s}$ により表現できることがわかる. 一般の帰納的関数が与えられたときにも, 与えられた関数の帰納的定義に沿ってその関数を表現する λ 項を作ることができる.

逆に任意の λ 項 M が与えられたときには, M をコード化した自然数 $\bar{M}$ と O 判断 $M = N$ の O 証明 P をコード化した自然数 $\bar{P}$ を適切に定義することにより, M の計算を表現する帰納的関数を定めることが可能になる.

このようにして, **計算可能な関数を形式的に扱うことのできる様々な数学的装置を**, それを具現化したコンピュータが出現する前に, 数学者は手に入れた.

2.3.3 Curry-Howard の同型対応

直観主義論理では, その誕生当初から命題 $A \supset B$ の証明は A の証明を与えたときに B の証明を作成する手順であると考えられていた. この考えが型理論と結びつき精密化されることにより, 後に Curry-Howard の同型対応と呼ばれる, 直観主義論理体系と型理論との間の同型性が知られるようになってきた. この同型対応は, 直観主義論理の命題 A に対して, A の証明を全部集めてできる型 α を対応させるものである. したがって, このとき, 命題 A の各証明は型 α の要素に対応する [10].

Curry-Howard の同型対応を忠実に実現する形式体系の組として, ゲンツェンの NJ(直観主義論理の自然演繹体系) [8] と Martin-Löf の ITT(直観主義的型理論) [16] がある. ここで例えば NJ の命題 (論理式)$A \supset B$ には, ITT においては型 α から型 β への関数の型 $\alpha \to \beta$ が対応する. また同時に $A \supset B$ の証明には, 型 $\alpha \to \beta$ の要素が対応する. ここで重要なことは, 命題の証明に対応する型の要素が 2.3.1 で考察したチャーチの λ 項で書けるということである. その結果, NJ に関する証明論では NJ の証明をその結論を保ちながらより簡単な別の証明に変形するという簡約の手順があるが, Curry-Howard の同型対応で NJ から ITT に移行して眺めることにより, **証明簡約の手順が** 2.3.1 で示した λ 計算による判断 $M \triangleright N$ の **O** 証明で表現できることがわか

る．証明簡約の手順は，NJ についての M 数学において，NJ では結論が矛盾命題である O 証明は存在しないという M 定理の M 証明に使われる重要であるが非形式的に定義される概念である．ところが，この非形式的な計算手順が ITT では形式的対象である O 証明として実現されているのである．このように見ることにより，Curry-Howard の同型対応によっても計算の形式化がなされたと考えることができる．

3 証明支援系

3.1 証明支援系とは何か

コンピュータ (電子計算機) の登場により，それまで人がしてきた，計算という作業をコンピュータという機械に代行させることができるようになった．チューリング機械の定義において既に示唆されていたように，機械にでもできるということが計算の本質的な部分であるが，それがハードウェアとして現実の物になったのである．

コンピュータは，当初もっぱら数値データの処理に使用されていたが，1950年代後半に McCarthy は，S 式 (symbolic expression) と呼ばれる記号を最小単位とするデータ型 (data type) を考案し，それにより数式や論理式をコンピュータで自然に処理できる新しいプログラミング言語 LISP を開発した [19][11]．そして McCarthy は，LISP の開発とほぼ同時期に証明支援系 (proof assistant) の考えに到達した．McCarthy は，証明支援系とは何かについて次のように述べている [18][12]．

> Proof-checking by computer may be as important as proof generation. It is part of the definition of formal system that proofs be machine checkable.

McCarthy は，上の引用の最初の文で，コンピュータによる定理証明の可能性を指摘し，しかし一般には任意の命題の証明可能性が決定不能であることから，次の文に継げている．2 つ目の文で McCarthy が指摘していることは，O 言語で記述された形式体系 S(system) と O 記号列 P(proof) が与えられたときそれが S のもとでの O 証明であるかどうかは M 決定可能であり，従ってこの M 決定手続きを実行する O プログラム C(check) を書くことにより P が確かに S での O 証明であるかが検証可能になるということである．

このような，証明検証プログラム C を中心として，数学者や計算機科学者の日常の証明活動を支援するソフトウェアの体系のことを現在では証明支援系 (proof assistant) と呼んでいる．

3.2 証明支援系の歴史

McCarthy のグループは，論文 [18] のアイディアに基づき，LISP を用い
て証明支援系 FOL[31] の開発を進めたが本格的な証明支援系には到達するこ
とがなかった．この証明支援系 FOL は，その名の通り，一階述語論理 (First
Order Logic) の自然演繹体系を実装したものであった．

その後，McCarthy の証明支援系の思想の影響を強く受けて発展してきた
のが証明支援系 Nqthm [4] である．Nqthm も古典一階述語論理体系に基づ
いているが，強力な定理自動証明の機能を備えている．数学的に高度な推論
を必要とする定理のコンピュータによる自動証明は困難なため，通常の証明
支援系では，証明の推論のステップをユーザである人間の数学者等が証明支
援系の形式言語を用いて指示をしながら証明を進めて行く．しかし，例えば
電子回路のハードウェアの設計が意図した仕様を正しく反映しているかどう
かの検証等については，自動証明が可能である．Nqthm は，その後 ACL2(A
Computational Logic for Applicative Common Lisp) と改名し，ハードウェ
ア検証等に利用されている．

McCarthy に続いてオランダの数学者 De Bruijn は，1967 年に証明支援系
Automath [23] の開発を開始した．Jutting [14] は 1976 年に Landau の教科
書 "Grundlagen der Analysis" の内容をすべて Automath を用いて形式化し
検証した．De Bruijn の証明支援系設計思想で優れていることは，証明支援系
の基礎となる形式体系として独自に考案した型理論体系を用いたことである．

Automath より少し遅れて型理論をベースにした証明支援系 LCF (Logic for
Computable Functions) [20] が Milner のグループにより開発された．Milner
が採用した型理論は Scott が 1969 年頃に考案した理論である [13]．LCF はそ
の後に登場する証明支援系 HOL(Higher Order Logic) [11] や Isabelle [28] に
大きな影響を与えた．HOL も Isabelle も高階の論理をベースにする証明支援
系である．

この他，Martin-Löf の型理論 ITT (Intutitionistic Type Theory) [16] の影
響を強く受けている有力な証明支援系として Agda [1] と Coq[14][5] がある．

最後に，以上の支援系とは毛色の変った証明支援系として Mizar [17, 2] を
紹介する．Mizar は，ポーランドの Andrzej Trybulec により 1973 年に構想さ
れ開発されてきた証明支援系である．Mizar は，ZF 集合論をベースとし，証
明の記述にはゲンツェンの自然演繹体系を用いている．ただし証明の記述につ
いては，通常の論理の教科書に見られるような自然演繹の木構造による証明
図はそのままではコンピュータへの入力が困難であるため，プログラミング
言語で使われる「begin ... end」等のブロック構造を巧妙に用いている．

この工夫により，ひとつの定理の証明を全部入力した後に証明全体を Mizar システムが検証するという，他の証明支援系ではほとんどみられない，方式が取られている．またこの方式の利点として，証明を Mizar の記法に習熟した他の人が読んで理解できるということがある．さらには Mizar での証明を自然言語 (英語) で書かれた証明に翻訳するソフトウェアも存在する．

4 証明支援系の未来

第 2 節と第 3 節では，証明支援系の誕生に至るまでの証明概念の深化の歴史を見てきたが，証明支援系のこれまでの発展により，現在，数学研究のスタイルが変革を迫られていると筆者は感じている．そこで本節では証明支援系の未来についての私見を提示したいと思う．

筆者が上のように感じるようになったのは，以下の 2 つの事例があったからである．

4.1 事例 1

2014 年の国際数学者会議において，国際数学連合 (IMU)[15] の後援により，"Digital Mathematics Library" (DML) [7, 15] 構築のためのの WG(作業グループ) が創設された．この WG が構築を目指すのは，インターネット上に数学に関する知識をデジタルデータとして蓄積，公開し数学者の研究を支援する様々なソフトウェアから構成される DML である．この DML の構築には，例えば，定理を容易に検索できるシステムが必須になるがこれだけでも簡単なことではない．

そこで，DML 構築にあたって解決すべき課題と解決策について検討するための第 1 回のワークショップ "Semantic Representation of Mathematical Knowledge" [26] が 2016 年 8 月に開かれた．ワークショップのタイトルにある通り，WG は「数学の知識の意味をデジタルデータとしてうまく表現すること」を DML 構築のための課題として的確に捉えていたことがわかる．数学に関する知識で最重要なのは，「定義」と「定理」である．そして定義と定理をその「意味」を込めてデジタルに表現するために最適なシステムが証明支援系である．実際このワークショップの参加者には Isabelle, Coq, Mizar 等の有力な証明支援系の中心的な研究者が含まれていた[16]．

このワークショップでは，証明支援系を中心に様々な提案や議論がなされたが DML 構築に向けての明確な方向性を示すには至らなかった．筆者も機会を得てこのワークショップに参加することができたが，数学者の研究を支援する DML の必要性と可能性については認識を共有することができたと思っている[17]．

4.2 事例2

数学における新しい成果は，多くの場合，自然言語 (通常は英語) で書かれた論文が学術雑誌に投稿され，査読のプロセスを経て出版されることにより数学のコミュニティで広く受け入れられていく．査読者の任務は，第1にその論文の数学的正しさを判定することであり，第2に，その上で，示された成果が掲載にふさわしい数学的価値があるかを判定することである．この正しさの判定は，ときに困難な作業であり，判定に数年かかることもある．正しさの判定について重要なことは，現在ではヒルベルトの形式主義が数学のコミュニティで一般的に受け入れられているということである．しかし，その内実は，「数学のすべてを形式言語で記述できる」というヒルベルトの主張を形式言語による記述の実行に関する**原理的な可能性**としてだけ受け入れているということである．原理的には可能だが現実には不可能に近いというのが現状であり，事例1のDMLはこの現状を打破する企画でもあると見ることができる．

査読についての現状は以上の通りであるが，不満足な形であれ形式主義を受け入れていることには重大な意味がある．それは，形式主義のもとでの正しさの判定は，(原理的には) 原始帰納的関数を投稿された論文の定理の「証明」に適用することと等価であるということである．この原理的な部分が担保されているという前提のもとでは，数学論文においては結果の捏造が不可能になるからである．また，このことの帰結として，得られた数学的成果が将来的に現実世界に応用できる可能性があるということも重要である．

このような現状を象徴する出来事が21世紀になって起きてきている．そのひとつが有名なケプラー予想 [18] の Hales による解決 [12] である．Hales は，1998年に解決を主張する論文を投稿したが，その論文は，通常の英文のテキストの他に証明のために用いたコンピュータプログラムも含むという特異なものであった．例えば，問題解決のためにある条件を満足する平面グラフをすべて決定する必要があったが，これらのグラフを求めるアルゴリズムをプログラムとして書き，コンピュータを用いて必要なグラフを求めたのである．そのため，この論文は，論文中コンピュータを用いた部分については正しさを検証できなかったという査読者達の註釈付きで，採択され2005年に出版された．そこで，Hales は，証明支援系 (Isabelle と HOL) による完全に形式的な証明を作成するというプロジェクトを立ち上げ，多数の協力者と共に2014年に形式的証明を完成した [6]．なお，Hales は，[13] において以下の注目すべき発言をしている．

We are still far from having an automated mathematical journal referee system, but close enough to propose this as a realistic research program.

もうひとつの出来事は，Voevodsky によるホモトピー型理論[19] の構築である．Voevodsky は 2002 年にフィールズ賞を受賞した数学者であるが 2017 年に 51 才で病没した．以下の記述は，Voevodsky が，所属していたプリンストン高等研究所 (IAS) のニュースレターに寄稿した記事 [30] に基づいている．

1999 年に 6 年前に自分が書いた論文についての講義をしていたときに，Voevodsky は，論文中のある補題の証明に誤りがあることに気がついた．彼は証明の誤りを修復することはできなかったが，別の補題を証明することにより論文の最終的な結果は救われた．しかし，彼が誤りを発見するまでに，いくつかの数学者のグループが彼の論文の結果を使って研究をしていながら誰も誤りに気がつかなかったため，彼は恐怖心に襲われた．このこともあって Voevodsky は，どうすれば自分が書く証明に間違いがないことを保証できるかを考えるようになり，証明支援系を使って証明を書くようになったのである．それだけでなく，彼の専門のホモトピー理論から着想を得て Martin-Löf の型理論を拡張するホモトピー型理論 HoTT を構築した．

Voevodsky は，IAS ニュースレターの記事を以下のように結んでいる[20]．

And I now do my mathematics with a proof assistant. I have a lot of wishes in terms of getting this proof assistant to work better, but at least I don't have to go home and worry about having made a mistake in my work.

(中略)

There are many people in computer science who are contributing to our program, but most mathematicians still don't believe that it is a good idea. And I think that is very wrong.

4.3 型理論の問題点

これまで見てきたように，証明支援系の発展に型理論は重要な寄与をしてきた．しかし，筆者は，すべての数学研究者が証明支援系を利用して研究をする社会を実現するためには型理論だけに頼ることはできないと考えている．

その最大の理由は，様々な型理論をベースにした有力な証明支援系があるが，そのどれもがベースにする型理論のための O 言語を用いて証明を書く必要があるということである．このとき次のような問題が発生する．(1) まず，一般の数学者は，形式論理や型理論を既に学習していることはほとんどない．そのため，これらの形式体系を最初に学習する必要があるという関門がある．

(2) ベースになる型理論に習熟してもそれとは別にコンピュータの上での証明支援系の使い方を学ぶ必要がある. (3) さらに, 数学者が非形式に理解している数学的対象を型理論の中の O 対象として表現するためには, 多くの場合, 工夫が必要になる. (4) 証明支援系を用いた証明行為が完了したとき, 型理論ベースの支援系はこの行為に対応する O 証明をコンピュータ内部のデータとして保存できないものが多い [21]. (5) O 証明が無いため他の数学者に証明を示すこともできない [22].

　証明支援系のベースが型理論であることからくる問題もある. (6) そのひとつは, 型理論においては全域的な関数しか扱えないことである. 帰納的関数の理論でも, あるいは実用的なプログラミング言語の理論においても, 停止しない関数の性質を調べることがある. しかし, 型理論が扱うことのできる関数は全域的な関数に限られるため, 型理論ベースの証明支援系はこのような計算の理論の問題を扱うのには適していない. (7) また, これも関数に関してであるが, 関数型があるために型理論では部分型の扱いが困難になることが知られている. 数学では部分集合を扱うことが日常的にあるので, このことは, 一般の数学者が型理論ベースの証明支援系を使うときの障壁となる. 例えば, 整数の集合は有理数の集合の部分集合であるので, 整数の 3 は有理数の 3 でもある. しかし, 型理論では整数の型と有理数の型は全く別の型であるので, 整数型の 3 と有理数型の 3 は, それぞれのために別の記法を用いる必要がある. (8) 型を型理論の中で扱うことは困難である. ZF 集合論においては, すべての対象が集合である. したがって, a, b が集合のとき $a \in b$ は有意味な命題である. 他方, 型理論においては, 判断 $a : A$ は対象 a が型 A を持つことを主張する. したがって, たとえば $\mathbf{N}$ が自然数の型のとき $3 : \mathbf{N}$ は有意味で真な判断であるが, $\mathbf{N} : 3$ は意味を問う以前に型理論の文法により型理論が扱う表現から排除される. しかし, ZF 集合論においては $\mathbf{N} \in 3$ は有意味で偽な命題である.

　これらの問題点からもわかるように, 型理論ベースの証明支援系は, 自然に扱うことのできる数学の分野に制限があり, かつ一般の数学者には敷居の高い支援系であると言える. このことを踏まえて, 以下では証明支援系のあるべき姿について考察をしてみたい.

4.4 証明支援系の将来像

多くの数学者にとって敷居が低く使いやすい証明支援系 (仮に PA とよぶ) に要求される条件として, 筆者は, 次の 2 条件を考えている.

(P1) 未解決の数学の問題を解決したり，新しい分野を創造しようとするには，それらの状況に応じて個別の形式体系を用いて証明をすることが必要になる．さらに，PA のユーザが自分で形式体系を自由に変形したり，新しく形式的体系を定義したりできる必要もある．つまり一般の形式体系を証明支援系 PA 内のデータ [23] として実現することが必要になる．このような PA は，個別の形式体系の意味論を与える枠組を提供するものであり，**メタ証明支援系**と言えるものである．

(P2) さらに，複数の形式体系の間に成立する関係 (それは M 関係である) を証明支援系 PA 内部の O 定理として証明できることが必要である．数学は代数，幾何，解析等の諸分野が有機的に結合し，互いに参照しながら発展してきている．したがって，これらの分野を互いに関連する形式体系のネットワークとして管理できる必要がある．

どうすれば上の 2 条件を満足する証明支援系 PA をつくることができるだろうか．PA はひとつのソフトウェアであるので，ある特定のプログラミング言語 (仮に L とする) で記述され，実現される．そこで，(P1, P2) を満足するような証明支援系 PA を記述できる言語 L が持つべき特徴として以下の (L1, L2, L3) を吟味してみたい．

(L1) プログラミング言語 L はチューリング完全である．

ここで，L が**チューリング完全** (Turing complete) であるとは，L がチューリング機械や λ 計算と同等の計算能力を持つことを意味する．これを要請する理由は，例えば，チューリング機械を PA で形式化したとき，具体的なチューリング機械を L を使って実際に動かしてみたりすることができるからである．数学の定理の証明において，証明の前に定理の具体例について計算してみることはよくあるので，そのためには L がチューリング完全である必要がある．また，実用的なプログラミング言語は (原理的には) チューリング完全であるので，これは自然な要求である [24].

このように，(L1) はほぼ自明な要求であり，かつこれが満足されれば (P1, P2) を満足する PA が (原理的) には作成できることも明らかである．以下の (L2, L3) は，PA が一般の数学者にとって敷居が低く使いやすいために重要であると筆者が考える特徴である．

(L2) L は L のプログラムをそのデータとして引用する機構をもつ．

自然言語での**引用** (quotation) 機構については Quine [22] による分析がよく知られているが，McCarthy の LISP はこの引用機構をプログラミング言語

の機能として実現している [25]. LISP と同様に L の基本データを S 式とし，その上で L に引用機構を持たせることにより，L は L 自身に言及することができ，さらに言及した言語をデータとして処理，計算できるようになる．例えば，証明論の研究者は自然言語を M 言語として O 言語で書かれた O 定理を扱っていた．しかし，L により実装された証明支援系で研究することにより単一のプログラミング言語 L をメタ言語として使用 (use) して対象言語について言及 (mention) することが可能になる．つまり，ひとつの言語 L を文脈に応じてメタ言語として見ることも対象言語として見ることもできるのである．さらに引用を入れ子にすることにより，メタメタ言語，メタメタメタ言語，... として見ることもできる．実際，条件 (P2) を満足するためには L をメタメタ言語として見ることも必要になる．

(L3) L の操作的意味論を帰納的に定義できる．

一般に，プログラミング言語の**操作的意味論** (operational semantics) は，その言語で書かれたプログラム e を計算した値が v になるという判断 $e \triangleright v$ を 2.3 節の最後に与えたような推論規則を用いて形式的に定義する意味論である．言語 L は新しく作成するものであるから，それがどのように動作するかをあらかじめ厳密に定めておく必要がある．(L3) はそのために帰納的定義による操作的意味論の存在を要求するものである．ここで，L の操作的意味論は，M 変数「e」や「v」を用いて M 言語で記述される形式的定義であることに注意してほしい．O 言語 L は，M 言語による L の操作的意味論が仕様書として先にあって，その仕様書に基づいてコンピュータで動作するソフトウェアとして実現するのである．

さらに，M 言語で書かれた形式的仕様書があることにより，次のことが可能になる．それは，この仕様書の帰納的定義は，(P1) によって PA 内の形式体系 FS(それは L で書かれたひとつのデータである) として実現できるということである．

このことの意味するところは重大である．なぜなら，FS は L のひとつのデータに他ならないので，L の意味を L 自身で与えたことになるからである．さらに，FS は証明支援系 PA の中の形式体系であるので，ユーザは L で書かれたプログラムの持つ性質を体系 FS の中で証明できるようになる．

同様に考えると，PA も L で書かれたソフトウェア (プログラムの集り) であるので，証明支援系 PA 自身についても，それの持つ性質を PA を用いて証明できるようになる．このように，PA が自己適用可能な証明支援系となるのも，PA を引用機構を持つメタ証明支援系として設計したからである [26].

5 おわりに

　本稿では，まず第2節で，数学者の道具としての証明支援系誕生に至る道筋を，証明概念の深化の歴史を通して確認した．次に第3節では，1960年代以降作成されてきた主要な証明支援系を，それらが証明支援をする理論体系と共に紹介し，また多くの有力な証明支援系が型理論の上での証明を支援するものであることを指摘した．最後に第4節では，まず，近年の証明支援系のめざましい発展の結果，数学論文の査読において証明の正しさについてはコンピュータによる検証が可能になりつつあることを紹介し，次に，すべての数学者が証明支援系を道具として研究をするようになるためには現在ある証明支援系をどのように変革すべきかについて検討した．

　なお，(1)「行為としての証明」と「記述としての証明」との関係，(2)「計算の形式化」と「論理の形式化」の関係，および(3)「証明の内包的等しさ」と「証明の外延的等しさ」との関係の3項目は，将来の証明支援系設計にあたり考察すべき重要な事項であるが取り上げることができなかった．このように，検討すべき課題を残しながら，敢えて証明支援系の将来像の素描を試みたのは，「数学とは何か」という問に答えることは「証明とは何か」という問に答えることにほかならないと考えているからである．

謝辞

　本稿の草稿に対して有益なコメント・助言をくださった二名の匿名査読者に感謝します．本研究はJSPS研究拠点形成事業 (Core-to-Core Program) 数理論理学とその応用の国際研究拠点形成，JSPS科研費17H0174の助成を受けたものです．

注

　1 筆者は，言語行為としての数学の中心は定義行為と証明行為であると考えている．

　2 証明が言語により表現されることは，必ずしも，存在者としての証明が記号の列としての言語表現そのものであることを意味しない．

　3 言語を対象言語，メタ言語と区別するのは，言語を観察する側で便宜的に区別するためである．したがって，ひとつの言語が同時に対象言語でありメタ言語であることもある．以下では，同様の区別が必要なときには，用語の前に「O」や「M」を付けてこの区別を明示する．本稿で扱うO対象は，すべて形式体系を用いて定義可能な形式的対象である．

⁴ ゲーデルの証明で技術的に最重要であることは，その証明を通して原始帰納的関数が用いられていることである．

⁵ より本質的に欠如しているのは,「記号」と「列」の定義である．

⁶ ゲンツェンは,「⊢」ではなく記号「→」を用いている．

⁷ 元の文 2 では M 変数「x」が用いられていたが，対応する以下の 2 では，代名詞「それ」を用いることにより M 変数を用いずに書いてある．

⁸ 今定義しようとしている O 項だけでなく，形式化された数学は，すべて事前に定めた有限個の記号からなるアルファベットの記号列で記述でき，そうしてできるどのような記号列についてもそれが考えている形式数学の定理であるかを決定する M 手続きがあり，その手続きをコンピュータの O プログラムとして実現したのが証明支援系である．

⁹ ここでは，証明のアイディアを伝えるために特別な場合を考える．

¹⁰ 型理論における型は集合として解釈できることが知られている．たとえば自然数から成る型は自然数全体の集合であり，その要素は 0, 1, 2 等である．

¹¹ McCarthy は,「Artificial Intelligence」を造語した人物でもある．McCarthy にとって LISP は彼の AI 思想と不即不離の関係にある．

¹² McCarthy は，証明支援系 (proof assistant) という言葉を使わず，証明検証 (proof-checking) という言葉を用いている．

¹³ 論文は，1969 年に書かれタイプ原稿のコピーが私的に流通し，理論計算機科学に大きい影響を与えたが 1993 年に正式に出版 [24] された．

¹⁴ Coq は Girard の型理論 F [9, 10] の影響も受けている．

¹⁵ International Mathematical Union. IMU 主催で 4 年に一度開かれる国際数学者会議ではフィールズ賞が授与される．

¹⁶ 事例 2 で紹介する Hales も参加していた．

¹⁷ WG では，その後，2018 年にワークショップでの議論をふまえて DML 構築に関する白書 [32] を出した．またワークショップでの議論に関するビデオ [25, 29] もある．

¹⁸ 3 次元ユークリッド空間に同じ大きさの球を細密に充填することに関する予想で，ヒルベルトが 1900 年に提出した 23 の問題中の 18 番目の問題の重要な一部になっていた．

¹⁹Homotopy Type Theory. HoTT と略称される．

^{20} 記事 [30] にもあるように，2012 年から 2013 年にかけて IAS で HoTT を巡る特別プログラムが開催され，その成果は [21] として出版されている．筆者はこのプログラムの最初の一部に参加したが，Voevodsky による講義の第 1 回に代数的トポロジーの学術雑誌を手にして登場し，この雑誌の論文にある証明は，今はすべて人の手でされているがいずれ証明支援系を使って証明するようになるだろうと言ったことが印象的であった．

^{21}Mizar の場合，O 証明そのものをユーザが記述し，Mizar はその証明を検証するという方式であるのでこの問題や次の問題は生じない．

^{22} ただし，支援系を用いた証明行為の記録は保存されているので，他の数学者もその記録を再生することにより証明行為を再実行することは可能である．

^{23}PA は，以下で述べるように，プログラミング言語 L で書かれたソフトウェアになるので，これは言語 L で書くことのできるデータである．

^{24} 与えられた記号列がある形式体系の下での正しい証明であるかの決定には原始帰納的関数の計算能力があれば十分であることが知られているが，上のような理由でチューリング完全な計算能力を要求した．

^{25} LISP が引用機構を自然に実現できた最大の理由は，LISP が扱う基本データが S 式という記号列を処理するのに適した構造を持つことにある．

^{26} このような性質を持つ PA を矛盾なく設計するためには，ゲーデルの不完全性定理との関係で注意すべき点があるが本稿では割愛した．

文献

[1] The Agda Wiki. https://wiki.portal.chalmers.se/agda/Main/HomePage.

[2] G. Bancerek, C. Byliński, A. Grabowski, and et al. The Role of the Mizar Mathematical Library for Interactive Proof Development in Mizar. *Journal of Automted Reasoning*, 61(1):9–32, 2018.

[3] H. Barendregt. *The Lambda Calculus, Its Syntax and Semantics*. North-Holland, 1984. revised ed.

[4] R.S. Boyer and J.S. Moore. *A Computational Logic Handbook, second edition*. Academic Press, 1998.

[5] Early history of Coq. https://coq.inria.fr/refman/history.html.

[6] The Flyspeck Project. https://code.google.com/archive/p/flyspeck/.

[7] Global Digital Mathematics Library. `https://en.wikipedia.org/wiki/Global_Digital_Mathematics_Library`.

[8] G. Gentzen. Untersuchungen über das logische Schliessen I, II. *Mathematische Zeitschrift*, 39:176–210, 405–431, 1935. 英訳 [27] 所収.

[9] J.Y. Girard. Une extension de l'interpretation fonctionnelle de Gödel á l'analyse et son application á l'élimination des coupures dans l'analyse et la théorie des types. In *Proceedings 2nd Scandinavian Logic Symposium*, pages 63–92. North-Holland, 1971.

[10] J.Y. Girard. The System F of Variable Types, Fifteen Years Later. *Theoretical Computer Sciecne*, 45:159–192, 1986.

[11] M.J.C. Gordon. From LCF to HOL: a short history. In *Proof, language, and interaction: essays in honour of Robin Milner*, pages 169–185. MIT Press, 2000. [33] 所収.

[12] T.C. Hales. A proof of the Kepler conjecture. *Annals of Mathematics*, 162:1065–1185, 2005.

[13] T.C. Hales. Developments in Formal Proofs. `https://arxiv.org/pdf/1408.6474.pdf`, 2014.

[14] Van Benthem Jutting. Checking Landau 's "Grundlagen" in the AUTOMATH. In Nederpelt et al., editor, *Selected Papers on Automath*, pages pars D2, D3, D5. North-Holland, 1977.

[15] C.E. Kenig. The International Mathematical Union (IMU) at 100. *Notices of AMS*, 67(3):404–407, 2020.

[16] P. Martin-Löf. *Intuitionistic Type Theory*. Studies in Proof Theory. Bibliopolis, 1984.

[17] R. Matuszewski and P. Rudnicki. Mizar: the first 30 years. *Mechanized Mathematics nad Its Applications*, 4(1):3–24, 2005.

[18] J. McCarthy. A basis for a mathematical theory of computation, preliminary report. In *Proceedings western IRE-AIEE-ACM computer conference*, pages 225–238. ACM, 1961.

[19] John McCarthy. History of Lisp. `http://jmc.stanford.edu/articles/lisp/lisp.pdf`, 1979.

[20] C.P. Wadsworth M.J.C. Gordon, R. Milner. *Edinburgh LCF: A Mechanised Logic of Computation.* Lecture Note in Computer Science. Springer, 1979.

[21] The Univalent Foundations Program. *Homotopy Type Theory: Univalent Foundations of Mathematics.* Institute for Advanced Study, 2013. http://homotopytypetheory.org/book/.

[22] W.V.O. Quine. *Mathematical Logic (Revised Edition).* Harvard University Press, 1981.

[23] R.C. de Vrier R.P. Nederpelt, H. Geuvers, editor. *Selected Papers on Automath*, volume 133 of *Studies in Logic and the Foundation of Mathematics.* North-Holland, 1994.

[24] D.S. Scott. A type-theoretical alternative to ISWIM, CUCH, OWHY. *Theoretical Computer Sciecne*, 121:411–440, 1993.

[25] Semantic Representation of Mathematical Knowledge Workshop. http://www.fields.utoronto.ca/video-archive/event/2053.

[26] Semantic Representation of Mathematical Knowledge Workshop. hhttps://www.fields.utoronto.ca/programs/scientific/15-16/semantic/, February 3-5, 2016 at the Fields Institute, Toronto, Ontario.

[27] M.E. Szabo, editor. *The Collected Papers of Gerhard Gentzen.* North-Holland, 1969.

[28] M. Wenzel T. Nipkow, L.C. Paulson. *Isabelle/HOL – A Proof Assistant for Higher-Order Logic.* Lecture Note in Computer Science. Springer, 2002.

[29] Towards a Semantic Language of Mathematics. https://www.youtube.com/watch?v=psSyM1zp82k.

[30] V. Voevodsky. The Origins and Motivations of Univalent Foundatons. *IAS Newsletter*, pages 8–9, 2014. https://www.ias.edu/sites/default/files/pdfs/publications/letter-2014-summer.pdf.

[31] Richard W. Weyhrauch. A Users Manual for FOL. Stanford Artificial Intelligence Memo AIM 235, 1977.

[32] White Paper of the Semantic Representation of Mathematical Knowledge Workshop. https://www.wolframfoundation.org/programs/SemanticWorkshopWhitePaper.pdf.

[33] 日本科学哲学会 (編). **分析哲学の誕生 フレーゲ・ラッセル**. 勁草書房, 2008.

[34] 藤村龍雄 (編). **フレーゲ著作集** *1* **概念記法**. 勁草書房, 1999.

[35] 野本和幸 (編). **フレーゲ著作集** *3* **算術の基本法則**. 勁草書房, 2000.

(京都大学)

査読付き論文

初期ラッセルの存在論における世界の十全な記述可能性

伊藤 遼

Abstract

A standard interpretation of Bertrand Russell's early work on logic revolves around the doctrine of the unrestricted variable—the idea that the genuine variable of logic must range over all the objects in the universe. Those who endorse this interpretation view the doctrine as 'the centerpiece' of *The Principles of Mathematics*. My aim in this essay is to examine some of the given and possible grounds for this view. I attempt to show that Russell in that book does not endorse the doctrine as it stands but the idea that there are no objects that cannot, in principle, be fully described—the idea that there is no logical bar to making simply true judgments about objects.

1 はじめに

ラッセルが残した論理学に関する業績についての今や標準的とも言える解釈によれば,『数学の諸原理』(1903) からホワイトヘッドとの共著『プリンキピア・マテマティカ』第一版 (1910–3) に至るまでの彼の歩みは, ラッセル・パラドクスの解決策としての「タイプ理論」と, 彼がもともと支持していた「タイプフリー」な存在論とのあいだの齟齬を調停する試みだったことになる. こうした解釈によれば,「『数学の諸原理』におけるラッセルが支持していた体系の最も重要な原理」は,「無制限変項の原理」と呼ばれるものである [24, p.6]. それは, 論理学における変項は, ただ一種類, すなわち, 存在するものすべてを変域に持つような変項 (無制限変項) のみであるという考えである. このような考えは, 一見する限り, たしかにタイプ理論とは相入れないものである. 標準的な解釈の提案者である Landini によれば, こうした齟齬を解消する一つの試みが「置き換え理論」と呼ばれる論理体系である [12]. ラッセルは, 1905 年に「記述理論」を発見すると, そのアイデアを命題関数 (命題を値とする関数) に応用することで置き換え理論を発展させた. この理論は, 命題関数の働きを命題の構成要素の置き換えによって再現することで, 一種類の変項のみをもちいてタイプの階層を仮想的に構成することを可能にする. 結局, この理論は, それに固有のパラドクスが発見され, 放棄されることになるが, Landini によれば, それと同時に無制限変項の原理が放棄されたわけではない. Landini は,『プリンキピア・マテマティカ』において「命題関数」と呼ばれるものはすべて単なる開放文であり, それらに対する高階の量化はすべて 'substitutional' な解釈を受けるものであると論じる. 命題関数に

2020年6月30日投稿, 2020年10月6日再投稿, 2020年12月13日審査終了

対する変項は存在者を変域に置くものではなく，それゆえに，述語変項に加えられたタイプやオーダーの制約は無制限変項の原理に反するものではないと Landini は考える．そして，Landini のこうした解釈は，細かな点での意見の相違はありつつも，幾人かの論者によって受け入れられており，標準的な解釈となっていると言える.[1]

　とは言え，こうした解釈は一つの疑問を残す．それは，なぜラッセルが『数学の諸原理』（以下，『諸原理』）において無制限変項の原理を「最も重要な原理」とみなしたのかということである．さまざまな事柄に関して自らの立場を修正することをためらわなかった彼において，その原理が理由もなく最重要の原理として措定されていたとは考えにくい．そして，もし無制限変項の原理が彼にとって特別な重要性を持っていたとすれば，そこには，その原理を導く議論が存在するという意味で「内在的」な理由だけでなく，その原理を保持することで何らかの目的が達成されるという「外在的」な理由があったはずだと考えられる．前者については，たしかに，標準的解釈を擁護する論者たちは一定の解答を与えてきた．彼らは，『諸原理』にみられるいくつかの議論が，無制限変項の原理を擁護するものであると考える．しかし，無制限変項の原理を保持することによってラッセルが何を達成しようとしていたのかと問われれば，そうした論者たちは，その原理を保持することという，文字通り自己目的化された解答しか提示してこなかったように思われる.[2]

　本稿の目標は二つある．一つは，『諸原理』におけるラッセルには，無制限変項の原理を支持する内在的な理由も外在的な理由もみられないと論じることで，標準的解釈の出発点を掘り崩すことである．外在的な理由については，本稿では，標準的解釈の支持者が訴える可能性のあるものとして，伝統的な形而上学の問題である「存在の一義性」を取り上げる．本稿 2 節において，この可能性を発展させる試みに対して，存在の一義性をめぐる A. Moore の議論を手がかりに，一つの問題点を指摘する．内在的な理由については，まず，3 節において，無制限変項の原理を受け入れる内在的な理由として標準的解釈の支持者たちが依拠する『諸原理』の議論を二つ紹介する．その上で，4 節ならびに 5 節において，それらの議論は当の原理を導くものではないという Proops の指摘を紹介しまた擁護する．

　本稿のもう一つの目標は，『諸原理』におけるラッセルが保持しようとするものは，「世界の十全な記述可能性」とでも呼ぶべき考え，すなわち，「原理的に十全に語り得ない存在者」など存在しないという考えであることを示すことである．ここで言う「十全に語り得ない存在者」とは，それについてわれわれが完全に真なる判断をなすことが不可能であるような存在者のことである．

ここで「判断」とは特定の判断論を前提しない広い意味でもちいられているが，もし特定の判断論において，ある存在者について完全に真なる判断が不可能になるとすれば，その判断論は「原理的に十全に語り得ない存在者」を認めるものである．6節では，標準的解釈の支持者たちが依拠する『諸原理』の二つの議論のうち一つが，むしろ，世界の十全な記述可能性を導くものであることを示す．7節では，ブラッドリーの判断論があらゆる判断は部分的には偽であるという帰結を持つことを確認することで，ラッセルは，世界の十全な記述可能性を擁護することによりブラッドリーを批判していたことを示す．そして，これら二つのことが示されるならば，世界の十全な記述可能性という考えについて，ラッセルは，それを擁護する内在的な理由と外在的な理由，その双方を保持していたことになる．8節では，世界の十全な記述可能性という考えを，存在の一義性という考えとの対比から確認することで，本稿をしめくくる．

2 存在の一義性と無制限変項の原理

「存在の一義性」とは，もちろん，神と被造物のあいだに存在論的地位の差異がないという考え，言い換えれば,「超越」した存在者など存在しないという考えのことである．上述のように，標準的解釈を擁護する論者たちがこうした考えと無制限変項の原理の結びつきを明示的に論じてきたわけではない．しかし，彼らはしばしば，無制限変項の原理の背後に，あらゆる存在者は同一の存在論的地位を持つという主張を想定し，その主張に「存在の一義性」という表現をもちいてきた（[6]，[11, p.27]，[27, pp.264–6]）．この主張が存在の一義性という伝統的概念と存在論的地位に関して類似した内容を持つということを踏まえれば，後者を無制限変項の原理を擁護する外在的な理由とみなすことはたしかに可能である．この節では，こうした可能的な議論に対する反論として，A. Moore による「論理的統語論 logical syntax」という観点からの存在の一義性の定式化を受け入れるならば，存在の一義性は無制限変項の原理を必要としないということを指摘する．[3]

A. Moore は，存在の一義性を次のように説明する．仮に「存在するすべてのものの目録」が与えられたとする [19, p.2]．このとき，「そのうちのどれかは，リンゴやヘビのようなありふれたものとは種においてあまりに異なるために，われわれの後者の『存在』についての語りが，前者の『存在』についての語りと異なるものとして理解されるべきであるようなものか」と問うことができる [ibid.]．もしこの問いの答えが否であるとすれば，すなわち，もしその存在がありふれたものの存在と同様に語ることができないようなもの（「超越的 transcendent」なもの）が,「存在するすべてのものの目録」のなか

にみられないのであれば,「存在 being」という語は一義的であることになる.

A. Moore によれば, 存在の一義性が望ましいものである理由の一つは, もしそれが否定されるならば,「絶対的な超越への訴えを持ち出すことによって, 理論的なものや実践的なもの, あらゆる種類の問題を避けることができる」からである [19, p.4]. 超越的な存在者ないしその超越性に訴えてなんらかの問題を解決することは, 問題の解決法として「簡単すぎる」のである.

さて, このように存在の一義性が動機付けられるとして, それでは,「存在」という語が一義的であるとは正確にはどのようなことか. この問い自体が難問であると考える A. Moore は,「論理的統語論」という観点からその問いに一つの答えを与えることを試みる.

この論理的統語論という観点は, ウィトゲンシュタインが『論理哲学論考』において導入する一つの区別に基づく. それは「記号 Zeichen/sign」と「シンボル Symbol/symbol」の区別である. A. Moore は, 前者を, われわれが書いた印や発した音であり, 後者をそれに「論理-統語論的な使用 logico-syntactical use」が付されたものとして理解する.[4] 例えば, 「くも」という「記号」は, 虫の一種を意味する「シンボル」としても, 空に浮かぶ水蒸気の集まりを意味する「シンボル」としても使用することができる.

A. Moore は, ある特定の「記号」が同時にいくつかの相異なる「シンボル」として使用されるということ, 言い換えれば, ある「記号」が異なる論理-統語論的な使用を持つということを示す方法を二つ提示する. 一つは, 当の記号を二つの論理-統語論的に異なる (とわれわれが知る) 文に埋め込むという方法である. われわれは,「くも」という「記号」が持つ二つの異なる論理-統語論的な使用を,「 … が歩いている」と「 … が空高くに浮かんでいる」という二つの相異なる文脈にそれぞれ埋め込むことでみて取ることができる. もう一つの方法は, 複数の異なる論理-統語論的な使用を持つ「記号」について, 一つの使用においては (すなわち, ある「シンボル」としては) 別の文に有意味に埋め込むことができるが, また別の使用においてはそうした埋め込みができないと示す方法である.「私はくもをみた」という文自体は,「くも」という「記号」がどちらの「シンボル」として使用されているかを決定しない. どちらの場合でも有意味だからである. しかし,「私はくもをみた, そして, それは歩いていた」と続ける場合には, われわれは一方の「シンボル」としてのみ「くも」という「記号」をもちいていることがわかる.[5]

A. Moore はこうした論理-統語論的な使用における差異が一般に多義的な語にみられるか否かということについては立場をとらない [19, pp.11–12]. しかし, 彼は, 存在の一義性という形而上学的な問題に関する限りでは, もし

「存在」という語に多義性がみられるとすれば，それは「語の論理-統語論的な使用における差異を含むような多義性でなければならず，そして，そのようなものとしてみて取られるのでなければならない」と考える [19, p.12].

　A. Moore がこのように考える理由は二つある．一つは，仮にその語が複数の意義を持つとしても，そこに論理-統語論的な使用にいかなる差異もみられないのであれば，それらの意義が一つの総括的な意義を構成すると考えることが可能だからというものである [19, p.13]．もう一つの理由は，もしその語が論理-統語論的な使用の差異を含まない仕方で多義的であったとすれば，その多義性は，その語がまったく異なる種類の対象に適用されるという事態に求められることになるが，この場合，その語が複数の意義を持つと考える必要はなく，一つの意義を持った「存在」という語が相異なる諸対象に適用可能なだけであると考えられるというものである．これら二つの理由をまとめるとすれば，それは，論理-統語論的な使用における差異を含まない多義性は（たとえそうしたものが可能であったとしても）みかけ上の多義性に過ぎないということになるだろう．

　A. Moore はさらに，「存在」という語の場合，論理-統語論的な使用における差異を論点先取をおかすことなく示すことが不可能であると考える．そうした差異を示す一つの方法は，当の語を含む文を一方の解釈では有意味に埋め込むことができるが別の解釈では埋め込むことができないような文に訴えるというものであった．「くも」という「記号」の場合には，「私はくもをみた」という文を「…，そして，それは歩いていた」という文に有意味な仕方で埋め込むことができるか否かを問うことで，その差異を示すことができる．しかし，この方法は，われわれが「くも」という語の多義性を受け入れていることを前提する．それを受け入れることなくして，その語が「…，そして，それは歩いていた」という文に有意味な仕方で埋め込むことができる場合とできない場合があると想定することはできない．「くも」という語が水蒸気のかたまりのみを表すものだと主張する者にとっては，「私はくもをみた，そして，それは歩いていた」という文はつねに無意味なのである．この方法には，当の語の多義性を受け入れている者に対して，その多義性を明示化するということ以上の力はない．したがって，存在の一義性が問題となっている場合には，すなわち，「存在」という語が一義的であるか否かそのものが問題となっている場合には，この方法に訴えることはできない．

　もう一つの論理-統語論的な使用における差異を示す方法は，当の語を二つの論理-統語論的に異なる文脈に埋め込むというものであった．「くも」という「記号」の多義性は，「… が歩いている」と「… が空高くに浮かんでいる」

という二つの論理-統語論的に異なる文脈に埋め込むことで，みてとることができた．しかし，実は，この方法は決定的なものではない．この方法が適用可能であるからといって，埋め込まれる語が論理-統語論的な差異を必ず持つとは限らないからである．A. Moore が例として挙げるのは，「ちょうど 2m の高さである」という「記号」を，「あの人は … 」という文脈と「あの木は … 」という文脈にそれぞれ埋め込む場合である．これら二つの文脈が論理-統語論的に異なる（とわれわれは受け入れる）にも関わらず，当の「ちょうど 2m の高さである」という記号は多義的ではない．（多義的だったとすれば，われわれは日常生活で色々困っていただろう．）

　さて，もし A. Moore によるこの指摘を受け入れるならば，形式言語において，異なる種類の変項をもちいることが必ずしも「存在」という語の多義性を含意しないことが帰結する．仮に，存在の一義性をめぐる問題を，与えられた形式言語における存在量化子の一義性をめぐる問題として理解できるとしよう．この場合，たとえ存在量化子がその形式言語において個体変項に対しても述語変項に対してもちいられることもできるとしても，そして，たとえこれら二種類の変項の論理-統語論的な差異が認められるとしても，これらのことは存在量化子そのものの多義性を含意しないのである [19, p.15fn]．'∃' という「記号」は，'... $x(fx)$' という文脈にも，'... $F(Fa)$' という文脈にも埋め込むことができる．しかし，このことは，「ちょうど 2m の高さである」という「記号」がそうであったように，'∃' という「記号」が論理-統語論的に一義的であるという可能性を排除しない．こういうわけで，もし存在の一義性が，A. Moore が論じるように，論理-統語論的な仕方でのみ思考され得るものだとすれば，そして，存在の一義性が存在量化子の一義性として理解できるとすれば，存在の一義性は変項の無制限性を含意しないのである．

　もしこのように存在の一義性が無制限変項の原理を必要としないのであれば，仮にラッセルが前者を望ましいものとみなしていたとしても，そして，仮に前者を後者が実際に含意するとしても，彼にとって前者が後者を支持する外在的な理由であったと考えることはできない．というのも，前者を確保するために後者が必要でないとすれば，彼は，前者を確保しつつ，後者を放棄してタイプ理論を採用し，ラッセル・パラドクスに解決を与えることができたはずだからである．

3　変項の無制限性を導く二つの議論

　標準的解釈の支持者によれば，『数学の諸原理』においてラッセルは，無制限変項の原理を擁護する内在的な理由として二つの議論を提示する．この節では，これら二つの議論を紹介する．

『数学の諸原理』におけるラッセルが無制限変項の原理を保持するという解釈の根拠の一つは，次の議論である．

> 数学において，われわれの変項はある特定のクラスに制限されているとみなすことが慣例である．例えば，算術においては，それら変項は数を表すと考えられる．しかし，このことは単に，もしそれらが数を表すとすればそれらはある数式を満たすということ，すなわち，それらが数であるという仮説がその数式を含意するということを意味するに過ぎない．このとき，このことが本当に主張されていることであって，この命題において，われわれの変項が数であることはもはや必要ではない．当の含意は，それら変項が数でないときにも等しく成り立つからである．[22, pp.6–7]

このように，仮に変項が制限された変域を持つときには，その変域を述べる条件を条件文の仮説として命題に加えることで，命題の真偽を変えることなく，その制限を取り除くことができる．

　多くの論者が無制限変項の原理を初期ラッセルに帰属させるもう一つの根拠は，彼が『諸原理』において提示する「項 term」の定義である．[6]

> 思考の対象となり得るもの，真ないし偽な命題に現れ得るもの，あるいは，一と数えられ得るもの，そうしたものをなんであれ，私は項と呼ぶ．私はこの語を「個体 unit」「個物 individual」そして「存在者 entity」といった語と同義とみなす．最初の二つは，あらゆる項が一であることを強調する．三つ目の語は，あらゆる項が存在 being を持つということ，すなわち，なんらかの意味で存在するという事実に由来する．[22, p.43]

ラッセルはまた，「項」とは，なんらかの命題において「論理的主語 logical subject」として現れ得るものだと述べる [ibid.]．彼にとって「命題 proposition」とは，諸々の項からなる複合物であり，各命題はその構成要素のうちに論理的主語を含む．[7] 例えば，"Socrates is human" という命題においては，Socrates という項が論理的主語であるが，"Humanity belongs to Socrates" という命題では，Socrates と humanity の二つの項が論理的主語として現れているとされる．彼は，Socrates のようにつねに論理的主語として命題に現れる項を「もの thing」，humanity のように論理的主語以外の仕方でも命題に現れる項を「概念 concept」と呼ぶ．そして，ラッセルは，「命題に現れ得るあらゆるものは諸々の項のうちに含まれる」と論じる [ibid., p.46]．その議論の要点は，本稿のみるところ，「何かが論理的主語となることなく命題に現れる」という

命題は，それ自体，その何かを論理的主語とするものであるというものである [22, 45–6]．項ではない何かが存在すると想定することは，その想定自体がその何かが項であることを要求するという逆説を含むのである．こうして彼は，「命題に現れ得るあらゆるもの」が項であると論じた上で，さらに，論理学における変項を *any term* という「概念」をもちいて説明する．もし「存在するすべてのものの目録」に現れるものがどれも項であるとすれば，たしかに彼は，その目録全体を変域とするものとして論理学の変項を理解していることになる．加えて，彼は，「存在」という「概念」は，「あらゆる思考可能な項，あらゆる思考の可能的な対象に属する」ものであり，その意味で，あらゆる存在者（entity）は同一の存在論的地位を持つと主張する [*ibid.*, p.449]．

　このようにみれば，ラッセルが無制限変項の原理を支持していると思われるだろう．しかし，事態はそれほど単純ではない．この節でみてきた二つの議論に対して，彼がそれぞれ例外を認めることを Proops は指摘する [20, pp.3–7]．

4 『数学の諸原理』における「命題関数」概念

　変域の制限を明示化する仮説を補うことで，無制限変項を手に入れることができるという議論に対しては，Proops は，ラッセルが命題関数をその例外として認めていることを指摘する．この節では，ラッセルが『諸原理』においてどのように命題関数を説明するのか，簡単に述べた上で，Proops の指摘を詳しく紹介する．

　『諸原理』における「命題関数」なるものについてまず注目するべきことは，ラッセルは命題関数を性質と同一視しないということである.[8] すなわち，彼にとって，例えば，"x is human" という命題関数は，humanity という「概念」とは全く別のものである．彼にとって，前者は（述語論理の発明とともに現れた）哲学的な説明を必要とする理論的な対象であり，一方，後者はむしろそうした対象を説明するにあたって彼がもちいることができる基礎的な存在者である．そして，命題関数と「概念」のあいだのこうした区別を踏まえれば，後者が項であるからといって，前者もまた項であるとは言えないことになる．

　それでは，『諸原理』におけるラッセルは，「命題関数」なるものをどのように説明するのか．彼は，各々の命題関数に説明を与えることはできても，「命題関数」という概念それ自体は定義不可能な原始概念であると考える [22, p.83]．彼は，各々の命題関数 ϕx については，それは，x を他の対象と置き換えて得られるという意味で「一定の形式」を持つ諸命題 ϕa, ϕb, ϕc, etc. の「クラス」であると説明する．（ここでの「クラス」は，命題関数によって定められる各々のクラスよりも「一層根本的」なものである [22, p.89]．）しかし，

こうした仕方で各々の命題関数を説明することはできても,「命題関数」なるもの一般を定義することはできない. 上述の説明において,「一定の形式」を持つ命題の「クラス」を定義するためには, また別の命題関数が必要となるからである [22, p.91]. こうした循環のゆえに, 各々の命題関数に与えられた上のような説明は,「命題関数」なる概念の「定義」とはなり得ない.

　Proops が指摘することは, 命題関数が持つこうした特徴から, 命題関数に対して無制限変項をもちいることはできないとラッセルが結論するということである. ラッセルは次のように述べる.

> 制限された変項という概念は, 適切な仮説, すなわち, その制限そのものを表現する仮説を導入することによって, 命題関数に関する場合を除いて, 避けられ得る. しかし, 命題関数に関しては, これは可能ではない. ϕx が命題関数であるとして, ϕx における x は無制限変項であるが, ϕx それ自体は ϕ とでも呼ぶべきクラスに制限されている.[22, p.91]

このように, ラッセルは, 変域を明示化する仮説の導入という方法は命題関数については適用可能ではなく, それゆえ, 命題関数に対する変項は制限変項であると考える.

　また, Proops は指摘していないが, そもそも変域を明示化する仮説の導入という方法が存在することそれ自体は必ずしも無制限変項の原理を含意しない. 上記の箇所でラッセルが自ら述べるように, その方法は制限された変項が「避けられ得る」ことを示すに過ぎない. 言い換えれば, それは, 制限された変項を(それが適用できる限りにおいて)不要にするのみである.

5 『数学の諸原理』における「表示」の概念

　『諸原理』においてラッセルが無制限変項の原理を支持していたという考えに対して, Proops が挙げるもう一つの反論は, そこでラッセルは,「項」よりもさらに広い外延を持つ「対象 object」という概念を導入するというものである [20, pp.3–7]. このことは, ラッセルが論理学における変項を *any term* という「概念」をもちいて説明する以上, 彼が論理学の変項の変域にない「対象」を認めていること, 言い換えれば, 論理学の変項の変域が一部の「対象」に制限されていることを意味する. この節では, こうした Proops の指摘と, それに対する Klement による部分的な応答, そしてその応答の問題点を順にみる. まずは, ラッセルが『諸原理』において「対象」ではあるが項ではないと考えるもの,「真対象 proper object」とでも呼ぶべきものを確認しよう.[9]

　「対象」という概念は,『諸原理』においてラッセルが導入する「表示 denoting」

という概念と密接に結びついている. 彼によれば,「表示」という現象は, ある命題がその構成要素ではなく, その構成要素が「表示」する「対象」についての命題であるときに生じる [22, p.53]. 「表示」を行うとされるのは, 'all *u*', 'every *u*', 'some *u*', 'any *u*', 'a *u*', 'the *u*' という六種類の言語表現が表す「概念」(「表示概念」) である. 例えば, "All men are mortal" という命題は, *all men* と mortality という二つの「概念」を構成要素とする命題であるが, この命題は, *all men* という「概念」についての命題ではない.[10] それは, すべての人間についての命題である. Makin の言葉を借りるならば,「表示概念」は, 'aboutness shifter' なのである [17, p.18].[11] 'all' や 'every', 'any' を含む表現に対するこうした説明は, 一見すれば, 述語論理の表現力をラッセルが理解し損ねた結果にみえるかもしれない. しかし, 彼は, 形式的な観点からすればこうした説明が不要であることを『諸原理』において明示的に述べている [22, p.89]. 彼が「表示」という概念を導入するのは, それによって,「クラス」や「変項」といった重要な概念に対する哲学的な説明を与えるためである.

ラッセルは, 六種類の「表示概念」はそれぞれ異なる「対象」を表示すると考える. まずもって, 'the *u*' という表現に対応する「概念」は, その *u* という条件を満たす唯一の項を (もし存在するならば) 表示する.[12] 残る五種類の「表示概念」については, 彼は, それぞれが異なる種類の, 諸項の「組み合わせ combination」を表示すると考える. 例えば, *all men* という「概念」が表示する「対象」は, 一人一人の人間の「数的連言 numerical conjunction」であり, また, *every man* という「概念」が表示する「対象」は, 一人一人の人間の「命題的連言 propositional conjunction」である.[13] これら二つの「連言」の差異をラッセルは, "Brown and Jones are two of Miss Smith's suitors" と "Brown and Jones are paying court to Miss Smith" という二つの命題をもちいて説明する. 後者が "Brown is paying court to Miss Smith and Jones is paying court to Miss Smith" という命題と同値である一方, 前者をこのように Brown と Jones それぞれについての主張として理解することはできない. それは Brown と Jones 両方についての命題であり, だからこそ, two という数が帰属され得るのである.

これら五種類の「表示概念」によって表示される諸項の組み合わせこそが本稿で言うところの真対象である. 例えば, 彼は, 諸々の項の数的連言を「多としてのクラス class as many」と同一視するが, それは一つの項としてみなされるクラス, すなわち,「一としてのクラス class as one」とは区別されるものである. 一としてのクラスとはまさに「一として数えられ得る」という理

由で一つの項であるが，他方，多としてのクラスはそれが「多」であるがゆ
えに項ではない．同様の考えは，他の項の組み合わせについても当てはまる．

> これら五つの組み合わせは，項でなければ概念でもなく，厳密に，
> そしてただ単に，項の組み合わせである．［数的連言］は多くの項
> を生み出す一方で，他の組み合わせは完全に独特なものを生み出す
> のであって，それは一でも多でもない．[22, p.58]

項が「一」として数えられるものとして定義されていたことを踏まえれば，
ラッセルはここで諸々の項の数的連言や命題的連言といった組み合わせを，項
ならざる「対象」，すなわち，真対象として認めていると言える．

　ただし，こうした項ならざる「対象」を『諸原理』の存在論が含むという
Proops の指摘に対しては，一つの反論がある．Klement は，少なくとも「数
的連言」なる概念について言えば，『諸原理』において，諸々の項の数的連言は
いかなる意味でも存在を認められていないと論じる．Klement によれば，「ラッ
セルの考えは，個物のみがつまるところ存在するというもの，そして，多と
してのクラスは，一としてのクラスの諸要素について，その各々についての
個別的な単称的述語づけ，あるいは，その一としてのクラスについてなされ
る述語づけへとは還元されない仕方で，語る一つの方法に過ぎないというも
のである」[8, p.3]．

　しかし，本稿のみるところ，Klement のこうした反論は，そうした仕方で
複数の項について語ることが可能であるとラッセルが考える根拠を無視した
ものになっている．その根拠とはもちろん，ある概念と諸々の項の数的連言
とのあいだに「表示」という，非言語的な関係が成り立つという考えである
[22, p.47]．ラッセルは 'the' を除く五つの場合で「表示」という関係そのもの
は同じであって，各場合で異なるものはその被関係項であると論じる．その
中で彼は次のように述べる．

> すると，それら五つの場合の各々で異なる，何か確定したものが存
> 在し，それはなんらかの意味で対象でなければならず，しかし，そ
> れはある特定の仕方で結び付けられた諸項の集まりとして特徴づけ
> られるのであり，その何かは *all men* や *every man*， *any man* や
> *a man, some man* によって表示される．[22, p.62]

ラッセルはたしかにこうした「対象」が 'paradoxical' なものであると認める
が，その一言をもってこうした記述を無視することは適切ではない．実際，五
つの場合の差異を表示される「対象」のあいだの差異として理解するために
は，そうした「対象」が実はなんら存在論的地位をもたず，そこに諸々の項

が存在するに過ぎないと Klement のように考えることはできない．諸々の項が相異なる仕方で結びつくことで，それらの数的連言や命題的連言といった相異なる「対象」が生み出されるはずだからである．実際，例えば，ラッセルが多としてのクラスにある種の結びつきを認めていることは，次の箇所にみてとることができる．

> 多としてのクラスにおいては，構成要素となっている諸々の項は，ある種の結合 unity を持つが，全体 whole に要求されるほどのものは持たない．それら諸項は，それらを多とするに要求されるだけの結合，それらが多であり続けることを妨げるには至らない程度の結合を持つ．[22, p.69]

このようにみれば，「概念」によって表示される「対象」とは，項ではなくともなんらかの結合を持ったもの，そしてそれゆえに，たとえ項ではなくとも世界に存在するものだと理解することが適切であると言える．

このように，『諸原理』においてラッセルは，「表示」の概念を提示する中で，項ならざる「対象」，真対象の存在を認めている．そして，論理学の変項が *any term* という「表示概念」をもちいて説明されることを踏まえれば，それは，「存在するすべてのものの目録」をその変域とするような変項，無制限変項ではないことになる．

6 『諸原理』における世界の十全な記述可能性

この節では，ラッセルが『諸原理』において例外なく保持しようとしている考えが，本稿が世界の十全な記述可能性と呼ぶものであることを確認する．

まずもって，ラッセルが「項」に対して与える定義は，各々の項が十全に記述可能であることを確保するものと理解できる．3 節でみたように，彼は，「われわれの思考の対象となり得るもの，真ないし偽なる命題に現れ得るもの」すべてが項であると定義する．そして，彼にとって，何かについて真なる判断を行うということは，その何かを論理的主語として含む真なる命題と「判断」という二項関係に立つということである．さらに，彼の考えに従えば，命題は端的に真であるか偽であるかのいずれかであり，それゆえに，真なる命題が部分的には偽であるということはあり得ない [23, p.492]．これらの点を踏まえれば，「項」に与えられた定義からは，あらゆる項について，われわれが完全に真なる判断を行うことが原理的に可能であるということが帰結する．

さらに，ラッセルが「命題に現れ得るあらゆるものは諸々の項のうちに含まれる」と論じるとき，その議論の要点はまさに「命題に現れ得るあらゆるもの」の記述可能性である．実際，「あるものが項とはなり得ない」と想定す

ること自体が，その「あるもの」が思考の対象であることを含意するという逆説は，結局，記述不可能なものを想定することそれ自体がそれを記述するものであるという逆説として理解できる．

　ここで，「表示」という考えのもと，項ならざる「対象」，真対象を認めることは，無制限変項の原理の場合とは違って，世界の十全な記述可能性に例外を認めることにはならないということに注意されたい．[14] むしろ，その考えは真対象についてわれわれが記述を行う仕組みに他ならない．例えば，ラッセルは，諸項の数的連言，すなわち，多としてのクラスについて，それが項であることを要求することなく，われわれが思考することができると論じる．

> しかし，われわれは今，論理的主語へと変えられない何かが存在するという，つねに恐れられるべき矛盾を避けることができるのか？この場合，私には矛盾を引き出すどのような方法も見当たらない．[...] 今の場合には，われわれは諸々の個体へと本質的に分析可能な複合物を扱っている．"A and B are two" のような命題において論理的主語はない．主張がなされるのは，A についてでもなければ B についてでもなく，また，両者から構成された全体についてでもない．厳密に，そして，ただ A と B についてである．したがって，主張は単一の論理的主語についてなされるのではなく，多くの主語についてなされ得るように思われる．そして，このように考えることで，概念の場合にそれらが主語へと変えられることなくしてそれらについての主張をなすことが不可能であるということから生じた矛盾は取り除かれる．[22, pp.76–77]

ここでラッセルが A と B の数的連言が「諸々の個体へと本質的に分析可能」でありそれらが構成する「全体」ではないとしつつも，それでも A と B のあいだになんらかの結合を認めることは前節でみた通りである．そして，彼は，項ならざる「対象」についても，それが項であることを示すことなく記述することが可能である限りにおいて，矛盾なくその存在を認めることができると考える．実際，彼は，「命題に現れ得るあらゆるものは諸々の項のうちに含まれる」と論じた直後に次のように述べる．

> 上述の議論によって，われわれは，any やそれと同族の語によって表示されるような，諸々の項の複合物を可能な例外として，命題に現れ得るあらゆるものが諸々の項のうちに含まれるといったことは正しかったということが証明される．[22, p.46]

厳密に言えば，『諸原理』の補遺において，彼は，フレーゲの指摘を受けて，多

としてのクラスに関する限りで，こうした見解に修正を加える．しかし，彼がそれに代えて提出する立場は，多としてのクラスさえもまた（高次のタイプにおいて）一とみなし得るという考えであって，そこにおいても多としてのクラスはやはりわれわれが十全に語り得るものとして理解されている．

7　ブラッドリーにおける「知られ得ないもの」としての実在

Hylton による，ラッセルの論理学における諸業績が彼の英国観念論批判という背景を踏まえて理解されるべきであるという指摘はよく知られている．[15] この節では，英国観念論を「代表」する論者であるブラッドリーの判断論が，世界の十全な記述可能性を否定するものであったことを確認することで，ラッセルにはその可能性を確保する外在的な理由があったことを示す．[16]

『論理学の諸原理』（1883）において，ブラッドリーは，判断とは，「（それ自体として認識された）理念的内容 ideal content を当の行為を超えた実在へと帰する行為」であると主張する [1, p.10]．彼がここで「実在」と呼ぶものは，「（周りの環境から）区別された何か」としての実在であるが，それは同時に「われわれの世界全体としての実在」でもある [1, p.629]．いわゆる「絶対的観念論」を支持する彼にとって，「われわれの世界全体としての実在」とは「絶対者 the Absolute」，『現象と実在』（1897）の表現をもちいれば，「あらゆる部分的な相違を調和のうちに抱き込むような，すべてを包括する単一の経験」に他ならない [2, p.147]．したがって，各々の判断は，われわれが経験する範囲においての絶対者についてなされることになる．一方，われわれが判断においてもちいる「理念的内容」ないし「観念 idea」は，彼によれば，判断者の心の中にある個別的・具体的なものではなく，そうした心的事実から切り離された普遍的，抽象的なものである．しかし，各々の観念はまさにその普遍性・抽象性のために，われわれが描写しようとする実在（の一側面）のみに当てはまるものではない．例えば，私が目の前の赤いリンゴをみて，「リンゴが赤い」という判断を為すとき，この「リンゴが赤い」という観念は，類似した無数の状況に当てはまる．私がこの抽象的・普遍的な観念をもって具体的・個別的な判断を為すことができるのは，彼の考えに従えば，その観念が当の経験された限りにおける実在（当のリンゴを含む目前の一場面）へと結び付けられているからである．こうした理由から，ブラッドリーは，判断とは抽象的・普遍的な観念を実在へと帰属するものであると主張する．

ブラッドリーは，こうした判断論を展開する中で，われわれが判断にもちいる「観念 idea」は本質的に「理念的 ideal」なものであり，「実在的 real」ではないと主張する．彼に従えば，われわれが判断にもちいる観念は，実在から切り離されているということによって，抽象性・普遍性を獲得する．しかし，

まさにその実在から切り離されているということによって，観念は実在では
あり得ない．観念はこうした理由により本質的に「全くもって実在的なもの
ではない nothing real」のであり，それは「単なる観念 a mere idea」なので
ある [1, p.2].

　こうした判断論の一つの帰結は，われわれがなすいかなる判断もある意味
で偽であるということである．われわれが判断においてもちいる観念は，そ
の抽象性のゆえに，実在を余すことなく描写することができないからである．

> 仮に思考が成功したものであったとすれば，それは，それ自体にお
> いて整合的でかつ主語と完全に一致するような述語を持つことにな
> る．しかし，一方で，その述語はつねに理念的である．[…] それ
> ゆえ，思考においてこの分離が解消されない限り，思考は単なる理
> 念的なもの以上には決してなり得ない．[2, p.165]

先の例で言えば，「リンゴが赤い」という観念（述語）は，私がそれをもって
描写しようとする実在（目前のリンゴとそれを含む一場面全体）の描写とし
ては不十分である．その観念は，当のリンゴの丸さや大きさ，あるいは，それ
をとりまく周囲の状況を描写しない．この不十分さはわれわれが判断におい
てより複雑な観念をもちいることで解消され得るものではない．それは，判断
の述語（観念）が持つ本質的な理念性と判断の主語の実在性のあいだのギャッ
プによって原理的に生じるものだからである．そして，各々の判断は，こうし
た不可避のギャップを持つという意味で，「偽」であることになる．

　ブラッドリーはこの点において世界の十全な記述可能性を否定しているこ
とになる．彼の考えに従えば，われわれがなす各々の判断は，端的に真ない
し偽であるわけではなく，判断においてもちいられた観念と実在とあいだの
相違に応じた真偽の度合いを持つ．そして，そうした相違の存在を完全に避
けることは，われわれが観念をもちいる限り不可能である．このように，彼
の判断論を前提するならば，実在は原理的に十全に記述され得ないものであ
ることになる．

　ラッセルはこの判断論を念頭において，項でない存在者を想定することは
逆説的であるという主旨の議論を行っていると考えられる．実際，そうした
議論を彼が最初に適用するものは，「形容詞」（が意味する性質）である．

> 要するに，もし意味を変えることなく実体 substantives へと変え
> ることができないような形容詞 adjectives が存在したとすれば，そ
> うした形容詞に関するすべての命題は，（それら命題が必然的にそれ
> ら形容詞を実体へと変えるゆえに）偽であることになり，さらに，
> そうした命題がすべて偽であるという命題もまた，それ自体形容詞

を実体へと変えてしまうために，偽である．しかし，この状態は自己矛盾的である．[22, p.46]

さらにラッセルは次のように述べる．

　　［…］真の実体に比べて，なんらかの仕方で，実在性，自存性，自己同一性を欠くような，形容詞や属性，理念的 ideal なものが存在するという理論は，完全に誤りであり，容易に矛盾へと陥るように思われる．「概念」である「項」がそうでない「項」と異なるのは，自存性という点においてではなく，それらが関係の主体ないし項が生じる仕方とは定義不可能な点で異なる仕方で真ないし偽なる命題に現れるという点においてである．[22, p.46]

ここでの「矛盾」とは，つまるところ,「概念」が項ではないという想定それ自体が含む逆説のことであろう．そして，もし実在と理念的なものとの区別をこのように退けられるならば，その区別のもとに成り立つブラッドリーの判断論全体もまた「完全に誤り」であることになる．ラッセルは，このように論じることで，実在は「知られざるもの，知られ得ないもの」であるとブラッドリーのように考える必要はなく，世界を十全な記述を許すものとして理解できるということを示そうとしていると言える [3, p.183].

8　おわりに

　もし本稿の議論が正しいとすれば,『諸原理』におけるラッセルには，無制限変項の原理を「最も重要な原理」として支持する内在的な理由も外在的な理由も存在しない．彼はたしかに，存在するものすべてが項であると論じるが，その議論は，変項の変域にない存在者，すなわち,「真対象」の存在と矛盾しない．むしろ，その議論は，本稿が世界の十全な記述可能性と呼ぶものを導くものであり，そうした可能性を擁護することは彼の論敵であったブラッドリーの判断論を退けることを意味する．彼には，世界の十全な記述可能性を擁護する内在的な理由も外在的な理由もあったのである．

　本稿のみるところ，ラッセルが無制限変項の原理を支持する外在的な理由として存在の一義性を挙げることは難しい．2 節でみたように，A. Moore の議論を受け入れるならば，変項の無制限性は存在の一義性にとって必要でなく，それゆえ，存在の一義性は，変項にタイプの制約を加えることをためらう理由にはなり得ない．しかし，世界の十全な記述可能性という考えは，存在の一義性という考えと,「存在するすべてのものの目録」のうちに，われわれ人間が十全に語り得ないものの存在を拒むという点においては一致する．ただし，もちろん，存在の一義性を確立することと世界の十全な記述可能性を

確立することは同じではない. ラッセルが確立しようとしたものは, 超越について われわれが十全に語るという可能性ではなく, われわれが実験や観察などの経験的探求を通じて世界について真なる記述を獲得する可能性, すなわち, 科学の可能性である.

注

¹ 例えば, [24] や [8].[13] も参照されたい. 国内では, 戸田山が標準的解釈を好意的に紹介している [27, pp.264–6]. ただし, 彼は,『プリンキピア・マテマティカ』の論理体系については, それを Landini が「偽装された分岐置き換え理論」として解釈すると述べるが, これは Landini の解釈ではない [27, 274]. もちろん, 標準的解釈を取らない論者も存在する. 例えば, Linsky は『プリンキピア・マテマティカ』における「命題関数」を 'logical construction' として理解する [16, cf. [10]]. また, 高村はこうした解釈を「ないもの」という概念を使って発展させる [26].

² しばしばラッセルに帰属される「論理の普遍性」は, もしそれがメタ体系的観点の不可能性を意味するならば, タイプ理論と明らかに両立可能である.

³ 存在の一義性はラッセルが無制限変項の原理を支持する外在的理由ではないと論じるためには, 彼がそもそも『諸原理』において (伝統的な形而上学の問題として) 存在の一義性を論じていないと指摘する方が説得的であろう. 実際, 本稿以下で提示する議論に対して, 彼が存在の一義性を論理的統語論の観点から理解していなかったと応答することや, 彼が「存在」という語の意味を存在量化子という観点から理解していなかったと論じることは十分に可能である. しかし, 本稿では, 存在の一義性との対比から, 世界の十全な記述可能性を理解するという目的のために, 前者の内実に踏み込んだ議論を行うこととする.

⁴A. Moore のこうした理解は, [9] の議論に基づくものである.

⁵A. Moore は他方の「シンボル」として「くも」をもちいた場合, その文は単に偽なのではなく, 無意味 (meaningless) であると想定する [19, p.25]. そしてまた, こうした「有意味性」の判定がわれわれに可能であることがこの方法の前提条件である. この点は, 本文以下で重要となる.

⁶ しばしば, ラッセルが諸々の存在者について語るために「項」という表現をもちいたことがミスリーディングであると指摘される. しかし, 彼が念頭においているのは, 明らかに, 19 世紀までの論理学における「項/概念」「判

断」「推論」という三つの区別である.

^{7} 本稿では,「項」ならびに「命題」という語を,こうした意味でのみもちいる. 他方,「概念 concept」や「対象 object」といった語については,彼の使い方でもちいるときには引用符を付すこととする.

^{8}[12, p.127] や [16, pp.21f] によるこの指摘は,現在,[21, p.916] が認めるように,多くの論者によって受け入れられている. この指摘のゆえに,ラッセルが性質の実在論を 1910 年以降も支持することを根拠として,[12] が提示する『プリンキピア・マテマティカ』における「命題関数」の唯名論的な解釈を退けることはできない.

^{9} この 'object' という語はラッセルが『諸原理』の原稿を Cambridge University Press に 1902 年 5 月に提出したのちに導入されたものであるが,そうした修正がなされる前から,ラッセルは,本稿が「真対象」と呼ぶものが「項」ではないことを認めている [4].

^{10}『諸原理』におけるラッセルによれば,「命題 proposition」はいくつかの「項」からなる複合物であり,それ自体「項」である [22, pp.44, 47, 449]. この意味で「命題」について語るときには,本稿中では,二重引用符をもちいることとする. また,「表示」を行う「概念」そのものに言及するときには,ラッセルの用法に従って,イタリックをもちいることとする [22, p.53].

^{11}Makin は,この 'aboutness shifter' に固有の問題が 'On Denoting' における難解な箇所(Gray's Elegy Argument)において論じられていると考える. こうした考えは,Levine によって,(本稿のみるところ)より一層説得的な解釈へと練り上げられている [14, 15].

^{12} ラッセルはこうした考えをもって,例えば,数学において諸々の対象や概念に与えられる「定義」が理論上は単なる略記の導入でありながらも,「しばしば解析学における最も重要な成果を体現する」ことを説明する [22, p.63].

^{13} 人間の「数的連言」や「命題的連言」なるものは奇妙に聞こえる. この点は本稿のみるところラッセルの「項」概念に関する根本的な問題と関係している. その問題とは,彼が「項」を 'immutable and indestructible' と形容する一方で,彼は,Socrates のような存在者を「項」とみなすことを厭わないというものである. この問題については,[7, p.139] や [17, p.181], [5, p.109] を参照されたい.

^{14} もちろん,命題関数についても同様のことが言われねばならない. しかし,この点についてラッセルは『諸原理』では明確に論じていない [22, p.88].

[15][7] を参照されたい. この著作が提示する解釈の細部についてはさまざまな反論がなされているが, 英国観念論という思想背景を踏まえるべきであるという Hylton の指摘そのものは, 実践されているかはさておき, 研究者のあいだで広く意識されている.

[16] ただし, ブラッドリーを英国観念論の「代表」とみなすにあたって, 彼の立場が実際にはその中でも 'eccentric' ないし 'idiosyncratic' なものだったことには注意が必要である.[7, p.21f.] や [5, p.141f.] を参照されたい.

文献

[1] Bradley, F. H. [1883]. *The Principles of Logic*, Oxford: Oxford University Press. (2nd ed., 1922; corrected in 1928.)

[2] Bradley, F. H. [1893]. *Appearance and Reality*, New York: Swan Sonnenschein & Co., Lim. (2nd ed., 1897; corrected and reprinted in 1916, London: George Allen and Unwin.)

[3] Bradley, F. H. [1999]. *Selected Correspondence: January 1905–June 1924*, Carol A. Keene (ed.), Bristol: Thoemmes Press.

[4] Blackwell, K. [1984]. 'Part I of *The Principles of Mathematics*', *Russell*, n.s. 4, 271–288.

[5] Candlish, S. [2007]. *The Russell/Bradley Dispute and its Significance for Twentieth-Century Philosophy*, Hampshire: Palgrave McMillan.

[6] Cocchiarella, N. [1980]. 'The Development of the Theory of Types and the Notion of a Logical Subject in Russell's Early Philosophy', *Synthese*, 45, 71–115.

[7] Hylton, P. [1990]. *Russell, Idealism, and the Emergence of Analytic Philosophy*, Oxford: Clarendon Press.

[8] Klement, K. [2014]. 'Early Russell on Types and Plurals', *Journal for the History of Analytical Philosophy*, vol. 2, 1–21.

[9] Johnston, C. [2007]. 'Symbols in Wittgenstein's *Tractatus*', *European Journal of Philosophy*, 15, 367–394.

[10] Jung, D. [1999]. 'Russell, Presupposition, and the Vicious Circle Principle,' *Notre Dame Journal of Formal Logic*, 40–1, 55–80.

[11] Landini, G. [1989]. 'New Evidence Concerning Russell's Substitutional Theory', *Russell*, n.s., 9(1), 26–43.

[12] Landini, G. [1998]. *Russell's Hidden Substitutional Theory*, Oxford: Oxford University Press.

[13] Landini, G. [2011]. *Russell*, London: Routledge.

[14] Levine, J. [2004]. 'On the Gray's Elegy Argument and Its Bearing on Frege's Theory of Sense', *Philosophy and Phenomenological Research*, 49, 251–95.

[15] Levine, J. [2005]. 'Aboutness and the Argument of "On Denoting"', in Linsky, B. & Imaguire, G. eds. *On Denoting 1905–2005*, 29–97.

[16] Linsky, B. [1999]. *Russell's Metaphysical Logic*, California: CSLI publications.

[17] Makin, G. [2000]. *The Metaphysicians of Meaning: Russell and Frege on Sense and Denotation*, Abingdon: Routledge.

[18] Mander, W. J. [1994]. *Introduction to Bradley's Metaphysics*, Oxford: Oxford University Press.

[19] Moore, A. [2015]. 'Being, Univocity, and Logical Syntax', *Proceedings of the Aristotelian Society*, vol. cxv, 1–23.

[20] Proops, I. [2007]. 'Russell and the Universalist Conception of Logic', *Noûs*, 41, 1–32.

[21] Pickel, B. [2013]. 'Russell on Incomplete Symbols', *Philosophy Compass*, 8/10, 903–923.

[22] Russell, B., [1903]. *The Principles of Mathematics*, London: W.W. Norton & Company. (2nd ed., 1937).

[23] Russell, B., [1994]. *The Collected Papers of Bertrand Russell, vol.4, The Foundations of Mathematics*, A. Urquhart (ed.), London: Routledge.

[24] Stevens, G. [2005]. *The Russellian Origins of Analytical Philosophy*, London: Routledge.

[25] Wright, D. [1998]. 'A Platonist's Copernican Revolution: G. E. Moore and Bradley's Logic', *Journal of Philosophical Research*, vol. xxiii, 1–28.

[26] 高村夏輝 [2013] 『ラッセルの哲学 [1903–1918] センスデータ論の破壊と再生』, 勁草書房.

[27] 戸田山和久 [2007] 「ラッセル」, 『哲学の歴史 第 11 巻 論理・数学・言語』, 飯田隆編, 中央公論新社, 2007 年, 197–296.

（慶應義塾大学・日本学術振興会）

科学哲学 53-2 (2020)

査読付き論文

「付録B」タイプ理論とは何だったのか
―ラッセル『数学の原理』再訪―

野村恭史

Abstract

In the "Appendix B" to his *Principles of Mathematics* (1903), Bertrand Russell developed a theory of types that is different explicitly from his so-called "ramified" theory of types in *Principia Mathematica* (1910). It is not easy to evaluate properly this "Appendix B" theory of types, because (A) it is sometimes thought that it is only a rough sketch added hastily, and (B) it seems to play no role for Russell's later theoretical developments. But in this paper, I shall show that both (A) and (B) are not correct and that the "Appendix B" theory of types played an important role for his theoretical developments leading to the ramified theory of types.

1.「付録B」タイプ理論、執筆の歴史的いきさつ

「付録B」タイプ理論とは，ラッセル (Bertrand Russell, 1872-1970) が『数学の原理』(以下『原理』と略記) の「付録B」で展開したタイプ理論である．ラッセルのタイプ理論といえば，『プリンキピア・マテマティカ』(以下『プリンキピア』と略記) の分岐タイプ理論が真っ先に想起されようが，かれはそれに先立つこと約8年，『原理』の「付録B」ですでに (『プリンキピア』のそれとはずいぶん異なる) タイプ理論を展開していた[1]．

1899年からその翌年にかけて，ラッセルは『原理』の第一草稿 (*"Principles of Mathematics*, Draft of 1899-1900", CP3, Paper1) を書いた．そして，それをもとに『原理』本文の諸章を書き継いでいる最中の1901年5月に，のちに「ラッセルのパラドクス」とよばれることになる「矛盾」を見出した．ラッセルは，すぐにこの「矛盾」の叙述とそれへの対応を含む第二草

2020年6月30日投稿, 2020年10月14日再投稿, 2021年1月28日再々投稿,
2021年2月21日審査終了

稿 ("Part I of the *Principles*, Draft of 1901", CP3, Paper2) を書き（1901年5月），それと第一草稿に大幅に加筆するという形でいったん『原理』本文の最終草稿を書き上げた（1902年5月23日）.

　その後ラッセルは，『原理』本文の校正作業と平行してフレーゲ研究をおこない[2]，件の「矛盾」についてフレーゲ（Gottlob Frege, 1848-1925）と手紙で意見交換しながら，1902年12月までに「付録A フレーゲの論理的算術的学説」および「付録B タイプの学説」を書いた（cf., Moore 1993, p.xxxix）. これらの付録とともに『原理』が出版されたのは，1903年5月であった.

2.「付録B」タイプ理論とは何だったのか

　とはいえこの「付録B」タイプ理論は，評価がむずかしい. とりわけ，『原理』から『プリンキピア』にいたるラッセルの論理学の哲学の展開のなかにそれをどのように位置づけるべきか，その評価がむずかしい. というのも「付録B」タイプ理論は，ピーター・ヒルトンやグレゴリー・ランディニがいうように，（A）パラドクスへの対応として付け焼刃的に書き足された，気まぐれのアイディア・スケッチにすぎず，（B）ラッセルの後の理論展開になんら役割を果たしていないように見えるからである.

　上に述べた執筆のいきさつを考えてみると，たしかに，タイプの階層が主題的に言及されている「付録B」は，『原理』執筆の最終段階でつけくわえられており，またタイプの階層が主題的に言及されるのは，ただその「付録B」においてのみである. しかも『原理』本文のみならず，その草稿においても，タイプの階層が主題的に言及されることはなかった.「論理的タイプの学説」への言及は，第一草稿，第二草稿はいうにおよばず，じつは（最終校正前の）最終草稿にすらもなかった.

　ラッセルが「矛盾」への対応としてタイプの学説に言及するのは，おそらく1902年8月8日づけフレーゲあて書簡が最初である（WB, S.226-227）.『原理』本文中に散見されるタイプの学説への言及は（PoM, pp.103-105, 107, 131, 139, 367-368），最終草稿が書かれてから出版に至る約1年間の校正期間中，緊張感にあふれる文通をフレーゲとおこなっている最中に，「付録B」とともにつけくわえられたことがわかっている[3].

　こう見てくると，「付け焼刃的」という評価にも，一定の説得力があるように見える. ランディニおよびヒルトンは，つぎのように述べている.

　　『原理』におけるタイプの編成の粗雑なスケッチは，それが実行可能なものにされるためになんらかの哲学的理論を必要とするであろうような

　形式的すりぬけformal dodgeにすぎなかった．（Landini 1998, p.71）
　タイプは採用されなかった．公式のアプローチは，二次形式のあつかい
を統制する純粋に論理的な諸原理によって指定される―としてのクラス
が存在するというものであった．（Landini 1998, p.72）
　このこと〔『原理』のとくに「付録B」でタイプ理論が言及されている
こと〕が示しているのは，むしろ，存在者がすべて同じタイプに属する
ことにならないような見方を，ラッセルはすくなくともよろこんで考察
していた，ということである．しかしながら『原理』は，この見方の擁
護はいうにおよばず，この見方のいかなる表明をも含んではいない．タ
イプ理論へのラッセルのコミットメントは，いずれにせよ，わたしが示
したように，心半ばのものhalf-heartedであった．（Hylton 1990, p.230）
　フレーゲとはちがってラッセルは，タイプの区別あるいはパラドクスを
回避するなんらかの類比的な方法の必要性を意識している．とはいえか
れは，かれが考察しているタイプの体系に満足しておらず，『原理』の
大部分は，ラッセルがパラドクスをまったく見出していないかのような
仕方で進行している．（Hylton 2005, p.77）

　こうしてたしかに「付録B」タイプ理論は，パラドクスへの対応として付
け焼刃的に書き足された，気まぐれのアイディア・スケッチにすぎないよう
にも見える（(A)）．
　ラッセルの後の理論展開という観点からも，「付録B」タイプ理論は，あま
り大きな役割を果たしていないように思われる．ラッセルは，1903年にこ
の「付録B」でタイプ理論を或る程度展開したものの，それ以降は，タイプ
理論ではなく「置き換え理論」（ラッセルいうところの「無クラス理論」）の
展開に邁進し，『プリンキピア』の分岐タイプ理論は，この置き換え理論の
或るヴァージョンの表記法上の変更によって得られることになる (ML, p.77)．
したがって，たしかに「付録B」タイプ理論は，のちの分岐タイプ理論の展
開にたいしてもそれほど大きな貢献はしていないように見える（(B)）．

3.「付録B」タイプ理論は，付け焼刃的アイディア・スケッチにすぎない のか

　しかし私見では，こうした評価（上記 (A) および (B)）は，いずれも誤り
である．以下それを正してゆきたい．
　執筆のいきさつはたしかに上に述べたとおりで，これは「付け焼刃的」と
いう評価に十分に値するように見える．しかし，あらたな理論的展開という

のは，いつでも多かれ少なかれそうしたもので，重要なのは，その接ぎ木がどれほど自然かつ強力に，もともとの幹の一部と化しているかということであろう．理論的内実の点からの評価こそが，重要である．

　では，なぜ (A) のように考えられたのだろうか．ここでは，以下の二つの理由に注目したい．(A.1)「付録B」タイプ理論と「多としてのクラス」の理論の密接な関係が見られなかった．(A.2)「無制約的変項」の強いテーゼが，誤って『原理』に帰せられた．

　ヒルトンやランディニが「付録B」タイプ理論を「付け焼刃的」なものとみなしえた理由の一つは，かれらが『原理』の特異なクラスの理論を適切に理解していなかったということであるように思われる．『原理』のクラスの理論は，「一としてのクラス class as one」と「多としてのクラス class as many」の区別に基づく二重理論となっており，これは，1899年から翌年にかけての第一草稿の段階から『原理』に組み込まれていた (CP3, pp.15-17, 35-36).

　「一としてのクラス」が「全体 whole」「総体 aggregate」等とよばれる一方 (PoM, pp.68-69, 138-139)，「多としてのクラス」は「数的連言 numerical conjunction」「和もしくは連言 sum or conjunction」「結合体 combination」等とよばれる (PoM, pp.67, 54-55, 80). これは，「一としてのクラス」が，そのメンバーたちと同じ資格の真正の存在者 (=「項」) である一方，「多としてのクラス」はそうではない，ということを示している．このことは，この区別を示す言語表現としてラッセルがあげている例——space と points, time と instants, the army と soldiers, the navy と the sailors, the Cabinet と the Cabinet Ministers——からも窺えよう (PoM, p.68).

　『原理』でのこの区別について理論的に重要なのは，つぎの二点である．(A.11)「一としてのクラス」が「項」とみなされる一方，「多としてのクラス」はそうみなされない．(A.12)「一としてのクラス」がそのメンバーと同じタイプに属する一方，「多としてのクラス」はそのメンバーより一つ上のタイプに属する．

　まず『原理』における「項 term」とは，あらゆる真正の存在者を包括する概念であった．

　　　思想の対象となりうるもの，あるいは真もしくは偽であるような任意の命題に登場しうるもの，あるいは一つと数えられうるもの，わたしはそうしたものをなんであれ項 term とよぶ．これは，哲学的な語彙のなかでももっとも広いことばである．わたしはその同義語として，単位，個

体，存在者ということばを使う．最初の二つは，あらゆる項が一つであ
るという事実を強調しているが，第三のことばは，あらゆる項が有
beingをもつこと，つまりそれがなんらかの意味で有るという事実から
引き出されている．或る人，或る瞬間，或る数，或るクラス，或る関
係，或るキマイラ，その他の任意の言及されうるもの，これらはたしか
に項である．そして，しかじかのものが項だということを否定するの
は，つねに偽でなければならない．（PoM, p.43）

ここで「項」の事例としてあげられている「或るクラス」とは，もちろん，
一としてのクラスである．「項」は，「一つと数えられうるもの」でなけれ
ばならないのだから．多としてのクラスは，それが多であるがゆえに「項」た
りえない（(A.11)）．
　「項」があらゆる存在者を包括する概念ならば，そこから除外される多と
してのクラスは，そもそも「有をもつ」存在者ではないことになる．では何
なのか．それはもちろん，端的に「ない」わけではない．ないわけではない
が，項としての真正の存在者でもない．多としてのクラスは，こうしていわ
ば二流の存在者，フレーゲいうところの「非本来的対象」となる（GGA, II,
Nachwort, WB, S.228）．
　「一としてのクラス」と「多としてのクラス」の区別について理論的に重
要な第二の点は，タイプの区別に関連する．

　　一としてのクラスは，その項と同じタイプの対象である．つまり，xの
　　代わりに項の一つが代入されたときに有意義になる任意の命題関数φx
　　は，一としてのクラスが代入されても有意義である．しかし，一として
　　のクラスはつねに存在するわけではなく，多としてのクラスは，そのク
　　ラスの項とは異なったタイプに属する．たとえ当のクラスが唯一の項を
　　もつ場合でもそうである．つまり，命題関数φ(u)が存在して，ここで
　　のuが多としてのクラスであってよい場合，uの代わりにuの項の一つ
　　が代入されれば無意味になる．（PoM, pp.104-105）

　真正の存在者としての一としてのクラスは，そのメンバーと同じタイプに
属する．たとえば人間の一としてのクラスは，そのメンバーである各人間と
同じタイプに属する（cf., PoM, pp.139, 521）．このことは，一としてのクラ
スが，そのメンバーがもつのと同程度の実在性（なんらかの意味での）をも
つ，ということを示唆している．項の一としてのクラスは，それ自身があら

たな項となる.

　これにたいして多としてのクラスは，そのメンバーとは別のタイプ，その
メンバーより一つ上のタイプに属する (PoM, pp. 107, 139, cf., ibid., pp.524-
525)．人間の多としてのクラスは，各人間より一つ上のタイプに属する．項
の多としてのクラスは，それ自身はもはや項ではない（それゆえいかなる多
としてのクラスも項ではない）．以上から，「一としてのクラス」がそのメン
バーと同じタイプに属する一方，「多としてのクラス」はそのメンバーより
一つ上のタイプに属する，ということがあきらかだろう（(A.12)）．

　『原理』のクラスの理論は，以上のような「一としてのクラス」と「多と
してのクラス」の区別を最大の特徴としている．この区別を念頭に置きなが
ら，以下，「付録B」タイプ理論のタイプの階層を見てみよう．

　「付録B」は非常に読みにくいテクストではあるのだが，以下の点につい
てははっきりしている．(A.13)「付録B」タイプ理論のもっとも下のタイプ
は，「項」からなり，そこには「一としてのクラス」も含まれる．(A.14)
「付録B」タイプ理論におけるタイプ上昇の原理は，「多としてのクラス」を
形成することである．

　「付録B」タイプ理論のもっとも下のタイプは，「項」にほかならない
（(A.13)）．

> 項または個体とは，領域rangeではない任意の対象である．これは，対
> 象のもっとも低いタイプである．そうした対象，たとえば空間における
> 或る点などが命題にあらわれるならば，有意義性を損なうことなく，任
> 意の他の個体がつねに置き換えられうる．第Ⅵ章でわれわれが一とし
> てのクラスとよんだものは，そのメンバーが個体ならば個体である．日
> 常生活の対象，人，テーブル，椅子，りんご等々は，一としてのクラス
> である．これらの対象は，それゆえ，単純な個体と同じタイプに属す
> る．単一の語で指示されるすべての対象は，ものであれ概念であれ，こ
> のタイプに属する．こうしてたとえば，じっさいの関係的命題に登場す
> る関係は，ものと同じタイプに属する．が，記号論理学が使う外延にお
> ける関係は，異なったタイプに属する．(PoM, p.521)

　ここでは「項」（＝「個体」）が「もっとも低いタイプ」をなすといわれてい
る．そしてそのなかには，「もの」「概念」「関係」「一としてのクラス」が属
するといわれている．「概念」や「関係」が「もの」と同じタイプに属する
とされるのは，ラッセルの論理学の哲学を特徴づける「無制約的変項」の学

説にほかならないのだが，これについてはのちに述べる．（「項」（＝「個体」）の）一としてのクラスがそれ自身また「項」（＝「個体」）のタイプに属するのは，さきに見たとおりである．

　「付録B」タイプ理論におけるタイプ上昇の原理は，「多としてのクラス」を形成することである（(A.14)）．

> つぎのタイプは個体の領域もしくはクラスからなる．（中略）こうして「ブラウンとジョーンズBrown and Jones」がこのタイプの対象であり，〔こうした対象は〕ブラウンがその構成要素になっている任意の真もしくは偽な命題の「ブラウン」の代わりに代入されても，一般に有意義な命題を生み出さない．（PoM, p.524）

　「項または個体」のタイプが「もっとも低いタイプ」で，つぎのタイプは，「個体の領域もしくはクラス」からなるといわれている．この「領域またはクラス」は，一としてのクラスではありえない．一としてのクラスは，「もっとも低いタイプ」に属しているのだから．するとこれは「多としてのクラス」ではないのか，という推測がなりたつ．じっさい「多としてのクラス」は，『原理』本文中でも「そのメンバーとは別のタイプに属する」といわれていた（PoM, p.105）．

　この推測は正しいように思われる．ラッセルが「付録B」でこの「領域またはクラス」の例として真っ先にあげているのは，「ブラウンとジョーンズBrown and Jones」である．この例はラッセルが『原理』「第V章　表示」の章で「数的連言numerical conjunction」の例としてあげているもので（PoM, p.57），この「数的連言」とは，さきに述べたように，「多としてのクラス」の別名にほかならなかった．

　してみると，「項」をあつめて「多としてのクラス」をつくるとタイプが一つ上がる，という関係が想定されていることになる．しかも「付録B」におけるこれ以降のタイプが，「個体のクラスのクラス」「個体のクラスのクラスのクラス」…というふうに上がっていくと想定されていることを勘案すれば（PoM, p.524）[4]，或るタイプに属する「多としてのクラス」をあつめてさらに「多としてのクラス」をつくると，そのタイプはもとのタイプより一つ上がると想定されていることになる[5]．こうして「付録B」タイプ理論におけるタイプ上昇の原理は，「多としてのクラス」を形成することだといえるように思われる．

　以上により，「付録B」タイプ理論が，『原理』のクラス理論の基軸となる

「一としてのクラス」と「多としてのクラス」の区別と密接に関連している
ことがあきらかだろう．「項」の「一としてのクラス」が，それ自身「項」
として，最下のタイプに包摂される一方，「多としてのクラス」を形成する
ことが，タイプ上昇の原理であった．ここから，「付録B」タイプ理論のタ
イプの階層とは，ようするに「多としてのクラス」の階層である，といえる
ように思われる．「付録B」タイプ理論は，たしかに執筆の最終段階でつけ
くわえられたにせよ，理論的内実の観点からすると，『原理』のクラスの二
重理論の不可欠の構成要因であるといってよいように思われる．

4.「無制約的変項」の強いテーゼは『原理』で支持されているか

「「無制約的変項」の強いテーゼが，誤って『原理』に帰せられた」（(A.2)）．
これはさきに，「付録B」タイプ理論が，付け焼刃的なアイディア・スケッ
チとみなされるさいの第二の理由としてあげられたものだが，以下これにつ
いて見ていこう．

「無制約的変項unrestricted variable」とは，その変域が，真正の存在者，
『原理』の場合なら「項」（＝「個体」）のすべてからなるような変項のことで
ある．それゆえこの変項の変域には，「もの」のみならず，「概念」（「述語」
および「関係」）「命題」「一としてのクラス」が入っていることになる．「無
制約的変項」の強いテーゼとは，すべての変項がこうした無制約的変項だと
するテーゼであり，ヒルトンやランディニによれば，ラッセルは『原理』
で，この無制約的変項の強いテーゼを支持している．しかし後で見るよう
に，無制約的変項の強いテーゼは，あらゆるタイプ理論と両立できない．こ
こからかれらは，「付録B」タイプ理論を『原理』の理論的一部とはみなさ
ないような解釈を展開することになった．以下では，無制約的変項の強い
テーゼを『原理』のなかに読み込むのはそもそも誤りだ，ということを示し
たい．

かれらは，どのようにしてこの強いテーゼを『原理』のなかに読み込んだ
のだろうか．ランディニは，一見するとささいに見える或る誤りにコミット
しているように思われる．ラッセルは，「項」ということばを，「単位，個
体，存在者」と「同義」のものとして使うと述べているが (PoM, p.43)，ラ
ンディニはこのリストに「論理的主語logical subject」をもつけくわえ
(Landini 1998, p.54)，けっきょく「項」と「論理的主語」を「同義」として
いる (ibid., pp.54-56)．「「有るものはなんであれ一である」という根本的な
学説は，別の仕方で「有をもつものはなんであれ論理的主語である」とも表
現されうる」(ibid., p.55)．

　しかしこの同一視は，問題なしとしない．ランディニがこの同一視を引き出してくる箇所でラッセルがいっているのは，ようするに「あらゆる項についてそれを主語とする命題が存在する」ということのみであって，それ以上ではない．「あらゆる項は論理的主語である．それはたとえば，それ自身は一であるという命題の主語である」(PoM, p.44).

　「あらゆる項が論理的主語になりうる」(「それを主語とする命題が存在する」)というのは正しいが，ここからこれらが「同義」だとすることはできない．命題はいずれにせよ「項」からなる，つまりその構成要素のすべては「項」だが，すべての構成要素が「論理的主語」であるわけではもちろんないからである．命題にはすくなくとも一つの（概念として登場している）概念が含まれており (PoM, p.52)，それはもちろん「項」だが，「論理的主語」ではない．ようするに，なにかが「項」かどうかは文脈から独立に決まるが，なにかが「論理的主語」かどうかは，それが命題のなかにどういう仕方で登場しているかに依存する[6]．これは一見するとささいなことだが，無視できない帰結をもたらす．

　ヒルトンは，これらをきちんと区別している場合もあるのだが (Hylton 2005, p.89, 1990, pp.174-175)，とくにつぎのような議論をするさいには，この区別を無化してしまう．かれは複数の箇所で，任意の概念が論理的主語になれることを示すラッセルの議論を紹介している (Hylton 2005, pp.90-92, 1990, pp.175, 227)．その議論とは，「しかじかのものは論理的主語になれない」と語る命題のなかで当のものが論理的主語になってしまう，というものである．この議論が示しているのは，さしあたり，論理的主語になれないように見える任意のものについてそれを主語とする命題がつくれるということであり，それ以上ではない．しかし，ヒルトンはここから，「あらゆるものは，項すなわち命題の主語である」という帰結を引き出している (Hylton 1990, p.227)．これも，（「項」と「論理的主語」を「同義」とした）ランディニと同じまちがいであろう．その命題の主語になっているにせよ，そこから，それがつねに主語として登場する，ということは出てこない[7]．

　このささいではない帰結の一つが，「無制約的変項」の強いテーゼである．ラッセルは，「論理的主語」を変項に変えたときのその変域が無制約的だということを明言している (PoM, p.45)．よって，もし命題の構成要素のすべてが「論理的主語」ならば，すべての変項の変域が無制約的だ（無制約的な変域をもつただ一種類の変項だけが存在する）ということになる．これを「無制約的変項の強いテーゼ」とよべば，ヒルトンもランディニもこのテーゼを明確に支持している．

ランディニでは，上に見たように，最初から「論理的主語」が，「個体」「項」「存在者」「単位」と「同義」のものとして導入され，「ただ一つのスタイルの変項——「個体」（あるいは存在者）変項のみが存在すべきである」と述べられている（Landini 1998, p.54）.

　　　この本は，バートランド・ラッセルの分岐タイプ理論の，1903年の『数学の原理』から1910年の『プリンキピア』にいたるまでの歴史的展開にかんするものである．その中心的テーマは，歴史をつうじて一つの学説がラッセルの思考を支配していたことを示すことである．その学説とは，存在するものはなんであれ一である *quodlibet ens est unum*，ラッセルのいい方では，「およそ有るものはなんであれ一である Whatever is, is one」であり[8]，これによってかれは，純粋論理のための任意の計算がすべての存在者を同じようにあつかわねばならない，ということを意味している．それは，ただ一つのスタイルの純粋で無制約的な「存在者」変項——これはなんであれ有るものを一とみなすのだが——を採用していなければならない．（Landini 1998, p.3）
　　　この学説へのラッセルの忠誠は，けっして揺るがなかった．（ibid., p.4）

　ヒルトンでは，「あらゆるものは，項すなわち命題の主語である」というさきに引用した一文があらわれているその同じ段落のおわりの方で，つぎのように述べられている.

　　　こうして，プラトン的原子論の中心概念の一つである項という概念は，命題のなかの或る存在者が同じタイプの別の存在者によって置き換えられたときにだけ命題が得られることになるような，そうしたタイプへと存在者が分割されているという見方とは相容れないことになる．（Hylton 1990, p.227）

ここでは，「項」という概念と，存在者にはタイプの区別があるという見方とが「相容れない」と述べられている．これはようするに，タイプの区別の端的な否定，あるいはヒルトンのいい方では「実在には段階degreeがあるという任意の観念の拒否」である（Hylton 1990, p.228）．このようにタイプの区別が端的に拒否されているということは，逆にいえば，ただ一種類の変項のみが認められている，つまり件の「無制約的変項」の強いテーゼが支持されているということである[9]．そして，ヒルトンはこの「無制約的変項」

の強いテーゼを，「論理は普遍的かつ全包括的である」というラッセルの「論理」のコンセプションの一環として支持している（Hylton 1990, p.200）.

しかし，「無制約的変項」の強いテーゼをこのように『原理』のなかに読み込むことは，問題なしとしない．ここでは二つの理由を指摘したい．「無制約的変項」の強いテーゼのもとでは，（A.21）「述語」ヴァージョンのパラドクスにたいする『原理』の対応策が展開不可能になり，また（A.22）「付録B」タイプ理論が，「多としてのクラス」の理論もろとも排除される.

「無制約的変項」の強いテーゼのもとでは，ヒルトンがいうように，「述語」ヴァージョンのパラドクスを避けるすべはない（Hylton 1990, p.227）.それはまさに，「ラッセルの形而上学の根本的な諸特徴」からただちに帰結する．しかし，ラッセルは『原理』で，「述語」ヴァージョンのパラドクスを回避するすべを提案している（PoM, p.88）.しかも，「概念」と「命題関数」の区別にもとづくその回避策は，強いテーゼの否定を含意している（「命題関数の関数的部分は独立の存在者ではない」）[10].したがって，強いテーゼのもとでは，『原理』で提起されている「述語」ヴァージョンのパラドクスへの対応策が展開不可能になるといわざるをえない（（A.21）).

「無制約的変項」の強いテーゼは，「項」のうえを走るただ一種類の無制約的変項以外のあらゆる変項を排除する．さきに述べた，「概念」とは区別される「命題関数」のうえを走る変項ばかりではなく，「多としてのクラス」のうえを走る変項も同様に排除されざるをえない．これが意味するのは，あくまでも強いテーゼに固執するなら，「付録B」タイプ理論もろとも，「多としてのクラス」の理論もまた排除されざるをえないということである（（A.22）).

ヒルトンとランディニは，ここに強いテーゼの問題を見出すのではなく，むしろここから，かれらの解釈にとって重要な見解を展開する．「無制約的変項」の強いテーゼとパラドクスへの対応としてのタイプ理論は，相互に排除しあう関係にある．この相互排除関係を見据えたうえで，かれらは強いテーゼにあくまでも固執する道を選び，タイプ理論を『原理』のとるにたりない枝葉として切り捨てた．そしてかれらは，この相互排除関係を，『原理』のなかでラッセルが捕えられた理論的「テンション」とみなし，『原理』から置き換え理論への理論的展開を，この「テンション」の解消によって動機づけられているとみなした.

ラッセルがかれのクラスのパラドクスと属性のパラドクスを見出したとき，かれはただちに，パラドクスのタイプ理論的なすりぬけと，論理の

言語の無制約的変項の学説のあいだのテンションに気づいた．（Landini 2011, p.136）

こうして，一方での論理の普遍性というラッセルの学説と，他方におけるパラドクスを回避する必要性とのあいだには，根本的なテンションがあることになる．置き換え理論は，このテンションを解消し，論理の普遍性と整合的な方法でパラドクスを回避しようとする試みだった．（Hylton 2005, p.93）

　しかし，以上のような解釈は，立ち行かないように思われる．「無制約的変項」の強いテーゼとタイプ理論は，たしかに相互に排除しあう関係にある．しかしこのとき，ヒルトンやランディニのように，問題の多い強いテーゼにあくまでも固執して，タイプ理論を切り捨てることは，唯一の選択肢ではない．むしろ「無制約的変項」の強いテーゼの内容を，タイプ理論を許容できるように弱める，という選択肢がある．

　強いテーゼとは，「すべての変項が無制約的変項だ」とするテーゼであった．そこでこの内容を，「『原理』の体系には，たしかに無制約的変項が存在するが，すべての変項がそうであるわけではない」と弱め，これを「無制約的変項の弱いテーゼ」とよぼう．わたしが『原理』のなかに見出すのは，この弱いテーゼのみである．

　この弱いテーゼのもとでは，無制約的変項と被制約的変項の両者が許容される．命題の「論理的主語」として（なんらかの述語記号のアーギュメントの位置に）登場している「項」を変項に変えたとき，われわれは無制約的変項を得る．他方，それ以外の仕方で登場している記号を変項に変えたとき，われわれは（それぞれの場合に適切な仕方でその変域が制約された）被制約的変項を得る．たとえば命題 [aRb] の [a] や [b] を変項に変えた場合に得られるのは無制約的変項だが，ここでの [R] を変項に変えた場合のその変域は，二項関係のみに制約される，等々．

　この弱いテーゼのもとでは，第一に，さきに述べた「項」と「論理的主語」の同義性にコミットする必要はまったくない．第二に，「命題関数」のうえを走る変項が被制約的変項として許容されるので，「述語」ヴァージョンのパラドクスにたいするラッセルの対応策も問題なく許容できる．第三に，高階のクラス（「多としてのクラス」）のうえを走る変項が被制約的変項として許容されるので，「付録B」タイプ理論（＝「多としてのクラス」の理論）も問題なく許容できる．

　さらに，弱いテーゼのもとでも，ラッセルの「論理」のコンセプションは

保持できるように思われる．ヒルトンやランディニが『原理』のなかに読み
込むラッセルの「論理」のコンセプションは，「無制約変項」がともかくも
存在することで，十分に担保できると思われる．というのも，弱いテーゼで
は，「項」変項の値になれない対象（「命題関数」や「多としてのクラス」な
ど）の導入が許容されるが，そうした対象は，それがまともな存在者とはみ
なされえないからこそ「項」から除外されているのだから（「項」の定義を
想起せよ），そうした対象をいくら認め，そうした対象のうえを走る変項を
いくら認めても，あいかわらず「項」によってまともな存在者は尽くされて
おり，「項」変項はあらゆる存在者のうえを走るといえるのではないだろう
か（命題関数は，それが「形式の恒常性」にすぎないがゆえに（PoM, p.85），
多としてのクラスは，それがまさに多であるがゆえに（上記(A.11)），とも
に「項」ではありえない）．

　こうして「無制約的変項」の弱いテーゼのもとでは，ラッセルの「論理」
のコンセプションが，被制約変項（無制約的変項以外の変項）の存在を要
請する「命題関数」あるいは「多としてのクラス」の理論と，平和裡に共存
できることがわかる．とりわけヒルトンとランディニが強調していた「無制
約的変項」のテーゼとタイプ理論の相互排除関係，あるいはかれらのいい方
ではそれらのあいだの「テンション」は，『原理』のなかにそもそもなかっ
たことになる．

　この見方のもとでは，『原理』から置き換え理論への展開は，『原理』のな
かにあった或る理論的「テンション」の解消に動機づけられたものではな
く，むしろ『原理』のなかに（「多としてのクラス」の理論として）もともと
あった理論的可能性が，明示的に展開されたものとみなされる．いいかえれ
ば，『原理』から置き換え理論への展開は，自然でなめらかな理論的展開で
あった，と．じっさいつぎに見るように，「多としてのクラス」の理論は，
置き換え理論の先駆形だったといいうる余地がある．

　以上のように，(A.1)「「付録B」タイプ理論と「多としてのクラス」の理
論の密接な関係が見られなかった」，および(A.2)「「無制約的変項」の強い
テーゼが，誤って『原理』に帰せられた」の誤りを正すと，「多としてのク
ラス」の理論としての「付録B」タイプ理論は，「無制約的変項」の弱い
テーゼのもとで，『原理』の理論体系のなかに自然に組み込まれる．それゆ
え(A)「「付録B」タイプ理論は，『原理』に付け焼刃的につけくわえられた
粗雑なアイディア・スケッチにすぎない」という見解は誤りだといえるよう
に思われる．

5.「付録B」タイプ理論の後の理論展開への貢献とは？

　本論文冒頭にあげたテーゼ (B)「「付録B」タイプ理論は，ラッセルの後の理論展開にたいしてほとんど貢献していない」，つぎに，この (B) が誤りであることを示したい．

　まず，こう考えられた理由だが，それはとりもなおさず，(A) のように，つまり「付録B」タイプ理論が付け焼刃的に『原理』につけくわえられたアイディア・スケッチにすぎない，と考えられていたからである．われわれはこの (A) の誤りを指摘し，「付録B」タイプ理論が，多としてのクラスの理論として『原理』の体系のなかに自然に組み込まれることを見た．この観点から，置き換え理論へのラッセルの理論展開を考え直せば，「付録B」タイプ理論 (＝多としてのクラスの理論) が，ヒルトンやランディニの見立てとは反対に，置き換え理論の先駆形として非常に重要な役割を果たしていたことが見えてくる．以下，これら両理論の類似性をごく簡単に指摘したい．

　置き換え理論の基本的な発想は，命題とその構成要素の置き換えという観念で，命題関数 (およびクラス) を代用しようというものである．すべての基礎となるのが，「p(x/a)」という記号法である．

> 「φ」によって表示されるなにかの存在を記号法が不可避的に示唆してしまうとき，関数φ!xの代わりに，われわれはつぎのようにする．pを任意の命題とし，aをpの構成要素とせよ (pを言明するさいにaが言及されるならば，われわれは広い意味でaはpの構成要素だといいうる[11]．このとき「p(x/a)」は，pのなかにaがあらわれる〔すべての〕場所でaの代わりにxが代入されたときにpがそれになるものを表示する．(OSD, p.155)

ここではさしあたり『原理』流の「項」と「命題」の存在論がそのまま引き継がれていることに注意すべきだろう．任意の存在者を包括する概念としての「項」と，項をその構成要素とする (それ自身もまた項である)「命題」の存在論．これらのみを仮定したうえで，命題の構成要素の置き換えという観念が導入される (「p(x/a)」において「p」は「プロトタイプ」，「a」は「初端項origin」もしくは「初期主語initial subject」とよばれる (OSD, p.155))．

　たとえばわれわれは，命題 [ソクラテスは人間である] をプロトタイプとし，項 [ソクラテス] を初端項とする「ソクラテスは人間である (x/ソクラテス)」を考えることができる．これはようするに，「命題 [ソクラテスは人

間である］のなかに［ソクラテス］があらわれる〔すべての〕場所で項［ソクラテス］の代わりにxが代入されたときに命題［ソクラテスは人間である］がそれになるもの」を表示しており，それはすなわち［xは人間である］である．

　したがってわれわれは，「xは人間である」と書きたくなる任意の場所で「ソクラテスは人間である (x/ソクラテス)」と書くことができ，後者にはもはや命題関数を表す表現は登場しない．こうしてラッセルは，この「p(x/a)」でまずは命題関数を代用する．「これ〔p(x/a)〕は，xの異なる値にたいして，われわれが命題関数の異なる値とよびならわしてきたものをあたえる」(OSD, p.155). 命題関数が得られれば，そこからクラスを得るのはたやすい．クラスは命題関数によって定義されるのだから．「ここでは，p(x/a) が真となるようなxの値が，クラスuの代わりとなっている．しかしわれわれは，これらの値がよりあつまって，それらからなるクラスであるような或る単一の存在者を形づくるとは仮定していない」(OSD, p.155).

　こうしてラッセルは，『原理』以来の「項」の存在論だけを仮定する枠組みのなかで，命題関数やクラスや関係といった道具立てを使えるようになった．「クラスや関係や関数のようないかなるものも存在者としては存在せず，それらについて語る習慣は，たんに便利な省略記法である」(OSD, p.145).

　1906年に書かれた「置き換え理論について」では，「p/a;x!q」という記号法が導入され，「pのなかのaがあらわれるすべての場所（もしあれば）でaをxで置き換えることでpからqが得られる」を意味するものとされる (OST, p.168). この記号法の「p/a」の部分が「マトリクス」とよばれ (OST, p.169)，けっきょくマトリクスによって命題関数やクラスや関係があらわされることになる[12].

　この「マトリクス理論」(OST, p.170) のポイントは，さしあたり二つ指摘できる．(B.1) マトリクスの指示対象は，「項」ではなく，二流の存在者，非本来的対象である．(B.2) マトリクスの導入によってパラドクスが回避されうる．

　マトリクスは，「それ自身では完全に意味を欠いており，適切な命題の部分としてのみ有意義となる」(OST, p.170)[13]. 「こうしてマトリクスは，文の部分ではあるものの，それのみでなにかを意味するような部分ではないことになる．こうしてそれは，なにかの名前ではなく，存在者の名前であるようなシンボルの部分であるにすぎないことになる」(OST, p.170).

　マトリクスとは，せんじつめれば「項」を指示する記号の順序対であっ

て，それ自身がなんらかの「項」を指示しているわけではない．このかぎり
でそれは，『原理』における「命題関数」や「多としてのクラス」を指示す
る記号と類比的である．これらはいずれも，「項」ではない非本来的対象の
記号だからである（(B.1)）．

　「マトリクス理論」は，パラドクスの回避を可能にさせる（(B.2)）．「しか
しいまや「xは或るxである」は無意味になる．というのも，「xは或るαで
ある」は，αがp/aという形式をもっていること，つまりそれがまったく存
在者ではないことを要請するからである．クラスのメンバーシップはこのよ
うに定義されえ，同時に矛盾が回避される」(OST, p.172)．

　この解決が或る種のタイプ理論によるものであることは見やすい．という
のも，「xは或るxである」における第一のxと第二のxは別々のタイプに属
していなければならない，ということが置き換え理論の文法の一部だからで
ある．じっさい任意のマトリクスp/aを自分自身に適用しようとすると，p/
a;xのxの場所に当のマトリクスそれ自身を登場させなければならないが，x
が「項」のうえを走る変項である一方，マトリクスは（「多としてのクラス」
がそうであるように）そもそも「項」ではないので，こうしたことは置き換
え理論の文法によって排除される．

　じっさいマトリクスは，「多としてのクラス」がそうであったように，タ
イプの階層をなす．「項」が最低のタイプを構成し，以下マトリクスp/aが
「第一タイプ」，マトリクスp/a, bが「第二タイプ」，マトリクスp/a, b, cが
「第三タイプ」を構成する，等々 (OST, pp.176-177)．置き換え理論における
タイプの階層は，けっきょく，「項」を最下のタイプとし，以下，「項」の順
序n＋1重対で第nタイプを代用するといういたってシンプルなものであ
る．この文法のもとでは，第nタイプの「命題関数」は「項」の順序n＋1
重対で代用され，したがってn個のアーギュンメントしかとれないので，自
己適用はつねに不可能になる[14]．

　以上，ごく簡単に置き換え理論（「マトリクス理論」）の概要を見てきたが，
『原理』の「多としてのクラス」の理論とすくなからぬ点で類比的であるこ
とがあきらかだろう．

- (B.21)　理論の全体が「項」の存在論のうえに載っている．
- (B.22)　あらたに導入されるのが非本来的な対象である．
- (B.23)　あらたに導入される対象にタイプの階層が導入される．
- (B.24)　タイプの階層によってパラドクスを避けつつ，「項」の存在論は
　　　　　そのままの形で保持される．

　以上の比較から，『原理』の「多としてのクラス」の理論が置き換え理論

の先駆形であるといいうる余地が十分にあることが理解されたであろう（あるいは逆に，置き換え理論は，「多としてのクラス」の理論における或るアイディアの徹底化である，ともいえる）．この観察は，ラッセル自身のつぎの証言を裏書きするのに十分ではないだろうか．

　　技術的には，付録Bで示唆されたタイプ理論は，無クラス理論〔＝置き換え理論〕とほとんどちがわない．(Insolubilia, p.193)[15]

　さて以上により，「付録B」タイプ理論は，(A)「パラドクスへの対応として付け焼刃的に書き足された，気まぐれのアイディア・スケッチにすぎない」も，(B)「ラッセルの後の理論展開になんら役割を果たしていない」も誤りだということが示されたように思う．「付録B」タイプ理論は，ヒルトンやランディニの見解に反して，分岐タイプ理論へのラッセルの理論展開においてきわめて重要な役割を果たす理論だった，といえるように思われる．

付記　二名の査読者および編集委員長による有益なコメントに感謝します．

注

1. 以下『原理』執筆のいきさつについては，おもに Grattan-Guiness 1996および Moore 1993 によっている．
2. ラッセルはまず『概念記法』と『算術の基本法則』第一巻を読み，さらにフレーゲとの文通をつうじてかれから送られた論文「概念と対象について」「意義と意味について」等を読んだ（1902年6月22日づけラッセルあてフレーゲ書簡（WB, S.215），1902年6月24日づけフレーゲあてラッセル書簡（WB, S.217））．
3. このことは，ケネス・ブラックウェルによる『原理』Part I の（およびマイケル・バードによる同書Part IIおよびPart Vの）詳細な書誌的研究（Blackwell 1984, Byrd 1987, 1994）によりあきらかになっている．
4. さらにカップルやトリオのタイプなども考えられているが（PoM, pp.524-525），ここでは措く．
5. たとえば，ブラウンとジョーンズのみからなる多としてのクラス｛ブラウン，ジョーンズ｝のタイプを1とするとき，そのクラスのみをメンバーとするクラス｛｛ブラウン，ジョーンズ｝｝のタイプは2，さらにそのクラスのみをメンバーとするクラス｛｛｛ブラウン，ジョーンズ｝｝｝のタイプは3，等々という具合になる．
6. 「論理的主語」と同じように，命題に相対化された意味で「項」という言葉が使われることもある（e.g., PoM, p.45）．

7. ここでわたしは，ヒルトンが「あらゆるものは，項すなわち命題の主語である Everything is a term, i.e., the subject of propositions」という文を，「あらゆるものは項である，すなわちそれが命題にあらわれるときはつねにその主語としてあらわれる」という意味で使っていると解釈しているが，もとよりこれは自然な解釈ではない．とはいえ，「無制約的変項」の強いテーゼを『原理』に読み込んでいるヒルトンには，この文をこの自然ではない意味で使う理由があると思われる．強いテーゼとこの文とのつながりについては，註9を参照のこと．

8. 「およそ有るものはなんであれ一oneである」．ラッセルは，こう述べたその直後に，「とはいえ，およそ有るものはなんであれ多manyである，ということも同様に真である」といっている (PoM, p.132).

9. ヒルトンは，つぎのような（ランディニとほぼ同じ）歩みを経て，この強いテーゼへといたったと思われる．まず「あらゆるものが，項すなわち命題の主語である」というさきの帰結から (Hylton 1990, p.227)，「項は，それが命題にあらわれるときはつねにその主語としてあらわれる」という主張へいたり，これと，「項の主語としてのあらわれを変項に変えれば無制約的「項」変項が得られる」ということから (PoM, p.45)，「すべての項のすべてのあらわれは無制約的「項」変項と置き換え可能」，すなわち「すべての変項は無制約的「項」変項である」（強いテーゼ）へといたった，というように考えられる．

10. 「述語」ヴァージョンのパラドクスは，ラッセル述語Wの定義「∀f(W(f)←→¬f(f))」から生じる．ラッセルはこれにたいして，ここでの「f」は無制約的「項」変項だが，W（「命題関数の関数的部分」）は「独立の存在者〔＝項〕」ではないので，無制約的「項」変項「f」の値になれない，とすることでパラドクスを回避している (PoM, p.88).　それゆえ，このWがなんらかの変項の変域に属するとすれば，その変項は無制約的「項」変項ではありえない．

11. この「広い意味で」は，「それが述語として登場している場合も含めて」を意味する．命題の任意の構成要素が初端項になれる．

12. もしpが命題φaで，マトリクスp/aが外延的ならば，zが命題関数φxの事例であることも，zがクラス{x:φx}のメンバーであることも，同じマトリクスを使ったp/a;zで代用される (OST, p172)（この点については，マトリクスが命題関数とクラスの中間の内包性をもっているとされる点が興味深い (OST, p175)）．

13. 後の用語法でいえば，ようするに，マトリクスを表す記号は不完全記号だということである．

14. とはいえ結局パラドクスが見出されるのだが（いわゆる「p_0/a_0」パラドクス (Landini 1998, pp.204-206, 2011, pp.147-152)）．

15. ランディニはこの発言を，後年の分岐タイプ理論と置き換え理論を同一視するという文脈で使っているが (Landini 1998, pp.5-6)，これは曲解であろう．

文献

Blackwell, Kenneth, 1984: "Part I of *The Principles of Mathematics*", *Russell*, n.s. 4, winter 1984-1985, pp.271-288.

Byrd, Michael, 1987: "Part II of *The Principles of Mathematics*", *Russell*, n.s. 7, 1987, pp.60-70.

――― 1994: "Part V of *The Principles of Mathematics*", *Russell*, n.s. 14, summer 1994, pp.47-86.

CP3: *The Collected Papers of Bertrand Russell, volume 3, Toward the "Principles of Mathematics", 1900-02*, G.H. Moore (ed.), London: Routledge, 1993.

GGA: Gottlob Frege, *Grundgesetze der Arithmetik*, I/II, Jena, 1893, 1903, Olms, 1998.

Grattan-Guiness, Ivor, 1996: "How Did Russell Write *The Principles of Mathemtics* (1903)?", *Russell*, n.s. 16, winter 1996-1997, pp.101-127.

Hylton, Peter, 1990: *Russell, Idealism and the Emergence of Analytic Philosophy*, Oxford: OUP.

――― 2005: *Propsitions, Functions, and Analysis*, Oxford: OUP.

Insolubilia: Bertrand Russell, "On 'Insolubilia' and their Solution by Symbolic Logic" (English trans. of "Les paradoxes de la logique", *Revue de metaphysique et de morale*, 14, 1906, pp.627-650), repr. in Lackey 1973, pp.190-214.

Lackey, Douglas, 1973: *Essays in Analysis*, New York: George Braziller.

Landini, Gregory, 1998: *Russell's Hidden Substitutional Theory*, Oxford: OUP.

――― 2011: *Russell*, London: Routledge.

ML: Bertrand Russell, "Mathematical Logic as Based on the Theory of Types", 1908, repr. in R.C. Marsh (ed.), *Logic and Knowledge*, London: Routledge, 1988, pp.57-102.

Moore, G. H., 1993: "Introduction", in CP3, pp.xiii-lviii.

OSD: Bertrand Russell, "On Some Difficulties in the Theory of Transfinite Numbers and Order Types", *Proceedings of the London Mathematical Society*, 4, 1906, pp.29-53, repr. in Lackey 1973, pp.135-164.

OST: Bertrand Russell, "On the Substitutional Theory of Classes and Relations", repr. in Lackey 1973, pp.165-189.

PoM: Bertrand Russell, *The Principles of Mathematics*, London: Allen & Unwin, 1937, 1st ed., 1903.

WB: Gottlob Frege, *Wissenschaftlicher Briefwechsel*, hrsg. von Gottfried Gabriel (et al), Hamburg: Felix Meiner, 1976.

(北海道大学)

科学哲学 53-2（2020）

From abstraction and indiscernibility to classification and types:
revisiting Hermann Weyl's theory of ideal elements

Jean-Baptiste Joinet[1] and Thomas Seiller[2]

Abstract
    At the end of the 19th century, the Peano School elaborated its
famous theory of "definitions by abstraction". Two decades later,
Hermann Weyl elaborated a generalization of the former, termed "cre-
ative definitions", capable of covering various cases of *ideal elements*
(Peano's *abstracta* being among them). If the Peano School proposal
eventually appeared to be based on the nowadays standard classifica-
tory process of quotienting a set by an equivalence, Weyl's proposal
still lacks a set-theoretical, classificatory interpretation. In this paper,
we define and investigate the notion of relational indiscernibility (upon
which Weyl's creative definitions are based) and show that a bridge
from the concept of indiscernibility to the notion of type (sets closed
by bi-orthogonal) may be built from the observation that individuals
are indiscernible exactly when they belong to exactly the same types.
In the last part, we investigate some philosophical consequences of
those observations concerning the theory of abstraction.

1 Introduction. Essentialist and existentialist viewpoints on Types

The notion of *Type* was introduced at the very beginning of the 20th
century by Bertrand Russell in [Russell, 1903] (Appendix B: "The Doctrine
of Types"). The new fregean frame for Logic, in its set theoretical format,
just happened to be proved inconsistent. Following Russell's diagnosis, the
fault originates in the consideration of mathematical objects as if they had
an existence *per se*, a *pure* existence. Russell's aim in introducing type the-
ory was therefore to rebuild logic by rooting the existence of objects in *a
kind of existence*, in other words an *essence* (their type); hence excluding
from the scope of existence those individuals with no essence (meaningless,
pseudo existing objects).

Four decades later, similar considerations led Alonzo Church to introduce
types in his Lambda-calculus, a theory today considered as one of the first
programming languages ever designed [Church, 1940]. In "Simply typed
Lambda-calculus" (but also in the more powerful typing systems elaborated
later on), it is the building of *programs* (lambda-terms: acting, behavioural
individuals) that is mastered by the discipline of types. In that context,
once again, the external norm introduced by types aims at excluding mean-
ingless – untypable – individuals[3]. It notably leaves aside the ones inducing

65

infinite computations – the dynamical version of logical paradoxes –, hence "taming" the computational dynamic.

In the same field of Theoretical Computer Science, however, an alternative approach to the notion of type emerged later on. Following the Propositions-as-Types point of view (i.e. the Brouwer-Heyting-Kolmogorov semantics of proofs revisited by the proof-as-programs viewpoint initiated by the Curry-Howard correspondence [Howard, 1980]) a given type is seen as some given set of programs, namely the set of all programs selected by the external norm of the typing discipline. With this point of view (types as sets of programs), the question naturally arises to characterise *intrinsically* which sets of programs are types, i.e. characterising them *from an existentalist viewpoint*, by considering *all pure programs* and their interactions in the computational process.

As existence appears rooted into essence in the first approach to the notion of type, this second point of view is naturally qualified as "essentialist" (as William Tait does, for instance in *Theory of Types and Natural Deduction*, chapter 4 [Tait, 1990], p. 65). For this alternative approach, existence precedes essence. Better still: essence is deduced from existence, deduced *a posteriori* from the behaviour (tell me how you act, I shall tell you who you are), a reason why it may be qualified as "non essentialist" or "existentialist" (as Jean-Yves Girard does, for instance in [Girard, 1990]).

From that latter existentialist point of view, a type describes, so to speak, a collective, common, behaviour: a set of acting individuals (programs) having, through the computational process, a similar, or comparable, behaviour (at least in some respects) in their interaction with their (pure) peers[4].

Concretely, existentialist types are defined through a *closure by bi-orthogonality* operation (presented in section 3), where the involved notion of orthogonality[5] is relative to some given binary relation. In the particular case of theoretical computer science, the considered relation depends on the interactive dynamic[6]. In this work, we will however consider the methodology from a more general perspective, i.e. for any given binary relation. From that set theoretical point of view, this operation of closure by bi-orthogonality provides a general tool for classification and the concept of type becomes a classifying notion.

The first classificatory notions emerged in late 19th century in the context of the logical investigations by the Peano school on *abstraction*. The historical and theoretical thread which links abstraction to classification (by means of the notions of *equivalence relation, equivalence classes* and *quotientation* of a set by an equivalence relation, drawn by the Peano school) is well known and well documented. Among the abundant literature on the history of Peano's "Definitions by abstraction" and Russell's "Abstraction principles" (the new name for the former proposed and popularized later on by Russell), one could refer in particular to [Consuegra, 1991] (whose first chapters underline the importance and the anteriority of the Peano school investigations into abstraction and set theoretical interpretations of abstraction[7]) and [Mancosu, 2016] (whose Part 1 is entirely devoted to the history of Abstraction theory in logic and in mathematical practice, from the 19th century – and even earlier – to the mid-20th century).

In this work, we aim to show that the same thread linking *abstraction* to the notion of *class* extends to the (more general) notion of *type*. Moreover, we advocate that such an extension is needed to understand the generalisation of the Peano school's theory of abstraction that Hermann Weyl proposed in the first decade of 20th century and which roots ideal elements à la Hilbert into relational indiscernibility.

2 Abstraction and Ideality: from Peano to Weyl

2.1 *The Peano school's research programme on abstraction.*

Around 1880, Peano and his group launched a research programme aimed at establishing a typology of definitions (as they actually occur in the practice of mathematicians throughout the centuries), using the precise linguistic tools offered by the emerging formal logic. The thread of their investigations gradually led them to bring out (as candidates for a special kind of "definition") statements of the form:

$$f_R(x) = f_R(x') \quad \Leftrightarrow \quad xRx',$$

where f_R is a newly introduced unary *function constant* and R is a binary predicate[8] satisfying three properties (for which, after some terminological hesitation, they eventually coined the terms reflexivity, symmetry, and transitivity) characterising what they progressively called, as we still do:

equivalence relations[9]. Peano's group proposed to term axioms of the form above as definitions and coined them *"definitions by abstraction"*[10].

A simple, popular example of such definitions "by abstraction" is that of the *direction of a line*. One starts by considering the binary relation $\parallel$ ("is parallel to") over lines defined by $x \parallel x'$ iff$_{\text{def}}$ the lines x and x' have all their points in common or no points in common. One then introduces the new lexical element $f_{\parallel}(x)$ (to be read: "the direction of line x") satisfying $f_{\parallel}(x) = f_{\parallel}(x') \Leftrightarrow x \parallel x'$; i.e. the direction of the lines x and x' are the same if and only if x and x' are parallel.

The method described by the Peano school under the name "definition by abstraction" actually covered numerous previous examples which can be found in the history of mathematics[11]. Used as far back as in Euclid's approach of rationals (abstracted from *ratios* comparison), the method happened however to become increasingly widespread in the mathematical practice of the 18th and, above all, 19th centuries. Among several mathematical pursuits, one may cite − again − *directions* abstracted from the relation of parallelism between lines; *shapes* abstracted from topological invariances; von Helmholtz's *weights, brightness, pitch of tones*; and, neither last, nor least, *cardinal numbers* abstracted from bijectibility between sets, a.k.a. *Hume's principle*[12].

A large part of the early philosophical debates about definitions by abstraction comes from the fact that, semantically, the codomain of f_R (whose elements are considered as the *abstracta*) is not determined by the new "definitional" axiom (favorizing interrogations about the ontological status of the thus potentially new entities : the *abstracta*). Once a minimum of set theory is assumed, a canonical solution is of course *to reduce abstraction to classification* by interpreting systematically f_R as the operator $[.]_R$ associating to any element its equivalence class[13] (thus choosing the quotient of the domain by R as the codomain of f_R)[14]. In some cases, an ontologically less costly variant of that classificatory solution (an Ockhamian solution to abstraction, so to speak) may consist in choosing a representative in each equivalence class (even if, in general, choosing is not at all an innocuous operation. . .).

2.2 From Peano to Weyl: abstracta and ideal elements.

In 1910, H. Weyl generalizes Peano's theory of "Definitions by abstraction", by proposing the theory of what he coins "Creative definitions", see [Weyl, 1910]. In [Weyl, 1927], he gives a more systematic presentation of the topic – a presentation that was to improve again (notably by giving complementary examples) in *Philosophy of Mathematics and Natural Sciences*, the augmented, revised, English-language edition of his 1927 book [Weyl, 1949]. His aim, with the concept of "creative definitions", is not only to broaden the Peano school typology in order to cover examples overstepping definitions by abstraction[15], but also to give a precise account of the Hilbertian process of introducing *ideal elements*. For sake of brevity and simplicity, we will not present the general form of "Creative definitions". While Weyl considers creative definitions induced by $k + 2$-ary relations for any integer k, we will focus on the case where $k = 0$, i.e. creative definitions induced by binary relations[16].

Even if Weyl himself does not conceptually justify his ideas in terms of *indiscernibility* and rarely uses that terminology (he contents himself with underlining how the notion of creative definitions fits with the definitional practices of mathematicians, through a list of specific instances), it is very illuminating to present his creative definitions by introducing the notion of *relational indiscernibility.*

2.3 Monadic indiscernibility versus Relational indiscernibility.

In philosophical literature, the word *indiscernibility* is frequently used to qualify what would be better called *universal, absolute indiscernibility*, i.e. indiscernibility of x and x' from any possible viewpoints. That binary predicate (*absolute indiscernibility*) is usually paraphrased in second order monadic predicate logic as:

$$\forall P \, (Px \Leftrightarrow Px')$$

(see for instance the entry "Identity of Indiscernibles" of *The Stanford Encyclopedia of Philosophy*, [Forrest, 2016]).

In what follows, we will leave aside the idea of *absolute* indiscernibility, thus limiting ourselves to a more pedestrian notion, namely indiscernibility with respect to a given piece of first order language: *relative* (i.e. not absolute) indiscernibility. At first sight, this simply amounts to avoiding the use of second order quantification in the definition of the indiscernibility binary predicate. However, if one does so (starting thus from the standard definition of absolute indiscernibility given above – namely $\forall P\,(Px \Leftrightarrow Px')$), the resulting concept for, say, a given unary predicate P_0 (indiscernibility of x and x' relatively to P_0, namely $P_0x \Leftrightarrow P_0x'$, that we could note $x \sim_{P_0} x'$), happens to be particularly weak at least in terms of *classification*. If we consider a realization $\mathfrak{m}$ of the language including P_0, then $\sim_{P_0}$ is interpreted by an equivalence relation over the domain of $\mathfrak{m}$ which partitions it into at most two classes. In other words, the indiscernibility predicate induced by P_0 can create at best a bi-partition of the domain, i.e. it creates a classification à la Porphyry : the weakest kind of classification. Although the radical changes in logic during the 19th century saw the notion of 'property" overtaken by the more general notion of n-ary predicate/relation, later philosophical investigations into the notion of *indiscernibility* essentially persisted in approaching that concept from the point of view of *monadic* predicate logic.

When one considers the indiscernibility induced by a *binary* relation R over a set X, a basic observation is that R induces over X *two* indiscernibility (binary) predicates. We will refer to them as $\overset{td}{\sim}_R$ and $\overset{tr}{\sim}_R$. They are defined by :

$$x \overset{tr}{\sim}_R x' \Leftrightarrow_{\mathrm{def}} \forall y \in X\,(xRy \Leftrightarrow x'Ry) \qquad\qquad x \overset{td}{\sim}_R x' \Leftrightarrow_{\mathrm{def}} \forall y \in X\,(yRx \Leftrightarrow yRx')$$

(we say: x, x' are '*equi-targeters*') (we say: x, x' are '*equi-targeted*')

The *equi-targeted* and *equi-targeters* terminology evidently refers to graphical, sagittal representations of binary relations. The exponents td and tr conveniently recall **t**arge**t**e**d** and **t**arge**t**e**r**, respectively. The relations $\overset{td}{\sim}_R$ and $\overset{tr}{\sim}_R$ are *the two indiscernibility predicates* induced by the binary relation[17] R. We will write $\overset{t}{\sim}_R$ to denote indifferently one of $\overset{tr}{\sim}_R$ and $\overset{td}{\sim}_R$.

2.4 *Weyl's creative definitions: indiscernibility and ideal elements.*

Weyl's view is that indiscernibility predicates are the true occasions for introducing *ideal elements* (Peano's *abstracta* being among them). Introducing a "creative definition" thus means to introduce an axiom of the form:

$$W_R(x) = W_R(x') \quad \Leftrightarrow \quad x \overset{\text{t.}}{\sim}_R x'$$

where W_R (W for Weyl) is a newly introduced *function constant*[18] and R is any binary relation whatever.

As both indiscernibility predicates induced by R are equivalence relations over X (for any R whatever), those "ideal elements" could well be seen as just standard, usual *abstracta* à la Peano (abstracted from $\overset{\text{td}}{\sim}_R$ – or from $\overset{\text{tr}}{\sim}_R$ as well). Weyl actually defends a more accurate but dual view, according to which Peano's *abstracta* are particular cases of *ideal elements* inducible from indiscernibility. Indeed, equivalence relations appear to be exactly the binary relations which *coincide* with the indiscernibility predicates they induce, i.e. R is an equivalence iff $\overset{\text{t.}}{\sim}_R = R$. Hence, an *abstractum* introduced by a definition by abstraction is just an *ideality* introduced by a creative definition, in the very special case (unique to equivalences) where the indiscernibility predicate $\overset{\text{t.}}{\sim}_R$ collapses with the relation from which it was induced (namely R itself). Beyond the simple observation that definitions by abstraction are special cases of creative definitions, Weyl overall insists on the "finitist" specificity of definitions by abstraction among creative definitions: they tame the complexity inherent in indiscernibility predicates. Indeed, as an equivalence R allows us to replace the indiscernibility predicates it induces by R itself (as $x \overset{\text{t.}}{\sim}_R x$ is equivalent to xRx', inasmuch R is an equivalence), equivalences allow to get rid of the universal quantifier present in the definition of indiscernibility predicates.

2.5 *Which set-theoretic interpretation for Creative definitions ?*

Similarly to what has already been observed for the case of a simple definition by abstraction à la Peano-Russell, the codomain of the operator introduced by a "creative definition" is left undetermined by the axiom. Just as the Peano school proposed a classificatory, set-theoretic interpretation of definitions by abstraction (the canonical interpretation of *abstracta* by equivalence classes), one may want to investigate classificatory set-theoretic accounts of W_R in "creative" definitions[19] i.e. in those axioms of the form:

$$W_R(x) = W_R(x') \quad \Leftrightarrow \quad x \overset{\text{t.}}{\sim}_R x'$$

where W_R is a newly introduced *function constant* and R a binary relation whatever.

A first route could simply consist in keeping the "usual" canonical interpretation, i.e. interpreting Weyl through Peano. After all, indiscernibility predicates are themselves equivalences, and one may well choose to interpret Weyl's *idealities* as equivalence classes for indiscernibility (i.e. sets made of indiscernible elements and maximal for that property)[20].

Since it treats indiscernibility as if it were any equivalence whatever, this first way of reading creative definitions (thus reading them à la Peano) does not get the most out of the rich concept of indiscernibility. Notably, as soon as one devotes attention to the correlations between *the properties of R* on the one hand and *the properties of the classifying operations* induced by the indiscernibility on the other hand (as Weyl himself does when he relates, in the case of equivalence relations, the decrease in logical complexity of indiscernibility predicates to the properties of the relation inducing them), a finer understanding of the classificatory process at hand is required. Our thesis is that the notion of type (to be defined in the next section) is the relevant tool for that end. As we will see in section 4, a bridge from the concept of indiscernibility to the notion of type may indeed be built from the observation that *individuals are indiscernible iff they belong to exactly the same types*.

That second route – that we will follow from now on – thus consists in interpreting $W_R(x)$ not as the equivalence class of x for $\overset{t.}{\sim}_R$ anymore, but (at least to start with) as the set of types (induced by R) to which x belongs (the set of types of x w.r.t. R, as we will say). This amounts to canonically interpreting Weyl's creative definitions (the generalized formulation of Peano's theory of abstraction) along "Abstraction Principles" of the form:

$$x \overset{t.}{\sim}_R x' \quad \Leftrightarrow \quad \text{Set-of-Types}_R(x) = \text{Set-of-Types}_R(x'),$$

where R is any binary relation.

We will come back to that alternative interpretation of Weyl's Abstraction Principles in section 4, after having defined and presented the notion of type – a task to which the coming section is devoted.

3   The notion of type

We will now present the notion of type induced by a binary relation R. That notion may be defined for any binary relations between arbitrary sets and there is no reason to restrict ourselves to relations R *over a single set* here. We thus chose to provide more general definitions based on relations between arbitrary sets X and Y. Doing so we will be able to keep covering the particular case of classifications induced by a relation over a single set – e.g. quotientation by an equivalence relation –, but also to cover the more general case of classifications where the criterion for classifying the elements of a set depends on another set. In any event, from now on R will by default denote a subset of $X \times Y$, and we will follow the following notational conventions: $A, A' \ldots$ denote subsets of X; B, B' denote subsets of Y; $x, x' \ldots$ denote elements of X, and $y, y' \ldots$ denote elements of Y. The developments in this section are mainly technical, and we will discuss their consequences in the next section.

3.1   *The orthogonality relation induced by a relation.*

The definition of types is based on a so-called *orthogonality relation* induced by R.

Definition 1. The right *orthogonality relation* induced by R, is the binary relation $\perp_R \subseteq \mathcal{P}(X) \times \mathcal{P}(Y)$ defined by: $A \perp_R B \Leftrightarrow_{\text{def}} A \times B \subseteq R$. The relation $A \perp_R B$ can be read both as "A is (left-)orthogonal to B" and as "B is (right-)orthogonal to B".

Inasmuch only one relation $R \subseteq X \times Y$ is involved, we frequently leave implicit the reference to R in those notations. In most situations, the context suffices to makes ambiguities disappear.

The following easy lemma characterises the orthogonality relation element-wise.

Lemma 2. *Given two subsets* $A \subseteq X$ *and* $B \subseteq Y$,

$$A \perp B \quad \text{if and only if} \quad \forall x \in A, \forall y \in B, xRy.$$

3.2   *Orthogonality operators induced by a relation.*

While the orthogonality relation defines a predicate over the product set $\mathcal{P}(X) \times \mathcal{P}(Y)$, it also induces two functions $(\cdot)^{\perp} : \mathcal{P}(X) \to \mathcal{P}(Y)$ and $^{\perp}(\cdot) :$

$\mathcal{P}(Y) \rightarrow \mathcal{P}(X)$ defined using the natural ordering of subsets induced by inclusion. Those functions will be called the orthogonality operators.

Definition 3. Given a subset $A \subseteq X$, we define the (right) orthogonal $A^{\perp}$ of A as the largest subset of Y which is right-orthogonal to A, i.e. $A^{\perp} =_{\mathrm{def}} \max\{B \in \mathcal{P}(Y) \mid A \perp B\}$. Similarly, the (left) orthogonal $^{\perp}B$ of a subset $B \subseteq Y$ is defined as the largest subset of X which is left-orthogonal to B, i.e. $^{\perp}B =_{\mathrm{def}} \max\{A \in \mathcal{P}(X) \mid A \perp B\}$.

The fact that the notions of left- and right- orthogonal of a subset are well-defined is based on the following property, which is a direct consequence of the element-wise characterisation of the orthogonality relation.

Lemma 4. *We consider subsets $A \subseteq X$, $B \subseteq Y$ and $B' \subseteq Y$. If $A \perp B$ and $A \perp B'$, then $A \perp B \cup B'$.*

Once again, the definition can be understood element-wise[21].

Lemma 5. *Given subsets $A \subseteq X$ and $B \subseteq Y$:*

$$
\begin{aligned}
A^{\perp} &= \{y \in Y \; ; \; \forall x \in A \; xRy\}, \\
^{\perp}B &= \{x \in X \; ; \; \forall y \in B \; xRy\}.
\end{aligned}
$$

When considering iterated applications of the orthogonality operators, and when the context is clear, we will allow ourselves to write $A^{\perp\perp}$ instead of $^{\perp}(A^{\perp})$ and $B^{\perp\perp}$ instead of $(^{\perp}B)^{\perp}$. Notice however that in the particular cases when X and Y overlap (and notably when $X = Y$), the notation $A^{\perp\perp}$ becomes ambiguous, as $^{\perp}(A^{\perp}) \neq (^{\perp}A)^{\perp}$ in general.

Remark 6. We can check that left- and right- orthogonality operators are exchanged by considering the relation $R^{-1} = \{(y,x) \in Y \times X \mid (x,y) \in R\}$ instead of R. As a consequence, it is enough to state and prove the properties of the right-orthogonality operator: by symmetry, the same property will hold for the left-operator. We thus now give statements about "orthogonal operators" by stating them for right-orthogonality.

Proposition 7. *Given $A \subseteq X$, $A \subseteq A^{\perp\perp}$.*

Proof. This is a direct consequence of the fact that $A \perp A^{\perp}$ and the definition of $^{\perp}(A^{\perp})$ as the maximal left-orthogonal to $A^{\perp}$. $\qquad\square$

Proposition 8 (Contravariance). *The orthogonal operators are contravariant: given $A \subseteq A' \subseteq X$, one has $A'^{\perp} \subseteq A^{\perp}$.*

Proof. Let us pick $y \in A'^{\perp}$. By definition, for all $x \in A$, x also belongs to A', hence xRy. So $A \perp A'^{\perp}$, i.e. $A'^{\perp}$ is right-orthogonal to A. Since $A^{\perp}$ is defined as the maximal subset of Y which is right-orthogonal to A, this implies that $A'^{\perp} \subseteq A^{\perp}$. □

Corollary 9. *Given $A \subseteq X$, $A^{\perp\perp\perp} = A^{\perp}$.*

Proof. We have that $A \subseteq A^{\perp\perp}$ by Proposition 7, thus Proposition 8 allows us to conclude that $A^{\perp\perp\perp} \subseteq A^{\perp}$. The converse inclusion is given by Proposition 7 applied to the set $A^{\perp}$. □

Proposition 10. *Let I be a set, and $\{A_i\}_{i \in I}$ an I-indexed family of subsets of X, i.e. $\forall i \in I, A_i \in \mathcal{P}(X)$. Then:*

1. $\left(\bigcup_{i \in I} A_i \right)^{\perp} = \bigcap_{i \in I} A_i^{\perp}$,

2. $\bigcup_{i \in I} A_i^{\perp} \subseteq \left(\bigcap_{i \in I} A_i \right)^{\perp}$.

However, $\left(\bigcap_{i \in I} A_i \right)^{\perp} \not\subseteq \bigcup_{i \in I} A_i^{\perp}$ *in general.*

Proof. To prove the first item, we take $y \in \bigcap_{i \in I} A_i^{\perp}$ and $x \in \bigcup_{i \in I} A_i$ and show that xRy. By definition, there exists $i_0 \in I$ such that $x \in A_{i_0}$. On the other hand, $y \in A_i^{\perp}$ for all $i \in I$. Thus $y \in A_{i_0}^{\perp}$, and therefore xRy since $x \in A_{i_0}$. For the second item, as $\cap_{i \in I} A_i \subseteq A_i$ for all $i \in I$, we use the contravariance to conclude that $A_i^{\perp} \subseteq (\cap_{i \in I} A_i)^{\perp}$ for all $i \in I$. Consequently, $\cup_{i \in I} A_i^{\perp} \subseteq (\cap_{i \in I} A_i)^{\perp}$. Finally, for the last assertion, one observes that this inclusion does not hold in general, by considering $X = Y = \{1, 2, 3\}$, $R = \{(2, 2)\}$, $A_1 = \{1, 2\}$, and $A_2 = \{2, 3\}$. One then checks that $(A_1 \cap A_2)^{\perp} = \{2\}^{\perp} = \{2\}$, but $A_1^{\perp} \cup A_2^{\perp} = \emptyset \cup \emptyset = \emptyset$. □

Remark 11. In general, the operator $(.)^{\perp}$ is neither surjective nor injective. For surjectivity, let $X_1 = \{1\}$, $Y_1 = \{2, 3\}$ and let $R_1 \subseteq X \times Y$ be the binary relation $R_1 = \{(1, 2)\}$ (depicted below): we have $\emptyset^{\perp} = \{2, 3\}$ and $\{1\}^{\perp} =$

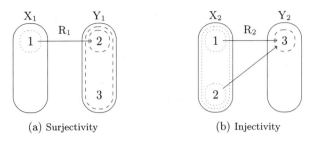

(a) Surjectivity   (b) Injectivity

Figure 1: Illustration of the counter-examples from remark 11.

$\{2\}$, hence neither $\{3\}$ nor $\emptyset$ are reached by $(.)^{\perp}$ (even if $\emptyset \perp \{3\}$ and $\emptyset \perp \emptyset$). For injectivity, let $X_2 = \{1,2\}$, $Y_2 = \{3\}$, and $R_2 \subseteq X \times Y$ be the binary relation $R_2 = \{(1,3), (2,3)\}$: we have $\emptyset^{\perp} = \{1\}^{\perp} = \{1\}^{\perp} = \{1,2\}^{\perp} = \{3\}$. Both counter-examples are illustrated in Figure 1; types are shown in dashed lines, generating sets of tests are shown in dotted lines.

3.3 Types

Definition 12. A (left-)type is a subset $A \subseteq X$ in the image of the left-orthogonality operator, i.e. $A \subseteq X$ is a type if and only if there exists $B \subseteq Y$ such that $A = {}^{\perp}B$. We call B a *generating set of tests* for the type A.

Notation 13. We denote $\mathcal{T}_l(R)$ the set of left-types, i.e. $\mathcal{T}_l(R) = \{A \in \mathcal{P}(X) \mid \exists B \subseteq Y, A = {}^{\perp_R}B\}$. We denote $\mathcal{T}_r(R)$ the set of right-types, i.e. $\mathcal{T}_r(R) = \{B \in \mathcal{P}(Y) \mid \exists A \subseteq X, B = A^{\perp_R}\}$.

Again, we will omit to mention R when it is not ambiguous. Moreover, we will also omit to mention the "direction" (right or left) whenever it is not relevant (we thus states a proposition without mentionning the direction and prove it for only one of the two directions).

Remark 14. Reformulated with the terminology just introduced, remark 11 may be rephrased as: in general, some subsets of Y are not types, and a given type may well have distinct generators.

We saw that any set is included in its double-orthogonal. We will now see that types are exactly those sets for which the converse inclusion holds, i.e. those which are equal to their bi-orthogonal closure[22].

Proposition 15. *A subset $B \subseteq Y$ is a type if and only if $B = B^{\perp\perp}$.*

Proof. Evidently, if $B = B^{\perp\perp}$, then B has a generating set of tests, namely $B^{\perp}$ and it is therefore a type. We will now prove the converse.

If B is a type, there exists $A \in \mathcal{P}(X)$ such that $B = A^{\perp}$. We already know that $B \subseteq B^{\perp\perp}$ by Corollary 7. Let us show the converse inclusion :

$$B = A^{\perp} \Rightarrow B \subseteq A^{\perp}$$
$$\Rightarrow A^{\perp\perp} \subseteq B^{\perp} \qquad \text{(by Proposition 8)}$$
$$\Rightarrow B^{\perp\perp} \subseteq A^{\perp\perp\perp} \qquad \text{(by Proposition 8)}$$
$$\Rightarrow B^{\perp\perp} \subseteq A^{\perp} \qquad \text{(by Corollary 9)}$$
$$\Rightarrow B^{\perp\perp} \subseteq B \qquad \text{(as we assumed } B = A^{\perp}\text{).} \qquad \square$$

Proposition 16. *Let $A \subseteq X$. The type $A^{\perp\perp}$ is the smallest type including A.*

Proof. Indeed, $A^{\perp\perp}$ is a type (since it has $A^{\perp}$ as its generator) which is contained in any type containing A. To see this, let us pick a type A' such that $A \subseteq A'$. As $A \subseteq A'$, we have $A^{\perp\perp} \subseteq A'^{\perp\perp}$ (by Proposition 8 used twice). Since A' is a type, this gives $A^{\perp\perp} \subseteq A'$ by Proposition 15. $\qquad \square$

To close this rapid presentation, let us mention that the inclusion order over types has a lattice structure (the infimum is given by intersection, the supremum by the bi-orthogonal closure of union, which is indeed a supremum because of proposition 16).

4 Back to abstraction and classification

We now come back to the task left uncompleted in the end of section 2: working out a canonical alternative set-theoretic interpretation for the abstraction operators $W_R(.)$ introduced by Weyl's Abstraction Principles (Creative definitions), i.e. by axioms of the form $W_R(x) = W_R(x') \Leftrightarrow x \overset{t.}{\sim}_R x'$, where W_R is a fresh unary function constant and R any binary relation whatever. Our tool for that task will be the bridge between indiscernibility and types mentioned at the end of section 2, namely the proposition which states that to be R-indiscernible (following $\overset{td}{\sim}_R$, resp. $\overset{tr}{\sim}_R$, as well) means belonging to exactly the same (right, resp. left) types induced by R.

4.1 *A type-oriented interpretation of Weyl's abstraction operators.*

Notation 17. Let $R \subseteq X \times Y$, $x \in X$ and $y \in Y$. We introduce the following notations – replacing our former informal notation "Set-of-Types$_R(x)$":

$$\mathcal{T}_R(x) =_{\text{def}} \{A \in \mathcal{T}_l(R) \; ; \; x \in A\} \quad \text{and} \quad \mathcal{T}_R(y) =_{\text{def}} \{B \in \mathcal{T}_r(R) \; ; \; y \in B\}$$

The proposition below suggests a type-oriented canonical reading of the abstraction operator $W_R(x)$ (in "Abstraction principles" à la Weyl, i.e. creative definitions) as $\mathcal{T}_R(x)$.

Proposition 18. *For any $y, y' \in Y$, one has:* $\mathcal{T}_R(y) = \mathcal{T}_R(y') \Leftrightarrow y \overset{td}{\sim}_R y'$.

Proof. Let $y, y' \in Y$. We need to show that:

$$\forall B \in \mathcal{T}_r(R) \; (y \in B \Leftrightarrow y' \in B) \quad \Leftrightarrow \quad y \overset{td}{\sim}_R y'.$$

- For the left-to-right implication, we let $x \in X$ and verify:

$$xRy \underset{\text{by def of } (.)^{\perp}}{\Longleftrightarrow} y \in \{x\}^{\perp} \underset{\substack{\text{by the main hyp. of } (\Rightarrow) \\ \text{instanciated with type } \{x\}^{\perp}}}{\Longleftrightarrow} y' \in \{x\}^{\perp} \underset{\text{by def of } (.)^{\perp}}{\Longleftrightarrow} xRy'.$$

This shows that $\forall x \in X, (xRy \Leftrightarrow xRy')$, i.e. $y \overset{td}{\sim}_R y'$.

- For the right-to-left implication, we let B be a right type for R. By definition of types, $B = A^{\perp}$ for some $A \subseteq X$. Then:

$$y \in B \Longleftrightarrow y \in A^{\perp} \underset{\text{by def. of } A^{\perp}}{\Longleftrightarrow} \forall x \in A, xRy \underset{\text{if } y \overset{td}{\sim}_R y'}{\Longleftrightarrow} \forall x \in A, xRy'$$

$$\underset{\text{by def. of } A^{\perp}}{\Longleftrightarrow} y \in A^{\perp} \Longleftrightarrow y' \in B. \qquad \square$$

Compared to the usual canonical reading of abstracta $W_R(x)$ as being the $[x]_{\overset{t.}{\sim}_R}$ (the equivalence classes for $\overset{t.}{\sim}_R$, which collapse to $[x]_R$ when Rs is an equivalence), the logical "order" of the new interpretation proposed ($W_R(x)$ as being $\mathcal{T}_R(x)$) may seem a high price to pay for a refinement. Indeed, if R is defined over X, the codomain of the operator $\mathcal{T}_R(.)$ is the set $\mathcal{P}(\mathcal{P}(X))$. We will now see, however, that, notably because types are closed by intersection, we can canonically interpret the abstraction operator as the function associating to x (actually to $\{x\}$) its minimal type, namely $\{x\}^{\perp\perp}$, by proposition 16.

Proposition 19. *Types are closed by intersection, i.e. let $R \subseteq X \times Y$ and $\{B_i\}_{i \in I}$, a non empty family of right types. Then $\bigcap_{i \in I} B_i$ is a right type.*

Proof. By definition of types, there is a family $\{A_i\}_{i \in I}$ of subsets of Y, such that $\{B_i\}_{i \in I} = \{A_i^{\perp}\}_{i \in I}$. Then $\bigcap_{i \in I} B_i = \bigcap_{i \in I} A_i^{\perp} = \left(\bigcup_{i \in I} A_i \right)^{\perp}$ (by remark 10). By definition, being the orthogonal to some subset, $\bigcap_{i \in I} B_i$ is thus a type. $\square$

Proposition 20. *Let $x, x' \in X$. $\mathcal{T}_R(x) = \mathcal{T}_R(x') \;\Leftrightarrow\; \{x\}^{\perp\perp} = \{x'\}^{\perp\perp}$.*

Proof. We start by the left-to-right implication. If $\mathcal{T}_R(x) = \mathcal{T}_R(x')$, then $\bigcap \mathcal{T}_R(x) = \bigcap \mathcal{T}_R(x')$. So $\{x\}^{\perp\perp} = \{x'\}^{\perp\perp}$, since, by proposition 16, $\{x\}^{\perp\perp}$ and $\{x'\}^{\perp\perp}$ are the smallest types to which x and x' belongs, respectively.

For the right-to-left implication, if $\{x\}^{\perp\perp} = \{x'\}^{\perp\perp}$, then $\{x\}^{\perp\perp\perp} = \{x'\}^{\perp\perp\perp}$. Thus $\{x\}^{\perp} = \{x'\}^{\perp}$ (by corollary 9). Hence $x \overset{\text{tr}}{\sim}_R x'$. So $\mathcal{T}_R(x) = \mathcal{T}_R(x')$, by proposition 18. $\square$

Proposition 21. $\{x\}^{\perp\perp} = \{x'\}^{\perp\perp} \;\Leftrightarrow\; x \overset{\text{tr}}{\sim}_R x'$

Proof. Corollary of propositions 18 and 20. $\square$

Proposition 21 finally invites us to interpret the abstraction operator $W_R(x)$ (in "Abstraction principles" à la Weyl, i.e. creative definitions) as $\{x\}^{\perp\perp}$, i.e. the minimal type of $\{x\}$.

4.2 Reading abstraction through types: classificatory and philosophical stakes

This subsection is devoted to comparing the canonical interpretation that we just proposed for Weyl's abstraction operators $W_R(.)$ (by which $W_R(x)$ is the minimal type of x) with the old, traditional one (following which $W_R(x)$ is x's equivalence class for the indiscernibility relation induced by R – which collapses with x's equivalence class for R, when R is itself an equivalence relation). We aim not only to underline in which respects the classifications induced differ, but also to draw out the consequences of the specificities of the new interpretation over the philosophical pursuits relating to abstraction initiated by Peano, Frege, Russell and their followers.

As a prefatory remark, we would like to observe first that, in order to compare both canonical interpretations one has no particular reason to come back to the particular case where R is a relation over a single set X. Indeed, from a classificatory point of view, the case where $R \subseteq X \times Y$ with $X \neq Y$ corresponds to the general situation where the classifying criterion to be used is *external* to the classified set (i.e., for example, a type B included in Y is generated by a *set of tests* included in A – see Definition 12) and not by an internal one as, for example, in the case of the quotientation of a set by an equivalence relation. So, considering arbitrary sets X, Y, simply corresponds to the more general classificatory frame where the criterion is not necessarily internal. Focusing on relations over a single set is necessary only if one considers and investigates the types induced by a relation satisfying particular properties (like reflexivity, symmetry etc) whose definition requires that the relation is over one and the same set.

From a classificatory point of view, the main feature which distinguishes the type-oriented interpretation from the class-oriented one is that, in the former case, generally, an induced classification does not generate a partition of the domain of R. In fact, in general, neither the set of types, nor the set of minimal types, nor do the set of minimal types generated by singletons induce partitions (as shows the following example: Let $X_1 = \{1, 2\}$, $Y_1 = \{3, 4\}$, and $R_3 \subseteq X \times Y$ be the binary relation $R_3 = \{(1, 3), (1, 4), (2, 4)\}$; we have $\{1\}^{\perp\perp} = \{1\}$ and $\{2\}^{\perp} = \{1, 2\}$). The classifications induced by the type-oriented interpretation thus are *multi*-classifying ones (i.e. a same element generally belongs to different types).

That ability, for types, to classify multiply a given object impacts the philosophy of abstraction in several respects. To see this, let us first recall that the original philosophical debates which troubled Peano's circle about abstracta, were partly centred around considerations on the methodology of science (Are definitions by abstraction reducible to nominal definitions?), and partly semantical or ontological (What kind of objects are abstracta? Are they *additional* entities, completely new w.r.t. the ones from which they are induced?).

The traditional set-theoretical canonical solution (abstracta are equivalence classes) brings a clear answer to both pursuits. Concerning the ontological one, the answer is however, in a sense, equivocal. On the one hand, sets may be considered as new entities (some set theory is needed), and well-separated ones, since the set of equivalence classes forms a *partition* of the original set. But, on the other hand, that same fact may be considered as in a way supporting an ontological parcimony (i.e. the idea that the new, fresh entities are fresh only in appearance). Indeed, when one partitions a set X, the cardinality of the resulting partition cannot exceed the cardinality of X – an observation which leaves the door open for a representation of the abstracta by the original objects, hence to parcimony[23].

Incidentally, would one wish – for ontological pursuits – to target only partitions (separated new individuals, but not more numerous than before), it should be underline that the conditions defining equivalence relations are sufficient for that purpose, but not at all necessary. When R is a relation over a single set X, the conditions on R which *characterize the quotientation discipline* are the ones which define collusions (whose definition is recalled below). More precisely, if, for any relation R over X (be it an equivalence or not), we denote by $[x]_R$, the set $\{x' \in X \,;\, xRx'\}$ ("the class of x for R") , then the set of all classes, namely $\{[x]_R\}_{x \in X}$, designs a partition of X iff R is a collusion (the condition "R equivalence" is sufficient, but not necessary). Let us give the definition of collusions in the more general case where $R \subseteq X \times Y$. Those ones are the relations R which are simultaneously:

- *collusive:* $\forall x, x' \in X \left(\exists y \in Y \left(xRy \wedge x'Ry \right) \right) \Rightarrow \forall y \in Y \left(xRy \Rightarrow x'Ry \right))$[24],
- *total:* $\forall x \in X \; \exists y \in Y \; xRy$,
- *surjective:* $\forall y \in Y \; \exists x \in X \; xRy$.

Note that a collusion from X to Y may also be seen as a bijection between a partition of X (whose elements are the left types for R) and a partition of Y (whose elements are the right types for R)[25].

In the particular case where $X = Y$, i.e. when R is a relation over a single set X, the fact that collusions *characterize the quotientation discipline* (formulated above in terms of classes), may be also formulated in terms of types: the set of the (right, resp. left) types induced by R forms a quasi-partition (of Y, resp. of X) if and only if R is a collusion[26]. A thorough study of collusions over a single set can be found in [Joinet, 2019].

In fact, the ontological parcimony remark still prevails for the minimal types oriented interpretation that we designed. Indeed, in the minimal types interpretation, since the set of generated types is indexed by X, the cardinal of that set of types could at most decrease: the function which, to x

associates $x^{\perp\perp}$ is surjective. Consequently, to require in name of parcimony that the set of abstracta form a partition or the original set (i.e. to renounce non partitioning, *multi*-classifying classifications) would be senseless.

Incidentally, the philosophical investigations on abstraction initiated by the work of the Peano school members and Frege and Russell were very soon extended to non partitioning, *multi*-classifying classifications. In particular, several classificatory notions that may be seen somehow as "weakened" forms of equivalence classes did in fact play a central role in 20th century's philosophy of logic. This is typically the case of the notion of *clique* (a.k.a. *similarity classe*, following Carnap's later terminology [Carnap, 1928]) and of *maximal cliques*, whose definitions are recalled below. As we will see, they can be directly defined in terms of orthogonal operators and in terms of the notion of type.

Those notions were first designed and studied from 1914 by Bertrand Russell and from 1915 by a post-doctoral member of his department, Norbert Wiener. Russell was attempting to find a total ordering of instants "behind" any partial order of events (aiming, so to speak, at "quotienting" any partial order by the symmetric, non transitive binary relation: "x is incomparable to x' w.r.t. the partial order"). Wiener, following a thread more clearly linked with the theory of abstraction originated in the Peano school, was attempting to study abstraction in cases where "equivalences" are replaced by "fuzzy equivalences", namely similarities with threshold features (his ultimate aim was a reconstruction of concepts from the sensorial subjective experience). Later on, cliques would play a central role in Carnap's *Quasi-analysis* research programme (see [Leitgeb, 2007] and [Gandon, 2016])[27].

Maximal cliques play the same role for *similarity relations* (i.e. reflexive, symmetric, but not necessary transitive ones), as *equivalence classes* do for *equivalence relations*. If one looks at a similarity relation as an equivalence to which transitivity is missing, one sees that the lost of transitivity entails that, contrary to equivalence classes, cliques do intersect. As we show below, maximal cliques may be characterised directly in terms of types. Let R be a binary relation over a single set X.

Definition 22. A subset $C \subseteq X$ is a *clique* for R iff $\forall x, x' \in C$ xRx'. And a clique C is a *maximal clique* for R, when, moreover: for all $A \subseteq X$ such that $A \supsetneq C$, the set A is not a clique.

Proposition 23. *Let $R \subseteq X \times X$, a reflexive relation over X and $C \subseteq X$. C is a maximal clique $\Leftrightarrow$ $C^\perp \cap {}^\perp C = C$. If R is moreover symmetric, then: C is a maximal clique $\Leftrightarrow$ $C = C^\perp$.*

Though Russell's, Wiener's and Carnap's investigations on cliques induced by "similarity relations" propagate the interpretation of abstraction based on classes toward *multi*-classifying classification, one should underline that the approach of classifications based on types goes much further. A first point is that type-oriented classifications are completely general : they do not require any specific property whatever from the relation R inducing the types: they directly capture relational indiscernibility for any relation.

5 Conclusion

The results presented above show that the notion of type could play a central role in renewing and improving the logical and philosophical investigations on abstraction. They draw an appropriate framework to interpret set-theoretically Weyl's creative definitions, as they build a set-theoretical counterpart for the objects that one may want to make emerge from relational indiscernibility.

The fact that, doing so, one reduces – again – abstraction to classification (again, since the members of the Peano school and Russell had previously performed such a reduction – even if only for the limited case of definitions by abstraction) nevertheless leaves open a series of non pedestrian logical and philosophical questions. Let us only briefly mention three lines of investigations that we hope to be able to follow at a future date.

The first one would be to study systematically how the structure of the lattice of types depends on the properties of the relation inducing them (as we did, for instance, with collusions) and how, where multiple relations are involved, the operations over the relations induce operations over the lattices of types.

A second one would be to try to investigate *second order abstraction principles* (which are central for logicism, including the contemporary "neologicist" trend[28]), but from the types point of view. In the case of traditional

Abstraction Principles à la Peano-Russell, second order ones have the ordinary shape of abstraction principles, but for the fact that the variables involved are second order variables. So they are of the form : $\forall X \forall Y \left(f_R(X) = f_R(Y) \Leftrightarrow R[X, Y]\right)$, where $R[X, Y]$ satisfies the properties defining equivalences. In that case, $f_R(X)$ is supposed to be a first order individual (an "object"). Two famous examples are Frege's Axiom V and Hume principle. As soon as one considers second order abstraction schemes, things become hazardous: some of them leads to inconsistencies. At this stage, regarding that complex field, we are not able to develop a clear strategy: the concept of types will certainly add complexity. The *polymorphic* and *multi-scale* dimension of types could nevertheless constitute a relevant tool to deal with the second order dimension (quantification over the set of tests).

The last one, would be to investigate Weyl's creative definitions again, but with the viewpoint and the tools of contemporary proof-theory. Apparently, even for the simpler case of definitions by abstraction à la Peano, only a few works have taken that approach ([Tennant, 2017], does it partially). In a sense, such investigations would be faithful to Weyl's dictum about *creative definitions*. In reality, knowing what abstracta are (and in particular whether they are sets) does not matter for us. What matters, with our creations, is to understand how we use them.

Notes

[1]jean-baptiste.joinet@univ-lyon3.fr, Univ Lyon, Institut de Recherches Philosophiques de Lyon (univ. Jean Moulin), F-69007, LYON (France). Supported by : Japan office of University of Lyon and Capes-Cofecub (Action Sh-873-17)

[2]seiller@lipn.fr, CNRS, Laboratoire d'Informatique de Paris Nord (LIPN) – UMR 7030 Université Sorbonne Paris Nord (France).

[3]Actually, non typable terms are not always meaningless, especially when considering *simple types*. In Church's times, the (blurred) delimitation between non-typable and paradoxal (in the logical sense mentioned further on) was not clear. In particular, it is only with Tait's and Girard's work that one understood that lambda-terms of the shape $(t)t$ may be non problematic – [Tait, 1966] and [Girard, 1971].

[4]The methodology is for example used in [Girard, 2001], [Krivine, 2001], [Hyland-Schalk, 2003]. For a more theoretical/conceptual focus on the methodology itself : [Naibo-Petrolo-Seiller, 2016].

[5]The notion of *orthogonality* can be seen as a formulation of Garett Birkhoff's *polarities*. In the sections 1., 5., 6. and 7. of chapter IV: "Complete lattices" of [Birkhoff, 1948], bridges are built between 1/ Closure operators (section 1), 2/ Orthogonality (Polarity in Birkhoff's terminology, section 5), 3/ Galois connections (section 6), starting from the Lattices viewpoint. Thanks to Alexandre Miquel for the reference and enthusiastic discussions.

[6]In fact, the closure by bi-orthogonality methodology has a wide diffusion in contemporary Logic, which exceeds the field of computational types. See for instance [Okada, 1998] where a completeness result for cut-free provability is reached by means of a notion of "fact", which rests on the same closure by bi-orthogonality methodology.

[7]In the sequel, we thus continuously refer to "the Peano school approach", even if the philosophical literature on abstraction tends to promote Frege and Russell, because of the role they played in the logicist investigations about second order abstraction - see section 4.

[8] To lighten the notation, we write xRx' to denote sentences $R[x, x']$ having exactly two free variables x and x'.

[9] Following [Mancosu, 2016], p.22, "[...] it was in the Peano school that for the first time the three properties characterizing an equivalence relation were assigned a name. It was with Padoa 1908 that such relations acquired the characterizing name of 'relazione egualiforme' defined as a relation that satisfies reflexivity, symmetry, and transitivity". Nevertheless (ibid. p. 88, footnote 57) "the explicit use of notions such as reflexivity, symmetry and transitivity in the Peano school seems to originate with Vailati (1892) and De Amicis (1892). Vailati in 1892 takes credit for introducing the word 'reflexivity'. De Amicis also credits Vailati with the introduction of 'reflexivity' and both credit de Morgan with the introduction of 'transitivity'. De Amicis coined 'convertible' [conversivo] for what we call 'symmetric' but his terminology did not catch on. Symmetric, in this sense, was introduced by

Schröder in 1890".

[10] Following [Mancosu, 2016], p. 2 and p. 13, the term *definitions by abstraction* appeared in print in 1894, but it was used earlier by members of the Peano school, at least from 1888. In the first decade of 20th century, Russell favourized the "abstraction principle" terminology to name those axioms (to the detriment of the "definition by abstraction" terminology).

[11] For a broad historical overview, see [Mancosu, 2016], Chapter 1: "The mathematical practice of definitions by abstraction from Euclid to Frege (and beyond)".

[12]In §63 of his Grundlagen, Frege cites Hume as an ancestor of this idea, developed in the mean time by Cantor. The terminology *Hume's principle* seems however to come from [Boolos, 1987]. For a stimulating detailed overview of the genesis of the treatment of numbers by Dedekind, Cantor and Frege, see [Tait, 1996].

[13]The notion of *Equivalence class* was brought out by Mario Pieri, Cesare Burali-Forti and Alessandro Padoa, within their attempts to reformulate "definitions by abstraction" as "nominal definitions", see [Consuegra, 1991]. Note that the "solution" interpreting $f_R(x)$ as $[x]_R$ is more appropriately described as introducing a binder – which in that particular case happens to be the binder corresponding to set formation: $\{y \, ; \, xRy\}$, rather than a function constant f_R. For more on abstraction principles formulated with binders, see [Pollard, 1998] and [Tennant, 2017].

[14]Following [Mancosu, 2016], the first systematic and complete exposition of the partitioning/quotienting discipline in a mathematical textbook seems to occur only in the late 1920s (probably for the first time in van der Waerden's *Abstrakte Algebra* [Van der Waerden, 1930], in the § 5, entitled "Klasseneinteilung. Äquivalenzrelation"). Nevertheless, "the technical details were already clear in the 1910s" for Russell, who, from 1902/1903, pleads for interpreting "abstracta" systematically by equivalence classes.

[15] The main examples presented or cited by Weyl are: *circles* in planar geometry, the notion of *function* over reals, *points at infinity*, *imaginary elements* in geometry, Kummer's *ideal numbers*.

[16]We nevertheless believe this general case can be reduced to our binary

setting or a simple generalisation thereof.

[17] Weyl considers the general case where R is a $k + 2$-ary relation. *Indiscernibility predicates* are then given as the family of formulas:

$$\forall y_0 \ldots \forall y_i \forall y_{i+2} \ldots \forall y_{k+2} \left(R y_0 \ldots y_i x y_{i+2} \ldots y_{k+2} \Leftrightarrow R y_0 \ldots y_i x' y_{i+2} \ldots y_{k+2} \right).$$

[18] As Weyl compares Peano's Definitions by abstraction to his own Creative definitions (in order to defend that the latter do generalize the former), he presents them in a format analogous to Peano's, namely as axioms introducing a fresh *function constant*. But in the examples that he develops, it is clear that Weyl is actually tempted to describe those axioms as introducing instead a definite descriptor and, thus, a binder and a "copula" (even if he does not explicitly introduce specific notations). This would lead to the introduction of a fresh binder θ_R, say, and to writing $\theta_R x . x \overset{..}{\sim}_R x'$ instead of $W_R(x')$ in the axiom and a copula that one would be tempted to note $\in$. See footnote 20.

[19] Weyl explicitly says that one may well choose to favour a set-theoretic interpretation of his ideal elements. As an epigone of Hilbert, he nevertheless underlines that, from his proof-theoretic point of view, such an interpretation is not compulsory, just a matter of preference.

[20] Notice that, in [Pollard, 1998], Stephen Pollard (who formulates Abstraction principles using definite descriptors, hence binders, instead of function symbols, and introduce a "copula" – see our footnote 18) claims that to do so actually amounts to *reducing* Weyl's theory of abstraction/ideality to a weak set theory, made of: 1/ a weak comprehension scheme limited to "instantiable" properties, i.e. properties $P[x]$ such that $P[t/x]$ is provable for some term t (following an argument credited to Dummett, such a weak comprehension scheme is derivable as soon as one accepts just the small piece of comprehension needed to construct equivalence classes), 2/ together with a weak extensionality axiom equalizing only sets defined by provably equivalent concepts differing only w.r.t. complementary parameters (i.e. $A[x, \vec{y_i}]$ and $A[x, \vec{z_i}]$, such that $A[x, \vec{y_i}] \leftrightarrow A[x, \vec{z_i}]$ is provable in the current theory, where the y_i, z_i have no free occurrences); indeed this extensionality axiom

is just a particular case of a creative definition à la Weyl (indiscernibility w.r.t. the copula $\in$).

[21]So defined, the "orthogonality" and "orthogonal (operator)" terminology both echoes and generalises the standard notions for vector spaces. In the latter case, $A^\perp$ denotes "the orthogonal of a subset A of a vectorial space X" defined as the sub-vectorial space whose elements are all the vectors orthogonal to all the vectors of A. In that particular case, vectors x, x' are said orthogonal w.r.t. to a given bilinear form $(.\,|\,.)$ defined over $X \times Y$ (notation $x \perp x'$), when $(x \mid y) = 0$. So the notions we are considering are just more general: $x \perp x'$ means xRx' for any relation $R \subseteq X \times Y$, where X, Y also are arbitrary sets. Though the notion has a long genealogy in the history of mathematical practice (from Euclid), the theoretical focus on "orthogonality" in this broad sense seems to be notably due to Hilbert (and then Weyl).

[22]The bi-orthogonality operator is an example of the notion of *closure operator*.

[23]Whenever one requires (in order to acknowledge that the cardinality of a partition never exceeds the one of the original set), to prove the existence of an injection from the partition to the original set, the result then rests upon the Partition Principle, which says that when there is a surjection $s : X \to Y$, then there exists an injection $i : Y \to X$. The Partition Principle is provable in ZFC. The question whether it is equivalent to the axiom of choice, seems to be still an open problem of set theory (in any case, it was still the case in 1995, see [Higasikawa, 1995]). It would be interesting, from an historical point of view, to determine whether the Peano school members included that observation about cardinality into their ontological debates about definitions by abstraction. De facto, even if the Partition principle was first established in 1902 by [Levi, 1902], Burali-Forti early proposed, in 1896, an approximation of it (actually a wrong formulation, later criticised by Russell, in 1906). For a precise historical and technical presentation of the Partition Principle, see [Banaschewski & Moore, 1990].

[24]The collusivity property may be reformulated in terms of indiscernibility predicates by: R is collusive iff $\forall x, x' \in X \left(\exists y \in Y \left(xRy \wedge x'Ry \right) \Rightarrow x \overset{\mathrm{tr}}{\sim}_R x' \right)$

[25]Indeed, we can prove that the set of collusions from X to Y may be bijectively mapped onto the set of bijections between partitions of X and partitions of Y. See [Joinet-Seiller, 202?] which should appear soon.

[26]We say a *quasi* partition because the non emptiness of classes condition is not satisfied. In the standard definition of a partition, a subset belonging to it, is required to be *non empty*. This cannot apply insofar as we have two disjoint types: since types are closed by intersection, $\emptyset$ has then to be a type – the minimal type. But of course, if we focus on types whose generators are singletons, as we did to interpret Weyl's Abstraction principles, $\emptyset$ cannot be one of them.

[27]One may mention that, in relatively recent times, the notion of clique happened to have a second life in Logic, namely in Girard's Linear Logic. "Coherent spaces", by which the proofs of Linear Logic are denotationally interpreted, are indeed spaces of cliques for "similarity relations". See [Girard, 1987] and also [Girard, 2004] where the considered "Coherent spaces" are themselves defined through a bi-orthogonality construction.

[28]It was initiated by [Hale, 1987]. The literature about second order abstraction principles is abundant. One can find good introductions to the topic in [Antonelli-May, 2005] and [Tennant, 2017].

References

[Antonelli-May, 2005] Aldo ANTONELLI and ROBERT MAY, "Frege's other program", *Notre Dame Journal of Formal Logic*, Vol. 46 (1), p. 1–17, 2005

[Banaschewski & Moore, 1990] Bernhard BANASCHEWSKI & Gregory H. MOORE, "The Dual Cantor-Bernstein Theorem and the Partition Principle", *Notre-Dame Journal of Formal Logic*, vol. 31, Number 3, 1990

[Birkhoff, 1948] Garrett BIRKHOFF, *Lattice Theory*, Colloquium publications, Volume 25, American Mathematical Society, 1948

[Boolos, 1987] George S. BOOLOS, "The consistency of Frege's Foundations", in *On Being and Saying: Essays in Honor of Richard Cartwright*, J. Thomson (ed.), MIT Press, Cambridge MA, 1987, p. 3-20

[Burali-Forti, 1896]   Cesare BURALI-FORTI,   "Le classi finite", *Atti dell'Academia delle Scienze di Torino, Classe di Scienze Fisiche, Matematiche e Naturale*, vol. 32, 1896, p. 34-52

[Carnap, 1928] Rudolf CARNAP, *Der logische Aufbau der Welt*, Weltkreis, Berlin. English Translation: George RA, *The logical structure of the World*, Routledge & Kegan Paul, London, 1967.

[Church, 1940] Alonzo CHURCH, *A Formulation of the Simple Theory of Types*. Journal of Symbolic Logic, 5, 1940

[Consuegra, 1991] Francisco A. RODRIGUEZ-CONSUEGRA, *The Mathematical Philosophy of Bertrand Russell. Origins and Development*, Birkhäuser, Basel, 1991

[Forrest, 2016] Peter FORREST, "The Identity of Indiscernibles", in N. Zalta (ed.), *The Stanford Encyclopedia of Philosophy* (Winter 2016 edition), https://plato.stanford.edu/archives/win2016/entries/identity-indiscernible/, Metaphysics Research Lab of Stanford University, 2016

[Gandon, 2016] Sébastien GANDON, "Wiener and Carnap: A Missed Opportunity?", in C. Damböck (ed.), *Influences on the Aufbau*, Vienna Circle Institute Yearbook 18, Springer International Publishing, Switzerland, 2016

[Girard, 1971] Jean-Yves GIRARD, "Une extension de l'interprétation fonctionnelle de Gödel à l'analyse et son application à l'élimination des coupures dans l'analyse et la théorie des types", in Fenstad (ed.), *Proceedings of the 2nd Scandinavian Logic Symposium*, p.63-92, North-Holland, Amsterdam, 1971

[Girard, 1987] Jean-Yves GIRARD, "Linear logic", *Theoretical Computer Science*, 50 (1), p. 1-102, Elsevier Science Publishers Ltd, Essex, UK, 1987

[Girard, 1990] Jean-Yves GIRARD, *The blind spot*, vol. 1, European Mathematical Society, Zürich 2011.

[Girard, 2001] Jean-Yves GIRARD, "Locus solum: From the rules of logic to the logic of rules", *Mathematical Structures in Computer Science*, Number 3, vol. 11, 2001

[Girard, 2004] Jean-Yves GIRARD, "Between logic and quantic : a tract" in Thomas EHRHARD, Jean-Yves GIRARD, Paul RUET and Philip SCOTT (eds.), *Linear Logic in Computer Science*, London Mathematical Society Lecture Note Series, 316 Cambridge University Press, p. 346-381, 2004

[Hale, 1987] Bob HALE, *Abstract Objects*, Basil Blackwell, Oxford, 1987

[Higasikawa, 1995] Masasi HIGASIKAWA, "Partition Principles and Infinite Sums of Cardinal Numbers", *Notre Dame Journal of Formal Logic*, Volume 36, Number 3, 1995

[Hyland-Schalk, 2003] Martin HYLAND and Andrea SCHALK, "Glueing and orthogonality for models of linear logic", Theoretical Computer Science, 294, 2003

[Howard, 1980] William Alvin HOWARD, "The formulae-as-types notion of construction", in *To H.B. Curry: Essays in combinatory logic, lambda calculus and formalism*, J.P. Seldin and J.R. Hindley (eds.), Academic Press 1980, p. 479-490

[Joinet, 2019] Jean-Baptiste JOINET, *Collusions and quotients: generalizing equivalence relations and definitions by abstraction*, open access archives HAL (https://hal.archives-ouvertes.fr/hal-02369662), 20/11/2019

[Joinet-Seiller, 202?] Jean-Baptiste JOINET and Thomas SEILLER, *Collusions alias Bijections between partitions* In preparation, To appear soon, hopefully in 2021.

[Krivine, 2001] Jean-Louis KRIVINE, "Typed lambda-calculus in classical Zermelo-Fraenkel set theory" *Arch. Mathematical Logic*, Vol. 40, 2001

[Leitgeb, 2007] Hannes LEITGEB, "A new analysis of Carnap's quasi-analysis", *Journal of Philosophical Logic* 36:181–226, 2007

[Levi, 1902] Beppo LEVI, "Intorno alla teoria degli aggregati", *Instituto Lombardo di Scienze e Lettere, Rendoconti,* Series 2, Vol. 35, 1902, p.863-868

[Mancosu, 2016] Paolo MANCOSU, *Abstraction and Infinity,* Oxford University Press, 2016

[Naibo-Petrolo-Seiller, 2016] Alberto NAIBO, Mattia PETROLO & Thomas SEILLER, "On the Computational Meaning of Axioms", in Olga POMBO MARTINS, Angel NEPOMUCENO FERNANDEZ & Juan REDMOND (eds.) *Epistemology, Knowledge and the Impact of Interaction,* Springer, "Logic, Epistemology, and the Unity of Science" Series, Vol. 38, p. 141-184, 2016, doi10.1007/978-3-319-26506-3_5

[Okada, 1998] Mitsuhiro OKADA, *An Introduction to Linear Logic: Expressiveness and Phase Semantics,* Mathematical Society of Japan Memoirs, Vol. 2, 255-295, 1998

[Pollard, 1998] Stephen POLLARD, "Weyl on abstraction", *Philosophical Studies* 53, Reidel Publishing Company, 1998, p.131-140

[Russell, 1903] Bertrand RUSSELL, *The Principles of Mathematics.* Cambridge University Press, 1903

[Russell, 1914] Bertrand RUSSELL, *Our knowledge of external World as a field for scientific method in philosophy,* Open Court, London, 1914.

[Tait, 1966] William W. TAIT, A non constructive proof of Gentzen's Hauptsatz for second order predicate logic, Bull. Amer. Math. Soc. 72 (1966), no. 6, p. 980–983. https://projecteuclid.org/euclid.bams/1183528497

[Tait, 1990] William W. TAIT, *Lectures on Proof Theory,* manuscript online at http://home.uchicago.edu/~wwtx/Proof.pdf (the URL is not reachable anymore; but the file can still be found through a web-browser search, using "William W. Tait's Home Page - University of Chicago" as keywords). The year is uncertain.

[Tait, 1996] William W. TAIT, "Frege versus Cantor and Dedekind: On the Concept of Number", 1996

[Tennant, 2017] Neil TENNANT, "Logicism and Neologicism", in *The Stanford Encyclopedia of Philosophy* (Winter 2017 Edition), N. Zalta (ed.), `https://plato.stanford.edu/archives/win2017/entries/logicism/`, Metaphysics Research Lab of Stanford University, 2017

[Van der Waerden, 1930] Bartel VAN DER WAERDEN, *Abstrakte Algebra*, Springer, Berlin, 1930

[Weyl, 1910] Hermann WEYL, "Über die Definitionen der mathematischen Grundbegriffe", Mathematisch-naturwissenschaftliche Blätter, 7, 1910, p.93-95 + p.109-113 (also in Weyl, H., *Gesammelte Abhandlungen*, Berlin: Springer, vol. I, 298-304)

[Weyl, 1927] Hermann WEYL, *Philosophie der Mathematik und Naturwissenschaft*, R. Oldenbourg, 1927

[Weyl, 1949] Hermann WEYL, *Philosophy of Mathematics and Natural Sciences*, Princeton University Press, 1949 (Revised and augmented edition of Weyl's 1927 book, translated in english by Olaf Helmer)

科学哲学 53-2 (2020)

依頼論文

帰納型消去規則としての
ウィトゲンシュタインの一意性規則
—算術の論理からの分離の文脈で—

岡田光弘

Abstract

We discuss the equational representations of the elimination rule of inductive types, with a focus on the type "natural number", in the context of the series of approaches to separating an equational calculus from logic. We go back to a source of the purely equational representation of the elimination rule, Wittgenstein's uniqueness rule. We analyze Wittgenstein's argument, in comparison with others', which gives supplementary remarks to Marion-Okada (2018).

1. 序論に代えて：帰納型消去規則としての数学的帰納法

Russellのクラス抽象を関数抽象として定義しなおすことを通じて，Churchはラムダ抽象を用いた計算系としてのラムダ計算を1930年台に確立し，Churchのテーゼを発表する．ラムダ計算の型付きバージョンは1940年代初めにChurchによって示された．型付きラムダ計算と直観主義論理とのCurry-Howard対応，GödelのSystem Tに対するGirardによる型変数を用いた2階，高階への拡張 (System F, System Fω)，Barendregtらによる型付きラムダ計算の様々な拡張系の整理 (λ-Cube)，Curry-Howard対応を論理的に拡張したMartin-Löfの強い型理論などがその後示された（これらの型付きラムダ計算の基本についてはBarendregt (1991)，Barendregt et al. (2013) 参照．型理論の歴史的背景については池田 – 伊藤 – 久木田 (2011) 参照.）これらにもとづいて，MLやHaskellなどのプログラミング言語及びAgdaやCoqなどの証明支援系が実装されてきた．現代の型理論について語ることは論理と計

算の融合を語ることでもあることをこれらの流れは示している．一方で本稿ではこのような主要な流れとは逆の観点に焦点を当てたい．計算系を論理から分離することについての流れである．そのうえで，その源泉としてWittgensteinの一意性規則を位置づける．特に本稿ではMarion-Okada (2018)を帰納型と証明論的意味論の観点から補足する．

　（自然）数やリストや木などの帰納的データ構造の論理的扱をまず振り返ろう．（自然）数の場合は，1及びS(*)に対しては（RussellやFregeでは）量化子を用いた論理定義が与えられる．数性質についての高階特徴付け$\forall$X$(\forall$y(X(y)$\to$X(S(y)))$)\to$X(0)$\to$X(t))を通じて数学的帰納法原理が引き出される．1とS(*)を所与として，この2階命題を数の定義とみなすこともできる．前者がRussell (-Frege) 的で後者がPeano的だが，本稿ではこれらの区別には立ち入らず，数学的帰納法が2階全称量化子の「消去規則」として現れることを注意しておくに留める．型付きラムダ計算の文脈に戻るなら，例えば最も単純な帰納的データの一つである"自然数"は，$\forall$X$(\forall$y(X(y)$\to$X(S(y)))$)\to$(X(0)$\to$X(t)))という2階論理定義述語から引き出される$\forall$X$((X\to$X)$\to$(X$\to$X))という型が（通常）用いられ，それに応じた高階型付きChurch数3はΛXf$^{X\to X}\lambda$x^X.fffxという表現となる．（型なしなら，λf.λx.fffx）本稿では論理と算術との分離という観点を論じるが，その立場からまず重要となるのは，これら自然数やリストや木といった項レベルの基本的帰納構造型定義に際して，高階論理的側面を経由せずに，直接構成的定義にすることである．コンストラクター0とS(*)の型を0:Nat, S:Nat$\to$Natと指定することにより，3はS(S(S(0)))と表現される．一見するとSの型付けに含意が残っているようにみえるが，対応する帰納型の導入規則は自然演繹的に表記すると，Nat(t)からNat(S(t))を導く推論［型論的な表現では，適当な文脈x:Γで，t:NatからS(t):Natへの推論］となり，自然数や二項木やリストなど広い範囲の帰納的項の導入型推論規則は論理的含意なしに表現されることになる．

　高階帰納的データ構造定義から構成的帰納型定義への移行過程をCoqの例で振り返ってみよう．証明支援系Coqは1983年にINRIAを中心にして，HuetとCoquandとにより設計・実装された．Coqの基礎計算体系であるCalculus of ConstructionはGirardのSystem F$_\omega$の非可述的高階型変項の枠組み及びMartin-Löfの型理論に強く影響されていた．（また，単純型付きラムダ計算からCalculus of Constructionsへ至る論理的に豊かな型付け構造についてはBarendregtによりλ-Cubeとして整理された．）Coqの最初の大きな節目が，帰納的データ構造の非可述的高階定義から，コンストラクターに基づく直接

的帰納型定義への移行時だった.

　　（純粋な）Calculus of Constructionsは強力な多相的プログラミング言語
　　F_ωを依存型を使って拡張し，プログラムについてのリーズニングを可
　　能とする．［…］しかしその表現は，計算的観点からも論理的観点から
　　も満足され得るものではない．このことは，帰納的定義をファーストク
　　ラスオブジェクトとして加えることにより，Calculus of Constructionsを
　　拡張するという提案へと導く．（Paulin-Mohring 1993）

ここで，帰納的構造の非可述定義のデメリットについて，計算量が高くなり
計算効率が悪いこと，プログラムの透明性が悪くなることなどいくつか挙げ
られている．Paulin-Mohringは次のように続ける.

　　自然数のこの消去は，［一方において］原子再帰シェーマに従った諸関
　　数の構成に対応し，同時に，［他方において］帰納による証明に対応し
　　ている．（ibid）

　帰納型としての"自然数"の消去は，原子再帰（汎）関数と数学的帰納法に
当たる．本稿では特に帰納型の消去規則としての構造的帰納法規則の表現形
式を問題とする．Coqでは，Natの定義はユーザが0:Nat, S:Nat→Natとい
うコンストラクターを指定することにより，帰納型自然数の導入規則と消去
規則が型推論として自動生成される．型論の拡張に踏み込みつつあった
Martin-Löf (Martin-Löf 1971)は，一般的帰納的定義の定式化の文脈で，伝統
的数学帰納法の表記に顕在化されることが少なかった自然数述語定項Nat
(*) を顕在化した．項の定義をNatの導入規則として（Nat(0), 及び, Nat(x)
からNat(S(x))を導く規則として）推論表記し，伝統的な数学的帰納法規則
（例えばGentzen流の自然演繹規則）の前提にNat(t)の表示を顕在化するこ
とで，数学的帰納法規則をNat(t)の消去規則として明確化した．つまり，
証明に関するNat-消去規則は，任意の文脈において,「N(t) とF(0) とInduction
Step:F(x) を仮定してF(S(x))を導く証明とから，F(t) が帰結する」と表
されることとなった．Martin-Löfのこの表現は通常の数学的帰納法規則の前
提に新たにN(t) を加えただけであるが，型付きラムダ計算のChurch数の全称
と含意の消去（適用）が，Natという帰納型名と帰納法の仮定的証明ステッ
プと変わり，実質的にこれらの論理結合子が現れない形式となる．（もちろ
ん，一般にはF(x) には論理結合子が多く現れる.）ここで，述語定項Nat(t)

を型表示t:Natと読めば，これが，項の帰納構造に対するラムダ項の型推論から帰納型の型推論への変換に対応する．（自然数だけでなく一般の帰納的構造に当てはまることは明らかである．）

本稿の次節以降の議論では特にFが等号式である場合を中心にして考察を進めることとなる．Martin-Löfの型理論では同一性に関する（s＝tがA型のidentity型で表す）型表現s＝t:Aが用いられるが，本稿で等号だけに計算系を限定していく中で，等号型の型表示は（つまり項の型表示以外は）必要なくなる．現在のCoqの帰納型の定義にはGuarded fixpoint definitionの枠組みが用いているが，本稿ではこれに立ち入らない．また，Coqでは項の上位の型自体，Set, Universeに対する帰納構造についても帰納的推論が生成されるが，本稿では算術系の純化を検討することから，「項」の帰納的構造定義に議論を限定する．

振り返ってみると，Coqの最初の実装で前提とされた枠組みの一つがSystem F_ωであり，System F_ωが前提にしていたのがSystem Tであった．Tでは自然数は帰納型とは顕在的には明示されてはいなかったものの，導入も消去も初めから埋め込まれていたといえる．この観点からSystem Tの帰納型，及びSystem Tの基本となっていたSkolemのPRAの帰納型としての自然数を考察しなおしたい．特に等号的算術を論理から分離することについての一連のアプローチの中でそれを考察したい．

2. 自然数型の消去規則としての一意性規則

ここでは，SkolemによるRussell-Whiteheadの型論的論理からの算術の分離，Hilbert-Bernays, Gentzen, Gödelによる整合性証明との関連のもとでの論理からの純粋算術の分離などについて振り返る．

Russel-Whiteheadの型理論の高階変項による諸定義と対比して，算術は（無限領域の）量化子の変項を用いることなく，1階自由変項と再帰的関数（及び関係）定義と数学的帰納法だけで充分に展開できることをSkolemはSkolem（1923）で示した．「無限領域を走る見かけの変項の使用なしの，再帰的思考様式による初等算術の基礎」と題する論文がそれである．「算術の論理的基礎は，見かけの論理的変項の使用なしに与えられる」（Skolem 1971, p.304）．特に「数nに続く数n＋1」を「記述的関数n＋1」と呼び，初等算術の一定範囲の展開には，Russell-Whiteheadの型論的記述関数が適さないこと，および量化子の変項を含まない，つまり論理を含まない等号体系（後に原子再帰算術PRAと呼ばれる）で充分であることを主張し，そのようにして初等算術を展開した．Skolemの「記述関数n＋1」はまさに帰納型の所与と

してのコンストラクターである．記述関数と「再帰的思考様式」（原子再帰
定義と数学的帰納法）との2つの概念が基礎として採用されている（Skolem
1971, p.305）．古典1階算術では使用される全称と存在の量化子の入れ子の
数により，また直観主義1階算術では含意の入れ子の数により，証明力が階
層的に増加することは周知のとおりである．SkolemのPRAはこの1階算術
体系の階層のなかで，量化子も含意も全く含まない最も低層の等号体系にあ
たる．

　後に，Gödelの不完全性定理に直面したHilbert-Bernaysは，素朴な有限の
立場をより形式的に定式化することに迫られ，有限主義的な「直観的
(anschaulich)」有限数論をPRAまでとみなすこととなる（Hilbert-Bernays
1934, p.286）．その後に提出されたGentenやGödelの1階算術体系整合性証
明がベースとするのも，Hilbert-BernayのこのPRAであった．

　Gentzenの相対的整合性証明のメタ数学体系は素朴に形式化するならば，
PRAに（順序数の）「到達可能性」概念に関する規則を加えた等号体系とみ
なすことができる．ここで補足的注意を加えておくと，整合性証明のメタ理
論においては，表示的，外延的，集合論的意味論はもちろん意味をなさず，
推論主義的，操作的意味論が重要となる．Gentzenが証明論的意味論の生み
の親であるのもこのことと深く関わる．というのも，集合論的意味論の立場
では，自然数の集合を認めるやいなや，算術体系の整合性は自明なこととな
るからである．モデルがあれば整合的であることは1階述語論理のTarski意
味論の健全性定理そのものである．例外的場合として，無限公理も算術も型
消去規則もない単純型理論等は，最小モデル構成により有限主義整合性証明
が得られる．（Gentzenも1936年に注意している.）論理接続子（命題定項）
の推論規則を導入規則と消去規則の対として定式化したGentzenは，導入規
則により推論主義的意味を与え，その意味によって消去規則を正当化する
という証明論的意味論の第一のパラダイムを与えた．（ここではその後の
Dummett, Prawitzらによる証明論的意味論には立ち入らないが，Martin-
Löf (1984) の構成的型理論の意味論もこの延長上にあるといえることだけ注
意しておく（金子（1988）参照）．Gödel不完全性定理出現後に算術の整合性
証明を提出したGentzenは自己の整合性証明の意義自体を説明する説明責任
を負っていた．というのも，不完全性定理は有限主義的整合性証明の不可能
性を示しているように思われていたからだ．ここでは詳しく述べないが，
Gentzen (1936, 10-11) は，証明論的意味論の一つと位置づけできる，有限
主義の検証論的意味論を導入し，そのもとで1階直観主義算術の推論規則の
正当化をすべての推論規則に対して精査する．（導入規則により与えられる

意味により消去規則が正当化できるかどうかを「有限主義的に」確かめる.）
ほとんどの推論規則には疑わしさがないが，含意規則にだけに疑わしさがあ
り，この疑わしさのために算術体系の整合性証明が必要となるとする.（自
然演繹の）含意の導入規則は，「前提Aから帰結Bに至る証明があるとき
A→Bである」と推論するという形であるが，Gentzenはこれに従って，
A→Bの意味を「仮定Aから結論Bへ至る証明があること」とした. このと
き，「二つの前提AおよびA→BからBを推論する」という消去規則をこの
導入規則の意味に従って正当化しようとすると循環論に陥ると指摘する. 消
去規則の前提A→Bを有意味で妥当と仮定するとAからBへの証明が存在す
ることになるが，その証明にいま正当化しようとしている形の→消去規則が
現れるかもしれないという循環論であった. 本稿に関して興味深いのは，数
学的帰納法規則（帰納型消去規則）は有限主義の検証論的意味論で正当化で
きるとする点である. これについては，3.2節でさらに論じる. 含意推論に
疑わしさの根源があるとするGentzenにとっては，整合性証明において含意
が含まれない算術体系をベースとする必要があることとなる. 含意を使わな
い直観主義算術体系は論理のない算術体系を意味し，それはPRAである.
GentzenはPRAに「（順序数の）到達可能性（Erreichbarkeit）」概念について
の推論規則を加えることにより，1階算術体系の整合性証明を与えた. ここ
で到達可能性推論規則の適用は具体的であり，その妥当性は直観的な明証性
を持つとし，これを用いてε_0までの順序数の超限帰納法を定理として証明し
たうえで整合性証明を完結した.

　Gödel (1958) は冒頭で，整合性証明には有限主義の直観的明証性を超える
抽象的概念が要請されることをBernaysの言葉を用心深く借りながら指摘す
る. そのうえで，Gentzenの到達可能性概念とそれを用いた順序数の到達可
能性についてのGentzenの証明の抽象性（非有限主義性）を指摘する.（こ
こではGentzenの1936年の到達可能性の哲学的主張を直接批判するのでは
なく，1943年の到達可能性の数学的成果を言及している.）

　　　より正確には，下降諸列に対し構成される多様な構造的可能性を見渡す
　　　ことがもはやできず，よって我々は，そのような各列が必然的に停止す
　　　るであろうことを直観的に認めることはできない. 特に，我々は小さい
　　　順序数から大きい順序数へ段階的に通過することによって直観的にその
　　　ような知識を得ることはできない；我々は高いタイプ（Stufe）の概念に
　　　よって抽象的に知識を得るだけである.（Gödel 1991, 243）

　この高いタイプの抽象概念の例としてGentzenの「到達可能性」概念を挙げたうえで，より構成的な高いタイプの概念として彼の再帰的汎関数を挙げる．これによりGentzenの整合性証明の別証明を与える．Gödel (1958) の序論では，ω^2までの再帰性推論の妥当性は直接に直観的に示されるものの，ε_0までの順序数についてはそれが不可能だとする．このω^2への言及からは，GödelがHilbert-BernaysやGentzenと同様に有限主義のベースとしてPRAを位置づけてはいないことが明らかになる．（ω^2までの順序数で停止性が示せる原子再帰関数は多項式関数より低いレベルに限られ，PRAの原子再帰関数一般とは大きなギャップがあると考えられる．）PRAの再帰的関数定義もGödel (1958) では抽象的構成とみなされている．このように，Gödel (1958) のPRAに対する捉え方は，有限主義者たちと異なっていたが，しかしそれにも関わらず，構成的等号算術系のベースとしてPRAを基礎として，これを文字通り高いタイプの抽象概念に拡張することにより原子再帰汎関数体系Tが定義された．論理なしのTにより1階述語論理を含む算術体系証明可能命題の論理なしの等号解釈を彼は与えた．Tの汎関数が構成的であることにより，この解釈をもって（構成的）整合性証明と主張された．（本稿ではGödelの立場はGödel (1958) の立場に限定して議論している．System Tについては竹内-八杉 (2010) 参照．）

　SkolemのPRAが論理から完全に切り離されているかという点に関して，「再帰的算術に対する論理なしのフォーマリズム」(Goodstein 1954) におけるGoodsteinにとっては修正の余地が大きいものだった．Skolemの数学的帰納法のInduction Stepが純粋に等号的に表現されていないことに最大の問題があった．例えば$f(x) = 0$を帰納法の仮定として$f(S(x)) = 0$を導出するInduction Step部分で，この仮定的命題を純粋な等号計算でどう表すかという問題が残っている．Goodsteinはその解決法を二つの形式で捉える．（本稿の議論においては非本質的なパラメータは断ることなく表示しないこととする．）論理的含意を用いるとInduction Stepは「$f(x) = 0 \to f(S(x)) = 0$」という含意命題で表せるが，これは$(1-f(x)) \times f(S(x)) = 0$という単一等式に変換することができる．PRAに現れる関数や項は決定可能なので，構成的立場でも排中律が成立することから，含意を実質含意としたうえで，否定と選言を減法と乗法で置き換えている．（減法は自然数上の減法である．）数学的帰納法の形式の（含意のない）代数的体系表現への直接的置き換えといえる．もう一つの表現法は一意性規則と呼ばれる形式で定式化される．そしてこれも局所的等号推論形式をとっていることから，数学的帰納法の等式化に

とって直接的意義を持つといえる．Goodsteinの一意性規則の前提は3つの等式f(0) = g(0)，f(S(x)) = F(x,f(x)) とg(S(x)) = F(x,g(x)) からなる．これらが成立すれば，f(y) = g(y) が帰結できるという等号的推論規則である．Goodstein (1945, 1951, 1954, 1957) において数学的帰納法に代えて使用される．Goodsteinはこれら二つの等号的形式と数学的帰納法規則との間の同値性を示している．(f(x)，g(x) は新たな関数名を含む任意の項であり，F(x) は項である．高い型を許す場合の結論部はf = gとも表現できる．帰納型という本稿の観点から言うならば，一意性規則は帰納型一般へ拡張が直接的であることを強調したい．どのような帰納型に対しても，同じ再帰呼び出しの形式であればそれらは同一であるという形で定式化できる．(自然数型に依存しない．) 一意性規則は表示的・外延的意味論の立場では自明である．関数や項の表示的意味論ではそれらの意味の同一性は，再帰呼び出しの仕方などの計算規則がたとえ異なろうと，同じ外延を表示していれば同一とする．一方一意性規則は，規則としての形式を問題としている．本稿では詳細を述べないが，自然数のリストや自然数をサブタイプとして持つ整数などをはじめとした複数の帰納定義が関係する一意性規則の定式化には，(顕在的型言語ではなく) 多ソート等号言語が適している場合が多い．

　一意性規則に対する高い型への拡張も自然である．Tに対する一意性規則の代数的意味については (Lambek 1986, Lambek-Scott 1986, Roman 1988, Okada-Scott 2000) を参照．型付きラムダ計算上で任意の型A, Bに対して，Recursors $R_{A,B}$ を $(A \rightarrow B) \rightarrow (A \rightarrow N \rightarrow B \rightarrow B) \rightarrow A \rightarrow N \rightarrow B$ の型，xの型をA，またyの型をNとしたとき，

　$R_{A, B}ahx0 = ax$

　$R_{A, B}ahx(Sy) = hxy(R_{A, B}ahxy)$

のようにTのRecursorsが標準的再帰汎関数として与えられる．これに伴い，Tの一意性規則は，次にように定式化できる．

　(Uf, h)

　$fx(Sy) = hxy(fxy)$

- - - - - - - - - - - - - - - - - - - -

　　$f = R_{A,B}ah$

　つまり，fがStstem TのRecursor Rと同じ再帰呼び出しのかたちを満たすならば，fはRecorsor Rと同一，つまりf＝Rであることを結論できるという推論形を持つ．LambekはMal'cev operatorを用いた技術的トリックを通じて，一つの等式によっても一意性規則が表せることも示した．一意性規則を帰納型の消去推論規則として意味付けする次節の立場では必要ないので本稿

ではこの表現については省略する.

ところで,Goodsteinの定式化の直接の源泉はWittgensteinの講義や彼との会話による.(Wittgenstein,彼のCambridge講義のMooreによる講義録,Goodstein,Bernaysの背景についてはMarion-Okada(2018)参照).Wittgensteinの一意性規則を次節で検討する.

3. Wittgensteinの帰納型消去規則の再定式化

3.1 Tractatusにおける自然数はラムダ項か帰納型か

中期Wittgensteinの帰納的証明論では,Tractatus(TLP)における数の導入規則(生成列)の考え方と表記法がそのまま維持されていたと著者は考える.TractatusのWittgensteinは帰納的データ構造をオペレーションによる生成列として導入する.特殊例としての「命題」データ構造のオペレーションによる生成に注目し,その一般形式を数の生成列として定義している.オペレーションの指数を自然数とする立場は,後に現れたChurchのラムダ表現によるChurch数に近い形をしている.ここでは,その近さと違いをすこし掘り下げて検討したい.Church数は$\lambda \Omega \lambda \eta \Omega' \Omega' \cdots' \Omega' \eta$の形式であるが,Wittgensteinの数の定義に$\lambda \Omega$という抽象が使われているかどうかということを問題としたい.(変数のベクトルを表す変数記号上のオーバーライン表示は省略する.)彼はまず命題の帰納的生成列を明示化する.

6.真理関数の一般形式は:$[p, \xi, N(\xi)]$.
これが命題の一般形式である.
6.01オペレーション$\Omega(\eta)$の一般形式はそれゆえ:$[\xi N(\xi)]'(\eta)(=[\eta, \xi, N(\xi)])$である.
これが,一つの命題から別な命題への移行の最も一般的形式である.

ここで,「否定」Nにより任意の命題が生成される.例えば,ベクトル$\xi =$(A,B)の場合には(¬A,¬B)つまり¬A∧¬B,つまり¬(A∨B)という命題形式が得られる(5.501, 5.502).適当な設定のξのもとで$N(\xi) = \neg \exists x.fx.$である(5.52).オペレーションNがすべての命題の形式を生成することから$[\xi N(\xi)]'(\eta)(=[\eta, \xi, N(\xi)])$が命題の生成形式とされる.A'Bはラムダ計算と同様に適用関係を意味していると考えられる.基本命題ベクトルの位置に変項ηが位置づけられる.「オペレーションを関数と混同してはならない」

と注意する (5.25)．例えば本稿3.2節では結合法則の証明について $\lambda x.x+1$ と表せるオペレーションが用いられることとなるが，これが $x+1$ ではないことに対応する．「O'O'O'a はオペレーション O'ξ の a への 3 回の連続的適用の結果である (5,2521)」とする．a に対する 3 回の適用は，$(\lambda \xi O'\xi)'(\lambda \xi O'\xi)'(\lambda \xi O'\xi)'a = (\lambda \xi O'\xi)'(\lambda \xi O'\xi)'O'a = (\lambda \xi O'\xi)'O'O'a = O'O'O'a$ である．a のオペレーションへの適用とも表現できる．この結果数 3 は λ 抽象を含まない形となり，O（又は後の 6 の表記では Ω）は数生成の帰納的型のコンストラクターであるとみなせると著者は考える．命題の帰納的生成列導入の一般化から数の帰納的生成列を導入する (6.02)．$x = \Omega 0'x$ Def., $\Omega'\Omega^\nu'x = \Omega^{\nu+1}'x$ Def. と定義したうえで，

  このような記号諸規則にしたがって，我々は列

  $x, \Omega'x, \Omega'\Omega'x, \Omega'\Omega'\Omega'x,\ldots$

  を次のように書く．

  $\Omega^{0'}x, \Omega^{0+1'}x, \Omega^{0+1+1'}x, \Omega^{0+1+1+1'}x,\ldots$

  よって $[x,\xi,\Omega'\xi]$ の代わりに $[x,\Omega^\nu,\Omega^{\nu+1}]$ と書く (6.02)

とする．Wittgenstein は 1,2,3,… を 0 + 1,0 + 1 + 1, 0 + 1 + 1 + 1,… と定義したうえで，「数は一つのオペレーションの指数である。」(6.21) と注意する．このオペレーションの出自はオペレーション N' であったが，一般的に Ω' とされた．ただここで，Ω は数の生成の推移で求められるのみであり，Church 数の形式のラムダ抽象はされておらず，帰納型のコンストラクターの役割を果たしているだけだと著者は考える．そのことは逆に言えば，このオペレーション Ω による数の生成列に対して，具体的オペレーション F を「適用」できないことを意味する．つまりオペレーション Ω に F を適用し，それぞれの項に β 簡約して，$[x,\xi,\Omega'\xi]'F = [x,\xi,F'\xi]$ の形が成立しないといえる．ラムダ抽象を伴うラムダ項として帰納的項構造を定義（「導入」）する場合の「消去」は，適用となる．1 節で見た 2 階の型変項を用いた場合の「適用」は全称消去を含む．しかし，この Wittgenstein の数の導入はラムダ抽象には関わっておらず，別な仕方の消去規則のはずであり，このことは数の生成規則に対する消去規則として一意性規則を理解することと整合すると著者は考える．生成列はさらに $[0,\xi,\xi+1]$ と略記される (6.32)．

　この数の定義が Church 数のようにラムダ抽象に依存していないことは上記のほかにも，Wittgenstein の計算例からも分かる．6.241 で Wittgenstein は乗法の定義と計算例を示している．これはある意味で，後に Church が（型なし）ラムダ計算において示すものと同じ構造の計算過程を含んでいる．ただし，その計算過程の後半だけであることが分かる．ラムダ項として定義さ

れるChurch数においてはラムダ抽象のメカニズムが本質的である．これに対してWittgensteinの乗法は定義$\Omega^{n \times m} = (\Omega^n)^m$から出発しており，ラムダ抽象は必要としていないことが分かる．ラムダ計算における自然な乗法定義では，3×2ではβ簡約計算過程で$\lambda f \lambda x.3'(2'f) = \lambda f \lambda x.(\lambda g \lambda y.g'g'y)'(\lambda z.f'f'z) = \lambda f \lambda x.\lambda y (\lambda z.f'f'z)'(\lambda z.f'f'z)'(\lambda z.f'f'z)'y$を通過する（見やすさのためにカッコを補っている．）Wittgensteinはこの最後の項を乗法の定義としてここから計算を始める．このことも自然数の導入列で用いられるオペレーションΩはラムダ抽象が施されてしてはいないという読み方を支持しているように見える．数をオペレーションの指数と定義することはChurch数定義と共通点があるが，その取扱いは帰納型のコンストラクターとしてのものである．

Wittgensteinは同時に，Russell-Whiteheadの型理論の型も同様に帰納的生成列により導入されるとする．

5.252 この仕方でのみ，形式列における項から項への（[そしてまた] Russell-Whiteheadの階層における型から型への）進行が可能になる．

この立場で型上に帰納的定義を導入し，その消去規則を使用する枠組みは，1節触れたCoqなどの強い型体系で実践されている．

3.2 帰納的型としての自然数型とWittgensteinの消去規則としての一意性規則

以下でも前節に続き，非本質的なパラメータはしばしば省略する．

等号に限定した数学的帰納法規則（MI）は，

$u(0) = v(0)$ と

$u(x) = v(x)$ から$u(S(x)) = v(S(x))$ への証明（Induction Step）

という2つの前提から，

$u(x) = v(x)$（または自由変数が全称を「意味」していることを前提に，$\forall x \, u(x) = v(x)$）

という結論を導出する規則と表現されるだろう．ここで，結論部の全称量化の有無により証明可能性は変わらない．Goodsteinの一意性規則（UR）は，

「$u(0) = v(0)$，$u(S(x)) = F(x,u(x))$ と$v(S(x)) = F(x,v(x))$ を前提とし，これらが成立すれば，$u(y) = v(y)$ を帰結できる」

という規則で表現であった．（BT）などの中期WittgensteinはSkolem（1923）のPRAにおける数学的帰納法（消去規則）に批判を加え，帰納的証明の帰納法仮定は意味をなさないこと，帰納的証明には通常の意味での結論部命題はないことを主張する．帰納法「仮定」を用いる代わりに，

$\forall x (u(x) = v(x) \rightarrow u(S(x)) = v(S(x)))$

という論理的同値な含意命題で表現することは，含意や量化子の束縛変項の使用となり，このような論理的表現はSkolemにもWittgensteinにも受け入れられないものであったが，Wittgensteinはさらに，数学的帰納法は計算列生成であり，仮定部も結論部も含まないとする．この生成列は（最も典型的には）二つの項の生成列として，自然数という帰納型生成列に並行して生成される．帰納的証明は一般性を主張する代数的結論はないし，そのような一般性の代数的主張を正当化するものではないとする．（"なにも証明されない"，"なにも引き出されない"，（BT455））これについては後で補足する．ここで分かるのは，帰納型の消去規則としての一意性規則は二つの項の並行した生成列の形式であり，その生成列は消去規則自体の正当化を示しているということだと著者は理解する．帰納的証明の列生成は帰納型である自然数の導入に対する規則列形成に沿って与えられるので，消去規則の正当化はある意味で，導入規則による正当化ということもできる．Gentzenの証明論的意味論と比較するとその違いが明らかになる．算術の整合性証明に当たって，（Gentzen1936）は数学的帰納法規則も全称量化規則も有限主義の意味論で正当化可能だとした．前節でみたように，Gentzenは直観主義含意推論の使用のみに疑わしさがあり，自己の整合性聡明の意義を，直観主義含意規則の使用の整合性という点に求めた．特に1938年の整合性証明ではこのことが明らかである．（このことの帰結として，Gentzenは含意を用いずに整合性証明を行うこととなり，Hilbert-Bernaysに沿って，有限主義の基本体系としてPRAを採ることになる．）Gentzenは有限主義意味論で数学的帰納法規則の正当化が可能であることについて次のスケッチを与える：F(1) が有意味で妥当な命題だと仮定する．結論F(t)の項tが（変数への数値代入によって）数nを表すとする．F(a) からF(a + 1) へのInduction Stepの証明で，aを継続的に数1, 2, 3, ..., n-1まで置き換えて，妥当な命題F(1)，F(2)，F(3) などを経由して，F(n) に至る直接証明を形成し，最終的にF(n) は妥当で有意味な命題と確認できるとする．（Gentzen 1936, 10.5)

> [...] 本質的なことは，最初は意味を持たなかったであろうような [帰納法の] 仮定F(a) に [...]，仮定としてはもはや機能しない直接証明へと証明の関連部分を変換するその可能性によって，意味が与えられたということだ．（Gentzen 1936, 10.5)

有限主義の検証的意味論においては，可能無限としてのnの数系列生成に従って，F(n) の「直接証証」を生成していけると主張される．本稿で詳細

は述べないが，直接証明には妥当性と有意味性が同時に示されるとする．こ
こで可能無限の数系列は数の帰納的生成列（帰納型の閉項導入列）と同一視
できる．数学的帰納法規則を推論規則としたうえで，その（消去規則の）正
当化を与える段階で数系列に沿った（導入規則に従って）「直接」証明列を形
成する形で正当化する．本稿では，なぜ「直接証明」列を生成できることが
消去規則としての数学的帰納法の正当化になるのかについては立ちいらない．
実際にそこには前節で引用したGödelによる有限主義批判についても考慮す
る必要もあり，さらに検討の余地がある．ここでは，Gentzenが証明論的意
味論の枠組みで，帰納型導入規則による意味付けと，その意味による消去規
則としての帰納法正当化の枠組みを採用していたことだけを確認しておく．

　上記のように，Wittgensteinは，数学的帰納法，つまり一意性規則を（項の
対の）帰納的生成列の生成規則であるとする．（ともに有限主義者と呼ばれ
ることが多い）WittgensteinとGentzenの帰納法規則正当化についての見方
の違いを確認しておこう．　すぐ上でみた通りGentzenは，帰納法規則の帰
結命題の妥当性（と有意味性）を，（数列に沿った）Induction Stepsの連結に
よる「直接証明」列生成により示すことができるとした．また，それをもっ
て（証明論的意味論的な）帰納法規則の正当化と捉えていた．（帰納法規則
の正当化も論理結合子規則の正当化の文脈で議論されていた（Gentzen 1936,
10-11.）一方Wittgensteinは，帰結命題を持たず，よって帰結命題の正当化も
意味がない（BT462）とする．そして，「再帰的証明［一意性規則による項の
対の列生成］はそれ自体の正当化でなければならない」（BT462）とする．
Wittgensteinは可能無限や実無限による自由変数解釈や全称量化解釈を排
し，帰納法規則はそのような解釈なしに規則自体で正当化が示される，とい
う立場をとる．以下，このことをみていきたい．Wittgenstein は一意性証明
の形式を次のように言う．

α　　$\varphi(1) = \psi(1)$　・　　・

β　　$\varphi(c + 1) = F(\varphi(c))$　・　……　　$\varphi(c) = \psi(c) \ldots \Delta$

γ　　$\psi(c + 1) = F(\psi(c))$

　3つの等式 $\alpha\ \beta\ \gamma$ が証明されれば我々は，「すべての基数に対してΔが
証明される」と言う．これは前者により後者の定義である．［後者が前
者から証明されるのではない．］（PG, 397）（BT, 445）

　結合法則Aについて，（PG, 397）（BT, 445）でつぎのように指摘する．

$$a + (b + c) \quad = \quad (a + b) + c \ldots\ldots A$$

Skolem が A の再帰的証明と呼ぶものはだから次のように書ける：
$$a + (b + 1) \qquad = (a + b) + 1$$
$$a + (b + (c + 1)) = a + ((b + c) + 1) = (a + (b + c)) + 1 \ldots\ldots B$$
$$(a + b) + (c + 1) = ((a + b) + c) + 1$$
[...]
この証明においては証明された命題 [A] は生じさえしない．我々がなさなくてはならないすべては，それ[その命題]への移行を許す一般的規定を作ることだけである．(BT445)

ここでは，$\phi(a, b, \xi) = a + (b + \xi)$，$\psi(a, b, \xi) = (a + b) + \xi$ であり，$F(\xi) = \xi + 1$ である．$\lambda\xi.F(\xi) = \lambda\xi.\xi + 1$ と書く方が適当であろう．

さらに，一意性規則 (UR) にはたとえ全称量化子を付けない自由変数系であろうと結論部として認めない．(それらは，算術文法には含まれず，代数文法の等号命題だとする．)

われわれは A [代数的結論式 $a + (b + c) = (a + b) + c$] と B [一意性規則の3式] についてわれわれの諸帰結 [Folgen] の概念を課すことはできない．(BT455)

(BT470) においては次のような移行の図式 R について論じられる．まず $a + (b + 1) = (a + b) + 1$ の書き方 (記号) として「等々」を用いて2次元の等式列の形を示し，これに対応する→付きの記号，つまり3行と矢印→からなる図式 R, が示される．(BT469-470, 誤植を著者が訂正)

$$1 + (1 + 1) = (1 + 1) + 1, 2 + (1 + 1) = (2 + 1) + 1, \cdots 等々$$
$$1 + (2 + 1) = (1 + 2) + 1, 2 + (2 + 1) = (2 + 2) + 1, \cdots 等々$$
$$1 + (3 + 1) = (1 + 3) + 1, 2 + (3 + 1) = (2 + 3) + 1, \cdots 等々$$
$$等々$$

$$a + (1 + 1) \qquad = \qquad (a + 1) + 1$$
$$\downarrow \qquad\qquad\qquad \downarrow$$
$$a + (\xi + 1) \qquad\qquad (a + \xi) + 1 \qquad\qquad R$$
$$a + ((\xi + 1) + 1) \qquad (a + (\xi + 1)) + 1$$

　一行目と二行目の間にある↓は，この図式が自然数の生成列の図式に対応することを示している．ここで二行目，三行目に等号＝を入れると，Slolem的数学的帰納法とみなせるが，Wittgensteinがここで等号を入れずに，上から下の方向に二つの項の並行した移行を表示していることが重要である．ここに命題的な数学的帰納法と非命題的一意性証明形式との違いがある．

　数のオペレーション表示 $[1,x,x+1]=[1,\xi,\Omega'\xi]$ にFを「適用」して $[1,\xi,\Omega'\xi]$'F's $=[s,\xi,F'\xi]$ とできるとはWittgensteinはみなしていないといえる．これはWittgensteinの帰納的構造「数」の定義がたとえオペレーションの指数に着目しており，ラムダ項的Church数と似ていても，ラムダ抽象は伴っておらず，Church数ではなく帰納型であるという3.1の見方とも一致する．それはRのNへの翻訳と呼ぶ関係であるように見える．次のように続ける．

> 規則Rの適用において [⋯], aは列 $[1,\xi,\xi+1]$ を走る;そしてもちろんそのことは，例えば "a→N" といった，付加的記号で明示的に提示されることもできる．（我々は規則Rの第2行目と第3行目を一緒にして "オペレーション" と呼ぶこともできる，記号Nの第2，第3項 [をオペレーションと呼ぶこと] のように.）だから帰納的定義 α の解明はその規則自体の一部分でもある.；または，言い換えたければ，もう一つの形式でのその全く同じ規則の反復である;ちょうど "1,1＋1,1＋1＋1等々（u.s.w.）" が "$[1,\xi,\xi+1]$" と同じものを意味する（すなわち，"$[1,\xi,\xi+1]$"へ翻訳可能である）のと同様に．（BT469-470）

　上記図式Rの二行目から三行目への移行というオペレーションと数生成規則の ξ から $\xi+1$ へのオペレーションとしての移行とが並行していることが示されているといえる．さらに，"a→N" により，パラメータにみえるa自体も数の列生成規則 $[1,\xi,\xi+1]$ に沿って移動していることが注意される．

　この引用の直後に「言語語（Wortsprache）への翻訳（Übersetzung）は新たな諸記号を伴うその計算を説明する．というのも，われわれは言語語の諸記号を伴う計算を既にマスターしてしまっているのだから.」とWittgensteinは続ける．Rをマスターすることにより，"a→N" という記号を伴うaと ξ に関する二次元の計算システムのRへの翻訳がこのシステムを説明する．RからNへの翻訳がRのシステムを説明するとみなせる．

　同じ形式のオペレーションの列生成により計算列を生成する一意性規則は算術内に留まり，自由変数を持つ一般性を表す代数的結論命題に達すること

はない．それらはパラダイムと呼ばれ，ある意味で，算術と代数という二つの異なる文法の接続を示している．

　　だから，Skolemは結合法則と可換法則の証明を我々に約束すべきではなかった；彼は代数の諸パラダイム [Paradigmen] と算術の計算諸規則との間の接続を我々に示そうとすると言えたにすぎない．(BT, 463) (PG, 423)．（イタリックは著者による）

　ここには異なる算術と代数の文法間の接続が語られている．ではこの算術文法と代数文保の接続とはどのようなことか．それをWittgensteinの立場から著者自身がさらに議論を発展させてみたい．この異なる文法間の接続がスムーズな接続ではない面を証明論的意味論の言葉を用いて示してみたい．

　　17＋(18＋5)＝(17＋18)＋5は［帰納的証明の］スキーマBに応じて導かれ (geführt)，この数値的命題はAの形式を持つ．別な言い方をすれば:Bは数値的命題の証明であり：まさにその理由で，それはAの証明ではない．(BT 455)

　ここでAはa＋(b＋c)＝(a＋b)＋cという形式であり，Bは帰納的証明列スキーマである．代数文法では「代入規則」が結合法則Aに直接（代入が）適用され，2＋(3＋4)＝(2＋3)＋4が導出できる．しかし，Wittgensteinの算術文法では，帰納的一意性規則（や数学的帰納）のスキーマBに応じて2＋(3＋4)＝(2＋3)＋4が導かれとする．3項を持つBの入れ子の帰納的図式は正確には列の列の列の生成である．生成されるそれら列の複雑構造（Wittgensteinはしばしば木（Baum）とも表現する）から，3，5，2の切片を取り出すことにより2＋(3＋4)＝(2＋3)＋4は列の列の列の有限切片として表れる．列生成構造の具体的切片を取り出すのが，この一意性規則の「消去規則」と呼べるものだと著者は考えている．代数言語や論理言語の自由変数の消去や全称量化子の消去としての代入規則（例示規則）と異なり，あくまでも一意性計算列の構造を留めており，計算としての方向性を持つ．それをWittgensteinは家路を示す道しるべと表現する．

　　帰納的証明は任意の特定的証明への一般的ガイドにすぎない．特定の形式の各命題に特定の帰宅の仕方を示す道しるべ．それは2＋(3＋4)＝(2＋3)＋4という命題に対して次のように言う：この方向に行け，[...]，

そうすれば帰宅するだろう. （PR, §164）（BT469も参照.）

　いま，Wittgensteinの次の意味で新しく算術文法内に全称量化子を仮に導入してみたい. このWittgenstein的全称量化子を通じて，全称量化子の消去を検討し，一意性規則の下での算術文法と代数文法との違いをより明確にしたい. （つまり，表面的な形式では接続しているように見えるパラダイムとしての代数等式の適用において大きな違いがあることを示したい.）

　　　我々が言っているのは，f(1) が成り立つときそしてf(c + 1) がf(c) から導かれるときすべての基数にたいしてf(x) がだから真であることではなく：“すべての基数にたいしてf(x) が真である”が意味するのは“それ [f(x)] がx = 1にたいして成り立ち，f(p + 1) がf(p) から導かれる”［である］. （PG II, 32）

　比較のために注意しておきたいのは，自由変数記号の消去規則としての「代入規則」とここで著者がWittgensteinの立場に立って導入する帰納証明固有の全称量化子の消去との違いである. Bernays-Goodsteinの代数的一意性規則やRoman, Lambekの高い型への拡張において前提されていたのがこの代入規則であった. 代数的定式化に全称量化子導入規則を加えると，代入規則は全称量化子の消去規則にあたる. Wittgensteinは次の区別をする.

　　　二つの違ったものが規則a + (b + 1) = (a + b) + 1の適用と呼ばれ得る：一つの意味で4 + (2 + 1) = (4 + 2) + 1が適用であり，もう一つの意味で4 + (2 + 1) = ((4 + 1) + 1) + 1 = (4 + 2) + 1が適用である. （BT469）

前者が通常の代入規則の適用であり，後者が帰納的証明（一意性証明）で生成される列の切片による計算である. 帰納的生成列は数値計算に対する道しるべを与えている. ここではオペレーションλξ.F (ξ) としてλξ.ξ + 1が取られており，b = 2の場合を計算している. （計算は少し省略されているものの，代入規則との違いは明白である. 後者の仕方が，Wittgenstein的な意味での，算術文法上で導入された“全称”を消去する（より正確にWittgensteinの言葉で言えば，一意性規則によって得られるパラダイムを適用する）ことになるが，その結果は単なる代入（代数的消去規則）による数値等号2 + (3 + 4) = (2 + 3) + 4ではなく，どのような帰納的計算証明により2 + (3 + 4) = (2 + 3) + 4が導かれるかという道しるべとしてのオペレーションを伴う

計算木付きなのである．このことから，帰納的に証明により導入される Wittgenstein 的全称量化を用いて $\forall y \forall z\, x + (y + z) = (x + y) + z$ と $\forall z \forall y\, x + (y + z) = (x + y) + z$ が導出されるとき，それらは別な順序で帰納的証明構造の列をそれぞれが生成しているのであって，3,5,2 を適用してその帰納的証明構造を有限証明列に展開した切片においても，展開構造は異なっているのである．一方代数文法においては，全称量化や代入の順番には命題の意味は依然しない．初等算術を展開するときこの一意性規則に伴う列生成及びその適用において複雑な枝分かれ構造が生じることを Wittgenstein ははっきりと確認しており，「木」のいたるところで「諸枝の特定の分岐」である上記の α，β，γ が見えるとする（BT462）．Wittgenstein は算術と代数との接合が示されることとして認めるが，その内実はこのような大きなギャップを伴うものであった．

　本稿では帰納型及び帰納型の消去規則の一般論を考察する立場で，その最も単純な帰納構造としての自然数という項の型を取り上げた．3.1 節で触れたとおり，Wittgenstein は，命題構造及び型構造に彼の帰納的導入列形成が適用できるという立場をとっており，これは 1 節で議論した Coq などの強い型理論の帰納型と共通した見方への発展も含んでいる．命題間の（ブール代数的）同値性を等号とみなすと，論理命題の標準形変換計算など，帰納的命題型に対してよく利用される計算が命題構造上の原子帰納的（構造帰納的）な関数として定義されている場合も多くある．一意性規則が 2 節で触れた代数的仕様言語に対してどのように応用可能かについては今後の課題として残している．代数的仕様を実行可能・計算可能にする一般手法として Knuth-Bendix 完備化が知られているが，その手続きは停止しない（成功しない）場合が多いことも知られている．帰納型の一意性規則は計算可能な（再帰関数からなる）オペレーションを抽出する方法を与えており，少なくとも理論的には，代数仕様の完備化を与える別手法を提供しているように見える．一方，Coq や Dedukti などの型理論的証明支援系では，等号書き換え規則を論理に積極的に組み合わせて，論理や型付き項の計算を効率化する試みがなされている．この観点で一意性規則がどのように貢献するかは未知である．

　他の帰納的構造の生成列と比較したとき，数の生成列の特徴といえるのは，数の生成列が我々の日常の生活や言語活動に根差しているという点ではないだろうか．Wittgenstein のオペレーションによる生成列としての一意性規則の解読を試みてきた．Tractatus における数の生成規則の帰納型導入としての側面を確認するとともに，特に中期においてはこの導入規則に消去規則の側面が加えられ一意性規則として帰納的証明が捉えられたことを見た．

しかしオペレーションに基づいて数を導入し数列を導入し消去するWittgenstein
の初期・中期の立場が後期の数と数列，そして生活形式の議論とどのように
関係するかという考察については本稿では含めておらず，これは今後の課題
として残している．それについては別な機会に論じたい．

謝辞：本研究はJSPS科学研究費JP17H02265, JP17H02263, JP19K13844の支援に
より行われた．

文献

池田真治, 伊藤　遼, 久木田水生（2011）"タイプ理論の起源と発展", *哲学論叢 38
（別冊）*：49-60.
金子洋一　（1988）"直観主義タイプ理論の意味論的背景" *科学基礎論研究, 19-1,*
11-16
竹内外史, 八杉満利子（2010）*証明論入門* 復刻新版, 共立出版.
Barendregt, Henk (1991) "Lambda Calculi with Types", *Handbook of Logic in Computer
Science, Volume II*, Oxford University Press.
Barendregt, H, Dekkers,W., and Statman, R. (2013), *Lambda Calculus with Types*, Cam-
bridge University Press
Bernays, P., 1951, "Über das Induktionsschema in der Rekursiven Zahlentheorie", in A.
Menne, A. Wilhelmy & H. Angstl, *Kontrolliertes Denken*, Freiburg/Münich,
Karl Alber Verlag, 10-17.
Gentzen, G. (936) "Die Widerspruchsfreiheit der reinen Zahlentheorie", *Mathematische
Annalen, 112*, 493-565.English translation, in Szabo, M. E. (ed. and transl.)
(1969) *Collected Works of Gerhald Gentzen*, North-Holland/Elsevier.
Gödel, K.(1958) "Über eine bisher noch nicht benützte Erweiterung des finiten
Standpunktes", *Dialectica, 12*, 280–287. Reprinted with English translation
(1991) *Collected Works of Kurt Gödel, vol. 2*, Cambridge University Press,
240-251.
Goodstein, R. L. (1945) "Function Theory in an Axiom-Free Equation Calculus", *Pro-
ceedings of the London Mathematical Society, vol. 48*, 401-434.
Goodstein, R. L. (1951) *Constructive Formalism*, Leicester University Press.
Goodstein, R. L. (1954) "Logic-Free Formalisations of Recursive Arithmetic", *Mathe-
matica Scandinavica, vol. 2*, 247-261.
Goodstein, R. L. (1957) *Recursive Number Theory – a development of recursive arithme-
tic in a logic-free equation calculus*, North-Holland/Elsevier.
Hilbert, D. & P. Bernays, (1934) *Grundlagen der Mathematik, vol. 1*, Springer.
Lambek, J.(1986) "Cartesian Closed Categories and Typed Calculi", Cousineau, Cu-
rien, and Robinet (eds.), *Combinators and Functional Programming Lan-*

guages, *SLNCS*, 242, 136-175.

Lambek J., and Scott, P. J. (1986) *Introduction to Higher Order Categorical Logic*, Cambridge Studies in Advanced Mathematics 7, Cambridge University Press

Marion, M. (1998) *Wittgenstein, Finitism and the Foundations of Mathematics*, Oxford, Clarendon Press.

Marion, M. and Okada, M. (2018) "Wittgenstein and Goodstein on Uniqueness of Primitive Recursive Arithmetic", *Wittgenstein in the 1930s: Between the Tractatus and the Investigations* (ed. D.G. Stern), Cambridge University Press

Martin-Löf, Per (1971) "Haupstatz for the intuitionistic theory of iterated inductive definitions". *Proceedings of the Second Scandinavian Logic Symposium*, 179-216, North-Holland/Elsevier.

Martin-Löf, Per (1984) *Intuitionistic type theory (Notes by Giovanni Sambin of a series of lectures given in Padua*, June 1980). Napoli, Bibliopolis.

Okada, M. (2007) "On Wittgenstein's Remarks on Recursive Proofs: A Preliminary Report", in M. Okada (ed.), *Essays in the Foundations of Logical and Phenomenological Studies*, Tokyo, Keio University Press, 121-131.

Okada, M., and Scott, P.J. (2000) "A Note on Rewriting Theory for Uniqueness of Iteration", *Theory and Applications of Categories, Vol. 6, No. 4*, 47-64.

Paulin-Mohringm, Christine (1993) "Inductive Definitions in the System Coq Rules and Properties", *Typed Lambda Calculi and Applications, International Conference on Typed Lambda Calculi and Applications, TLCA*, 328-345.

Roman, L. (1989) "Cartesian Categories with Natural Numbers Object", *J. Pure and Applied Algebra 58*, 267-278.

Skolem,Tharolf (1923) "Begründung der elementaren Arithmetik durch die rekurrierende Denkweise ohne Anwendung scheinbarer Veranderlichen mit unendlichem Ausdehnungsbereich", *Videnskapsselskapets skrifter, I. Matematisknaturvidenskabelig klasse, no. 6*. English translation (1971) "The foundations of elementary arithmetic established by means of the recursive thought, without the use of apparent variables ranging over infinite domains", *Frege to Gödel*, ed. van Heijenoort, J. Harvard University Press

Wittgenstein, Ludwig (2005), [BT] *The Big Typescript*. Oxford, Blackwell.

Wittgenstein, Ludwig (1974) [PG] *Philosophical Grammar*, Oxford, Blackwell.

Wittgenstein, (1875) [PR] *Philosophical Remarks*, Oxford, Blackwell.

Wittgenstein, (1961) [TLP] *Tractatus Logico-Philosophicus*, with an introduction by Bertrand Russell, London, translated by D. F. Pears & B. F. McGuinness, Routledge & Kegan Paul.

(慶應義塾大学)

依頼論文

顕微鏡による視覚化と実在の信念について
—1940年代から60年代における結晶内転位の顕微鏡観察事例から—

山口まり

Abstract

The microscopes have been showing us the invisible entities since their invention. The magnified images with the optical microscope convinced us of their existence, such as blood capillary and the cell nuclei during cell divisions. And the electron microscope visualized viruses that people had doubted their existence. This paper explores the history of observations of dislocations in crystals with the microscopes from the 1940s to the 1960s to show how microscopists visualized the dislocations to verify the existence of dislocations. The visualizations of dislocations with the Transmission Electron microscope in 1956 had a critical role in the acceptance of the reality of dislocations. Also, this historical case would offer an opportunity to analyze the relationship between representations and existence.

はじめに

16世紀に発明された光学顕微鏡は肉眼では見えない微小な対象，たとえば，毛細血管や細胞分裂過程における核など，を視覚化し，それらの対象が実在することを示してきた．あるいは，顕微鏡観察と実在の確証といえば，分子の存在を確証したペランの実験を想起される人も多いだろう．この天然樹脂粒子の乳状液の顕微鏡観察実験は，分子そのものを視覚化したものではなかったが，分子の存在の確証に重要な役割を果たした．電子顕微鏡は1930年代に発明されたが，30年代終わりにはそれまで存在が疑われていたウイルスを視覚化し，その実在を証明した．このように顕微鏡はそれまで存在が疑われていた微妙な存在を視覚化することによりそれらの実在を証明し

てきた.

　本論文で取り上げる結晶内転位の観察も，顕微鏡による実在の証明の事例の一つといってよいだろう．1934年に提出された金属の塑性を説明する転位という考えは，当初，その存在は単なる理論的なものとされていた．転位についての理論的な研究が進められるのと並行して，その存在を信じる研究者らによって，モデル実験や光学顕微鏡および透過型電子顕微鏡による観察が試みられた．最終的に，1956年に発表された透過型電子顕微鏡 (Transmission Electron Microscope；以下TEM) による観察によって，転位の存在は疑いもないものとされた.

　本論文では，転位の視覚化の経緯を通時的に明らかにし，研究者の言説に注目しながら顕微鏡による対象の視覚化と実在の信念の関係について歴史的に考察することを目的とする．この転位の観察事例は，科学史分野では固体物理学の歴史研究でその研究の経緯が明らかにされている (Braun, 1992)．科学哲学分野では，Chalmersによる1956年のTEMによる転位の2つの観察事例について，理論と観察の一致についての考察がある (Chalmers, 2003; 2013, pp. 211-212)．本論文では，1940年代から60年代にかけて行われた顕微鏡による転位の視覚化の方法を示しながら，転位の実在を確信に至らしめた顕微鏡像とはどのようなものだったのかを明らかにする．その際，Hackingが，『表現と介入』で示した顕微鏡と実在に関する議論 (Hacking, 1983, pp. 186-209)．が本事例にも援用できるのかも検討したい．この事例が，実在と観測にかんする科学哲学的考察の素材となれば幸いである[1].

1. 転位について

　まず，転位について説明しよう．金属学における研究トピックの一つに，金属の塑性変形 (変形させるとそのままの形を保持する性質) がある．20世紀に入り，問題となっていたのは，金属の変形に必要な力が，理論値よりも格段に少ない力で金属が変形するのは，いかなるメカニズムによるものなのか，というものだった．金属の研究は，主に金属学者や技術者を中心に進められてきたが，1934年に，物理学や物理化学を専門とする研究者ら3人が独立に，金属塑性は結晶内の不規則な原子配列に起因するという理論を提案した (Orowan, 1934; Polanyi, 1934; Taylor, 1934)．提案者の一人であるTaylorは，この結晶内の線欠陥を「転位」とよんだ．その後，この理論は転位論として，主に物理学者らや結晶学者らによって研究が進められた.

　ここで，転位についてもう少し説明を加えよう．転位とは，結晶の一部が一定の方向にすべった場合に生じる原子配列の乱れをさし，すべった部分と

滑っていない部分の領域の境界は線状（転位線）となって現れる．結晶が，応力を取り除いた後も元の形に戻らない（塑性変形）のは，結晶中に存在する線欠陥[2]である転位が，多くの場合，特定の面上（すべり面）をすべり運動することによる．その後，転位の2つの概念がバーガースによって導入された（Burgers, 1939）．一つは，刃状転位といい，これは，すべりの方向に垂直な転位で，結晶中に余分な原子面が挿入された状態である．もう一つは，すべりの方向に平行な転位で，らせん転位といい，このらせん転位が結晶表面に出ている場合，それが核となって結晶成長がおこるものである．

2. 転位は実在するのか

転位は当初，転位論とよばれ，金属塑性の説明に用いる理論として知られるようになった．転位は，結晶構造という観点からとらえるため，対象は金属に限定されない．実際の結晶には，様々な欠陥が含まれているため，物理学者だけではなく結晶学者らも転位を研究対象とするようになった．転位の研究は主として原子レベルの理論研究として進められ，転位論を提出したTayler自身も，実際の現象ではなく単なるモデルと主張していた（Mott, 1980）．

しかし，転位研究をしていた物理学者や結晶学者の中には，転位の実在を前提とした研究を行う研究者もいた．特筆すべきは，石けん泡を使ったモデル実験であろう．この実験は，X線結晶構造解析法を確立したW. Lawrence Braggが中心となって初めて行われた．X線結晶構造解析法は，顕微鏡とは異なるアプローチから金属を研究する手法の一つとなっていたが，Braggは，転位論が提出されるとすぐに合金や金属の冷間加工に関する理論的研究を進めた．1946年には，Braggらは，石けん泡を用いた転位のモデル実験を実施した（Bragg & Nye. 1947）[3]．この実験は，大きさがほぼ均一の石けん泡が密集し，筏のように集まった泡同士が相互にずれていく様子が観察できるが，Braggはこの様子を映画にして上映した[4]．この結果は，Braggの名声も手伝って，物理学者の多くに転位が実在するということを納得させることに成功した（Braun, 1992, p. 336）．

しかし当時でも，泡モデル実験は，二次元モデルであって三次元を構成する実際の結晶に応用するには注意が必要であるとされた（Read, 1953, p. xi）．さらに，石けん泡と結晶格子との物理的隔たりが大きいため，転位の実在が決定的なものとされるには不十分という意見もあった（Seitz, 1950, p. 32）．

技術者や金属学者らの多くは，転位を単なる理論であり彼らが必要とするものではないと考えていた．彼らは，金属や結晶の製造工程や熱処理，機械

的性質に関心があり，巨視的な視点からアプローチしていたが，物理学者は金属の構造や構造変化の力学という視点から研究に取り組んでいた（Chalmers, 1951, p.v.）．技術者らや金属学者らは，むしろ転位について否定的な意見を持っていた．たとえば「現実味を欠き，単に数学者らに楽しいおもちゃを提供しているにすぎない（Cohen, 1954, p.v）」，「転位など存在しない．あるなら見せろ，……理論家の想像の産物にすぎない（Frank, 1980, p.1136）」，という意見をあげることができる．

　これらの批判も当時の理論研究の状況からみれば，仕方のないことだったかもしれない．1940年代，転位論の研究が進むにつれ，転位の説明はより詳細で推測的になり，より広い観察範囲に拡張され，塑性変形の実験のほぼ一つ一つに転位論が発明されるのが流行である（Read, 1953, p. xi）と，転位論研究者自身からも指摘されていたほどであったからである．

3．転位の顕微鏡観察の試み

3.1　透過型電子顕微鏡について

　ここであらためて，今回取り上げるTEM（透過型電子顕微鏡）について簡単な紹介をしよう．TEMは，電磁レンズを用いて電子線を試料に透過させ，拡大図を得る顕微鏡である．TEMは，1931年にドイツで開発され，1930年代終わりに生物学においてその有用性が示されたが，物理学者らは，TEMをそれ以上発達させてもどれほど役に立つかという点で懐疑的であった（谷, 1957; Süsskind, 1985, p. 514）．それでもなお，TEMは，光よりも波長が短い電子線を用いることから，その高い分解能に期待を寄せる研究者らもいた．彼らは，光学顕微鏡の発達によって金属学が非常に進歩したように，金属組織の研究にも画期的な進歩を促すだろうと期待していた（谷, 1951）．

　しかし，金属学への応用は困難であるとみられた．それは，金属やガラスなどの電子線に対して不透明な物体は，TEMで観察することが不可能と考えられたからである．不可能と考えられた要因の一つとして，電子線が通過するに十分な薄さの試料を作製する方法が，開発当初にはなかったことがあげられる．さらに，金属の研究は，金属表面を観察できる光学顕微鏡（金属顕微鏡）が広く用いられており[5]，当時も高価な装置であり導入を急ぐ装置とは考えられなかった．

3.2　TEMの金属学への応用

　金属学へのTEMの応用可能性が模索され始めたのは，1940年代に入って

からであった．数種の試料作製方法が開発され，金属表面の形状をTEMで観察できるようになったからである．広く用いられたのは，レプリカ法とよばれるものであった．この方法は，試料表面に被膜を作りその膜をはがし，そのレプリカ（試料膜）に転写された表面の形状を顕微鏡で観察するものである．試料表面の凹凸に対応した像が得られる理由は，電子線がレプリカを透過するときに，平らな部分と傾斜した部分とで透過距離が異なるために，電子線が散乱される割合が異なることによると考えられる．その後，レプリカ法は作製法の工夫が重ねられ，1950年には主要なものだけでも24種も考案された（谷ら，1950）．

レプリカ法を使った転位のTEM観察も試みられた．1947年当時，アメリカのベル研究所のHeidenreichとShockleyは，レプリカ法を使ってアルミニウム表面の観察を行った（Heidenreich & Shockley, 1947）．転位は観察されなかったが，この観察によって，光学顕微鏡や肉眼では1本の線に見える結晶面がずれているすべり帯は，アルミニウムのTEM像から20nmの間隔のすべり線によって構成されていることが明らかにされた．この結論は，TEM像だけではなく，電子線回折法およびX線散乱の結果ともおおむね一致していることから導かれたものであった．特に，電子線回折法を併用することはTEM像解釈に大いに役立つとされていた（Fourier, 2009, p. 84）．

電子線回折法とTEM法の併用が実現したのは1930年代であったが，40年代終わり以降，電子線回折法とTEM像とが相補的に研究に用いられるようになった．TEM像観察は回折図形と合わせて検討することによってより客観的な解釈を可能としたとされる（植田，1954）．同一装置，同一試料からの回折図形と顕微鏡像とを比較検討することは，解釈の信頼性をも向上させたといえるだろう．Hackingは，決定的な理由ではないにせよ，異なるいくつかの物理システムを用いて構造に同様の特徴が認められれば，顕微鏡像に見られるものはアーティファクトではなく，実在のものといえる，と主張する（Hacking, 1983, p. 204）．TEM像解釈における回折図形との比較検討は，電子線回折図形とTEM像では視覚化のメカニズムが異なるという点に注目すれば，このHackingの主張に基づき視覚化されているものが実在のものであるという理由が示されているといえるだろう．

アルミニウムのTEM観察を行った研究者の一人のHeidenreichは，この観察の目的は，転位の存在の直接証拠を得るためであり，すべり帯を観察すればその中に転位があると考えたからと述べている（Heidenreich, 1964, p. 75）．その目的が果たされなかったHeidenreichは，電子線が透過できるほどのアルミニウムの試料を作製し，その試料に電子線を通し，回折図形と合わ

せてTEM像を検討した (Heidenreich, 1949). しかし, 今回も彼はそのTEM像の中に転位を認めることはできなかった.

3.3 転位の顕微鏡観察

1940年代末時点では, 転位の顕微鏡観察は, 不可能であるとされることが多かった. たとえば, 「『転位』は, 若い金属学者らの想像ではかなり鮮明なものだが, あいにく小さすぎてみることができない (Allen, 1950, p. 15)」というものや, 転位の観察は, まだ間接的で, 「転位を『見る』ことができ」ず, 転位の理論を少し使ってわかるような簡単な2, 3の実験があるだけである (Koehler, 1950)」という意見に代表される.

さらに, 金属学者らがTEMを転位観察に導入することをためらう理由もあった. たとえば, TEMのレプリカ法自体の信頼性があまり高くなかったことや, TEM像解釈には, 光学顕微鏡と同様の習慣を用いることを避けるべき (Allen, 1950, p. 6) とされた. 特に, 後者については, 「習慣」が具体的に何を指すのかは明示されていないが, TEM像が (光学)「顕微鏡像のように見えない (Cosslett, 1950, p. 140)」と言われることもあったことから, TEM像解釈にはそれまでの光学顕微鏡の実践をそのまま使えず, TEMは光学顕微鏡の延長として捉えることができないと考えられたといえるだろう. そのギャップは1950年代に入ると, 次項で示すように少し狭まるようにみえる. なぜなら, 光学顕微鏡で観察されるとTEMで同様に観察が報告されたり, 観察可能性について検討されるようになるからである.

3.4 転位の最初の顕微鏡観察

1950年, 光学顕微鏡を使ってらせん転位の実在を示す観察が発表された (Griffin, 1950). 顕微鏡像にみられるらせん状のコントラストはらせん転位そのものというわけではなく, らせん転位の存在の根拠を示すものである. これは, らせん転位が結晶表面にでることによりらせん状にステップ構造が生成され, 結晶成長している様子が映し出されている. この発表後, 同様の観察報告が続き, それらの美しい渦巻模様の光学顕微鏡像は, 「らせん転位と結晶成長の関係を極めてリアルに示し (中田, 1982, 418)」, 多くの専門書や教科書に引用された.

その翌年には, TEMでも同様のらせん状のパラフィン表面上に現れた結晶成長を示した顕微鏡像が発表された (Dawson & Vand, 1951). この像には, 光学顕微鏡像のらせん転位の像と同様の階段状に渦巻いて結晶が成長した様子が映し出されている. その時用いられた顕微鏡法は, シャドウィング

法といい，パラジウムなどの金属を試料表面に蒸着させて凹凸を強調しコントラストを強めて観察しやすくするものである．

　この頃になると，当初は転位の存在について懐疑的だった技術者の間でも，転位に対する考え方に変化がみえてきた．技術者向けの講演で，金属の性質について論じるときに転位をカッコつきではあるものの，転位は見ることはできないが，その存在はほぼ確定しており，ほとんどの金属の塑性変形を満足に説明できるものとされている (Goodeve, 1952, p. 227)．しかし，塑性に関しては，TEMによるレプリカ法を使ったすべり帯の観察が数件あるのみで，「最後の『決め手』は発見されない (橋口，1952年)」という状況であるともいわれた．

　1953年に，光学顕微鏡による転位網の観察報告があった (Hedges & Mitchel, 1953)．この観察は，臭化銀の結晶を感光させて現像し，銀粒子で転位を修飾して光学顕微鏡で観察したもので，結晶中に数μの直線で構成される転位網 (六角形の網目模様状) となって転位が分布しているという予測 (Mott, 1951) を裏付けるものであった．TEMによる転位網の観察も試みられたようだが，電子線が透過できる程度の薄い試料では，転位網は存在しなくなるため，TEMでは転位網は観察できないと考えられた (藤田，1955)．

　それまでに発表された転位の顕微鏡観察は，多くの物理学者に転位の実在を確信させることになった．たとえば，1953年に開催された国際物理学会議で物理学者のMottは，転位の存在について，次のように述べている．翌年に発表された邦訳をみてみよう．

　　　我々は既に十分の確信をもっているものと私は信じます．今までお目にかけた圖が總ての転位に關する概念をより圖視的にし，皆さんも轉位は單なる數學的概念ではなくて，籐や竹のように目にも見える具體なものであると感じられたことと思います (モット，1954, p. 25)

　Mottは，この講演で転位の顕微鏡像を転位の実在性を説得する道具として用い，図視的に表現されるものは具体的な実体のあるものであるといっているようである．転位が「あるなら見せろ」という発言を紹介したが，この発言とMottの考えは，対象が実在するならば視覚化できることを前提とされているように思われる．すなわち，実在を示すためには視覚化することが求められているようである．

　1950年代初頭には，技術者の間でも実験現象や定量的評価を与える理論として転位が有望視されるようになっていた (Lessells, 1954, p. 153)．物理学

者や結晶学者だけではなく技術者の間にも転位についての理解が広がっていた．しかし，転位自身の実在についての確信をすべての人にもたらすような結果はまだ示されてはいなかった．

3.5　TEMによる転位の視覚化について

1950年代前半，TEMで転位を視覚化できないと考えられた理由はいくつかあった．代表的なものは，薄膜では転位の中心近傍の密度が変わってしまい十分なコントラストが得られないというものである（Whelan, 1986, p. 111）．転位はTEMで視覚化されないという思い込みがTEM像解釈を誤らせたこともあった．名古屋大学の上田は，1955年に発表した論文に，それ以前日比忠俊から持ち込まれた雲母のTEM像にみられるV字型のコントラストは結晶内の欠陥によるものと結論した（Uyeda, 1955）．当時，上田は10 nm程度の薄膜ではすべての転位がその張力のために膜面に垂直になってしまうために転位はTEMで視覚化できないと考えていたのだが，実はそのTEM像に転位は写しだされていた．

上田は，電子線の回折を使って転位を視覚化できることに気づけば「もっと本気で当時の写真を検討したと思う（上田，1961, p. 549）」と負け惜しみを述べている．上田が転位の像であることを見逃したのは，転位についてよく理解していなかったためであると指摘され，そのことは本人も後に認めている（Whelan, 1986, p. 121）．画像が示すものについての確信は，対象の理解があって初めてもたらされるとHackingは述べている（Hacking, 1983, p. 205）．微視的表現である顕微鏡像に写し出されたものの実在性は単にそれを見ているからというのではなく，それは巨視的視覚と同様に存在するものについての何らかの考えが必要という．この見逃した事例は，指摘されたように観察しようとする対象の理解が不足したと考えれば，このHackingの主張に沿うものといえるだろう．

4．TEMによる転位の実在の確証

4.1　格子像

イギリスのチューブ・インベストメンツ研究所のMenterは，白金フタロシアニンの結晶を観察し，格子像を得て1956年に発表した（Menter, 1956）．白金フタロシアニンは，結晶の方位や厚さがこの実験法に適しており，格子像に現れた縞の幅が格子縞の幅1.2±0.02 nmで，この値はX線回折法によって既に知られていた白金フタロシアニン結晶の格子間隔の約1.2 nmとよく一

致した．この実験方法は，試料を透過した電子波と回折波を干渉させると干渉縞ができ格子像となるMenterは，この結像メカニズムを光学顕微鏡に関する理論で説明した．論文では，Menterが実験過程について細心の注意を払っていることが示されているが，電子線回折図形との比較検討の上で像解釈したかについては明らかではない．この論文には，格子縞が途切れた部分を特に示すために，顕微鏡写真とともに対応する描画が示され，その途切れた部分が，転位であるされている．

　この報告の反響は大きかった．この観察は，「刃状転位の切り口がついに電子顕微鏡像として……直接われわれの目の前に示された．……（転位の存在は）おそらく疑問の余地がなくなったであろう（田岡，1956）」といわれた．ついに，研究者らも納得する形で転位の実在が示されたのである．この観察はその実験法にも関心を集め，TEMの開発者であるRuskaはこの実験法はTEMの分解能の測定に有力な新方法であると述べていた（田岡，1957）．

4.2　回折コントラスト

　Menterの発表から数か月後，イギリスのキャヴェンディッシュ研究所のHirschらが，回折コントラストという方法でアルミニウムの試料で転位を観察したと報告した（Hirsch, et al. 1956）[6]．Hirschは，自らのX線回折研究知識に基づき，結晶内の転位の近くでは，ひずみがあるため電子線の回折条件が変わり，試料を通った電子線の強度に違いが生じて，コントラストができると説明した．この観察でさらに重要な点は，金属試料の観察であることと転位が理論通り動く様子を動画で捉えたことである．この動く転位のTEM像は，論文では連続写真で示され，学会発表では上映された[7]．

　それまでは，転位を仮想のものとしてその存在を疑っていた一部の学者もこれらの研究によって転位が実在することを認め，金属学者は転位が実際に存在すると認めざるを得なくなった（西山，1964, p. 2215; Braun, 1992, p. 348）．そして，転位論はすべての金属学者の訓練の重要な部分とされ，金属研究や固体物理の教科書には転位は必須事項の一つとされるようになった（Brooks, 1957, p. 17）．1950年代中頃は，1947年に発明されたトランジスターをはじめとする半導体研究の重要性が増してきた時期でもあり，これらの研究は，金属学や物理学，化学分野において，転位のような原子レベルの研究が必要であるという認識がさらに高まっていたことも影響している．

　この回折コントラストによる転位の可視化とその実在の確信をもたらしたという事例も，Hackingが主張する顕微鏡像解釈の確信は対象の理解が必要であるということを示していると考えられる．転位の存在自体は疑っていた

研究者らも，転位は彼らの研究にとって必要な知識となっていたことから転位という対象の理解は1940年代よりも進んでいたと考えられる．すなわち，動画で示された転位の移動は，理論から予測されたものであり，見る側も予測に基づきすでに頭の中で抱いていた像をコントラストに見出したからではないだろうか．

　さらに，これらの2つの観察が転位の実在の確信を与えたという点から注目したいのは，「直接」性である。Menterの論文のタイトルは，The Direct Study by Electron Microscopy of Crystal Lattices and Their Imperfections（結晶格子とその欠陥の電子顕微鏡による直接観察），Hirschらの論文のタイトルは，Direct Observations of the Arranged and Motion of Dislocations in Aluminium（アルミニウムにおける転位の配置と動きの直接観察）である。双方に「Direct（直接）」が用いられていることは，それまで用いられてきたレプリカ法のように写し取る方法でもなく，試料に処理を施したものではなく，試料そのものから得られた顕微鏡像であるということが「直接」の意味に込められているといえる．これらの転位像ついて「そのままずばり（鈴木，1958，p. 105）」という表現が用いられることもあったが，特に回折コントラスト法は，「転位を最も自然の姿において捉えうると考えられる（加藤，1958，p. 314）」とされた．これらの言説からは，先にのべた実験法の直接性とともに，視覚化されたものが転位そのものであるという認識をもたらした顕微鏡像であったと考えられよう．

5．1956年の転位TEM観察のその後

　その後，顕微鏡研究者により，格子像，回折コントラストとも再現実験とともに最初の観察について検討された．

　格子像については，実験と理論の両方から問題が指摘された．まず，結像理論については，電子線を用いるTEMの結像理論では光学顕微鏡のように機械論的扱いはできず，動力学的に扱うべきであると批判された（Neider，1957）．これに対して，Menterは単純化の問題を認めつつ，まずは簡単に結像理論を示すことが重要と考えたと反論した（Menter，1960）．さらに，格子像のコントラストや縞の強度分布が動力学的効果により多様に変化すると明らかにされた（Cowley & Moodie，1957a; 1957b，1957c）．

　実験面からは，転位として解釈した点について否定的な結果が多く示された．たとえば，Menterは格子間隔を約13Åとしたが，通常の晶癖[8]の関係からこの解釈は決定的ではないとされた（Suito & Uyeda，1957）．コンタミネーションなどによって転位がゴースト（偽像）として顕微鏡像に現れ，転

位とは関係なく途中で格子縞が消失する現象も明らかにされた (Hashimoto & Naiki, 1958)[9].

　このような理論と実験からの検討による批判から，格子像はTEMの性能を示す指標として，その縞間隔の距離が用いられるようになった．現在では，Menterの格子像は転位の像として教科書などで紹介されることはない．しかし，理論と実験からのさらなる格子像の研究は，1970年代に達成される原子配列を投影した結晶構造像の観察のへとつながり，1956年のMenterの観察はその原点といってもよいだろう．

　Hirschらの回折コントラストは，転位の観察事例として現在でも必ず言及される．1956年以降，Hirschらを中心に，回折コントラストの詳しい実験や詳しい動力学的な検討，回折コントラストの解釈のための結像理論の研究が進められた (Howie & Whelan, 1961; 1962)．回折コントラストについては，当初無批判に受け入れられたものの，後に批判されるようになった (Hirsch, et al, 1965, p. 50-51)．たとえば，転位の位置の決定やその画像解釈が難しいという点にあった (西山＆清水，1964, p. 2215)．回折コントラストは，転位の位置をそのまま映し出したものではなく，10nm程度の幅があり（原子の幅は0.1nm），しかも転位芯（転位の中心から数原子距離程度の部分）の位置と直接対応しなかった．その後，ウィークビーム法が開発され，転位の画像から1nm以内の正確さで転位の位置を決定できるようになり，観察法としての信頼性が向上した．像解釈については，アーティファクトの問題のため画像だけで解釈されるべきではないとされ，実際には，TEM像に現れたコントラストから，そこにどのような結晶の歪みや転位があるかについて知るためには，1枚の写真だけでは不十分であり，回折図形や結晶方位を変えた様々な条件でTEM像を撮り，試料の履歴などの多くの情報から解釈が行われていると説明された (神谷，1963)．とはいえ，回折コントラストを用いた結晶格子欠陥の研究報告は1960年代中頃には数百報に上った (Pashley, 1965, p. 294)．

　回折コントラストの像解釈は，結像理論から導かれるグラフと顕微鏡像を比較されるようになったが，1960年代終わりには二次元シミュレーションが開発され，顕微鏡像とシミュレーションとを直接比較することが可能となった (Head, 1967)．このことは，転位がどのような姿で顕微鏡像に現れるかをシミュレーションパターンで顕微鏡像と似たような像で知ることができ，転位の位置を決定するための顕微鏡解釈の困難を軽減し像解釈の信頼性の向上につながるものであった．

結論

　本論文で示したように，転位の視覚化の方法は多様であるが，その実在を研究者らに確信させたのは直接観察とされる2つの顕微鏡観察によるものであった．格子像においては，後に格子縞の途切れと転位とは対応しないことが示されたが，転位の実在の信念が揺らぐことはなかった．これは，回折コントラストによる転位の視覚化によって転位の実在が確証されたことから，格子像に対する批判はもはや転位の実在を疑うことにはならなかったともいえる．実際には回折コントラストは，転位芯の位置とコントラストの位置とは一致せず画像解釈は困難なものだが，金属試料における転位の存在を示す現象が視覚化されたことが実在を確信させたのである．

　MenterとHirschらが1956年に提示した理論は，結像メカニズムを説明するには十全ではなかったが，発表当時はほとんどの研究者らが彼らの説明に納得し，確かにそれらのTEM像に転位が実在の観察対象として視覚化されていると認めた．Chalmersは，1956年のTEM観察について，理論と観察の一致に注目し，MenterもHirschらもTEM像が結像メカニズムについて詳細な説明を示していなかったが，それらは幸運にも転位の理論から予測された像と幸運にも一致したのだと述べる（Chalmers, 2003, 506-508）．本論文では，これらの観察の後の批判やその後の研究の進展を明らかにすることによってChalmersの分析を裏付けることができた．特に1956年の格子像内の転位とされる像は，まさに偶然の一致といえる．

　転位の実在の信念は，実験法やその像解釈に対する批判にも揺らぐことはなかった．転位は，1950年代半ばには物理学者や結晶学者だけではなく，技術者や金属学者らにとっても研究に必要な知識として理解が進んでいた．そして，実在の対象として転位そのものを視覚化することが期待されていた．Hackingの顕微鏡に関する主張を本事例に援用すれば，1956年時点において観察対象である転位の理解が進んでいたことが，転位の像とされるものをそれ（転位）として顕微鏡像の中に認めることができたといえるだろう．それは，TEMによる転位の直接観察の報告までに，転位の実在を受け入れる準備が研究者らに整っていたともいえるのではないだろうか．

謝辞

　ワークショップ「観測・視覚化と実在」での発表の機会をいただいた伊勢田哲治先生，大西勇喜謙先生に拝謝いたします．また会場の皆さまからもコメントをいただき感謝しております．

注

1. 本稿の内容は，2019年に開催された第52回　日本科学哲学学会ワークショップ「観測・視覚化と実在」での発表内容を基に発展させたものである.
2. 実際の結晶は完全なものはなく，様々な欠陥を含んでいる．欠陥は，一般に点欠陥，線欠陥，面欠陥に分類される．転位は線欠陥に分類され，完全な結晶構造では存在するはずの場所に原子がない場合（空孔）や，入り込んでしまった原子（格子間原子）などは，点欠陥という．面欠陥の代表的なものは，積層欠陥とよばれる，結晶内の原子面の積層の乱れがある.
3. 泡モデルは，結晶内での原子の振る舞いを表現しているとして，『ファイマン物理学』や『キッテル固体物理学入門』などの教科書にも現在でも掲載されており，モデルとして成功し教育的にも有用なものとして捉えられている（Yamaguchi (2014)）.
4. Braggの泡モデルの映画（1952年版）は，YouTubeで視聴することができる. Experiments with the Bubble Model of Metal Structure 1952 - Sir Lawrence Bragg, W. M Lomer, J.F. Nye（2016年10月24日公開）https://www.youtube.com/watch?v=UEB39-jlmdw（2020年10月20日アクセス）
5. 金属顕微鏡は現在も金属表面の研究に用いられている.
6. 同年に同様の方法で，合金内の転位の観察報告があったが，動く転位は示されなかった（Bollmann, 1956）
7. この動画は，You Tubeで視聴できる（The Movement of Dislocations in Aluminium Foils（2016年10月24日公開）https://www.youtube.com/watch?v=J1ydWe 63GGo（2020年10月17日アクセス）
8. 結晶の発達の程度の差異によって変化する様々な結晶形態
9. TEM像と結晶構造とが一対一の関係にはないことが示された（Allpress and Sanders, 1973）

参考文献

Allen, N.P. (1950), "The Application of the Electron Microscope in Metallography," in *Metallurgical Applications of the Electron Microscope: A Symposium Held at the Royal Institution, London, on 16 November 1949, and Organized by the Institute of Metals in Association with the Chemical Society, the Faraday Society, the Institute of Physics, the Institute of Electrical Engineers, the Iron and Steel Institute, the Physical Society, and the Royal Microscopical Society*, Institute of Metals, 1950: 1-18.

Allpress, J.G. and Sanders, J.V. "The Direct Observation of the Structure of Real Crystals by Lattice Imaging," Journal of Applied Crystallography, 6: 165-190.

Bollmann, W. (1956), "Interference Effects in the Electron Microscopy of Thin Crystal Foils," Physical Review, 103: 1588-1589.

Bragg, W.L. and Nye, J.F, (1947), "A Dynamical Model of a Crystal Structure," Proceedings of the Royal Society of London. Series A, 190: 474-481.

Braun, E. (1992), "Mechanical Properties of Solids," in *Out of the Crystal Maze: Chapters from the History of Solid-State Physics*, Hoddeson, L. et al. (eds.), Oxford University: 317-358.

Burgers, J.M. (1939) "Some Considerations on the Fields f Stress Connected with Dislocations in a Regular Crystal Lattice," Proceedings of the Koninklijke Nederlandse Akademie van Wetenschappen, 42: 293-378

Chalmers, A. (2003), "The Theory-Dependence of the Use of Instruments in Science," Philosophy of Science, 70: 493-509.

———— (2013), *What is This Thing Called Science? 4th ed.*, Open University Press.

Chalmers, B. (1951), *The Structure and Mechanical Properties of Metals*, John Wiley & Sons.

Cohen, M. (1954), "Preface," in *Dislocations in Metals*, J.S. Koehler, et al., (eds.), American Institute of Mining and Metallurgical Engineers.

Cosslett, V.E. (1950), "General Discussion," in in *Metallurgical Applications of the Electron Microscope: A Symposium Held at the Royal Institution, London, on 16 November 1949, and Organized by the Institute of Metals in Association with the Chemical Society, the Faraday Society, the Institute of Physics, the Institute of Electrical Engineers, the Iron and Steel Institute, the Physical Society, and the Royal Microscopical Society*, Institute of Metals, 1950: 139-144.

Cowley, J.M and Moodie, A.F. (1957a), "Fourier Images: I - The Point Source," Proceedings of the Physical Society B, 70: 486- 496.

———— (1957b), "Fourier Images: II- The Out-of-Focus Patterns," Proceedings of the Physical Society B, 70: 497-504.

———— (1957c), "Fourier Images: III- Finite Sources," Proceedings of the Physical Society B, 70: 505-513.

Dawson I.M. and Vand, V. (1951), "The Observation of Spiral Growth-Steps in n-Paraffin Single Crystals in the Electron Microscope," Proceedings of the Royal Society A, 206: 555-562.

Fournier, M. (2009), "Electron Microscopy in Second World War Delft," in, *Scientific Research in World War II: What Scientists Did in the War*, A. Maas and H. Hooijmaijers (eds.,) Routledge: 77-95.

Frank, F.C. (1980), "The Frank-Read Source," Proceedings of the Royal Society, A, 371: 1136-1138.

Goodeve, C. (1952), "Iron Atoms in the Service of the Electrical Engineers," Proceedings of the Institution of Electrical Engineers, 99: 225-232.

Griffin, L.J. "Observation of Unimolecular Growth Steps on Crystal Surfaces," *Philosophical Magazine*, 41, (1950): 196-199.

Koehler, J.S. (1950), "Foreword," in *A Symposium on the Plastic Deformation of Crystalline Solids: Mellon Institute Pittsburgh 19, 20 May 1950 / Under the Joint Sponsorship of the Carnegie Institute of Technology and the Department of the Navy Office of Naval Research*, U. S. Department of Commerce Office of Technical Services, 1950: v.

Hacking, I. (1983), *Representing and intervening: Introductory Topics in the Philosophy of Natural Science*, Cambridge University Press.

Harvey Brooks, H. (1957), "Applications of Solid-State Science in Engineering: An Introductory Survey," in Goldman, ed., *Science of Engineering Materials*, 1957: 1-21.

Hashimoto, H. and Naiki, T. (1958) "A Note on Direct Observation of Dislocations by Electron Microscopy," *Journal of Physical Society of Japan*, 13: 764-765.

Head, A.K. (1967), "The Computer Generation of Electron Microscope Pictures of Dislocations," Australian Journal of Physics, 20: 557-566.

Hedges, J.M. and J.W. Mitchell, J.W. (1953), "The Observation of Polyhedral Sub-Structures in Crystals of Silver Bromide," Philosophical Magazine, 44: 223-224.

Heidenreich, R.D. and W. Shockley, W., (1947), "Electron Microscopy and Electron Diffraction Study of Slip in Metal Crystals," Journal of Applied Physics, 18: 1029-1031.

Heidenreich, R.D. (1949) "Electron Microscope and Diffraction Study of Metal Crystal Texture by Means of Thin Sections," Journal of Applied Physics, 19: 993-1010.

Heidenreich, R.D. (1964), *Fundamentals of Transmission Electron Microscopy*, Interscience Publishers.

Hirsch, P.B., Howie, A., Nicholson, R.B., Pashley, D.W., and Whelan, M.J. (1965), *Electron Microscopy of Thin Crystals*, Butterworths.

Hirsch, P.B., Horne, R.W., and Whelan, M.J. (1956), "Direct Observations of the Arranged and Motion of Dislocations in Aluminium," Philosophical Magazine, Ser.8, 1: 677-684.

Hirsch, P.B. (1980), "Direct Observations of Dislocations by Transmission Electron Microscopy: Recollection of the Period 1946-56," Proceedings of the Royal Society of London A, 371: 160-164.

Howie, A. and Whelan, M.J. (1961), "Diffraction Contrast of Electron Microscope Images of Crystal Lattice Defects II: The Development of Dynamical Theory," Proceedings of the Royal Society A, 263 (1961): 217-237

———— (1962), "Diffraction Contrast of Electron Microscope Images of Crystal Lattice Defects. III. Results and Experimental Confirmation of the Dynamical Theory of Dislocation Image Contrast," *Proceedings of the Royal Society A*, 267 (1962): 206-230

Lessells, J.M. (1954), *Strength and Resistance of Metals*, Wiley.

Menter, J.W. (1956), "The Direct Study by Electron Microscopy of Crystal Lattices and Their Imperfections," Proceedings of the Royal Society A, 236: 119-135.

Menter, J.W. (1960), "Observations on Crystal Lattices and Imperfections by Transmission Electron Microscopy through Thin Films," in *Fourth International Conference on Electron Microscopy, Berlin 10-17. September 1958*, Springer-Verlag, 1960, :320-331.

Mott, N.F. (1951), "The Mechanical Properties of Metals," The Proceedings of the Physical Society Section B, 64: 729-741.

Mott, N. (1980), "Memories of Early Days in Solid State Physics," *Proceedings of the Royal Society, A*, 371: 56-66.

Neider, R. (1957), "Electronenmikroscopische Abbildung von Kristallgitterstrukturen," in *Electron Microscopy: Proceedings of the Stockholm Conference September 1956*, Sjöstrand, F.S. and Rhodin, J. (eds.,), Academic Press, 1957: 93-98.

Orowan, E. (1934), "Zur Kristallplastizität. I Tieftemperaturplastizität und Beckersche Formel," Zeitschrift für Physik, 89: 605-659.

Pashley, D.W. (1965), "The Direct Observation of Imperfections in Crystals," Reports on Progress in Physics, 28: 291-330.

Polanyi, M. (1934), "Über eine Art Gitterstörung, die einen Kristall plastisch machen könnte," Zeitschrift für Physik, 89: 660-664.

Read, W.T., (1953), *Dislocations in Crystals*, McGraw-Hill.

Seitz, F. (1950), "The Theory of Plastic Flow in Single Crystals," in *A Symposium on the Plastic Deformation of Crystalline Solids: Mellon Institute Pittsburgh 19, 20 May 1950 / Under the Joint Sponsorship of the Carnegie Institute of Technology and the Department of the Navy Office of Naval Research*, U.S. Department of Commerce Office of Technical Services: 1-36.

Suito, E. and Uyeda, N. (1957), "The Relation between the Crystal Habit and the Lattice Image of Copper- Phthalocyanine," Proceedings of Japan Academy, 33: 398-402.

Süsskind, Ch. (1985), "L.L. Marton, 1901-1979," in *The Beginnings of Electron Microscopy*, Hawkes, P.W. (ed.), Academic Press, 1985: 501-523.

Taylor, G. I. (1934), "The Mechanism of Plastic Deformation of Crystals. Part I. Theoretical," Proceedings of the Royal Society, A, 145: 362-387.

Uyeda, R. (1955), "A Theory on Image Formation of Electron Microscope," Journal of Physical Society of Japan, 10: 256-264.

Whelan, M.J. (1986), "Reminiscences on the Early Observations of Defects in Crystals by Electron Microscopy," Journal of Electron Microscopy Technique, 3: 109-129.

Yamaguchi, M. (2014), "Visualizing the Atomic Arrangements in Crystals: Bragg's

Bubble Model of Dislocations in Metals," Historia Scientiarum, 23-3 : 241-260.

植田　夏, 1954年, 「膠質形態学における電子廻折法」『電子顕微鏡』第3巻, 124-126頁.

上田良二, 1961年, 「乱れた結晶による回折理論の概要」『物性』第2巻, 549-567頁.

加藤範夫, 1958年, 「第5章　結晶成長と結晶組織」『結晶物理学　物性物理講座5』編集代表　武藤俊之助, 共立出版, 1958年, 281-336頁.

神谷芳弘, 1958年, 「電子顕微鏡のコントラスト」『日本金属学会会報』第2巻, 134-139頁.

鈴木秀次, 1958年, 「転位の直接観察」『金属物理』第4巻第3号, 105-112頁.

田岡忠実, 1956年「ニュース　電子顕微鏡で直接ディスロケーションをみる」『金属物理』第3巻第1号, 20頁.

田岡忠実, 1957年「電子顕微鏡で直接ディスロケーションをみる」『金属物理』第3号第1巻, 22頁.

谷　安正, 1951年, 「金屬の研究に對する電子顯微鏡の應用」『日本金屬學会誌A』第15巻, 376－384頁.

谷　安正, 1957年, 「アジア・大洋州区国際電子顕微鏡会議を中心として」『生産研究』第9巻, 1957年, 33頁.

谷　安正, 只野文哉, 深見　章, 1950年, 「物体表面観察のための各種レプリカ法について」『電子顕微鏡』第1巻, 78-85頁.

中田一郎, 1982年, 「気相成長による結晶表面の単位格子ステップ構造」『日本結晶学会誌』第24巻, 417-426頁.

西山善次, 清水謙一, 1964年, 「薄膜法による鉄鋼の電子顕微鏡直接観察法」『鉄と鋼』第50巻第13号, 2215-2243頁.

橋口隆吉, 1952年, 「結晶塑性における轉位理論Ⅰ」『應用物理』第20巻8・9号, 313-316頁.

藤田英一, 1955年, 「電子顕微鏡による転位網の研究」『電子顕微鏡』第4巻, 63頁.

モット（Mott, N.F., 平田森三訳）(1954), 「固體に於ける不完全性」『日本物理学会誌』第9巻1号 : 23-30頁, 25頁.

（日本大学）

科学哲学 53-2（2020）

新しい行為論
—目的論，選言説，因果的傾向性主義—[1]

鈴木雄大

Abstract

This paper aims to put forward an alternative to the standard theory of action (STA), which I call "the teleological theory of action (TTA)". I also examine the main argument for STA and maintain that there is a possibility to deny two premises of the argument. Each denial is called the disjunctivism of bodily movement and the disjunctivism of intention. TTA implies that an intention in action is (part of) a bodily movement, and this in turn implies the two disjunctivisms. TTA is supported by the causal dispositionalism which takes dispositions as basic and understands causation in terms of them.

　行為論の中心問題は，能動的な行為が単に受動的な自然現象とどのように異なるかを示すことにある．これに対する私の答えをまず手短に述べれば，行為の能動性とは，行為それ自身が目的を持ち，それに向かって生じることに存する．他方で受動的な自然現象は，ある原因によって生ずるだけで，何らかの目的を持ってそれに向かって生じるのではない．よく行為は意図的なものとも特徴づけられるが，意図性とは，まさに行為が何らかの目的を持つものであるという行為の性質に他ならない[2].

　以上の答えは，行為論の標準理論とされるものから大きく隔たっている．本稿の目的は，標準理論がどのような前提を持つかを明らかにすることで，標準理論以外の道も開かれていることを示し，その一代案として上記の目的性を重視した行為論——私が「目的論的行為論」と呼ぶもの——を有望な研究プログラムとして提案することである．本稿の第1節では標準理論と目的論的行為論のそれぞれを概説した上で，第2・3節で標準理論の論拠を検討し，第4・5節で目的論的行為論に擁護論を与える．

第1節　標準理論と目的論的行為論

　まず行為論の標準理論がどのようなものかを見ておこう．行為が目的に関わるものだという点を標準理論は受け入れる．ただしそこでは行為それ自身が目的を持つという仕方で，目的に直接関わるものとして理解されるわけではない．標準理論によれば，目的は行為者の特定の心的状態において表象され，その心的状態が身体運動を引き起こすとき，そのときにのみ，その身体運動は行為となる[3]．例えば上げ下げ窓を開けるため，私が窓にかけた手を上げたとしよう．標準理論によれば，私が意図的に手を上げたと言えるのは，私の手が上がるという身体運動が，手が上がるという目的を表象する心的状態によって引き起こされたとき，そのときに限る．ここで二点注記しておきたい．一点目に，本稿が「目的」と呼ぶのは，フォン・ウリクトの用語を借りれば「成果 (result)」であって，「帰結 (consequence)」ではない (von Wright 1971, 87f.)．上の例で言えば，手を上げるという私の行為の目的は手が上がることであって，窓が開くことではない．窓が開くことはその行為のさらなる目的ではあるが，それは私の行為が「手を上げる」という記述の下で意図的であるためには必要のないものである[4]．行為は一定時間のかかる出来事ないしプロセスであるが，ここで行為の目的はそのプロセスの最終部分であるとも言えよう．二点目に，目的を表象する心的状態としては欲求と意図が挙げられるが，それらの相違は本稿の議論に影響しないためここでは意図[5]に一本化する．「標準理論」ないし「行為の因果説」と呼ばれるものの中には様々なバージョンがあるが，以上より，本稿ではおおよその最大公約数として「x が φ という記述のもとで意図的な行為であるのは，φ しようという意図が x を引き起こしたとき，そのときに限る」という主張を「標準理論」として定式化する．標準理論の利点は，目的という未だ実現していないものを「持つ」という神秘的にも見える関係を，目的についての表象と，それと身体運動の間の因果関係とに還元することで，目的論を自然主義的な因果の枠組みに収められている点にある．

　行為の目的性を表象性と因果性に還元する際，標準理論にとって核心的だと私が考える前提は，目的に直接関わるのが行為それ自身ではなく，行為から切り離された別のものとし，それを意図と呼ぶという点である．このように解された意図は，目的に向かうことによってそれ自身変化していくようなものではなく，単に目的を表象し，行為の間それ自身は変化することなしに，いわば身体の後ろに控えて身体に指令を送り続けるようなものにすぎない．こうした「行為における意図と行為（身体運動）は別々のものである[6]」

という標準理論の前提を「分離説」と呼ぶことにしよう.

　もちろん標準理論にはこれまで批判が提出されてきた. その最もよく知られたものは, 逸脱因果をどう排除するかという問題と, 行為者不在の問題である (cf. Anguilar & Buckareff 2010, 10-16). だがここでは両者の源泉となるような別の批判点を提起したい. それは, 分離説を含む標準理論においては「行為が目的を持つ」と字義通りには言えなくなることによって, 目的に向かうことで自ら変化するという行為の能動性が失われてしまうことである. そこで行為は, 行為から切り離された意図の表象性と, そうした意図と行為の間の因果関係とを通じて, 目的への間接的な関係は持つが, 直接的な関係は持たず, 行為はいわば後ろから意図によって押されるだけで能動性を欠いたものとなる.

　とはいえ標準理論は上のように字義通りに言えないことを問題視せず, 次のように言い返すかもしれない. たしかに「行為φは目的ψを持つ」や「行為φの目的はψである」のように行為が目的に直接関わるかのような表現は可能だが, しかしそれは「行為者はψのためにφした」や「行為者はφによってψしようと思った」などと言い換えることができ, そこで目的と直接的な関係にあるのは行為者の心的状態——すなわち行為から切り離された意図——であり, そしてこの言い換えは正しい.

　ところが標準理論はこの応答によって, 上記二つの問題を呼び込むことになる. 第一に, 意図を行為から切り離した上で (分離説), 意図と行為の間に因果関係を想定することで, 両者の間の因果系列の中に常に逸脱的な出来事を挿入する余地が生まれてしまう (cf. Stout 2005, 88). 第二に, 身体運動を行為たらしめるのが行為者それ自身ではなく, 行為者の心的状態にすぎないために, 行為の特徴づけから行為者が消失してしまうことになる. この「行為者」によって何が意味されているかは論者によって様々だが, その主要なものは行為の最たる特徴である能動性であろう (cf. Anguilar & Buckareff ibid., 12). 「因果の網の目の中では, 偶発事が起こるにすぎず, それに立ち向かう行為者は彼の内外で起こる全ての出来事の無力な被害者である.」 (Melden 1961, 128 f.) またこの能動性の消失は, 第一の問題である逸脱因果問題の根にもあるものだろう. 逸脱的な出来事はその結果から能動性を奪うのである. そして以上のような能動性の消失の源泉は, 標準理論において「行為が目的を持つ」と字義通りに言えないことにあると考えられる.

　このように標準理論が能動性の消失という問題に直面するなら, 他の道を探すよう動機づけられるのは自然である. ただし本稿は, 能動性を手っ取り早く確保するために行為者因果のようなものに訴える道に進むことはしな

い．行為者因果とは通常の出来事因果とは異なり，それ以上の原因を持たない「不動の動者」を原因とするものであるが，そうした行為者因果は能動性をあまりに神秘的なものにしてしまう．本稿が提案するのは，「行為の能動性は，行為それ自身が目的を持ち，それに向かって自ら変化することに存する」という私が「目的論的行為論」と呼ぶ代案である．意図は，まるで種子が花になることに向かってそれ自身が変化して花になるように，行為という目的に向かってそれ自身が変化して行為になるのである．ここで目的に向かうものとしての意図は，行為それ自身（の一部）である．このことは，「意図と行為は別々のものである」という分離説を否定するものとなっている．この否定を，すなわち「行為において意図と行為（身体運動）は別々のものではない」という主張を「一体説」と呼ぶことにしよう．つまり標準理論が分離説を含意するのに対して，目的論的行為論は一体説を含意する．目的論的行為論のより具体的な内実は第4節で展開する．その前に次節で，標準理論とそれが含意する分離説に対してどのような論拠が考えられるかを検討しよう．

第2節　標準理論の主要論証

　Davidson（1963）が行為の因果説の一バージョンに与えた論証が有名であるが，彼のバージョンと本稿の標準理論の間には若干の相違があることと，分離説に関しては一般に表立った擁護論が与えられることなくそれが自明視されていることから，本節では標準理論と分離説の双方に統一的な主要論証を与えることを試みたい[7]．本節で与えるものは知覚の哲学における錯覚論法に類比的なものとなっており，それは行為の必要条件を巡って意図，身体運動，両者の関係に関する三つのパートに分かれる．

　まず行為に意図が必要だとする議論は，次の二つの事例の比較から始まる．一つは，窓を開けるために私が手を上げようと意図し，その意図が実現して私が意図的に手を上げたという事例であり，これを「行為事例」と呼ぼう．もう一つは，私は手を上げようなどと意図していないのに，魔法の糸によって引っ張られたゆえに私の右手が上がったという事例であり，これを「偶発事例」と呼ぼう．ここで「行為事例から偶発事例を引いたら何が残るか？」と問うならば——これはWittgenstein（1953, §621）の「私が手を動かすという事実から私の手が動くという事実を引いたら何が残るか？」という問いを想起させる——，その答えは「意図」であると思われ，ここから行為には意図が必要であることが導かれる．以上の議論を「偶発論法」と呼ぼう．

　偶発論法におけるような引き算的な思考が可能であるためには，「行為事例と偶発事例における身体運動は同じもの[8]である」という前提が必要であ

ろう．この前提を「身体運動の共通要素説」と呼ぼう．偶発事例における身体運動は意図なしにありうるものであり，それゆえ糸で引っ張られて生じた身体運動は，意図と同一視される出来事（例えば脳状態など）を身体全体で生じた出来事から引いて残るもの（例えば少なくとも，神経活動を含まない筋肉の収縮や四肢の運動など）である．この引いて残った出来事をHornsby (1980, 2) の表記法を借りて「身体運動$_I$」と表すことにしよう（「I」は他動詞表現「体を動かす」に対して自動詞 (intransitive) 表現「体が動く」を示唆する）．このように偶発事例に関して言われたことを身体運動の共通要素説と合わせると，行為事例の身体運動も意図なしに存在しうること，そして行為事例の身体運動も身体運動$_I$であることが帰結する．そしてここからはさらに，「行為事例において意図は身体運動の一部ではない」という分離説の片側（注6の右辺の一方の連言肢）が帰結する．

　次に行為に身体運動が必要だとする議論は，行為事例とさらに別の事例を比較する．それは窓を開けるために手を上げようと意図したが，（体が麻痺して）意図が実現せず，手が上がらなかったという事例であり，これを「不発事例」と呼ぼう．ここで「行為事例から不発事例を引いたら何が残るか？」と問うならば，その答えは「身体運動」であると思われ，ここから行為には身体運動が必要であることが導かれる．以上の議論を「不発論法」と呼ぼう．

　ここでも上のような引き算的思考が可能であるためには，「行為事例と不発事例における意図は同じものである」という先程と似た前提が必要であろう．この前提を「意図の共通要素説」と呼ぼう．不発事例における意図は身体運動なしにありうるものであり，それゆえそうした意図は——身体全体が動いたわけではないが，身体のどこかで変化が生じたのだとすると——特定の脳状態だと考えるのが妥当であろう．このように不発事例に関して言われたことを意図の共通要素説と合わせると，行為事例の意図も身体運動なしに存在しうること，そして行為事例の意図も脳状態であることが帰結する．さらにここからは，「行為事例において身体運動は意図の一部ではない」という分離説の残る片側が帰結する．

　最後に意図と身体運動の関係について考えるため，行為事例をさらに別の事例と比較しよう．それは窓を開けるために手を上げようと意図し，私の手が上がったが，しかしそれが生じたのは私の意図が実現したからではなく，魔法の糸によって引っ張られたためだったという事例であり，これを「介入事例」と呼ぼう．ここで「介入事例に何を足したら行為事例になるか？」と問い[9]，これまでの二つの議論の帰結，すなわち意図が身体運動なしにあり

うる脳状態であり，身体運動が意図なしにありうる身体運動₁であることを前提するならば，その問いへの最良の答えは「意図と身体運動の間の因果関係」であるように思われる．ここから行為にはそうした因果関係が必要であることが導かれる．以上の議論を「介入論法」と呼ぼう[10]．

　以上のように，三つの論法から標準理論が擁護され，また不発論法と偶発論法からそれぞれの帰結の連言として分離説が導かれる．しかし分離説を導くのに用いられた二つの前提，意図の共通要素説と身体運動の共通要素説は，ほとんどの場合暗黙の前提として自明視され，それ自体にさらに論拠の与えられることのないもののように見受けられる．しかし私はそれらは議論の余地のあるものだと考えており，それぞれの否定，すなわち「行為事例と偶発事例における身体運動は異なったものである」を「身体運動の選言説」，「行為事例と不発事例における意図は異なったものである」を「意図の選言説」と呼ぶ[11]．第4節で擁護する目的論的行為論は二つの選言説を含意するため，目的論的行為論は標準理論を退けるのみならず，それを導く主要論証をも崩す．とはいえその前に二つの共通要素説にどのような論拠が考えられるかを次節で簡単に見ておきたい．

第3節　二つの共通要素説の論拠

　本節では二つの共通要素説に対する三種類の論拠を手短に検討する[12]．第一の論拠は不可識別性に基づくものである．知覚と幻覚に関して，両者が識別不可能であることから両者は同じ心的状態であることが導かれるのと同様に，行為事例と偶発事例のそれぞれの身体運動が識別不可能であることから両者が同じものであることが，そして行為事例と不発事例のそれぞれの意図が識別不可能であることから両者が同じものであることが導かれるのではないだろうか．まず身体運動に関して，仮に行為事例と魔法の糸で手が吊り上げられた偶発事例とで運動感覚が全く同じであり，それゆえ二つの身体運動が行為者に見分けがつかなかったとしよう．しかしこのことは二つの身体運動が同じものであることを導かない．というのも，例えばレモンと石鹸が見分けがつかないという単なる認識論的事実は，両者が同じものであるという形而上学的事実を導かないからである[13]．

　次に意図に関しては，まず行為事例と不発事例がそのままの形では識別可能なゆえ（前者では手が上がり，後者ではそうではない），事例に修正を加える必要がある．例えば私は目隠しをされ，さらに手から脳へとつながる感覚神経が麻痺しているため，手が動いたかどうかを知覚できないとしよう．その上で私が手を動かそうと意図すると，運動神経は正常なため，右手は動

いた．しかし別の状況では私が手を動かそうと意図すると，急に運動神経も麻痺したため，手は動かなかった．前者の状況と後者の別の状況をそれぞれ行為事例と不発事例の修正版とすると[14]，両事例を私はたしかに識別することができない．しかしたとえこのように事例を修正したとしても，両事例が識別不可能だという認識論的事実から，両事例における意図が同じものだという形而上学的事実は導かれないことはここでも同様だと思われる．知覚経験のように現象的性格が本質的であるような心的状態に関しては不可識別性から同一性を導くことに一定の説得力があるかもしれないが（cf.小草 2009, 34），意図に現象的性格が本質的であると言えるかは定かではなく，そう言えるためにはさらなる議論が必要であろう．

　第二の論拠は意図の共通要素説にのみ関わるが，認知科学や心の哲学における広義の——トークン的な——心脳同一説に基づくものである．それによればどんな心的状態も何らかの脳状態とトークン的に同一であるゆえ，行為事例の意図が，本稿が主張するように行為それ自身（の一部）であるなどということはありえず，それは不発事例の意図と同様何らかの脳状態と同一であるだろう．心脳同一説は意図以外の心的なもの一般に関わる説であるため，ここでそれを十全に取り扱うことはできないが，次の点だけは指摘しておきたい．心脳同一説に対しては近年，心は脳に限定されず，身体全体（やさらには環境）にまで拡がっているとする「身体性認知科学」や「4Eアプローチ」が支持を集めており，それらは本稿の「行為において意図と身体運動は別々のものではない」という一体説と極めて親和的である．

　第三の論拠は日常的な言葉遣いに基づくものである．魔法の糸で手が釣り上げられた偶発事例だけでなく行為事例でも「手が上がった」と等しく言え，また不発事例でも行為事例でも共通に「手を上げようと意図した」と言えるであろう．このように同じ言語表現が可能であるということは，そこで表されているものが同じであることを示唆するのではないだろうか．しかしそうした言葉遣いが可能だとしても，日常的とまで言えるかは疑問である．この点に関しては本来であれば実証的な調査が求められるが，行為事例では「手を上げた」と述べるのが自然で，偶発事例でそう述べるのは不自然であり，偶発事例で「手が上がった」と述べるのは自然だが，行為事例でそう述べるのは不自然だという直観を私は持っている．また「φしようと意図した」に代わるより自然な表現は「φしようとした（trying to φ）」であろうが（両者は行為論の文献でもしばしば可換的に用いられる（ex. Hurley 1998, 256ff.）），後者は不発事例のように意図が実現しなかった場合に用いられ，行為事例のように実現した場合にはほとんど用いられないように思われる

(cf. Hornby 1980, 34).

以上，二つの共通要素説に対して考えられうる三種類の論拠を検討したが，どれも初めから選言説の可能性を排除してしまうほど強いものではなかった.

第4節　因果的傾向性主義と目的論的行為論

では本稿が提案する「行為それ自身が目的を持ち，それに向かって自ら変化する」という目的論的行為論，そしてそこに含意される一体説，身体運動の選言説，意図の選言説は，どのように擁護可能なのだろうか. 本節では，因果性に関する新しい見方に依拠することで，目的論的行為論が標準理論の代案として有望な研究プログラムとなりうることを示したい.

先に一体説を擁護するための議論を示しておこう. それは次の二つの前提からなる. (1) 意図は傾向的状態であり，行為はその発現である. (2) 傾向的状態とその発現は別々のものではない. この二つの前提から「意図と行為は別々のものではない」という一体説が導かれる.

標準理論にとって前提 (1) を受け入れることに問題はないだろう. 一般に心的状態が傾向的状態であることは広く認められるところであり，それによれば意図はその内容となる行為に向かう傾向的状態である. 例えば私が窓を開けようと意図すれば，それは私が窓を開けることへの傾向性を持つということである. 一方，標準理論は前提 (2) を認めないだろう. 標準理論によれば，意図という傾向的状態は脳状態へと還元され，そうした脳状態が身体運動$_I$を引き起こすゆえ，意図（脳状態）と行為（身体運動$_I$）は別々のものであろう. したがって一体説に擁護論を与えられるかどうかは，前提 (2) を真とするような傾向性理解が可能かどうかによる.

まずできるだけ中立的な仕方で傾向性とは何かを確認しておこう. 傾向性は性質の一種であり，それはカテゴリカルな性質と対比される. カテゴリカルな性質は，例えば丸さ，赤さ，硬さ，あるいはよりミクロな分子構造などであり，それは顕在的な性質である. 他方で傾向性は，例えば水溶性，砕けやすさ，可燃性といった顕在的ではなく潜在的な性質である. ここではxがある可能的な性質Mに向かう傾向性を持つことを$\underline{M}x$と表すことにしよう. そのような傾向的状態$\underline{M}x$はそれが発現すると顕在的な状態Mxになる[15]. 例えばガラスが砕けやすいという傾向的状態は，発現するとガラスが砕けたという状態になる.

以下，傾向性に関して二つに大別される理解を示そう. 一つ目は標準理論が前提する「カテゴリカリズム (categoricalism)」であり，それによれば傾

向性はカテゴリカルな性質へと還元される．カテゴリカリズムの洗練された
バージョンとして知られるLewis (1997) の分析によれば，例えばガラスの
砕けやすさという傾向性は，次のような条件を満たすガラスの分子構
造——カテゴリカルな基盤——に他ならない．つまりそのガラスの分子構造
は，もし十分な衝撃が与えられれば，そのことと一緒になってガラスが砕け
ることを引き起こすであろうようなものである．ここで傾向性はカテゴリカ
ルな性質と，それが果たす反事実的な因果関係へと還元されている．

　二つ目の傾向性理解として近年支持者を増やしているのは，そうした還元主
義に反対し，傾向性を基礎的なものと認める「傾向性主義 (dispositionalism)」
である．以下，私がコミットする形での傾向性主義のエッセンスを素描しよ
う．まず性質には顕在性と潜在性という互いに還元できない二つのあり方が
ある．xが潜在的にMであるとは，xが可能的な性質Mに向かいつつも，現
実的には未だMではないということであり，これがすなわちxが傾向性M
を持つということである．傾向的状態Mxはそれが顕在化するとMxにな
る．つまり傾向的状態Mxとその発現Mxは「同一」の出来事の異なった時
点における二つのあり方であり，両者はそれが潜在的か顕在的かという点で
のみ異なる．例えばガラスは，砕けることへと向かっているという点で砕け
やすさという傾向性を持っており，それが実際に砕けた際には，ガラスが砕
けたという顕在的状態はガラスが砕けやすかったという傾向的状態と「同
一」であり，前者は後者の潜在性が顕在化したものにすぎない．以上に対し
カテゴリカリズムでは，ガラスの砕けやすさはその分子構造などのカテゴリ
カルな状態へと還元され，そうした分子構造と，その発現としての砕けたと
いう状態は別々の出来事でしかない[16]．

　傾向性主義は傾向性を基礎的なカテゴリーとすることで，それに基づいて
他の存在論的なアイテム，例えば性質，様相，因果性，自然法則などについ
て統一的な理解をもたらそうとする[17]．特にここでは，因果性を傾向性に基
づいて理解しようとするMumford & Anjum (2011) （以下「M&A」と略記）
の「因果的傾向性主義 (causal dispositionalism)」を取り上げたい．M&Aは
まず，例えば石の衝突によってガラスが砕けるという因果的現象を，石の衝
突とガラスの破砕という二つの独立の出来事と，その間の因果関係として理
解することをヒューム主義的な「two-eventモデル」と呼んで批判し，因果
的現象はガラスの砕けやすさといった傾向性に基づいて理解されねばならな
いと考える．ところが傾向性に基づくといっても，彼らは砕けやすさという
傾向性——たとえそれが分子構造のようなカテゴリカルな性質に還元できな
いとしても——に対し，石の衝突という出来事が刺激として入力され，ガラ

スの破砕という出来事が発現として出力されるという「刺激反応モデル」を選ぶのでもない．彼らが選ぶのは，そうした入力項に相当するものもそれ自体傾向性であり，ガラスの破砕という結果は，石の（衝突したものを）砕きやすいという傾向性とガラスの砕けやすいという傾向性（と必要ならさらに他の傾向性）とが組み合わさって（partnering）発現したものだという「相互発現モデル」（cf. Martin 2008）である．つまり石の衝突とガラスの傾向性は前者が後者への入力であるという不均衡な関係にあるのではなく，両者とも傾向性であるという対等な関係にあり，複数の傾向性が組み合わさることで発現が生ずるのである．

　先に傾向性主義によれば，傾向的状態Mxはその発現Mxと「同一」であると述べた．しかしガラスの例では，相互発現モデルによれば，ガラスの砕けやすさという傾向性だけではガラスが砕けるのに十分ではなく，他にそれに衝撃を与えるもの（ex. 石）の傾向性などが必要であった．それゆえガラスの砕けやすさという傾向性は，ガラスが砕けるというその発現と「同一」とまでは言えない．よって正確には，仮にガラスが砕けるという発現Mxにとって十分で，それと同一な傾向的状態を$\underline{M}$xとし（そんなものがあるとして），ガラスの砕けやすいという傾向的状態を$\underline{M_1}$x，石の砕きやすいという傾向的状態を$\underline{M_2}$xとするなら，$\underline{M_1}$xと$\underline{M_2}$xはそれぞれ$\underline{M}$xの一部にすぎないのである．そして$\underline{M}$xとMxは同一であるゆえ，$\underline{M_1}$xと$\underline{M_2}$xはそれぞれMxの一部[18]——ただし潜在的な——でもある．言い直せば，ガラスが砕けやすいという傾向的状態は，ガラスが砕けるという発現の一部なのである．

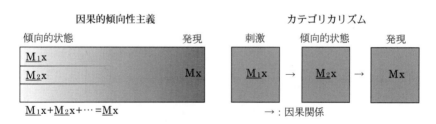

以上の議論から傾向的状態はその発現の少なくとも一部であるゆえ，本節冒頭で提示した前提（2）「傾向的状態とその発現は別々のものではない」が言えることになる．窓を開けるために手を上げた例について言えば，そこでの手を上げようという意図は手が上がることに向かう傾向的状態であり（前提（1）），その傾向的状態は，その発現である身体運動の少なくとも一部なのである．実際に生じた仕方で手が上がるためには，窓の抵抗といった私の

外部の環境の傾向性や, さらにはその知覚などが, 手を上げようという私の
意図と組み合わさる必要がある[19] という点で, この場合の意図は身体運動の
確かに一部だと言えるだろう. したがって分離説は否定され, 一体説が肯定
されることになる. また行為事例の身体運動は意図を一部として含むのに対
し, 偶発事例の身体運動はそうではないという点で, 両事例における身体運
動は異なったものであり, よって身体運動の共通要素説は否定され, 身体運
動の選言説が肯定される[20]. そして行為事例の意図は身体運動として顕在化
したものであるのに対し, 不発事例の意図は身体運動として顕在化せず潜在
的なものに留まるという点で, 両事例における意図は異なったものであり,
よって意図の共通要素説は否定され, 意図の選言説が肯定される[21]. さら
に, 目的に向かうものとしての意図が行為の一部であることから, 「行為そ
れ自身が目的を持ち, それに向かって自ら変化する」という目的論的行為観
も擁護される[22]. そして行為それ自身が目的に向かって自ら変化するという
ことこそ, 行為が能動的であるということなのである.

第5節 行為とは何か

　意図は傾向的状態であり, 行為がその発現であるとすると, そのような行
為は単に「受動的」な自然現象からどのように区別されるのかという最初の
問いが再び浮上する. というのはガラスが砕けるというような「受動的」な
自然現象も傾向性の発現である点は変わらないからである. それゆえ最初の
問いに答えるには, 行為は意図の発現であると言うだけでなく, それ以上の
こと, とりわけ意図の傾向性が単なる自然的な傾向性とどのような点で特徴
的に異なるかを言わなければならない. 最後に本節でこの点について指針を
示しておきたい.

　まず以下で挙げる行為の特徴は, 自然現象が持ちえないものではなく,
「受動的」な自然現象が追加的に持ちうるものであるという点で, 本稿は行
為を自然の一部として位置づけ, その意味で「自然主義」に与する. しかし
その自然観は標準理論のそれとは大きく異なったものである. 砕けることに
向かうガラスの傾向性に関して, ガラスは非常に弱い意味で砕けるという
「目的」を持つと言うことができる. このような目的論的な自然観は, 傾向
性主義がアリストテレス主義的な形而上学の一形態であることに由来する.
そしてこうした目的論的自然観は, 自然を非常に弱い仕方ではあるが能動的
なものと見なす. 「傾向性主義者は自然についてのより能動的な見方を提供
しようとする」(Mumford & Anjum 2013, 91). 目的論的行為論が行為をすで
に能動的であるような自然の中に位置づけることは, 標準理論が行為を完全

に受動的な自然の中に位置づけることで能動性を消去してしまうのと対照的である．しかしとは言っても，ガラスが砕けるという「目的」を持つとは，行為が目的を持つと言うのと同等の意味で言われているのではない．行為が目的を持つことは，単なる自然的な傾向性が発現に向かうこと以上のことを含むのであって，それによって行為はより強い意味で能動的なのである．ではそれ以上のこととは何なのか．

　例えば窓ガラスに向かって飛んでいる石が窓を割る傾向性を持つ場合と，私が（緊急で脱出するために）窓ガラスを体当たりで意図的に割ろうとそれ目がけて走っている場合とでは，何が異なるのか．一つ指摘できるのは，石の場合にはたとえ（そんなことがあったとして）窓が動いたり，窓との間に急にクッションが現れたりしても，石が飛ぶ軌道や速度に変化は生じず，結果窓は割れないのに対して，私の場合にはそうした環境の変化（とその知覚）に応じて，私は自らの走る軌道や速度を柔軟に変化させ，結果（他に障害がなければ）窓は割れるであろうという点である．つまり写像に関する用語を借りれば，単なる自然的傾向性の場合には，他の——窓の位置やクッションの——傾向性との組合せの数だけ結果が多様にあるという点で，傾向性が発現に対して単射に近い関係を有するのに対して，行為の場合には，他の傾向性との組合せにおいてある程度一定の結果を出すという点で，傾向性（意図）が発現に対して定値関数に近い関係を有する．もちろん前者の場合に異なった傾向性の組合せから同じ結果が出ることや，後者の場合に異なった結果（意図しない結果）が生ずることもあるゆえ，それらは近似的な意味合いしか持たないが，この点を考慮に入れた上で，多くの自然的傾向性は「単射性」を持ち，行為は「定値性」を持つと言うことにしよう．自然はすでにして弱い仕方で能動的なのだが，定値性を満たす自然はより強い意味で能動的なのであり，単に単射的でしかない自然はそれに比べて「受動的」なのである．

　しかしこれだけでは行為の傾向性（意図）の特徴づけとしては十分ではない．定値性を満たしながら，なお行為でないと思われる例があるからである．例えば①半透膜が浸透圧によって濃度の異なる液体の濃度を一定にしようとするなど，エントロピー増大則に基づく現象[23]，②体温調節など，生物のホメオスタシス，③人工物からはワットの蒸気機関（ボイラーから一定範囲内でのどんな圧力の蒸気が来ようとも，ホイールの速度を一定に保つ）や，④ロボット掃除機の振る舞いなどが挙げられる．現時点で私はこれらの例と行為の間に線引きをする明確な十分条件（またはそもそも線引きが可能かどうか）に関する確信を持っていないが，一つ指摘するとすれば，①〜④

の「目的」それ自体は柔軟ではなく固定されたものであるのに対し，行為の目的は柔軟で必ずしも固定されていないという点を指摘できるかもしれない．つまり先の定値性が，目的に対していわば手段が柔軟であることであったのに対し，ここではさらに行為であるために目的も柔軟であることが求められている．エントロピーは増大するしかなく，哺乳類の体温は（正常である限り）一定でしかなく，ホイールの回転速度は一定でしかなく，ロボット掃除機は掃除することしかできない．他方，私は部屋から脱出するために窓めがけて突進していたとしても，私のさらなる目的や状況の変化などに応じて，私は突進を止めることもできる．しかし人間などの行為者にも固定的な究極目的（例えば生存することなど）があるかもしれず，またロボットなども複数の多様な目的を持つようになれば行為者として認められるようになるかもしれず，この点は程度差にすぎないのかもしれない．ここではこれ以上の回答を与えることはせず，行為の必要条件として定値性を挙げることで満足するとしよう[24]．

第6節　結論

　第1節では，「身体運動が行為となるのは，それが目的を表象する意図によって引き起こされたとき，そのときに限る」という行為論の標準理論の核心に，「意図と行為（身体運動）は別々のものである」という分離説が含意されていることをまず指摘した．標準理論は行為の能動性を捉え損ねているという点から，それに対する代案として「行為それ自身が目的を持ち，それに向かって自ら変化する」という目的論的行為論を提案した．それは目的に向かう意図それ自身が行為の一部であることを認める点で，「意図と行為は別々のものではない」という一体説を含意し，分離説を否定する．第2節では標準理論と分離説がどのような論拠に基づくかを明らかにするため，偶発論法・不発論法・介入論法からなる議論を提示した．その議論において身体運動の共通要素説と意図の共通要素説という二つの前提が自明視されていることを指摘し，別の選択肢として身体運動の選言説と意図の選言説をとる道があることを示唆した．第3節では二つの共通要素説に対する三種類の論拠を検討し，どれも二つの共通要素説の自明視を許すほど強いものではないことを確認した．第4節では，目的論的行為論を擁護するために，因果性を傾向性の発現として理解する因果的傾向性主義を取り上げた．そこでは傾向性は潜在性として理解され（つまり顕在的でカテゴリカルな性質に還元されることはなく），傾向性の発現は潜在的なものが顕在化することであるゆえ，傾向性は発現と同一，あるいは少なくともその一部であることになる．この

ことを行為論に応用し，意図を行為への傾向的状態，行為をそうした傾向的状態の発現と捉えるならば，意図は行為の少なくとも一部であることが帰結する．目的に向かう意図が行為の一部であることは，「行為それ自身が目的を持つ」という行為論的目的論，一体説，さらには身体運動の選言説・意図の選言説を含意する．最後の第5節では，意図の傾向性ないしその発現としての行為が，他の自然的傾向性とどう異なるかを問題にし，少なくとも前者の必要条件として定値性を挙げた．以上によって，行為論の標準理論以外の選択肢として，目的論的行為論が有望な研究プログラムとなりうることを示すことができたと期待する．

注

1. 本研究は日本学術振興会・科学研究費補助金（若手研究）(19K12927 研究代表者：鈴木雄大）の助成に基づく．また本稿の草稿を検討して頂いた李太喜氏と佐藤広大氏に感謝申し上げたい．
2. 本稿が主題とするのは意図的行為のみであり，意図的でない行為や不作為などの周辺的な事例は，意図的行為の理解に基づいて理解できると考える．
3. 本稿で「状態」と「出来事」はそれぞれ他方を含む広い意味で可換的に用いられる．また，例えば意図的に窓を開けることなど，行為は身体運動に限定されないが，本稿では単純化のため行為を身体運動に限定する．
4. 行為の必要条件にさらなる目的の存在を含めてしまうと，それ以上目的のない自己目的的な行為が排除されてしまうという問題が生ずる．Davidson (1963) は行為の必要条件として欲求と信念の組を挙げ，欲求の内容を行為タイプ，信念の内容を「実際に生じた行為トークンがその行為タイプに属すること」とすることでこの問題を避けているが，まだ行為トークンが生じていない行為以前の時点でどのように行為トークンに関する信念を持つことができるのか（この点はあまり指摘されないが）私には分からない．
5. 「意図」には意図すること (intending) と意図されたこと (what is intended) の二義性があるが，本稿では「意図」は前者を意味し，後者を表すには「目的」を用いる．
6. 「別々のもの」は直観的に十分理解可能かもしれないが，より厳密には次のように定義される．xとyは別々のものである ⇔ xはyの一部ではない & yはxの一部ではない．ただし注18で指摘するように，ここでの「一部」は標準的なメレオロジーにおける「部分」よりも広い意味で言われている．
7. 本節の議論の原型は鈴木 (2016) に現れているが，本節ではそれをさらに洗練させている他，同論文で私は「行為の反因果説」を擁護していたのに対し，本稿の目的論的行為論は広い意味では「因果説」である——因果性を標準理論とは全く異なる仕方で理解するのだが（第4節参照）．

146

8. ここでの「同じ」は，行為事例の身体運動は偶発事例の身体運動でありえ，かつ偶発事例の身体運動は行為事例の身体運動でありうるというトークン同一性を意味する（これは異なった可能世界の間での出来事のトークン同一性（貫世界的同一性）が可能であることを前提する）．身体運動の共通要素説は，行為事例の身体運動と偶発事例の身体運動が同じタイプの身体運動であるという主張としても定式化可能であるが（cf. Ruben 2008, 228: n.3），標準理論の核心である分離説はトークン的なものの関係についての主張であり，この分離説を導くのに必要なのはトークン的な身体運動の共通要素説である．身体運動であるというタイプがそれを例化するトークンにとって本質的だとすると，トークンが同じならタイプも同じなのに対し，タイプが同じだとしてもトークンが同じとは限らないという点で，トークン的な身体運動の共通要素説はタイプ的な身体運動の共通要素説よりも強い主張になっている．以上の点は，次段落の意図の共通要素説に関しても全く同様である．

9. ここで問いが足し算的なのは，因果関係が関係項を引くのと同時に無くなってしまうためと，最後にこれまで得られた必要条件と合わせて行為の必要十分条件を得たいためであるが，引き算的思考と足し算的思考の間に本質的な違いはない．また介入事例の意図と不発事例の意図の同一性，介入事例の身体運動と偶発事例の身体運動の同一性はそれぞれ異論なく認められるゆえ，ここで二つの共通要素説は介入事例を含むものとして拡張されている．

10. 介入論法と同型の議論はMele 2003, 45 f.に見られる．

11. 数少ない明示的な支持者として，身体運動の選言説に対してはHaddock 2005; Ruben 2008; Hornsby 2010; Stout 2010, 意図の選言説に対してはHurley 1998, Ch.7, Grünbaum 2006などが挙げられる．

12. 以下の三種の論拠は，知覚の共通要素説に対してFish (2010, 4-5) が挙げる三つの論拠に対応している．

13. M. Smith (2010, 50) は行為者以外の他人の視点からではあるが，両事例における身体運動の不可識別性から両者の同一性を導いている．これに対してHornsby (2010, 60 f.) は本稿と同様の反論をしている．

14. なお修正は不十分かもしれない．前者の場合の意図は，身体運動を始動させはするが，自分の体がどう動くかに関する感覚的なフィードバックを受けながら体の動きを持続的に制御することはできないために，元の行為事例の意図とは異なったものであり，せいぜい後者の最初の部分と同じものにすぎないかもしれない（意図の共通要素説をとる A. D. Smith 1988, 408; 420f. はそのことを認めている）．よって両事例の意図がその全体において同じであると主張するためには，例えば行為事例は元のままに，不発事例を，手を上げようと意図した後に，手が上がったような幻覚に（そうと知らず）襲われるというような事例に修正する必要があるだろう．

15. 「M」はmanifestation（発現）の頭文字である．傾向的状態とは傾向性が何らかの個体によって例化されているという状態ないし出来事である（注3参照）．本

稿は出来事を，個体がある時点で性質を例化することとするKim (1976) の性質例化説に従っている．

16.「同一」と括弧で括られた箇所は次段落で修正される．また本段落の論述は傾向性主義の私なりの理解であり，全ての傾向性主義者が認めるものではない．傾向性主義の最大公約数として言えるのは，性質の中には本質的に傾向性であるものがあるという主張であり（それゆえ傾向性主義は「傾向的本質主義 (dispositional essentialism)」とも呼ばれる），これはそうした性質がその発現でありうる別の性質に対して必然的な関係を持つことのみを認める——同一性まで認めない——弱い主張になっている．この主張によれば，例えばガラスの分子構造は砕けることへの傾向性を持つのでなければ同一性を保てない．

17. 本稿は傾向性主義それ自体をカテゴリカリズムに対して擁護することはせず，傾向性主義が正しいとすると行為論について何が言えるかに焦点を当てる．傾向性主義の擁護は通常，本文で挙げたような様々な存在論的アイテムに対しいかにより良い理解をもたらすことができるかという総合的な観点からなされる（cf. Mumford 2009, 266）．

18. 注6で示唆したように，本稿で「一部」は出来事に関する標準的なメレオロジー（cf. 柏端 1997，§1.2）における「部分」よりも広い意味で言われている．標準的なメレオロジーでは出来事の部分（その時間的切片や空間的部分）はそれ自身出来事であるのに対し，M_1xの顕在的状態であるM_1xは出来事Mxの一部であるにもかかわらず，M_1xは出来事ではない．$\underline{M_1x}$ないしそれと同一なM_1xは，$\underline{Mx}$からMxへのプロセスのほぼ全ての時間的切片や空間的部分において存在しており（もちろん同じことは他の$\underline{M_2x}$などの傾向的状態についても言える），発現時点においてはM_1xをMx全体から独立の出来事として取り出すことはできない．個体とのアナロジーで言えば，トマトの種子はトマトの「部分」（標準的なメレオロジーにおける）であるのに対し，トマトの赤さはトマトの「部分」ではないが「一部」である．この微妙な区別は次段落で意図の選言説を導く際に重要となる．

19. 意図，環境の傾向性，知覚などが組み合わさって行為となるという考え（行為の環境や知覚への関係は標準理論では抜け落ちているが）は，第3節で触れた身体性認知科学とも接続しやすい論点である．

20. ここで肯定される身体運動の選言説はトークン同一性を否定するものである（注8）．タイプ同一性まで否定するためには，行為事例の身体運動にとってそれが意図の発現であることが本質的であるとさらに言う必要があり，その議論のためには別稿を用意したい．

21. 傾向的状態はそれが顕在化したものと同一（その一部）であると述べたゆえ，その意味では本稿は意図の共通要素説をとると言うべきかもしれない．しかし標準理論が前提するカテゴリカリズムのもとでは，出来事の同一性はそれがどのような部分によって構成されるかというメレオロジカルな条件によってのみ与えられ，潜在的な出来事と顕在的な出来事の間の同一性など認めないゆえ，

そのような出来事の同一性条件に基づけば，「行為事例の意図は身体運動の一部であり，不発事例の意図はそうではない」という主張は明らかに意図の選言説である．また注意点として，ここでの「一部」は注18の広い意味で読まねばならない．行為事例の意図は独立の出来事としては存在しえないものであり，その点でやはり不発事例の意図とは異なるものである．

22. Stout (1996) は行為を傾向性の発現として捉えて目的論的な行為論を提示し，またStout (2010) で身体運動の選言説をとるなど，私と非常に近い立場にいる．しかし細部では多くの差異があり，また目的論的行為論と選言説の統一的な理解は本稿独自のものである．さらに彼が刺激反応モデルをとるのに対して，本稿は相互発現モデルをとる点は大きな相違である．

23. この例は井頭昌彦氏から指摘されたものである．ただし「濃度の異なる液体の濃度を一定にする」という記述の下では半透膜は定値性を満たすが，例えば同量の濃度2％の液体と4％の液体を隔てた半透膜は「両者を3%の濃度にする」傾向性を持つと言える一方で，後者を6％の液体に替えたときそれは「両者を%の濃度にする」傾向性を持つと言え，定値性を満たさない．この点は傾向性の個別化に関する問題であり，これ以上ここでは踏み込まない．

24. 行為の十分条件を挙げられない点で，逸脱因果問題を抱える標準理論と同等だと言われるかもしれないが，しかし逸脱因果問題に関して標準理論は後退的と言える議論状況にあるのに対し，因果的傾向性主義に基づく目的論的行為論は現時点では前進的なプログラムと言えると思われる．

文献表

Aguilar, J. H. & Buckareff, A. A. (2010) "The Causal Theory of Action: Origins and Issues," in their (2010 : 1-26).

————. (eds.) (2010) *Causing Human Actions: New Perspectives on the Causal Theory of Action*, MIT Press.

Davidson, D. (1963) "Actions, Reasons, and Causes," in his *Essays on Actions and Events*, 2nd Ed., Oxford University Press, 1980. (門脇俊介・野矢茂樹監訳『自由と行為の哲学』，春秋社，2010年.)

Fish, W., (2010) *Philosophy of Perception: A Contemporary Introduction*, Routledge. (山田圭一監訳『知覚の哲学入門』，勁草書房，2014年.)

Grünbaum, T. (2008) "Trying and the Arguments from Total Failure," *Philosophia* 36: 67-86.

Haddock, A. (2005) "At one with our actions, but at two with our bodies: Hornsby's account of action", *Philosophical Explorations* 8: 157-172.

Hornsby, J. (1980) *Actions*, London: Routledge and Kegan Paul.

————. (2010) The Standard Story of Action: An Exchange (2), in Aguilar & Buckareff (2010: 56-68).

Hurley, S. (1998) *Consciousness in Action*, Cambridge, MA: Harvard University Press.

柏端達也 (1997)『行為と出来事の存在論——デイヴィドソン的視点から』, 勁草書房.

Kim, J. (1976) "Events as Property Exemplifications," in Brand & Walton (eds.) *Action Theory*, 159-177. (柏端達也・青山拓央・谷川卓訳『現代形而上学論文集』, 勁草書房, (2006：85-125).)

Lewis, D. (1997) 'Finkish Dispositions', *The Philosophical Quarterly*, 47: 143-158.

Martin, C. B. (2008) *The Mind in Nature*, Oxford: Oxford University Press.

Melden, A. I. (1961) *Free Action*, Routledge & Kegan Paul.

Mele, A. R. (2003) *Motivation and Agency*, Oxford University Press.

Mumford, S. (2009) "Causal Powers and Capacities" in H. Beebee, C. Hitchcock, & P. Menzies (eds.) *The Oxford Handbook of Causation*, Oxford University Press, 265-278.

Mumford, S. and Anjum, R. L. (2011) *Getting Causes from Powers*, Oxford: Oxford University Press.

————. (2013) *Causation: A Very Short Introduction*, Oxford University Press. (塩野直之・谷川卓訳『哲学がわかる 因果性』, 岩波書店, 2017年.)

小草 泰 (2009)「知覚の志向説と選言説」,『科学哲学』42巻1号, 日本科学哲学会, 29-49.

Ruben, D. (2008) "Disjunctive Theories of Perception and Action", in Haddock, A. & Macpherson, F. (eds.) (2008) *Disjunctivism: Perception, Action, Knowledge*, Harvard University Press, 227-243.

Smith, A. D. (1988) "Agency and the Essence of Actions," *The Philosophical Quarterly*, Vol. 38, No. 153, pp. 401-421.

Smith, M. (2010) The Standard Story of Action: An Exchange (1), in Aguilar & Buckareff (2010: 45-55).

鈴木雄大 (2016)「行為の反因果説の復興」,『科学哲学』49巻2号, 日本科学哲学会, 5-25.

Stout, R. (1996) *Things That Happen Because They Should: A Teleological Approach to Action*, Oxford University Press.

————. (2005) *Action*, McGill-Queen's University Press.

————. (2010) "What Are You Causing in Acting?" in Aguilar & Buckareff (2010:101-113).

Von Wright, G. H. (1971) *Explanation and Understanding*, Cornell University Press. (丸山高司・木岡伸夫訳『説明と理解』, 産業図書, 1984年.)

Wittgenstein, L. (1953/1968) *Philosophische Untersuchungen*, Basil Blackwell. (藤本隆志訳『哲学探究』ウィトゲンシュタイン全集8, 大修館書店, 1976年.)

(中京大学)

科学哲学 53-2（2020）

依頼論文

深層学習の哲学的意義

鈴木貴之

Abstract

Artificial intelligence research has made impressive progress in the last ten years with the development of new methodologies such as deep learning. There are several implications of the progress both for philosophy of cognitive science and philosophy of artificial intelligence, but none are conclusive. Though its success seems to support connectionism in cognitive science, there are several features of human cognition that remain to be explained. Also, though it is often said that deep learning is the key to build artificial general intelligence, deep neural networks we now have are specialized ones and it's not clear how we can build a general artificial intelligence from such specialized networks.

　現在，人工知能研究は三度目の隆盛期を迎えている．その原動力となったのは，深層学習をはじめとする新たな手法の登場である．コンピュータそのものの性能向上や，学習に利用できるビッグデータの出現と相まって，深層ニューラルネットワーク（DNN）を用いた人工知能研究は，画像認識，自然言語処理，ゲームなど，さまざまな領域において目覚ましい成果を挙げている．人工知能研究者のなかには，深層学習は，機械学習の一手法であるだけでなく，汎用知能を人工的に実現するための鍵にほかならないと考える者もいる．[1]

　深層学習によって，汎用人工知能は実現できるのだろうか．深層学習は，人間の知能の本質なのだろうか．これらは人工知能の哲学や認知科学の哲学の根本問題であり，DNNを用いた人工知能研究が進行中の現時点で，決定的な解答を与えることは難しいだろう．とはいえ，これらの根本問題に答えるためには具体的にどのような論点について考える必要があるかということ

は，現時点でもある程度検討が可能だろう．この点を検討することが本論文の目的である．

1 人工知能の哲学と認知科学の哲学

深層学習の哲学的意義を検討するまえに，人工知能研究や認知科学に関して，これまでどのような哲学的議論がなされてきたのかを簡単に確認しておこう．[2]

人工知能研究と認知科学は，密接に関連するが，異なる目的をもつ研究領域である．人工知能研究は，知能，とくに人間がもっているような特定の用途に限定されない知能，すなわち汎用知能を人工的に実現することを目的としており，認知科学は人間の認知メカニズムの解明を目的としている．人工知能研究においては，人工知能を人間の知能と同種のメカニズムによって実現する必要はない．とはいえ，汎用人工知能を実現するもっとも有望な戦略は，人間の認知のメカニズムを解明し，それをコンピュータ上で再現することだろう．同様に，あるメカニズムによって人工知能が実現できたとしても，それが人間の認知のメカニズムであるとはかぎらない．しかし，その人工知能が人間と同様の汎用性を示すならば，人間も同種のメカニズムを有しているという仮説は有望なものとなるだろう．このような理由から，両者は相補的に発展してきた．

2つの研究領域が誕生した1960年頃から1980年代までのあいだ，認知科学においては記号計算主義と呼ばれる立場が支配的であり，人工知能研究においてはそれに対応する古典的AI (Good Old Fashioned Artificial Intelligence, GOFAI) と呼ばれるアプローチが支配的であった．記号計算主義によれば，人間の認知とは，脳内に存在する心的表象の規則に従った形式的な操作，すなわち記号計算にほかならない．これと対応するように，古典的AIの研究においても，知能の本質は知識の表象とその操作であると考えられ，人間がもつ知識と，ある知識から別の知識を導出するための規則をコンピュータ上で再現することによって，汎用知能を人工的に実現することが目指された．

古典的AI研究においては，当初，このような方法によって一般的な問題解決システムの構築が目指され，それが困難であることが判明したのちには，課題を限定し，医学などの特定の分野における専門家の知能を人工的に再現すること，すなわちエキスパートシステムの構築が目指された．しかし，このような試みも限られた成果を挙げるにとどまった．

古典的AI研究に対しては，その実現を否定する哲学者から，さまざまな原理的な批判も提出された．たとえばサール (Searle 1980) は，中国語の部

屋の思考実験を通じて，コンピュータは記号の構文論的な操作が可能だとしても，記号の意味理解はもちえないと主張した．また，ドレイファス（Dreyfus 1992）は，ハイデガーやメルロ＝ポンティの哲学に依拠して，常識や文脈を明示的な知識の形で完全に表現することは不可能であると主張した．さらに，デネット（Dennett 1984）は，ある状況においてどのようなことが重要であるかという関連性の判断を明示的な規則にもとづいて行うことはきわめて困難であると指摘した．これは，人工知能研究においてフレーム問題（the frame problem）として知られている問題である．

　古典的AI研究が行き詰まりを見せるなか，1980年代後半に，認知科学と人工知能研究には新たな立場が登場した．認知科学におけるコネクショニズムとニューラルネットワークを用いた人工知能研究である．コネクショニズムは，脳の生理学的な構造にヒントを得たモデルによって認知の基本的なメカニズムを理解しようという立場である．コネクショニズムによれば，認知とはニューラルネットワークにおけるユニットの活性化パターンの変換であり，知識はニューラルネットワークにおいてユニット間の重み付けパターンとして表象される．ニューラルネットワークモデルは，学習の汎化能力，不完全な入力への耐性，ダメージへの耐性など，人間の認知メカニズムがもついくつかの重要な特徴をうまく説明できるという長所をもつことから，記号計算主義に対する有力な代替案と考えられるようになった．

　人工知能研究においては，1960年代に研究されていたパーセプトロンのように，脳の生理学的構造にヒントを得たアプローチは以前から存在していたが，ニューラルネットワークを用いた研究が本格化したのは，やはり1980年代からだった．当時の研究は比較的単純な3層構造のネットワークを用いたものが中心で，画像認識などに一定の成果を挙げたが，その能力には限界があり，人工知能研究の主流となることはなかった．

　1990年代以降，認知科学においては，認知における身体や環境の重要性に着目する身体化された認知あるいは拡張された認知と呼ばれる考え方や，認知を内的表象の操作とは根本的に異なる原理によって理解することを試みる力学系アプローチなどが登場した．他方，人工知能研究においては，古典的AI研究にもニューラルネットワークを用いた研究にも大きな進展が見られず，研究領域そのものが低迷期を迎えることになった．

2　深層学習の登場

　2010年代に入ると，DNNを用いた研究の進展によって，人工知能研究の状況は大きく様変わりした．[3]

DNNは，その名の通りニューラルネットワークの一種であり，通常，入力層を含めて4層以上からなるネットワークを指す．人工知能研究において，DNNを用いた研究は，おおまかにはつぎのように位置づけられる．広義の人工知能研究の一領域として，学習能力をもつ人工知能の実現を目標とする機械学習研究がある．機械学習の一手法として，ニューラルネットワークを用いた機械学習がある．そして，ニューラルネットワークを用いた機械学習の一手法として，深層ニューラルネットワークを用いた機械学習，すなわち深層学習がある．

　ニューラルネットワークを深層化し，より複雑なものにすれば，その情報処理能力は高まり，より複雑な課題の遂行が可能となるように思われる．しかし，近年まで，ニューラルネットワークを用いた人工知能研究においてDNNが用いられることはまれだった．そのおもな理由は，DNNはユニット数が多く，その結果としてパラメータ（ユニット間の重み）数が膨大になるため，学習におけるパラメータの調整が困難になるということである．とくに，ニューラルネットワークにおける標準的な重み調整の手法である誤差逆伝播法では，勾配消失問題によって入力層に近い層における重みの調整が困難となることが大きな問題となっていた．また，パラメータ数が多く表現力の高いネットワークでは，学習を進めるにつれて，学習データに対する正答率が高まる一方でテストデータに対する正答率が低下するという過学習が生じやすいということも，大きな問題だった．

　近年，DNNを用いた人工知能研究に大きな進展が見られるようになったのは，これらの問題を解決するためのさまざまな手法が登場したからである．基本的な発想は，ネットワークの構造になんらかの制約を課すことによってパラメータの調整を容易にするということである．たとえば，自己符号化という手法においては，中間層をはさんで対称的な構造をもつ3層のネットワークを構成し，出力が入力にできるだけ近いものとなるように重みを調整する．重みの調整が済むと，現在の中間層を入力層として新たな3層ネットワークを構成し，同じ作業を行う．この作業を繰り返して深層ネットワーク（積層自己符号化器）を構成し，これを用いてパターン認識などの課題を行うと，高い性能を発揮することが明らかになっているのである．[4]

　また，人間の視覚システムの構造をモデルとした畳み込みネットワークでは，局所的な特徴を抽出する畳み込み層と，そこで得られた情報を集約するプーリング層という二種類の異なる構造をもつ層を積み重ねることで，局所的で単純な特徴から大局的で複雑な特徴を抽出することが可能になる．たとえば，入力層に近い畳み込み層では，縦線や横線といった単純な特徴が取り

出され，それをプーリング層で組み合わせることで，三角形や四角形といっ
たより複雑な特徴が取り出される．それをさらに組み合わせることで，より
深い層では，ネコや自動車といったより複雑な特徴を表現することが可能と
なる．畳み込みネットワークにおいては，畳み込み層には同じ重み付けパ
ターンをもつユニットが繰り返し用いられるため，ネットワークの構造には
一定の制約が課されることになり，その結果パラメータの調整も容易となっ
ている．

　これらのほかにも，過去10年ほどのあいだに，DNNの効率的な学習を可
能にするためのさまざまな手法が提案されている．たとえば，ユニットの活
性化関数としてシグモイド関数ではなく正規化線形関数などを用いることで
勾配消失問題を回避したり，ドロップアウトなどの学習手法によって過学習
を回避したり，確率的勾配降下法によって学習が局所的な極小解に陥ること
を回避したりするなどの手法は，いずれも現在では広く用いられている．
ネットワークの構造に関しても，入力層から出力層へ一方向的に活性が伝播
する順伝播型のネットワークだけではなく，自然言語のような経時的な構造
をもつ入力を処理するために再帰型のネットワークを用いたり，複数の
DNNを組み合わせた敵対的生成ネットワークを用いることで学習効率を飛
躍的に高めたりするなどの手法が登場している．[5]

　これらの新たな手法を用いることで，DNNを用いた人工知能は，将棋や
囲碁でトップレベルのプロに勝利したり，画像認識課題において従来の手法
よりも大幅に高い認識精度を実現したりするなどの目覚ましい成果を挙げて
いることは，よく知られている通りである．

3　深層学習の哲学的意義：認知科学の哲学

　以上の概観をふまえて，本節では，DNNを用いた近年の人工知能研究は
認知科学の哲学に対してどのような含意をもつかを考えてみたい．ただし，
認知科学の哲学においては，DNNを用いた人工知能研究の意義に関する考
察はまだほとんど見られない．[6]したがって，以下の考察は，今後生じるであ
ろうより本格的な議論の素描という性格のものである．

　前節で述べたように，認知科学の哲学の主要な関心は，人間の認知の基本
的なメカニズムはどのようなものかという問題にあり，その基本構図は，記
号計算主義とコネクショニズムの争いである．この点に関して言えば，
DNNを用いた人工知能研究の進展は，認知科学におけるコネクショニズム
の勝利を意味しているように思われる．

　しかし，話はそれほど単純ではない．第一に，DNNが高い性能を発揮す

るのは，画像認識など，人間の認知システムでは入出力モジュールに相当する領域においてである．人間の認知システムの中核をなすと考えられる，さまざまな入力モジュールからの情報を統合し，それらとシステムが有している知識とから出力を生み出すという過程に関しては，DNNを用いたモデルによってそれをどのように説明できるかは，まだ明らかではない．

　第二に，このことと関連して，DNNに依拠したコネクショニズムでは認知の体系性をどう説明できるかということも問題となる．1980年代における記号計算主義とコネクショニズムの論争においては，認知の体系性をどう説明するかが重要な争点の一つとなっていた（cf. Fodor and Pylyshyn 1988; Pollack 1990）．ネコがネズミを追いかけていると考えることができる人は，ネズミがネコを追いかけていると考えることもできる．すべてのネコは動物であると考え，目の前にいるものはネコであると考える人は，目の前にいるものは動物であるとも考えるはずである．人間の認知にはこのような体系性が存在する．記号計算主義においては，認知の体系性は，心的表象の構文論的構造によって比較的容易に説明することができる．これに対して，コネクショニズムにおいては，このような体系性をどのように説明できるかが問題となるのである．DNNの限界をめぐる近年の議論においても，認知の体系性は，ニューラルネットワークモデルが説明すべき課題として指摘され続けている（cf. Lake and Baroni 2018）．

　第三に，ニューラルネットワークにおいても何らかの仕方で体系性をもつ認知が実現可能だとすると，今度は別の問題が生じる（cf. Buckner 2019）．それは，適切な記述のレベルに関する問題である．たとえば，デジタルコンピュータを理解するうえで本質的であるのは，それがある仕方で情報処理を行っているということであり，その情報処理過程がどのような素材によって実現されているかではない．同様に考えれば，脳で生じている過程を認知過程として理解するうえで本質的であるのは，それがどのような記号計算なのかということであり，それがデジタルコンピュータのような仕方で実装されているのか，ニューラルネットワークによって実装されているのかということは，本質的ではないかもしれない．認知を理解するうえで本質的な記述のレベルは，DNNをDNNとして記述するレベルよりも，より高い抽象度でその働きを記述するレベルかもしれないのである．[7]

　これらの問題を考えれば，人間の脳が一種のニューラルネットワークであるとしても，深層学習が認知の基本的なメカニズムであると主張するためには，コネクショニズムの側からのさらなる議論が必要だろう．

　認知科学の哲学における第二の論点は，人間の認知に関する理論として記

号計算主義よりもコネクショニズムが有望だとしたとき，DNNに依拠した
コネクショニズムはどの程度の妥当性をもっているのかということである．
さきにも述べたように，ニューラルネットワークは人間の脳の構造をモデル
としており，それゆえ，DNNは人間の認知のメカニズムのモデルとしても
一定の生物学的妥当性を有しているように思われる．

　しかし，DNNにおける情報処理には，人間の認知とは異なる特徴もあ
る．たとえば，一般的に，深層学習は膨大な量の学習データを必要とする．
しかし，人間がネコやリンゴを視覚的に同定できるようになるためには，ネ
コやリンゴの具体例を数十回ほど見ればそれで十分であるように思われる．[8]
また，人間の脳には自己符号化に相当するような構造は存在しないように思
われる．さらに，人間の脳は外部から第三者が重みを調整できるものではな
いため，誤差逆伝播法のようなパラメータの調整方法も，生物学的な妥当性
をもたないように思われる．

　さらに，DNNによる画像認識には，敵対的サンプル（adversarial examples）
と呼ばれる変則事例が存在することも知られている（cf. Goodfellow, Shlens,
and Szegedy 2015）．たとえば，通常パンダと認識される画像に一定のラン
ダムノイズを加えると，その結果できた画像は，高い確率でテナガザルと認
識される．しかし，人間の目には，ノイズを加えた画像も依然としてパンダ
に見え，テナガザルには見えない．同種の例は数多く発見されており，この
ことは，DNNによる画像認識は人間の視覚とは根本的に異なるメカニズム
によるものであることを示唆しているように思われる．

　人間の脳が構造の上ではDNNであることは間違いない．しかし，そこで
具体的にどのような情報処理がなされているのか，そして，それがDNNに
おける情報処理とどのような点で類似しており，どのような点で相違してい
るのかを明らかにするには，これらの現象についてさらに分析を進める必要
があるだろう．

　認知科学の哲学における第三の論点は，DNNに依拠したコネクショニズ
ムが人間の認知に関する正しい理論だとすれば，認知科学の理論的な道具立
てはどのようなものとなるのかという問題である．

　DNNを用いた人工知能研究においては，人工知能における情報処理の理
解可能性がしばしば問題となる．DNNは層数もユニット数も莫大であるた
め，あるネットワークがどのような特徴量に対してどのような処理を行って
いるのかを，人間が理解できるような形で記述することはきわめて困難だか
らである．深層学習を用いた将棋ソフトなどでは，DNNが利用している特
徴量を特定できたとしても，それがどのような意味をもつのかを人間が理解

できないこともある．このような理由から，近年では，たんに性能が高いだけでなく，どのような根拠にもとづいてある出力を生成したのかを人間が理解できる形で提示できる人工知能，すなわち説明可能な人工知能 (explainable artificial intelligence, XAI) の必要性が唱えられている．しかし，DNNが行っている情報処理が，人間が自然言語を用いて行う情報処理よりもはるかに複雑で，それとは異なる要素を用いたものなのだとすれば，DNNの情報処理を人間が理解できる形に翻訳するという試みは，そもそも的外れなものかもしれない (cf.大塚 2020, 第4章).

　人間の認知の基本的なメカニズムが深層学習だとすれば，認知科学研究においても同様の問題が生じることになる．脳を構成するニューラルネットワークがどのような情報を表象しているのか，そしてそれに対してどのような処理を行っているのかを，自然言語を用いて，人間が理解できる形で表現することは不可能かもしれないのである．あるいは，ベクトルや微分といった数学的な道具立てを用いれば，脳を構成するニューラルネットワークの働きを適切に記述できるのかもしれない．そうだとしても，認知科学という研究領域の基本的な説明形式や概念的な道具立てについて，根本的な見直しが必要となるだろう．

　認知科学の哲学における第四の論点は，DNNに依拠したコネクショニズムは，認知科学における1990年代以降の動向，すなわち，認知における身体や環境の役割を重視する動向とどのような関係にあるのかという問題である．DNNを用いた人工知能研究は，脳だけは実現できないと考えられてきた複雑な認知も，深層学習によれば脳内で実現可能であることを明らかにしていると考えられる．これは，近年一般的になりつつある認知観に逆行する見方であるように思われるのである．

　もちろん，DNNに依拠したコネクショニズムと，身体化された認知や拡張された認知という考え方は，相反するものではない．身体化された認知や拡張された認知という考え方は，人間の脳が比較的限られた認知能力しか備えていないにもかかわらず，人間には多様で高度な認知活動が可能であることの説明として唱えられたものである．人間の脳がDNNの一種であるがゆえに高い能力をもつのだとすれば，認知における身体や環境の寄与は，結局，それほど大きなものではないということになるのかもしれない．

　より興味深いのは，次のような分析の方向性かもしれない．人間の脳がDNNの一種だとしても，その構造には生物学的な制約があるため，DNNに可能なことがすべて可能なわけではないだろう．たとえば，積層自己符号化のような構造をもつDNNや，数十層を超えるような深いDNNは，脳のよい

モデルとは言えないだろう．このように考えれば，人間の脳と同様の特徴をもつDNN，すなわち，それほど深い層をもたないが，各層は膨大な数のユニットを有し，回帰型の構造を有しているようなDNNが，DNNとしてどのような特徴を有しているかを解明することが，人間の脳における認知のあり方を解明する手がかりとなるだろう．そこで明らかになる制約や限界を考えるなかで，身体や環境の重要性がふたたび明らかになるかもしれないのである．

　認知科学の哲学における第五の論点として，DNNを用いた人工知能研究と，認知科学の哲学におけるより新しい見方との関連性を指摘することができるだろう．ここで言う新しい見方とは，脳の基本的な働きを，感覚器官に入力された情報の変換と考えるのではなく，脳内に形成されたモデルからの予測の生成と，その予測と感覚器官からの入力との誤差にもとづくモデルの修正と考える，予測する心（predictive mind）と呼ばれる考え方である（cf. Hohwy 2013; Clark 2016）．この考え方を支持する論者は，しばしばDNNを認知のモデルとして用いており，DNNを用いた人工知能研究の成功は，この見方に一定の支持を与えるように思われるのである．

　ただし，話はそれほど単純ではないということにも注意が必要である．予測する心の支持者がモデルとしているのは，順伝播型のネットワークではなく，ボルツマンマシンのような双方向的なネットワークだからである．したがって，このような見方が正しいとすれば，順伝播型のネットワークを標準的なモデルとする現在のコネクショニズムには根本的な修正が必要になるかもしれないし，おもに順伝播型のネットワークを用いている現在の人工知能研究も，それ以外の種類のネットワークを重視すべきだということになるかもしれない．

　これらはいずれも今後具体的に検討すべき論点である．これらの論点のさらなる検討を通じて，DNNに依拠したコネクショニズムがどの程度有望な立場であるかが明らかになるだろう．

4　深層学習の哲学的意義：人工知能の哲学

　本節では，DNNを用いた人工知能研究の進展は，人工知能の哲学にどのような含意を有するかを検討しよう．

　当然のことながら，ここでまず問題となるのは，深層学習によって汎用人工知能を実現できるのかどうかである．この問題に関しては，本稿の冒頭で述べたように，深層学習は汎用人工知能の実現のための鍵にほかならないという評価が存在する一方で，人工知能研究者や認知科学者からは，DNNに

は依然としてさまざまな限界が存在することが指摘されている（cf. Chollet 2017, Ch.9; Marcus 2018）．たとえば，DNNは学習の際に大量の学習データを必要とするため，大量のデータが存在しない課題にはうまく対処することができない．科学研究において少数の変則的なデータから新たな仮説を考え出すことや，政策決定において先行事例のほとんどない場面で政策を決定することなどは，そのような性格をもつ課題であるため，現時点では，DNNだけでこれらの課題を解決することは難しいだろう．古典的AIが得意としていた形式的な推論やアルゴリズムにもとづく操作も，DNNによって同レベルで実現することは困難である．ショレ（Chollet 2017, Ch.9）によれば，データを一定のルールにしたがってソートするというような比較的単純な課題さえ，DNNで実行することは困難だという．

　さらに一般的な問題もある．現在のDNNは特定の課題に特化したものであり，人間の知能のような汎用性をもたない．しかし，DNNによって汎用知能を実現する試みには，いくつかの重大な問題が存在することが知られているのである．

　第一の問題は，破滅的忘却（catastrophic forgetting）と呼ばれる現象である．あるニューラルネットワークを，ある課題，たとえば画像認識に関して訓練し，そののちに別の課題，たとえば音声認識について訓練すると，初めに訓練した課題についての成績は著しく低下する．二番目の課題を学習することで，一番目の課題の学習成果が忘却されてしまうのである．これが破滅的忘却という問題である．これがDNNで一般的に見られる現象だとすれば，人間がもつような汎用知能を一つの巨大なDNNで実現することは困難だということになるだろう．

　第二の問題は，転移学習である．人間は，ある領域について学習したときに，その成果を別の領域に利用することができる．たとえば，長年将棋を学習し上級者となった人は，その後にチェスを始めたときにその知識をある程度活用することができるだろう．このような転移学習は，人間の知能に汎用性をもたらす一つの重要な要因だと考えられる．しかし，ニューラルネットワークにおいてこのような転移学習を実現することは困難である．チェスや将棋などで人間を圧倒する能力を示しているGoogle社のAlphaZeroにおいても，ゲームごとに異なるネットワークが訓練されており，転移学習は利用されていないようである（cf. Silver et al. 2018）．

　これら二つの問題は，DNNによって汎用人工知能を実現するためには，さらなる工夫が必要であることを示唆しているように思われる．[9]

　では，DNNによって汎用知能を実現するためには，何が必要だろうか．

第一の可能性は，DNNと古典的AIを組み合わせるというものである（cf. Chollet 2017, Ch.9; Marcus 2018）．両者は対照的な長所と短所をもつということを考えても，これは自然な発想だろう．また，身体化された認知の考え方によれば，脳内で行われる認知は構文論的構造をもたない表象を用いたものだが，言語を用いることで，それとは異なる種類の，構文論的で離散的な認知が可能になる．このような仕方で人間の認知能力が拡張されているのだとすれば，何らかの仕方で同様のメカニズムを人工知能に取り込むことが必要となるかもしれない．

第二の可能性は，複数のDNNを組み合わせるというものである．人間の脳に機能分化が見られるということを考えれば，これもまた自然な発想だろう．破滅的忘却の問題に対処するためにも，これは不可欠な工夫かもしれない．さらに，汎用知能を実現するには，たんに複数の認知課題に特化したネットワークを組み合わせるだけでなく，メタ認知を担うネットワークを加えることが必要かもしれない．人間は，視覚入力から物体を認識したり，自然言語を理解したりするといった認知課題を行うだけでなく，その認知過程がどの程度正確かを評価するというようなメタ認知課題を行うこともできる．このようなメタ認知能力は，人間の知能を高める重要な要素だと考えられる．[10]

第三の可能性は，DNNをロボット工学と組み合わせることである．中国語の部屋の思考実験に始まる，人工知能の意味理解をめぐる論争の教訓は，人工知能が意味理解を有するためには，人工知能は何らかの仕方で世界と交渉をもたなければならないということであった．また，身体化された認知や拡張された認知の考え方によれば，身体や環境が認知システムの一部となることによって，脳内における情報処理だけでは実現できない認知活動が可能となる．これらのことを考えれば，汎用知能の実現には，身体や環境の活用も不可欠かもしれない．

汎用人工知能を実現するためには，これらのアプローチのいずれか，あるいはすべてを取り入れる必要があるだろう．とはいえ，いずれの要素が必要であるのかもまだ明らかでないことを考えれば，その実現にはまだしばらく時間がかかるだろう．[11]

ショレ（Chollet 2017, Ch.9）は，DNNのより原理的な限界も指摘している．どれだけ複雑なネットワークであれ，ニューラルネットワークが行っていることは，本質的にはベクトルの幾何学的変換である．したがって，ベクトルの幾何学的変換として捉えることができない課題は，原理的にニューラルネットワークでは扱うことができないというのである．

しかし，人間の脳がDNNの一種なのだとすれば，人間の脳で遂行可能な認知課題も，最終的にはすべてベクトルの変換として理解可能かもしれない．そうだとすれば，DNNを用いた人工知能の限界は，一人の人間の脳内で行われる認知を再現することではなく，それを超えた認知，すなわち，身体や環境を利用した認知や，複数の人間による集合的な認知を再現することにあるのかもしれない．とはいえ，DNNを実装したロボットを作ったり，複数のDNNを組み合わせたりすることで，これらの限界も克服できるかもしれない．

　ただし，DNNを用いた人工知能に原理的な限界はないとしても，現実世界において人間が行うことのできる認知活動を，人間と同程度の資源によって，人間と同程度の速さや正確さで実現するためには，結局人間と同じような素材からなるメカニズムが必要であることが判明するかもしれない．このような可能性を考えれば，人間と同様の汎用知能を人工的に再現することは，サイズやコストを度外視すれば原理的には実現可能な課題であるとしても，人工知能研究の目標としては，じつはそれほど有意義なものではないかもしれない．

　人工知能の哲学に関する第二の論点として，DNNを用いた人工知能は，古典的AIに対して提出されていた原理的問題をどの程度克服できるのかという問題についても考えてみよう．

　一方で，古典的AIにとっての根本問題の一つである記号接地問題 (the symbol grounding problem) に関しては，DNNが解決への手がかりを与えてくれるように思われる．記号接地問題とは，認知システム内に存在するある記号がたとえばミカンではなくリンゴを意味するためには，その記号は他の記号とさまざまな関係を有するだけでなく，現実世界に存在するリンゴと何らかの仕方で結びついていなければならない，すなわち，記号は何らかの仕方で現実世界に接地していなければならないが，どのようにすればこれが実現できるかという問題である．[12]

　積層自己符号化器や畳み込みネットワークは，入力層に含まれる単純な特徴からより複雑な特徴を取り出すメカニズムである．たとえば，Googleのグループによる有名な研究では，さまざまな写真を学習データとして訓練された積層自己符号化器において，深い層のユニットがネコを表現するようになったことが知られている (Le et al. 2012)．このような研究は，深層学習が外界の事物とそれに対応する記号を結びつけるメカニズムにほかならないということを示唆しているように思われる．DNNは，記号接地問題に対する具体的な解決を提供するように思われるのである．[13]

　では，もう一つの原理的問題であるフレーム問題についてはどうだろうか．すくなくとも内観的には，関連性は推論を介して把握されるものではなく，端的に把握されるものであるように思われる．この点で，人間による関連性の判断が，記号計算ではなくニューラルネットワークにおける情報処理によって実現されているという見方は，それなりに説得的であるように思われる．しかし他方で，関連性の判断はきわめて総合的なものであり，それをニューラルネットワークによって実現することがいかにして可能であるかは，依然として不明である．

　たとえば，私が夕食の献立を考えるときには，いま家にどのような食材があるか，スーパーにどのような食材があるか，私はどのような料理を作ることができるかといったことが関連性をもつ．しかし，状況によっては，これらのことに加えて，給料日までの持ち金はいくらか，ある食材にプリン体が多く含まれているか，ある食材はハラールかといったことも関連性をもちうる．日常的な認知活動においてさえ，ある状況に関連することがらは，さまざまな領域にわたって無数に存在し，それぞれの重要性も文脈に応じて変えず変化するのである．

　このような例からわかることは，日常的な認知課題の多くは，考慮すべきことがらの範囲を明確に限定することのできない総合的な課題だということである．そうだとすれば，さきに論じたように，DNNによる汎用人工知能の実現見通しが立っていない以上，DNNによるフレーム問題の解決に関しても，現時点では同じく見通しは立っていないということになるだろう．[14]

5　深層学習の哲学的意義：一般的コメント

　以上の考察をふまえて，最後に，深層学習の哲学的意義に関する一般的なコメントをいくつか述べておこう．

　DNNは1980年代から研究されているニューラルネットワークの一種である．それゆえ，認知科学の哲学にせよ，人工知能の哲学にせよ，基本的な論争の図式は，依然として記号計算主義的な立場とコネクショニズム的な立場の対立だと言えるだろう．この論争図式のなかで，深層学習の登場によって，コネクショニズム／ニューラルネットワーク研究陣営の道具立ては大幅に豊かなものとなった．これによって，認知の本質は何か，人工知能に何ができるかといった問題に関して，以前よりも具体的で現実的な検討が可能になったことが，深層学習の基本的な哲学的意義だと言えるだろう．

　では，二つの陣営の対立は，結局のところ何をめぐる対立なのだろうか．これについては，いくつかの理解が可能であるように思われる．第一に，両

者の対立は認知の基本的なメカニズムをめぐる対立であり，記号計算主義者はそれが規則に従った記号操作であると考えているのに対して，コネクショニストはベクトルの変換であると考えている，という理解が可能である．第二に，両者の対立は，さらに抽象的なレベルにおける認知の基本的な原理をめぐる対立であると理解することも可能である．記号計算主義者は，認知の基本原理は形式的推論であると考えているのに対して，コネクショニストはそれが統計的推測であると考えているのである．第三に，両者の対立は，認知の基本的な原理をめぐる，これとはやや異なる対立であるのかもしれない．記号計算主義者は，認知の基本原理は演繹であると考えているのに対して，コネクショニストは帰納であると考えているのである．二つの陣営の優劣を評価するためには，これら3つの対立軸がどのような関係にあるのか，そして両者の対立の本質はどこにあるのかということに関しても，さらなる分析が必要だろう．

　深層学習の意義を考えるうえでは，認知科学と人工知能研究の関心の違いを再確認しておくことも重要である．具体的にどのような立場をとるにせよ，一般的には，二つの領域は相補的な関係にあり，人間における認知のメカニズムをデジタルコンピュータにおいて再現することで汎用人工知能の実現が可能になると考えられている．しかし，二つの研究領域がこのような関係にある必然性はない．深層学習が人間の認知のメカニズムではないとしても，それによってさまざまな知的課題をうまく解決できるならば，DNNは人間によって有用な知的道具だということになるからである．実際，DNNは，われわれが有しているどのような知的道具とも異なるものであるかもしれない．深層学習の哲学的意義を考える上では，このような可能性，すなわち，知的道具としてのDNNの可能性もまた，くわしい検討に値するものだろう．

注

1. たとえば，松尾豊はつぎのように述べている．「ディープラーニングは特徴表現学習の一種であり，その意義の評価については，専門家の間でも大きく2つの意見に分かれている．1つは，機械学習の発明のひとつにすぎず，一時的な流行にとどまる可能性が高いという立場である．これは機械学習の専門家に多い考え方だ．もう1つは，特徴表現を獲得できることは，本質的な人工知能の限界を突破している可能性があるとする立場である．こちらは機械学習よりも，もう少し広い範囲を扱う人工知能の専門家に多いとらえ方である．本書は，後者の立場に立つ」（松尾 2015, p.180）．「すでにディープラーニングで最

大の難所が突破されたいま，あとは身体性や記号操作の仕組みを獲得できれ
ば，知能の原理の大方は説明がつくのではないか—それが私の考えです」（松尾
2019, pp.152-153）.

2. 認知科学の哲学の概説としてはClark 2014，第2次人工知能ブーム期までの人
工知能の哲学の概説としてはCopeland 1993などを参照.

3. 深層学習の概説としては，麻生 2015や岡谷 2015などを参照.

4. 積層自己符号化器が画像認識などの課題で高い能力を発揮するのは，つぎの
ような理由による．自己符号化器では，入力層よりも中間層のユニット数が少
ないために，中間層では入力層の情報が圧縮された形で表現されることにな
る．積層自己符号化器では，この作業を繰り返すことで，深い層に進むにつれ
て，高次の特徴量の表現を得ることが可能になるのである.

5. 再帰型ネットワーク自体は1980年代から用いられているが，通時的な勾配消
失や勾配爆発を避けるための長・短期記憶モデルなどが登場したことで，性能
が飛躍的に高まった.

6. たとえば，認知科学の哲学の代表的な概説書であるClark 2014は，深層学習
を用いた人工知能研究が爆発的に進展する直前に書かれた本であるため，この
本にはニューラルネットワークに関する章があるものの，DNNに関する記述は
ほとんど見られない.

7. 認知の本質が記号計算ではなく，たとえばある種の統計的分析だとしても，
同様の問題が生じるだろう．このような見方が正しいとすれば，認知にとって
本質的なのは脳内で生じている情報処理過程の数学的，抽象的な記述であり，
それがどのような仕方で実装されているかではない，ということになるからで
ある.

8. ただし，人間が一匹のネコを見るときには，さまざまな角度からのネコの視
覚入力を連続的に得ており，一匹のネコの視覚経験は，DNNの学習における数
万あるいはそれ以上の数の学習データに相当するのかもしれない．DNNを用い
た画像認識の学習においても，同じ写真をさまざまに変形させて繰り返し用い
ることが一般的であるということを考えても，この点に関しては，人間の認知
とDNNにおける情報処理に大きな違いはないのかもしれない.

9. ただし，どちらの問題についても近年解決が試みられており，ある研究
（Kirkpatrick et al. 2017）によれば，一つのDNNが複数のテレビゲームを連続し
て学習することも可能だという.

10. メタ認知能力は転移学習においても重要な役割を果たすと考えられる．ある
認知課題について反省的に吟味することによって，その課題の本質や，その課
題と別の課題の異同などが把握できるからである.

11. ここから得られる一つの教訓は，汎用人工知能の実現を目指すことよりも，
領域限定的だが人間よりも高い能力を発揮するタイプのDNNを人間が道具と
して活用する可能性を考える方が，短期的には有益だということである.

12. ハーナド（Harnad 1990）は，中国語の部屋の思考実験において問題となって

いることは，本質的には記号接地問題であると述べている．サールを好意的に解釈するならば，ハーナドの解釈は妥当なものだろう．
13. 深層学習によって記号接地問題が解決するとしても，それだけで人工知能による言語理解が実現されるわけではない．たとえば，「それは興味深い意見ですね」という発話は，文字通りの意味をもつことも，つまらない意見に対する皮肉であることもありうる．その意味を正しく理解するためには，発話の文脈を正しく把握することが必要であり，発話の文脈を正しく把握するためには，ある状況に関連する要因を正しく把握する必要がある．結局のところ，言語理解においてもある種のフレーム問題に直面するように思われるのである．
14. フレーム問題と汎用知能の関係に関しては，さらなる考察が必要だろう．考慮すべきことがらの範囲が明確に限定されているチェスや将棋などでは，フレーム問題は決して生じないのか．汎用知能であれば，たとえば昆虫の知能を人工的に再現する際にもフレーム問題は生じるのか．これらの問いに関する答えは，明らかではないように思われる．

参照文献

Buckner, C., 2019, "Deep Learning: A Philosophical Introduction.", *Philosophy Compass* 14, e12625.
Chollet, F., 2017, *Deep Learning with Python*. Shelter Island, NY: Manning Publications.
Clark, A., 2014, *Mindware: An Introduction to the Philosophy of Cognitive Science (Second Edition)*. New York: Oxford University Press.
Clark, A., 2016, *Surfing Uncertainty: Prediction, Action, and the Embodied Mind*. New York: Oxford University Press.
Copeland, J., 1993, *Artificial Intelligence: A Philosophical Introduction*. Oxford: Blackwell.
Dennett, D. C., 1984, "Cognitive Wheels: The Frame Problem of AI.", in C. Hookway (ed.) *Minds, Machines, and Evolution*. Cambridge: Cambridge University Press.
Dreyfus, H., 1992, *What Computers Still Can't Do: A Critique of Artificial Reason*. Cambridge, MA: MIT Press.
Fodor, J., and Pylyshyn, Z., 1988, "Connectionism and Cognitive Architecture: A Critical Analysis.", *Cognition* 28, 3-71.
French, R., 1999, "Catastrophic Forgetting in Connectionist Networks.", *Trends in Cognitive Sciences* 3(4), 128-135.
Goodfellow, I., Shlens, J., and Szegedy, C., 2015, "Explaining and Harnessing Adversarial Examples.", arXiv: 1412:6572.
Harnad, S., 1990, "The Symbol Grounding Problem.", *Physica D* 42, 335-346.
Hohwy, J., 2013, *The Predictive Mind*. Oxford: Oxford University Press.

Kirkpatrick, J., Pascanu, R., Rabinowitz, N., Veness, J., Desjardins, G., Rusu, A., Milan, K., Quan, J., Romalho, T., Grabska-Barwinska, A., Hassabis, D., Clopath, C., Kumaran, D., and Hadsell, R., 2017, "Overcoming Catastrophic Forgetting in Neural Networks.", *Proceedings of the National Academy of Sciences of the United States of America* 114(13), 3521-3526.

Lake, B., and Baroni, M., 2018, "Still not systematic after all these years: On the compositional skills of sequence-to-sequence recurrent networks.", https://openreview.net/forum?id=H18WqugAb&noteId=H18WqugAb

Le, Q., Ranzato, M., Monga, R., Devin, M., Chen, K., Corrado, G., Dean, J., and Ng, A., 2012, *Proceedings of the 29th International Conference on Machine Learning*, 81-88.

Marcus, G., 2018, "Deep Learning: A Critical Appraisal.", arXiv:1801.00631.

Pollack, J., 1990, "Recursive Distributed Representations.", *Artificial Intelligence* 46(1-2), 77-105.

Searle, J., 1980, "Minds, Brains, and Programs.", *Behavioral and Brain Sciences* 3(3), 417-457.

Silver, D., Hubert, T., Schrittwieser, J., Antonoglou, I., Lai, M., Guez. A., Lanctot, M., Sifre, L., Kumaran, D., Graepel, T., Lillicrap, T., Simonyan, K., and Hassabis, D., 2018, "A General Reinforcement Learning Algorithm That Masters Chess, Shogi, and Go through Self-Play.", *Science* 362(6419), 1140-1144.

麻生英樹, 2015, 「階層型ニューラルネットワークによる深層学習」, 人工知能学会監修, 『深層学習』, 近代科学社.

大塚　淳, 2020, 『統計学を哲学する』, 名古屋大学出版会.

岡谷貴之, 2015, 『深層学習』, 講談社.

松尾　豊, 2015, 『人工知能は人間を超えるか―ディープラーニングの先にあるもの』, 角川書店.

松尾　豊, 2019, 『超AI入門―ディープラーニングはどこまで進化するのか』, NHK出版.

＊この論文は、JST/RISTEXの研究開発プロジェクト「人と情報テクノロジーの共生のための人工知能の哲学2.0の構築」による研究成果の一部である。

（東京大学）

科学哲学 53-2（2020）

個物が先か，このもの性が先か
—このもの主義と分裂の問題—

大畑浩志

Abstract

Haecceitism is the idea that each particular object has a haecceity: the property that determines its uniqueness as an object. Thus, for example, we could say that Socrates's haecceity is the property of being (identical with) Socrates. However, haecceitism seems to face the "Haecceitic Euthyphro Problem," namely, that, especially in the case of fission of an amoeba, it is unclear how to set an explanatory order between the two facts: the destruction or generation of particular objects and the instantiation of their haecceities. In this paper, I distinguish between two versions of haecceitism and address this issue with the version I call "primitivist haecceitism."

1 はじめに

エッフェル塔は，エッフェル塔とのみ同一であり，あべのハルカスとも台北101とも異なる．少なくとも我々の身の周りにあるものはすべて自身とのみ同一であり，他のものとは異なる．この事実は「このもの性 (haecceity)」と呼ばれる性質に訴えて説明することができる．このもの性とは，その性質を持つことによって自分自身の一意性が決定されるような性質である．たとえばソクラテスのこのもの性は，「ソクラテスと同一であるという性質」ないし「ソクラテス性」として表現される．そして，すべての個物はこのもの性を持つと主張する立場は一般に「このもの主義 (haecceitism)」と呼ばれる．

ところで，かつてプラトンは対話篇『エウテュプロン』において，「敬虔であるから神に愛されるのか，神に愛されるから敬虔であるのか」という問題を提起した．これとよく似た問題がこのもの主義にも提起される．すなわ

2020年5月28日投稿，2020年9月2日再投稿，2020年10月8日審査終了 *169*

ち，「個物が生成することによってこのもの性が例化されるのか，あるいは
このもの性が例化されることによって個物が生成するのか」という問題であ
る．とりわけ個物の分裂ケースにおいてこの問いは表面化し，このもの主義
はどちらの選択肢を選んでも困難に陥るとされる．本稿の目的は，まずこの
もの主義の二つのタイプを区別した上で，その一方の立場から問題の解決を
図ることにある．

　議論の流れは次の通りである．まずこのもの性の基本的な特徴を概観し，
主として個物の個別化に際してこのもの性が必要とされることを確認する
（第2節）．次に，このもの性をめぐるエウテュプロン型の問題を取り上げ
（第3節），その解決のためにまず，構成主義と原初主義という二つのこのも
の主義を峻別する（第4節）．続いて原初主義の立場から問題の解決方針を提
示し，さらにその方策の内実を検討し妥当性を確かめる（第5節，第6節）．

2　このもの主義

　本節では，まずこのもの性はどのような性質なのかを説明し（2.1），次い
で，現代の形而上学においてなぜこのもの性が必要とされるのかを論じる
（2.2）．

2.1　このもの性とは何か

　このもの主義によれば，すべての個物はこのもの性を持つ[1]．ではこのも
の性とはいったいどのような性質なのか．大まかにいえばこのもの性とは，
ある特定のものがまさに自分自身であって，他のものとは数的に異なること
を決定するような性質である．このもの性はしばしば，特定の個物と同一で
あるという性質として表現される．たとえばソクラテスのこのもの性は「ソ
クラテスと同一である」という性質，あるいはよりシンプルに「ソクラテス
性」などとして理解される．個物とそのこのもの性の間には明らかに一対一
対応が成り立ち，このもの性は個物の一意性（uniqueness）を決定する．

　このもの性の重要な特徴のひとつは，「個体本質（individual essence）」の
一種であることだ[2]．個体本質とはある特定の個物のみが独占するような性
質であり，厳密に言えばそれは次のように定義される．

　　　性質Eが対象xの個体本質であるのは，Eが次の二つの条件を満たすと
　　　きかつそのときに限る．
　　　（1）xが存在するならば，xはかならずEを持つ．
　　　（2）x以外の対象がEを持つことは不可能である．

まず (1) は，Eがxの本質的性質 (essential property) であると述べている．たとえば，対象にとって種が本質的性質ならば，ソクラテスは存在する限りかならずヒト性を持つ．彼は哲学者でなかったかもしれないが，ヒトでないことはありえなかった．このように，(1) が満たされEがxの本質的性質であることは，Eが個体本質であるための必要条件である．しかしそれは十分条件ではない．ヒトであることはプラトンやアリストテレスにも当てはまるため，ソクラテスその人を拾い上げることはできない．ここで個体性にかかわる (2) が必要とされる．(1) に加えて (2) を満たす候補としては，起源にかかわる性質が考えられる．ソクラテスは一度生まれてしまえば「特定の卵子eと精子sの受精によって生まれた」という性質を本質的に持つだろう．そしてこの性質は，異論の余地はあるものの，ソクラテス以外の対象が持つことはありえないように思われる．だとすれば，特定の卵子と精子の受精によって生まれたという性質は少なくとも人の個体本質として十分である[3]．

　このもの性はもっともシンプルな個体本質である．ソクラテスはかならずソクラテス性を持ち，そしてソクラテス以外の対象がソクラテス性を持つことはありえない．またソクラテスが厳密に彼自身でありながら，人ではなくカラスとして生まれたような過激な可能性がもし認められたならば，このもの性は彼のほとんど唯一の個体本質となるだろう．起源や種がソクラテスの本質的性質でなかったとしても，それでもこのもの性はまさにソクラテスであるカラスそのものを拾い上げることができる．

　またこのもの性は，すべての個物が普遍的に持つ自己同一性とは区別されなければならない．自己同一性は「自分自身と同一である (being self-identical)」という性質であり，特定の個物への言及を含まない．他方このもの性は特定の個物への言及を含んだ形で表現され，ただひとつの個物のみが持つことのできる性質である．すべての個物が自己同一性を持つこと，すなわちすべてのxについて，xはxと同一であることは疑いようがない．したがって，「xと同一である」という性質それ自体は誰もが認める．しかしすべての個物が各々このもの性を持つことは論争含みの主張である．

　ここで我々は，このもの性についての二つの見方を区別できる．一方の見方によれば，このもの性は「xと同一である」という性質と特定の個物aから構成される「aと同一である」という性質である．他方の見方によれば，このもの性は個物を構成要素としない原初的な性質である．これらはこのもの性に対する解釈の違いであり，区別しなければならない．たとえばマッキー [Mackie 2006: ch.2] はこの区別に対応し，ソクラテスその人から構成される「ソクラテスと同一である (being identical with Socrates)」という性質

と，「ソクラテスである（being Socrates）」という性質を区別している．マッキーは後者について，「ソクラテスであるという本質的性質は，（先に言及したソクラテスと同一であるという性質とは異なり，）トリビアルではない意味でその所有者であるソクラテスを「それにする」ものとみなされるだろうが，その性質は単純かつ分析不可能である」[Ibid.: p.21] と述べる．もちろん「ソクラテスである」という表現にしても形式上固有名の使用を避けることはできないが，しかし実際ソクラテスその人は，このもの性の存在論的な構成要素ではないとされる．「ソクラテスである」という性質の原初性をより強調するならば，我々はそれを（かつてセラーズ [Sellars 1963] がそう呼んだように）「ソクラテイティ（Socrateity）」と呼ぶこともできるだろう．

　私は第4節以降まさにこの区別を問題とし，このもの性の二つの解釈にしたがって構成主義と原初主義という二つのこのもの主義を区別する．そして原初主義の立場からこのもの主義が抱える問題の解決を図る．しかしさしあたりは，このもの性の解釈については保留した上で議論を進めたい．

2.2　個別化の原理としてのこのもの性

　なぜこのもの性が存在すると考えるべきなのか．現代形而上学におけるこのもの性の主な役割を大まかに確認しておこう．

　（α）対象の共時的同一性を説明する．[cf. Adams 1979; Rosenkrantz 1993: ch.2]
　いかなるときであれ，エッフェル塔は自分自身とのみ同一であって，あべのハルカスや台北101とは異なる．この事実は，エッフェル塔やあべのハルカスや台北101が持つそれぞれのこのもの性の一意性によって説明される．
　（β）対象の通時的同一性を説明する．[cf. Robinson 1989]
　エッフェル塔は，さまざまな変化を被りながらも時間を通じて同一である．この事実は，エッフェル塔のこのもの性が時間を通じて同一であることによって説明される．
　（γ）対象の貫世界的同一性を説明する．[cf. Kaplan 1975; Cowling 2017]
　エッフェル塔は全長324mの高さを持つが，350mでもありえた．この事実は，エッフェル塔のこのもの性が諸可能世界を通じて同一であることによって説明される．
　（δ）現在主義において，今存在しないが，かつて存在した対象（あるいはやがて存在するだろう対象）の代替物（surrogate）となる．[cf.

Ingram 2019: ch.6]

現在主義によれば存在するものは何であれ現在にある．ところで，ソクラテスは現在存在しないが，ソクラテスがかつて存在したという過去言明は真である．このもの性を認める一部の現在主義者は，ソクラテスへの存在論的なコミットメントを回避しながらも，現在存在するソクラテスのこのもの性によって過去言明の真理を基礎付ける．

（ε）現実主義において，現実に存在しないが，存在することもできた対象の代替物となる．[cf. Plantinga 1976]

現実主義によれば存在するものは何であれ現実にある．ところで，ヴィトゲンシュタインの娘は現実に存在しないが，ヴィトゲンシュタインの娘が存在することは可能だったという様相言明は真である．このもの性を認める一部の現実主義者は，ヴィトゲンシュタインの娘への存在論的なコミットメントを回避しながらも，現実に存在するヴィトゲンシュタインの娘のこのもの性によって様相言明の真理を基礎付ける．

上記の中でもとりわけ（α）はこのもの主義を強く動機付ける．このもの性は，ものの同一性および差異性が成り立つ根拠への探求，つまり伝統的に「個別化の問題（Problem of Individuation)」と呼ばれる領域においてその存在が要請されてきた．個別化の問題は，かつてブラック [Black 1952] により想定された次のような状況を軸に理解される．色や直径や温度，電子の数まで完全にそっくりで，お互いから2マイル離れた二つの鉄球のみが浮かぶ宇宙を考えよう．この対称的な宇宙に浮かぶそれぞれの球体は，色や質量といった内在的性質に加え，「近い場所にある鉄球から少し離れている」といった関係的性質も完全に共有する．ブラックはこうした状況の論理的な成立可能性を通じて，すべての性質が同じでありながら数的に異なる個物は存在しないという原理，すなわち「不可識別者同一の原理（Principle of Identity of Indiscernibles)」には反例があることを示唆した．ブラックの宇宙に浮かぶ空間的に離れた球体は，完全にそっくりでありながら数的に異なる個物である．したがって，不可識別者同一の原理に依拠して，個物の差異をその性質の違いに基礎付けることはもはやできないように思われる．

では，これらの個物はどのような原理によって個別化されるのか．このもの性はその候補となる．というのも，ブラックの宇宙に浮かぶ二つの鉄球をAとBとすれば，それらは各々のこのもの性，すなわち「Aと同一であるという性質」および「Bと同一であるという性質」によって個別化されるからである．このように，特定の個物への言及を含んで表現されるという点で，

このもの性は通常の性質とは大きく異なっている[4]．なお，不可識別者同一の原理との関わりについて言えば，「xとyのすべての性質が同じあるならば，xとyは数的に同一である」という当の原理における「すべての性質」の性質量化の範囲にこのもの性が含まれてよいならば，当の原理はトリビアルに真となる．このもの性の定義上，同じこのもの性を共有する複数の個物は存在しないからである．

　もっとも，個物を個別化・分節化するもの，すなわち「個別化因子 (individuater)」の候補はこのもの性以外にもある．代表的なのは「基体 (substratum)」と「トロープ (trope)」だろう．基体説によれば，各個物は基体と呼ばれる性質以外の構成要素を持ち，基体が個別化因子となる．基体は具体物ではあるが，それ自体としてはいかなる性質も持たず裸であり，もっぱら諸々の性質を結びつける担い手としてひとつの個物を形成する．他方トロープ説によれば，各個物は普遍者ではなく個別的性質すなわちトロープから構成され，トロープが個別化因子となる．ブラックの宇宙の二つの鉄球は，基体説によればそれらは各々の基体によって個別化され，トロープ説によれば各々のトロープ（の束）によって個別化される．

　このように，個別化の原理をめぐってはいくつかの立場が対立しており，このもの主義が決定的な立場なのかについてはさらなる議論が必要である．しかし本稿の目的にとって重要なのは，少なくともこのもの性は個別化因子として十分なものであるという点だ．よって我々は以下，各々の存在論を詳しく検討しその総評を与えるというよりも，このもの主義に焦点を当て，そのもっとも重要な問題を適切に抽出しそれに対処することに努めたい．

3　このもの性をめぐるエウテュプロン問題

　かつてプラトンは対話篇『エウテュプロン』において，「敬虔であるから神に愛されるのか，神に愛されるから敬虔であるのか」という問題を提起した．この問題はより一般的な関心に基づき敷衍され，「ある行為が道徳的に正しいからそれを神が命令したのか，あるいは神が命令したからそれは正しい行為となったのか」という（メタ）倫理学上の問いとしてよく知られている．これは単純な循環の問題ではない．どちらの選択肢を選んだとしても，（神の命令理論の信奉者にとって）受け入れがたい帰結が導かれるという問題である．まず正しい行為であるから神が命じたのだとすれば，神の命令に先行して正しい行為が存在するため，神は道徳性それ自体には関与しないことになる．神は単にどれが正しい行為かを判断しているだけだ．だが他方で，神の命令により行為の正しさが決まるとすれば，何が正しい行為なのか

は完全に神に委ねられた恣意的なものとなり，我々は完全に無力となる．このように，一般にある事実と別の事実のあいだに何らかの説明関係が要請されるが，説明の向きがどちらであっても問題が発生するとき，それは「エウテュプロン問題（Euthyphro Problem）」と呼ばれる．

バウワースとウォレス [Bowers and Wallace 2018] は，このもの主義は一種のエウテュプロン問題を抱えていると指摘した．バウワースらによればこのもの主義は，「個物が生成することによってこのもの性が例化されるのか，あるいはこのもの性が例化されることによって個物が生成するのか」という，「このもの性をめぐるエウテュプロン問題（Haecceitic Euthyphro Problem）」を抱え，有望な立場ではない．

バウワースらは次のような具体例を提示する．あるひとつのアメーバが，二つのアメーバに分裂するケースを考えよう．分裂する前の親アメーバをモードと呼び，分裂した後の二つの子アメーバをロッドとトッドと呼ぼう．もしこのもの性が存在するならば，まずモードのこのもの性がモードによって例化されており，のちに分裂の結果，ロッドとトッドのこのもの性がロッドとトッドによって例化されている．ここでバウワースらは，このもの主義に対して次のように問う．モードが二つに分裂したことによってロッドとトッドの二つのこのもの性が例化されたのか，それとも，ロッドとトッドの二つのこのもの性が例化されたことによってモードは二つに分裂したのか，どちらなのか．このもの主義は，どちらの選択肢を選んでも困難に直面するとされる[5]．

まず注意すべきは，バウワースらの批判においては，分裂前のアメーバは分裂後のアメーバと同一か否かといった伝統的な（このもの主義者以外も抱える）分裂の問題は争点ではないということだ．モードの分裂は，モードというひとつの個物が破壊され，それと連動してロッドとトッドという別の二つの個物が生成する出来事だとあらかじめ前提されている．よって，アメーバたちの個体性がそれら自身によって基礎付けられるのであれば，ここに大きな問題はない．しかし個体性がこのもの性によって基礎付けられるなら，問題が生じる．バウワースらによれば，（A）個物の破壊・生成が先ならば循環が発生し，（B）このもの性の例化が先ならば不可解な帰結が導かれる．以下，（A）と（B）の議論を順番に確認する．

まず（A）の議論をみよう．個物の生成がこのもの性の例化より基礎的な事実だと仮定しよう．この考えの利点は，このもの性という知覚されない抽象物についての事実が，個物という具体物についての事実に基礎付けられる点だ．この点で，このもの性のミステリアスな部分はいくらか和らぐだろ

う．バウワースらはそのことを，「非物質的な心的状態が，物理的変化の随伴現象ないしその依存的副産物としてならば受け入れやすいのとちょうど同じように，具体物の生成と破壊の結果としてならば，このもの性の例化も受け入れやすい．」[*Ibid.*: p.15] と表現している．

　しかし，個物の生成が先ならば次のようなステップを経て循環が発生するとされる．

　　(1) アメーバたちのこのもの性の例化パターンの変化は，モードの分裂によって説明される．
　　(2) モードの分裂は結果として生じる個物の数的差異によって説明される．
　　(3) 個物の数的差異はこのもの性によって説明される．
　　(4) よって，アメーバたちのこのもの性の例化パターンの変化はこのもの性によって説明される．

ある事実 φ が別の事実 ξ によって説明されるという関係が推移的であれば，(1)，(2)，(3) より (4) が導かれる．(4) は，このもの性によってこのもの性についての事実が説明されると述べており循環している．よって，個物の生成が先だと考え (1) を認めるこのもの主義は循環に陥る．

　(2) は退けられない．モードの分裂，すなわち「モードが二つに分かれる」という事実は，アメーバの数の違いをすでに前提している．バウワースらは次のように述べる．

　　分裂というまさにその考えは，数的差異性を前提とする．モードは，そうすることによって追加の個体が生じない限り，分裂することはできなかった．「モードが今分裂している」と言うときでさえ，結果として生じるこの差異性を前提とする．モードが，ダンスや考えごとといった何か別のことではなく，分裂しているということを真にするものは何かと問おう．その答えには，ひとつ以上の個体が伴うという事実が含まれていなければならない．つまり，モードの分裂は数的差異性という現象によって可能となるのである．[Bowers and Wallace 2018: p.17]

上記の引用が述べているのは，一般に分裂という出来事は，ひとつのものが複数のものに分かれるという数的差異性の概念をすでにその内に含んでいるということだ．言いかえれば，個物の差異性の根拠を与える個別化の原理が

確立された上で，はじめて分裂は可能となる．

　また (3) も退けられない．バウワースらによれば，個物の数的差異をこのもの性の違いによって説明するのは「このもの主義の原理」[*Ibid.*: p.15] である．(3) を棄却することは，このもの主義の放棄に等しい．

　さて，では (1) を棄却する道を選ぶとし，次に (B) の議論を検討しよう．つまり，このもの性の例化が個物の生成より基礎的な事実だとする．このときモードの分裂は，モードのこのもの性が例化を終え，ロッドとトッドのこのもの性が例化されはじめたという事実から説明される．このような見方では説明の循環は起こらない．個物についての事実はこのもの性の観点からすべて説明され，それで終わりである．

　しかし，この考えにも問題がある．バウワースらは，モードの分裂がこのもの性によって説明されるならば，「申し分なく日常的な物理的出来事が，純粋に抽象的な対象のよくわからない変化によってもたらされる」[*Ibid.*: p.15]ことになり，これはまったく馬鹿げていると述べる．議論は次のようなステップを踏む．

　(5) モードの分裂は，アメーバたちのこのもの性の例化パターンの変化によって説明される．
　(6) アメーバたちのこのもの性の例化パターンの変化は，モードのこのもの性の分裂によって説明される．
　(7) このもの性は分裂しない．

少なくとも目下の議論において，φ が ξ によって説明されるならば，ξ は φ の必要十分条件である．よって「φ ならば ξ」が成り立ち，「(5') モードが分裂するならば，アメーバたちのこのもの性の例化パターンが変化する」ことと，「(6') アメーバたちのこのもの性の例化パターンが変化するならば，モードのこのもの性は分裂する」ことが言える．(7) から，(6') と (5') の後件否定により，「モードは分裂しない」という帰結が導かれる．もちろんモードは分裂するという暗黙の前提があるので，(5') および (5) すなわちこのもの性の例化が基礎的だという考えが疑わしい前提として棄却される．

　(6) および (7) は退けられない．まず，(5) の「このもの性の例化パターンの変化」についてはさらなる説明が必要とされる．ここを不明瞭なままにすると，我々はモードの分裂を，「イデア界に存在する非物質的な魂の活動」のような神話的描像で捉えてしまいかねない．神話的描像に訴えず (5) を維持する方策として，バウワースらは次のような仮説を立てる．「モードの

ケースにおいては，二つの新しいアメーバが存在しはじめたのと同じ仕方
で，二つのこのもの性が例化されはじめた．もとのアメーバのようにもとの
このもの性は分裂し，その場所には二つの新しいこのもの性が残される.」
[*Ibid.*: p.18] しかしこのような (6) の方針も望み薄だとされる．このもの性
は分裂しない．まずモードのこのもの性が単純者であり部分を持たないとす
れば，その分裂はまったく理解不可能となる．連言からそれぞれの連言肢を
取り出したり，90度の角を二つの45度に分けたりするような論理的・数学
的操作をこのもの性に施すことはできない．また，モードのこのもの性が複
合物であり真部分を持つとしても，なぜそれが各々の部分に分かれるのかは
謎のままである．どのような力によってこのもの性は分裂するのか．モード
の分裂をもたらす物理的作用によってその力を説明しても，また (A) でみ
たような循環が生じてしまうだろう．結局のところ，神話的説明もこのもの
性の分裂も受け入れられないため，(5) を退けるしかない．

4 二つのこのもの主義

前節では，バウワースらにより提起されたこのもの主義に対する批判をみ
た．ところで彼女らは，もっぱら事実間の説明順序を問うていた．しかしそ
こでは，「このもの性とは何であるか」という点についてはほとんど議論さ
れていない．私は，このもの性の存在論的身分を宙吊りにしたままでは，エ
ウテュプロン問題に対して十分な応答を与えることはできないと考えてい
る．なぜならば，このもの性の身分について統一的見解はなく，そこには少
なくとも二つの対立するような見方があるからである．つまり，このもの主
義は「すべての個物はこのもの性を持つ」という共通したテーゼを掲げるも
のの，けっして一枚岩の立場ではない．だとすれば，このもの主義への批判
を正確に把握し，その解決の糸口をみつけるにあたって，このもの性自体に
光を当てる作業は避けられないはずだ．

では，このもの性とは何であるか．まず2.1節で簡単にみた，このもの性
の存在論的身分をめぐる二つの見方を思い出したい．すなわち，このもの性
はソクラテスその人から構成される「ソクラテスと同一である」といった対
象か，あるいは「ソクラテイティ」のように表現される原初的な対象か，ど
ちらかだとみなされた．便宜的に，構成されたこのもの性を措定する立場を
構成主義と呼び，原初的なこのもの性を措定する立場を原初主義と呼ぶこと
にしよう．

構成主義と原初主義の相違は，「個物とこのもの性はどちらが存在論的に
先行するか」という問いに対する見解の違いとも密接に関わっている．この

もの性と個物の先行関係については，まず一方には，アダムス[Adams 1981]に代表される「(a) 個物はこのもの性に存在論的に先行する」という見方がある．そして他方には，プランティンガ[Plantinga 1983]に代表される「(b) このもの性は個物に存在論的に先行する」という見方がある．一見したところ，構成主義と (a)，そして原初主義と (b) はおおむね対応するように思われる．とりわけ (b) については，このもの性の身分に関しては，それが原初的であることを求めると考えるのは自然だろう．というのも，構成主義にしたがえば，このもの性を構成するためにまず個物が存在しなければならないが，このことは「このもの性は個物に先行する」というテーゼと折り合わないからである．つまり，構成主義と (b) の考えをセットで受け入れることは難しい．また (a) についても，こちらは (b) と原初主義ほど強く結びつくわけではないにせよ，構成主義を採用するのが自然ではあるだろう．なぜなら一般に，諸々の構成要素はそれが構成するところの構成体に対して存在論的に先行する，という原理は正しいと思われ，そうした原理の一例としてこのもの性に対する個物の先行性を導くことができるからである．よって異論の余地はあるものの，(a) は構成主義を伴い，そして (b) は原初主義を伴うものとして措定しておく[6]．

　以上を踏まえて，バウワースらに応答を試みたい．私見では，このもの主義が原初主義を採用するならば，エウテュプロン問題は解決される．「このもの性が例化されることによって個物が生成する」という考えに対する彼女らの批判，すなわち (B) の議論は成功していない．その根拠を先に荒っぽく述べるなら，次のようになるだろう．原初主義にしたがえば，このもの性は個物から構成されない．だとすれば，個物がいまだ存在せずとも，そのこのもの性の存在が認められる．個物なしのこのもの性が認められるなら，「このもの性の分裂」という奇妙な前提を置かずとも，このもの性の観点からモードの分裂を説明することは可能である．以降，そのような議論を展開する[7]．

5　エウテュプロン問題への応答

　バウワースらの批判を再度確認しよう．まず，「(5) モードの分裂は，アメーバたちのこのもの性の例化パターンの変化によって説明される」，「(6) アメーバたちのこのもの性の例化パターンの変化は，モードのこのもの性の分裂によって説明される」，「(7) このもの性は分裂しない」という三つの前提が置かれる．以上からモードは分裂しないという帰結が導かれ，このもの主義はモードの分裂を説明できないとされた．私は彼女らと同じくこのもの

性は分裂しないと考えるため，(7) には異論がない．しかし (6) は退けられる．以下，そのことを説明する[8].

　まず確認しておくべきは，原初主義にしたがいこのもの性が個物から構成されないとすれば，それは個物なしに存在しうるということである．さらにこのもの性は，基体のような具体物ではなく，またトロープのような個別的性質でもない．つまりこのもの性は，たとえひとつの個物にしか例化されないとしても，カテゴリー的には普遍者ないし抽象的性質である[9].このことから，次のようなこのもの性の存在論が示唆される．すなわち，このもの性それ自体は新しく生まれることも消えることもなく，時間と空間の中に位置を持たない抽象物として存在する．しかし，それらの例化が重要な役割を担う．このもの性の例化がはじまったり終わったりすることで，新しく個物が生成され，また破壊される．このような (原初主義的) このもの主義の存在論は，次の二つのテーゼを根幹とする．第一に，このもの性は個物に存在論的に先行する．第二に，過去・現在・未来のすべての個物のこのもの性が存在する．

　(B) の議論に戻ろう．バウワースらが (6) を必要とした理由は，(それほど明確に述べられてはいないものの，) モードの分裂に伴ってモードのこのもの性がなくなりロッドとトッドのこのもの性が生まれることを説明するためだと思われる．だが，「個物なきところにこのもの性はない」という構成主義的な考えから身を引き離し，原初主義の存在論に基づくならば，(5) から (6) へのステップは不要であることがわかる．未来の個物のこのもの性がすでに存在するならば，ロッドとトッドのこのもの性を新しく生み出すために，(またモードのこのもの性を消滅させるために，) モードのこのもの性の分裂を想定する必要はない．アメーバの分裂とは，親アメーバのこのもの性が例化されなくなり，それと同時に小アメーバのこのもの性が例化される事態である．もちろん，具体物としてのアメーバたちは生成・消滅するが，このもの性それ自体はつねに存在する．つまり，分裂の説明は (5) に尽きている．

　バウワースらへの応答はいったんここで区切られる．だがその上で，彼女らが (6) を必要とした動機そのものについては，さらなる思案の余地がある．まず分裂は，たとえばひとつのMacBookをまっぷたつにするような単なる個物の数の変化ではないように思える．MacBookの切断によって残るのは二つの金属のかたまりであり，もはやそれらはコンピュータではない．だがアメーバの分裂では，親と子がまったく同じ身分で存在するようにみえる．さらに言えば，親アメーバの破壊と子アメーバの生成は連動している．

そのような分裂前後の個物の強い結びつきを捉えるためにこそ，「このもの性の分裂」という奇妙な前提は置かれたのではないか．

さて，このもの主義は当然，分裂前後の個物の繋がりはあくまで具体物としての結びつきであって，このもの性のレベルで説明されるものではないと突っぱねることができる．だがそれでも，(6) に代わる何らかの説明が求められるかもしれない．ならば私は，このもの性についてのある新しい見方を導入して，アメーバの分裂をまた別の仕方で記述したいと思う．それは，「例化されたこのもの性には発現の有無があり，またその発現は程度も有する」という見方である．どういうことか．まず分裂以前において，アメーバたちのこのもの性はすべて同一の対象によって例化されていた．しかしそのうち発現しているのはモードのこのもの性のみであり，ロッドとトッドのこのもの性は発現していない．それゆえその対象はモードそのものであり，その場所にはモードだけが存在する．複数の個物が時空的に一致することはない．ここにおいて，「このもの性の例化によって個物が生成する」というテーゼには若干の修正が加えられている．あくまで分裂のような特殊な状況のための修正ではあるが，このもの主義の主張は，「例化されたこのもの性の発現によって個物が生成する」と強められる．目下のケースでは，ロッドとトッドのこのもの性が少しでも発現すれば，それは具体物のレベルではロッドとトッドの生成として，つまり分裂として表面化する．このように考えるなら，このもの性のレベルにおいても，分裂と単なる個物の数の変化は異なることがわかる．少なくともアメーバの分裂においては，分裂前の個物に分裂後の個物のこのもの性がすでに例化されており，その発現によって新たな個物がもとの個物から分裂してくる．これはアメーバの分裂に特有の現象である．

また，このもの性の発現の有無に加えて，その発現に程度が認められるなら，親アメーバの破壊と子アメーバの生成の連動性は次のように捉えられるだろう．すなわちモードの分裂とは，分裂開始前は100パーセント発現していたモードのこのもの性が徐々に発現されなくなり，それと連動してロッドとトッドのこのもの性が発現を強めていく過程である，と．このとき，このもの性の発現に程度があることは，個物やこのもの性の存在に濃淡があるとか，あるいは同一性に程度があるということを意味しない．私の考えは次のようなものだ．たとえば，有性生殖によって生まれた生物が，ある顕性遺伝子と潜性遺伝子のペアを持つ場合，顕性遺伝子の形質が主として発現する．この場合その生物は，潜性遺伝子を持っていないのでも，あるいはその遺伝子の存在自体をすり減らしているのでもなく，その形質を発現させていな

い．遺伝子のケースと同様に，分裂終盤モードのこのもの性の発現がいかに弱くても，モードそれ自体はすり減ることなく立派に存在している．

　しかし，このもの性の発現が強まったり，また弱まったりするとはどういうことなのかについて，我々は十分に知りえないという問題はある．このもの性は理論的な性質であり，遺伝子などと比べてはるかに捉えがたい．だがそれでも，次のような思考を働かせることはできる．すなわち，モードの染色体が分かれ，分裂軸にくびれができ，原形質が分裂後の二つのアメーバへと流動するプロセスと連動して，モードのこのもの性の発現は弱まり，ロッドとトッドのこのもの性の発現は強まっていく．つまり，生物学的に記述される分裂プロセスと，アメーバらのこのもの性の発現の強弱が単純に一致する．これはベターな解釈ではあると思う．けれども，少なくとも色や形と同じようにこのもの性を知覚することはできないのだから，上記の説明は推測の域を超えるものではない．

　問題の根はこのもの性の知覚ないし認識可能性にあり，ここで多くを議論することはできない．私はただ，次のことを指摘しておきたい．「知覚可能性や原初性が問題となるような性質に程度を認める」という考えそれ自体は，形而上学の他の問題圏においてもみられるのではないか．その候補のひとつとして，種性質が挙げられる．芸術家が粘土のかたまりからダビデ像（のレプリカ）を作るケースを考えたい．もしダビデ像が新しく生まれるなら，それは芸術家の作業にしたがって徐々に形作られてゆく．だとすれば，ダビデ像の同一性条件を与える「像である」という種性質は，粘土のある場所に程度を持って現れると言えるのではないか[10]．また種性質と同様に，このもの性の知覚可能性についても論じられるはずだ．実際，我々の視覚経験における対象の検出・追跡が，その時空的連続性や類似性に依拠せず行われている（すなわちこのもの性を直接知覚している）と考えられる結果を示す認知心理学の実験もある[11]．知覚の哲学や認知科学の今後の発展次第では，このもの性のミステリアスさは軽減されてゆくだろう．

　本節の最後に一点，「未来の個物のこのもの性がすべてあるならば，今後何が生まれるかは定まっているのではないか」という懸念について触れておきたい．つまり，原初的なこのもの性は開かれた未来と衝突するようにみえる．たしかに，現実に存在する（だろう）個物のこのもの性だけがあるならば，未来は定まっているように思われるかもしれない．だが我々は，存在することが可能なすべての個物のこのもの性があると考えることもできる．その上で，今後実際に例化されるこのもの性がどれかは定かではなく，例化に偶然性が宿るとするならば，このもの主義と開かれた未来は一応のところ両

立するだろう．もっとも，例化が不確定であるという事態の明確化や，莫大なこのもの性の存在論的コストの問題はさらなる課題として浮上する．稿をあらためて論じたい[12]．

6 認識的先行性と存在論的先行性

前節までの議論が成功を収めるなら，このもの主義はエウテュプロン問題から救出される．とはいえその説明は「個物なしのこのもの性」に全面的に依拠しており，原初主義を前提としないと成立しない．そうである以上，原初的なこのもの性そのものへの疑いは可能な限り払拭されなければならない．ならば，それはいかにしてなされるか．

個物に先行し，そして個物から構成されないこのもの性を受け入れるのは，たしかに難しいかもしれない．このもの性（のような何か）について思いをめぐらせるとき，我々は間違いなく個物ありきでそれを思考している．たとえば，「私は私自身でしかなく，生まれる時代が違っていたりこれから極端に趣味が変わったりとしても，自分自身であることは変わらない」といった考えが表明されるとき，「このもの」的な何かが考えられているのだろうが，それはあくまで私という存在から派生的なものであろう．また我々がこのもの性を言語によって表現し把握する際も，特定の個物への言及を免れえない．たとえば，「ソクラテスと同一であるという性質」あるいは「ソクラテス性」といった表現は，明らかにソクラテス自身を名指している．「ソクラテイティ」さえ悪あがきにみえるかもしれない．ではどのようにして，いわばいっさい個物に縛られないこのもの性が認められるのか．

私の考えは次の通りである．このもの性はたしかに，言語的ないし認識的には個物のあとから把捉される．しかしそのような言語的・認識的な先行関係が，存在論的な先行関係とつねに一致するとは限らない．そのような考えは，ロウ[Lowe 2003]によって次のように端的に述べられている．

> 球体Aは，球体Aと同一であるという性質によって個別化されるという主張は，明白な循環だと批判されるだろう．その性質自体がAによって個別化されているではないか──その性質を唯一所有できるAそのものが，少なくとも部分的には，Aと同一であるという性質を（そのような性質がそもそも存在するとすれば）まさにその性質に仕立てるものではないか，と．[…]けれども，Aと同一であるという性質が──それが存在すると仮定して──「〜はAと同一である」という述語によって導入されたからといって，この述語が当の性質の内的本性を捉えていると

無批判に前提すべきではない．なにしろ，まったく同じ性質が相当異なる述語によってしばしば表現されうるし，そうした述語は異なる概念を伝えさえするだろう．たとえば，「三つの角を持つ直線からなる図形」という述語と，「三つの辺を持つ直線からなる図形」という述語によって表現される性質は，まず間違いなくまったく同じものである（ロウ[Lowe 1999]もみよ）．（結局，これらの性質のうち一方を例化するものはすべて「他方」も例化することは形而上学的に必然である．）したがって原理的には，Aへの指示を含まずに，Aと同一であるという性質を表現する述語がありうる．そのような述語を含む，人が学習可能な言語は存在しないのかもしれない．しかし，それは性質そのものについてではなくて，我々の認知の限界について何かを示唆しているにすぎないだろう．結論としては，我々は次のことを自動的に前提することはできない．すなわち，個体的実体がこのもの性を持つと仮定したならば，それが自らのこのもの性によって個別化されるという主張には当然何らかの循環があるはずだ，と．[Lowe 2003: pp.87-8]

以上の引用で述べられているのは，我々がこのもの性を「〜と同一である」という述語によってしか表現できないのは，人の認知的な限界だろうということだ．またその言語表現が，このもの性の存在論的な構造を教えるとも限らないということである．本稿の整理のもとで述べ直せば，原初主義によるこのもの性の表現が「ソクラテイティ」となるのは認知的ないし言語的限界なのであって，個物に先行するこのもの性が存在することは原理的には可能だということになる．

　このもの性は，認識的には個物の後から措定されるが，存在論的には個物に先行する．このような認識的な先行性と存在論的な先行性の食い違いは，哲学の議論において広くみられるものである．たとえば直角三角形は，ピタゴラスが三平方の定理を発見する以前から，その斜辺の二乗が残り二辺の二乗の和に等しいという性質を持っていただろう（数学的構成主義を採用しない限り）．三平方の定理は人が図形のうちにみいだした定理だが，その認識以前から，当の定理は直角三角形をまさにそれに仕立てる本質的特徴だったと言える．またこうした数学的定理だけでなく，広く形而上学的主張は我々の認識以前の世界の成り立ちについて何かを主張するものである．たとえば「諸可能世界は具体物として存在する」というルイス[Lewis 1983]のよく知られた様相実在論にしても，彼は我々の認識以前から世界の構造がそのようになっていたと主張しているのである．このもの主義も同様に，ものの同一

性が認識される以前にこのもの性が存在すると主張できるだろう[13].

　我々は日々ものの変化を目のあたりにすることによって，またその可能な
あり方を思考することによって，その個物の何らかの意味での同一性に通じ
ている．こうした営みの中では，同一性を認識するための材料として，この
もの性を想定する必要はないかもしれない．だがたとえば，ある男が朝目を
覚ますと大きな虫になっていたような物語や，あるいは宇宙がまったく同じ
歴史を周期的に繰り返す永劫回帰のような想定は，このもの性が少なくとも
理解可能ではあることによって支えられている．だとすれば，このもの性の
現段階での捉えがたさは，その存在可能性を棄却するまでには至っていない
と私は思う[14].

　しかしそもそも，このようなテクニカルな議論を要してまで，我々が基体
説でもトロープ説でもなくこのもの主義を受け入れる動機は何なのか．私は
次のように考えている．これまで強調してきたように，このもの性は個別化
因子でありながら抽象的性質である．まさにこのことが，「自らが個別化す
る当の対象から切り離されて存在しうる」というこのもの性の最大の特徴を
形成する．私が思うに，ある対象の消滅以降もそのこのもの性が担う個体性
ないし唯一性が世界に残り続けることは，2.2節でみたような形而上学的利
点を超えて，我々のある種の日常的な感情や信念をうまく説明できる．たと
えば我々は，すでに失われてしまった人を愛し続ける．このことは，昔の偉
人を尊敬することとはまったく異なる．私が「不完全性定理を証明した」と
いう功績によってゲーデルを尊敬しているとしよう．かりに明日，不完全性
定理を証明したのがゲーデルではなくシュミットであることが判明したなら
ば，私はシュミットを尊敬するようすぐに思い直すだろう．だが，私がすで
に亡くなった人を今も愛し続けるとき，その人の悪行や浮気性が判明したと
しても，愛の対象を簡単に切りかえることはできない．なぜなら，愛は強く
個人そのもの（本稿の理解では個人のこのもの性）に向けられているからで
ある．こうした感情の存在を考慮するならば，我々は，個体性が個物から切
り離されて存続するという可能性を真剣に受けとめるべきだと思われる．

まとめ

　まとめよう．個物の分裂を考えたとき，個物の破壊・生成とこのもの性の
例化の間には説明順序が付けられないとされ，これは「このもの性をめぐる
エウテュプロン問題」と呼ばれた．この問題を導きとして，我々はまずこの
もの主義の二つのタイプ，すなわち構成主義と原初主義を区別した．さらに
この区別のもと，このもの性は個物から構成されないとする原初主義に基づ

き，問題の解決が試みられた．我々はまず，（ⅰ）このもの性は個物に存在論的に先行し，さらに，（ⅱ）過去・現在・未来のすべての個物のこのもの性が存在するという存在論を提唱した．この二つのテーゼにより基本的に問題は解決されるが，なお想定される不満に対しては，例化されたこのもの性の発現には程度が認められるというアイデアから，分裂をその発現の増減とみなすことで対応した．最後に，このもの性は認識的には個物の後から措定されるが，存在論的にはそれに先行すると考えることで，原初的なこのもの性それ自体への疑いは払拭されうることを指摘した．

謝辞

本稿は，2019 Australasian Association of Philosophy Conferenceにおける口頭発表に部分的に基づく．本稿執筆にあたっては，佐金武，高野保男，藤田明伸，雪本泰司，横路佳幸の各氏，そしてとりわけ二名の匿名の査読者からきわめて有益なコメントをいただいた．この場を借りて厚くお礼申し上げる．なお，本研究はJSPS科研費（19H01187）の助成を受けたものである．

注

1. このもの主義という同じラベルで，このもの性の存在にコミットしない別の立場が論じられる場合もある．それは，ルイス[Lewis 1984: ch.4]がこのもの主義と呼んだ，「質的にはまったく同じでありながら，非質的にのみ異なる可能性（可能世界）を認める」という立場である．この立場と本稿で扱うこのもの性の存在を認める立場は，一方が他方を動機付けこそすれ，含意することはない．詳しくはスタルネイカー[Stalnaker 2011: ch.3]を参照．

2. 個体本質の定義や役割について論じた古典的文献として，プランティンガ[Plantinga 1974:ch.5 and 1976]やチザム[Chisholm 1976: ch.1]，アダムス[Adams 1981: pp.3-6]が挙げられる．

3. 一卵性双生児のケースなどは起源が人の個体本質だという見方に対する反例となりうる．実際，フォーブス[Forbes 1985: ch.6]の本質主義に対するマッキー[Mackie 2006: ch.3]の批判はそうしたケースを考察している．

4. 個物を直接含んで表現されるこのもの性のような性質は，しばしば「不純な性質（impure property）」と呼ばれ，赤さや丸さといった通常の「純粋な性質（pure property）」から区別される．

5. バウワースらはアメーバの分裂だけでなく融合も扱っているが，このもの主義に抗する議論としてその中心的内容はどちらのケースでも変わらないため，分裂のみを扱っている．

6. イングラム[Ingram2019]は，個物はこのもの性に対して存在論的に先行するものの，このもの性は構成要素を持たないと主張している．つまり，本稿では

退けたような，(a) と原初主義の両立理論を模索する．イングラムの主張はた
とえば，ドーナツのホストがその穴に対して存在論的に先行するとしても，ホ
ストは穴の構成要素ではないことと類比的である．私見では，イングラムの議
論自体に破綻はないものの，彼は個物の先行性を認めるがゆえに，個別化因子
としての役割をこのもの性から奪ってしまっている．もっとも彼は，現在主義
における過去の対象の代替物としてこのもの性を求めるので，個別化の問題は
二の次ではあるだろう．

7. エウテュプロン問題そのものを，「このもの主義には (a) と (b) のそれぞれ異
なるバージョンがあるが，どちらも困難に直面してしまう」という問題として
解釈できるかもしれない．というのも，当問題における「個物が生成すること
によってこのもの性が例化される」という一方の説明は，(a) の立場による説
明と言えるし，「このもの性が例化されることによって個物が生成する」とい
う他方の説明は，(b) の立場による説明と言えるからである．とはいえ一般
に，事実間の説明順序をめぐる問題を，存在論的な先行性（あるいは構成）に
ついての問いに集約することには，慎重であらねばならないだろう．

8. 私はバウワースらに対して (B) の議論を退ける道を選ぶが，近年スカイルズ
[Skiles 2019] によって，(A) の議論には循環がないという別の応答がなされ
た．スカイルズによれば，形而上学的説明には「なぜ説明」と「どういうこと
か説明」の二種類がある．このもの主義は，「このもの性の数が変化するのは
なぜか」をモードの分裂によって説明し，それと整合的に，「モードが分裂す
るとはどういうことか」をこのもの性の数の変化によって説明できる．つま
り，(A) の論証の (1) と (3) の説明は種類が異なるため，循環は発生しない．
さて，スカイルズの診断は妥当だろうか．たしかに，ある種の対象や事実間の
こみいった関係を捉えるためには，この説明の区別が有用かもしれない．（ス
カイルズが挙げる，確定的性質と確定可能的性質の関係のような．）けれど
も，このもの性と個物の関係にこの説明の区別を適用できるのかは疑問であ
る．もしモードの分裂によって「このもの性の数が変化するのはなぜか」が説
明されてしまうなら，もはやこのもの性は個物の個別化因子にはなりえないと
思われる．しかるに，循環の問題は解決されていない．

9. 補足すれば，抽象的性質がかならず複数の対象に例化されるとは限らないと
思われる．たとえば，「最小の素数である」という性質は数 2 しか持ちえない
が，といってそれが数 2 のトロープであるわけではないだろう．

10. もちろん，種性質は質的性質だと考えられる一方で，このもの性は非質的性
質であるのだから，それらをまったく同等に扱うことは難しい．種性質とこの
もの性の関係一般については，さらなる議論が必要だろう．

11. スクシプレッチ [Skrzypulec 2018 and 2020] によれば，人が視覚情報を頼りに
動画像内の複数の物体を同時に追跡するタスク「複数対象追跡 (multiple object
tracking)」において，このもの性の認知可能性が強く示唆される．

12. アダムス [Adams 1986] は，可能的対象のこのもの性は存在しないという前提

のもと，未来の個物のこのもの性の存在は未来を確定させると考えている．ただし，たとえ可能的対象のこのもの性が認められないとしても，未来の個物のこのもの性と開かれた未来が本当に衝突するかどうかは一定の留保が必要だと思われる．たとえば，過去・現在・未来の個物の実在を認める永久主義と開かれた未来が両立可能だとすれば，それを支持するのと同種の議論によって，未来の個物のこのもの性と開かれた未来の両立が図られうる．

13. 原初的なこのもの性がたとえ受け入れられたとしても，その例化によって個物が生成するというテーゼが神話的に思われるかもしれない．一般に性質例化はその担い手を必要とするが，このもの性の例化以前にはその担い手はどこにも存在しないため，原初主義のテーゼは無から実体を発生させるように映るからだ．私は次のことを指摘したい．原初主義には，基礎的存在者としての個物を認めないという選択肢がある．すなわち「性質（普遍者）の束説」を採用し，個物（実体）が性質を担うのではなく，代わりに，ものは諸々の性質の束として派生的に存在すると考えるのである．そうすれば，性質と個物という二つの存在論的カテゴリーを認め，このもの性が前者の領域から後者の領域に降下するなどとイメージする必要はなくなる．いま原初主義のテーゼは，「このもの性が他の性質と結びついたとき，派生的に個物が生成する」といった仕方で述べ直されるだろう．もちろん，第5節で展開された分裂の議論も，適切なパラフレーズを施すことで，束説的な原初主義にも利用可能であるだろう．なお，注8でも取り上げたスカイルズは，バウワースらの批判は普遍者を個別化因子とするような理論全般にかかるものであって，このもの主義に特有のものではないことを指摘している[cf. Skiles 2019: p.2].

14. 認知的な同一性と個別化の原理の区別については，このもの性をめぐる議論を離れても近年さかんに論じられている．その主たる理由は，前者の同一性は対象の種別概念 (sortal concept) およびそれへの知識に強く結びついている一方で，後者の原理は種別概念では捉えきれない「個物をまさにそれにするところの原理」であり，両者には決定的な違いがあるからである．ロウ [Lowe 2007 and 2012] や横路 [2019] を参照．

文献

Adams, R. (1979). Primitive Thisness and Primitive Identity. *The Journal of Philosophy, 76*(1), 5.

Adams, R. (1981). Actualism and Thisness. *Synthese, 49*(1), 3-41.

Adams, R. (1986). Time and Thisness. *Midwest Studies in Philosophy, 11*(1), 315-329.

Black, M. (1952). The identity of indiscernibles. *Mind, 61*(242), 153-164.

Bowers, J., & Wallace, M. (2018). The Haecceitic Euthyphro problem. *Analysis, 78*(1), 13-22.

Chisholm, R. (1976). *Person and Object: A Metaphysical Study*. Open Court.

Cowling, S. (2017). Conceivability arguments for haecceitism. *Synthese, 194*(10), 4171-4190.

Forbes, G. (1985). *The Metaphysics of Modality*. Clarendon Press.

Ingram, D. (2019). *Thisness Presentism: An Essay on Time, Truth, and Ontology*. Routledge.

Kaplan, D. (1975). How to Russell a Frege-Church. *The Journal of Philosophy, 72*(19), 716.

Lewis, D. (1986). *On the Plurality of Worlds*. Wiley-Blackwell.

Lowe, E. J. (1999). Abstraction, Properties, and Immanent Realism. *The Proceedings of the Twentieth World Congress of Philosophy, 2*, 195-205.

Lowe, E. J. (2003). Individuation. In M. J. Loux & D. W. Zimmerman (Eds.), *The Oxford Handbook of Metaphysics*. Oxford University Press.

Lowe, E. J. (2007). Sortals and the Individuation of Objects. *Mind & Language, 22*(5), 514-533.

Lowe, E. J. (2012). Asymmetrical dependence in individuation. In F. Correia & B. Schnieder (Eds.), *Metaphysical Grounding: Understanding the Structure of Reality*. Cambridge University Press.

Mackie, P. (2006). *How Things Might Have Been: Individuals, Kinds, and Essential Properties*. Oxford University Press.

Plantinga, A. (1974). *The Nature of Necessity*. Clarendon Press.

Plantinga, A. (1976). Actualism and possible worlds. *Theoria, 42*(1-3), 139-160.

Plantinga, A. (1983). On Existentialism. *Philosophical Studies, 44*(1), 1-20.

Robinson, D. (1989). Matter, motion, and Humean supervenience. *Australasian Journal of Philosophy, 67*(4), 394-409.

Rosenkrantz, G. S. (1993). *Haecceity -An Ontological Essay*. Springer.

Sellars, W. (1963). Abstract Entities. *Review of Metaphysics, 16*(4), 627-671.

Skiles, A. (2019). There is no haecceitic Euthyphro problem. *Analysis, 79*(3), 477-484.

Skrzypulec, B. (2018). Thisness and Visual Objects. *Review of Philosophy and Psychology, 9*(1), 17-32.

Skrzypulec, B. (2020). Transitivity of visual sameness. *Synthese, 197*(6), 2695-2719.

Stalnaker, R. (2011). *Mere Possibilities: Metaphysical Foundations of Modal Semantics*. Princeton University Press.

横路佳幸. (2019). 概念主義的実在論に向かって：同一性の原初主義と同一性の種別論的な絶対主義の調停，アルケー：関西哲学会年報, *27*, 147-159.

(大阪市立大学)

自由応募論文

Presentists Should Not Believe in Time Travel

Takeshi SAKON

Abstract

The issue of (in)compatibility between presentism and time travel has intrigued many philosophers for the last few decades. Keller and Nelson [2001] have argued that, if presentism is a feasible theory of time that applies to ordinary (non-time travel) cases, then it should be compatible with time travel. Bigelow [2001] and Sider [2005], on the other hand, have independently argued that the idea of time travel contradicts the presentist conception of time because it involves the 'spatialisation of time' (in a metaphysical sense), which is something that presentists should resist. In support of the latter claim, I offer a new argument via a different route. More specifically, I clarify basic components of the view that I take as 'orthodox' presentism by examining how presentists have considered temporal notions of the existence of things and their property possession. It is because of these notions that presentists can sensibly maintain a dynamic theory of time and should not believe in time travel.

1. Presentism and Time Travel

For the last few decades, the issue of (in)compatibility between presentism and time travel has intrigued many philosophers. At first glance, it may seem that the presentist thesis that everything is present is at odds with the possibility of time travel, since there are no past or future moments to which presentists can travel. However, very few philosophers (either for or against presentism) have actually raised or considered such an objection; for if it succeeded, then presentism itself would be rejected so easily on the ground that it could no longer make sense of the commonplace phenomenon in which 'everything passes constantly forward into the future and away from the past' (whatever this expression really means). As Sider [2005: 329] points out, there should be something wrong with such a rough refutation of presentism.

In fact, Keller and Nelson [2001] have argued that, if presentism is a feasible theory of time that applies to ordinary (non-time travel) cases, then it should be compatible with time travel. Basic concepts required to understand time travel include past and future truths, causal connections between events, personal identity, and the distinction between perdurance and endurance, all of which are necessary in normal situations. Time travel also involves the possibility of a causal loop and backward causation, which may allow for some strange stories, for instance that of a time travelling millionaire who had only possessed one dollar. However, whether these unfamiliar processes are possible is another issue, and they matter not only for presentists but also for their opponents. Thus, Keller and Nelson concluded that presentists should believe in time travel, and Monton [2003] reinforced this claim by arguing that presentists should also believe in closed time-like curves.

Conversely, Bigelow [2001] and Sider [2005] have independently argued that presentists should deny the possibility of time travel, since it contradicts the presentist conception of time. Bigelow and Sider believe that time travel involves the 'spatialisation of time' (in a metaphysical sense), which is something that presentists should resist. Along this line of thought, I offer a new argument for the incompatibility between presentism and time travel via a different route. In doing so, I assume, along with Keller and Nelson, that presentism is at least a feasible theory of time in ordinary cases.

Through the discussion below, I also assume the classical notion of time travel [Lewis 1976].[1] For the purpose of this study, it is sufficient to notice that time travel should allow a scenario in which one can travel into the remote past (or future) when he/she sees no familiar face, or a scenario in which one can travel into the near past (or future) when he/she meet his/her earlier (or later) self. In fact, a typical science fiction of time travel involves a scenario of a temporally foreign trip or self-visitation. With this in mind, I do not discuss whether time travel in general is really possible or not; rather I take an agnostic attitude towards this matter.

In what follows, I first clarify the view that I take as 'orthodox' presentism by examining what presentists have thought of such basic temporal notions as the existence of things and their property possession. Then, I suggest that presentism is best understood as a dynamic theory of time that strongly resists the spatialisation of time (Section 2). Based on this, I argue that orthodox presentists should deny time travel (or at least its actual occurrence), since its acceptance implies that they cannot maintain the core notions of existence *simpliciter* and property possession *simpliciter* (Section 3). Finally, I provide some supplementary comments (Section 4) and the conclusion (Section 5).

2. Orthodox Presentism

Presentism is often introduced as the thesis that everything is present, whereas eternalism is taken as the thesis that something is not present. Regardless of whether presentism in this simple form may fall prey to severe objections, it should be noted that it has an ideological component concerning what it means for something to exist and to have a property. Presentists typically claim that to exist now is to exist *simpliciter* (whereas past or future existence is either irreducibly tensed or relative to a certain time), and that to have a property now is to have it *simpliciter* (whereas past or future property possession is either irreducibly tensed or relative to a certain time).[2] While presentism is sometimes motivated in terms of ontological parsimony (i.e. ontological commitment to present things only), it should be also supported from an ideological viewpoint.[3]

2.1 Existence (*Simpliciter*)

Presentists claim that time is *not* analogous to space. Let us examine this claim in more detail. As for existence in space, it is natural to state the following:

● To exist (*simpliciter*) is to be located in some place.

For any physical object to exist, it must be located in some place, and vice versa; for instance, if the laptop that one uses is located on a desk, it exists *simpliciter*. Similarly, eternalists believe that the following is true of existence in time:

● To exist (*simpliciter*) is to be located at some time.[4]

By contrast, orthodox presentists, such as Merricks [2007: 124–5] and Prior [1970], deny this outright, since they believe that there are no real times at which things are located. This is not to say that, while past or future times do not exist, only the present does. For those presentists, *all* times (present or non-present) are mere representations of the world that are derived from the way things were, are and will be; therefore, they are not fundamental but derivative entities. This may be regarded as a temporal analogue corresponding to the actualist claim that all possible worlds (actual or non-actual) are derived from the way things are and might have been. As for the notion of existence, presentists typically claim the following:

● To exist (*simpliciter*) is to exist presently.

In other words, the term 'presently' indicates that present existence is *not* time relative. This is where eternalists and presentists disagree on the notion of existence (*simpliciter*).

It is worth noting that non-presentist A-theorists (either Growing Block theorists or Moving Spotlight theorists) would agree with eternalists and disagree with presentists on what it means to 'exist'. Moving Spotlight theorists who accept eternalism *plus* something extra (i.e. the moving NOW) would also think that to exist (*simpliciter*) is to be located at some time. This equation is accepted only for past and present existence by Growing Block theorists who believe that what is actual as of the present incessantly increases towards the future. After all, those A-theorists may count as etenalists of some sort; in my formulation, they are in fact classified as A-theorists who nonetheless tend to spatialise time with respect to temporal (past, present or future) existence. Presentists should resist such tendency.

2.2 Property Possession (*Simpliciter*)

To clarify the presentist notion of property possession, it is helpful to consider the problem of 'temporary intrinsics', which refers to how one and the same thing can persist through intrinsic changes. Given that the past, present and future all exist equally, it is difficult to see how things can have incompatible properties such as being straight and bent. Consequently, eternalists typically end up conceding either that property possession is always time relative in some way (including the notion of a proposition's being true relative to a time), or that each (instantaneous) temporal part of a persisting thing has a property *simpliciter*. In regard to the former, nothing can have a temporary intrinsic property *simpliciter*, whereas in the latter, nothing can persist through changes while maintaining its identity.

Hinchliff [1996] finds it advantageous that presentists can avoid this problem without abandoning the idea of property possession *simpliciter*. From a slightly different perspective, Crisp [2003] has argued that one of the merits of presentism is that it can reconcile the endurantist thesis that one and the same thing can persist through time with the change thesis that things can undergo changes in properties. Presentists may hold, for instance, that when one and the same poker *is* hot, it *will be* cold, and when it *is* cold, it *was* hot. Given that nothing has incompatible properties presently, they can safely maintain the following:

● To have a property (*simpliciter*) is to have it presently.

In other words, the term 'presently' indicates that present property possession is *not* time relative. Thus, presentists can be endurentists, paying no cost. Non-presentist A-theorists who espouse different kinds of change (movement of the spotlight or growth of the block universe) have the same difficulty that eternalists face in dealing with the problem of temporary intrinsics.

Instead of accepting endurantism, presentists *could* adopt the ontology of temporal parts. Lewis [1986: 202–4, 2002] has infamously argued that the best way to maintain the notion of property possession *simpliciter* is to accept the perdurantist thesis that things persist by having different temporal parts at different times: each temporal part has its intrinsic properties *simpliciter* at the time when it exists. Against this proposal, I agree with Zimmerman [1998] that presentists should refuse perdurantism in favour of endurentism, although this is not to say that presentism is incompatible with perdurantism. In fact, Brogaard [2000] has suggested such a combination for her own purpose; however, this option is minor in the literature to say the least, for it seems that perdurantist presentism not only has few merits, but also it invites serious problems, some of which Benovsky [2009] has already identified.

In addition, presentists should have a stronger reason for not adopting perdurantism. Perdurantists typically presuppose that time is just another dimension added to the three spatial dimensions, and these four dimensions jointly *constitute* a thing as well as an event in the sense that everything has both spatial and temporal parts. Endurantists should not accept the latter claim. For endurantists who are also eternalists, time is not a constitutive element of a thing but only indicates a temporal location in which it is placed. Orthodox presentists are more radical in this respect, denying real times at which things are located and have properties: there are no such temporal locations in the first place. Orthodox presentists should not be perdurantists but austere endurantists.

2.3 Presentism as a Dynamic Theory of Time

The aforementioned brief survey suggests that the basic tenet of orthodox presentism should be encapsulated into something like the following:

Orthodox Presentism (1): Present Existence and Property Possession

The present existence of things and their property possession are not time relative.

I also believe that the connection between presentism and endurantism is much closer than it may be expected, even though it cannot be considered logical. At any rate, I agree with Merricks [1995 and 1999] that it is not an arbitrary combination at all. Thus, I take the following as another basic component of orthodox presentism:

Orthodox Presentism (2): Endurantism

One and the same thing persists through time, being wholly present whenever it exists.

These two core theses establish what I call 'orthodox presentism'. They need not be taken as giving *the* definition of presentism, since it can be formulated in different ways for different purposes.[5] Nonetheless, I believe that this line of thought should at least point presentists in the right direction.

My suggestion would be surprising to those who simply regard presentism as the ontological thesis that everything is present. In my view, however, the ontological aspect of presentism should be taken as a consequence of the more substantial theses given above, and it may only be mentioned as a useful (though often misleading) shortcut to what they really convey. The fact is that whatever satisfies the two basic requirements determines or results in the suitable ontology. In particular, the notion of present existence and property possession and the endurantist view on persistence are by no means optional add-ons but essential components of orthodox presentism. In showing the incompatibility between presentism and time travel, I will argue on the two premises that are made explicit here rather than on presentist ontology itself.

Orthodox presentism should count as a dynamic theory of time because the following holds:

A Dynamic Theory of Time

What exists presently (*simpliciter*) and how it is presently (*simpliciter*) can vary according to the passage of time.

Presentists may say that ontological and qualitative changes in things *are* what is ordinarily called 'the passage of time' [cf. Prior 1968]. By contrast, eternalism implies a static theory of time via what I call 'spatialisation of time':

Spatialisation of Time

To exist is to be located at some time (akin to a spatial point or a place), and to have a property is either to have it at some time or for some temporal part to have it *simpliciter*.

What exists relative to a time and how it is relative to a time cannot change. Hence, the spatialisation of time itself implies a static theory of time, unless no extra ingredient is added.

A Static Theory of Time

What exists relative to a time should remain constant, and how things are relative to a time cannot change through time.

The spatialisation of time explicitly eliminates any possibility for change. From this perspective, the debate between eternalists and presentists is far from trivial as they dispute over whether and how ontological and qualitative changes are possible.

Based on these preliminaries, I will argue that presentists should not believe in time travel. Those who are less interested in this conclusion may instead consider the following consequence of the argument:

1. Eternalism spatialises time.
2. Either presentism or eternalism (including non-presentist A-theories) is true.
3. Presentism is incompatible with time travel.
Therefore, time travel implies the spatialisation of time.

I have already discussed the first premise. It is safe to assume the second premise in the present context because no other theories of time have been taken up for discussion so far. (As seen before, Growing Block Theory can be regarded as *half* eternalism and Moving Spotlight Theory as *hybrid* eternalism. I suspect that these two theories are also incompatible with time travel because of their extra ingredients that make time dynamic, but this does not affect the point that time travel implies the *pure* spatialisation of time.) Thus, if I succeed in showing the incompatibility between presentism and time travel, it also follows that time travel implies the spatialisation of time. This may shed some light on the nature of time travel, apart from the issue of presentism.

3. Incompatibility between (Orthodox) Presentism and Time Travel

This section presents two typical time travel cases. The first case involves travelling into the *remote* past (or future), where a time traveller meets something previously unfamiliar and is separated from something familiar. I argue that orthodox presentists should not believe in such travel. Following this, I consider the second case that involves travelling into the *near* past (or future), where a time traveller is present with his/her earlier or later self. In this case, I argue that it also violates presentism as a dynamic theory of time. Since a typical time travel story must fall under either of these cases, the conclusion will be that presentists should not believe in time travel. As for some loopholes in this argument, they will be addressed in the following section.

3.1 Travelling into the Remote Past: Suicide or Mass Destruction?

Let us consider a simple case of travelling into the remote past or future. A young physicist named Sophia is excited to get into her newly invented time machine to chat with Marie Antoinette. Upon her arrival, Marie cannot believe that Sophia came from the twenty-first century. To convince Marie, Sophia proposes that she travel back to the future together; however, Marie is hesitant and fearful. Sophia tries to explain that the machine is safe and tells Marie the dreadful event that is to happen to her in a few years. After considering it, Marie answers, 'No, I just don't want to kill my people!' This is the last thing that Sophia expected to hear from the person known as Marie Antoinette.

For Marie, time travel is either suicide or mass destruction. Convinced that it is not suicide, she then concludes that it must be mass destruction. This suggests that Marie does not really understand the idea of time travel after all, which is the first punch line of the story. Needless to say, the second punch line concerns the rumoured character of Marie Antoinette.

Of course, the moment will come when one must say goodbye to those he/she loves. It could be due to one's death or others, and these ontological changes are part of the orthodox presentism shown earlier. However, the aforementioned story implies more, since it suggests that what exists *simpliciter* depends on the time traveller's simple act of pushing a button on the time machine. To be more precise, there are three possibilities: (i) that the things at the departure time and at the arrival time both exist *simpliciter*; (ii) that either the things at the departure time or at the arrival time exist *simpliciter*; or (iii) that existence is always time relative. Regarding (i), it is not a viable option for presentists, since it implies that things at different times exist. As for (ii), it implies that a time machine does not work as it is supposed to, but it is, in fact, like a killing machine, a strange way of performing suicide or mass destruction. In either case, it cannot be properly referred to as 'time travel'.[6]

This point does not rest upon whether time travel results in a kind of suicide or not; nor does it rest upon whether time travel results in a kind of mass destruction. I only claim that either the things at the departure time or at the arrival time exist *simpliciter* and that a time machine is just a *killing* machine in either case. Let us examine this problem in more depth. Presentists must say that the following two statements cannot be both true (*simpliciter*), but either one is true immediately after Sophia pushes the button to return to the past:

● Marie and Sophia exist*ed* in the past, and all but Sophia exist.

● Marie and Sophia exist, and all but Sophia *will* exist in the future.

For eternalists, the two statements may not make any ontological difference: whichever temporal perspective one happens to take, both should mean that Marie and Sophia exist at one time and all but Sophia exists at another time. For presentists, they do make a significant difference: while one is a case of suicide, the other is a case of mass destruction. Whether pushing a button on the time machine results in suicide or mass destruction, one of the cases must obtain if (ii) is true, and it cannot be properly called time travel.[7]

The only option for presentists may seem to be (iii), but it is not a neat solution either. Presentists (as well as eternalists) should reject this option if they wish to maintain the notion of existence *simpliciter*. To be sure, this notion may mean different things in eternalism and presentism, since the former claims that temporal existence (past, present or future existence) implies existence *simpliciter*, whereas the latter claims that only present existence implies existence *simpliciter*. Although presentists may think of past or future existence as time relative, this is *not* to say that present existence is also time relative. Unless presentists are ready to become hardcore temporal relativists, who abandon the notion of existence *simpliciter* altogether, accepting (iii) would be no different than jumping out of the frying pan and into the fire.[8]

In addition to the outright rejection of temporal relativism, orthodox presentists should not accept (iii) for another reason. As shown earlier, orthodox presentists believe that ontological changes are at least possible; that is, what exists *simpliciter* can change. This claim is part of orthodox presentism as a dynamic theory of time. The problem is that temporal relativism automatically rules out such ontological changes. Were existence always time relative, no ontological changes could occur; for whatever exists at a time exists then. Therefore, if presentists wish to maintain the notion of existence *simpliciter* (i.e. present existence) for the purpose of defending temporal dynamism, then they should resist the temptation to adopt temporal relativism.

I have argued that travelling into the remote past contradicts the presentist notion of existence *simpliciter*, and it seems that no other options are available for presentists to avoid the problem. By contrast, no analogous difficulties would arise in eternalism. Eternalists in general can make perfect sense of travelling into the remote past because they believe that things in the past, present and future all exits *simpliciter*. A time machine (if it exists) should work as it is supposed to, and it is not a killing machine for eternalists.

3.2 Travelling into the Near Past: Self-Visitation?

Let us consider another time travel story of self-visitation. A young physicist named Phillip is sitting in a laboratory and contemplating how to design a time machine. As he waits for the key idea to come to mind, he gazes at the wall. A few seconds later, Phillip sees someone who looks just like him materialise out of nowhere. With a surprise, Phillip asks the visitor who he is. Standing in front of Phillip, the man answers, 'I'm you! I came from the future just to tell you the final step for building the time machine'. After the meeting, it takes Phillip less than a week to create the machine and travel back to the past.

This is another example of a typical time travel story. Now, let us suppose that the time of self-visitation is the present, as the story suggests. At this time, Phillip is sitting on a chair in the laboratory, and the visitor is standing in front of him. Sitting and standing, of course, are incompatible intrinsic properties that an object can never possess simultaneously. Phillip has one of these incompatible properties *simpliciter* and the visitor has the other *simpliciter* because to have a property now is to have it *simpliciter* according to orthodox presentism. However, Phillip is strictly identical to the visitor, according to the endurantist notion of persistence, which is also an essential component of orthodox presentism. Hence, one and the same person (Phillip) has the incompatible intrinsic properties *simpliciter*, which is a contradiction. The same contradiction can be derived for other intrinsic or relational properties such as locations.

No analogous difficulties would arise in eternalism. Perdurantist eternalists may say that Phillip and his later self are no more one and the same object than one's right and left hands, but they are different (temporal) parts that constitute one and the same object, namely Phillip, who persists through time. It is not a contradiction that different parts have different (incompatible) properties. In particular, Phillip can have a part that is sitting and another part that is standing. Thus, no contradiction arises.[9]

Endurantist eternalists can also deal with the self-visitation problem by introducing the distinction between personal (or proper) time and external (or global) time. Lewis says that personal time of a time traveller is 'roughly, that which is measured by his wristwatch' [Lewis 1976: 146], and external time is time itself. Sider also explains the idea by stating that '[p]ersonal time is time experienced by the time traveler, whereas external time is time *simpliciter*, time according to the public ordering of events' [Sider 2001: 106]. To make sense of time travel, philosophers typically resort to this distinction. In the present context, it is worth noting the following two points.

First, the distinction can be used to define the idea of time travel itself. According to Lewis [1976], an object time travels if and only if there is a discrepancy between personal time and external time in its journey. While this definition as it stands may seem unsatisfactory in that mere time dilation would count as a case of time travel, it is undeniable that genuine time travel should also involve such a discrepancy. Second, the distinction makes it coherent to say, for instance, that a time traveller spends five minutes in his/her personal time measured by a wristwatch and arrives at the time designated as 'one hundred years from now', according to the external temporal coordinate for non-time travelling objects. Thus, the distinction between personal time and external time is necessary for (Lewisian) time travel.

Using this distinction, endurantist eternalists may suggest that Phillip can have different (incompatible) properties relative to different moments of his personal time. For instance, Phillip can be both sitting at a moment p_1 of his personal time and standing at another moment p_2 of the same personal time, where p_2 is later than p_1, even though he is both sitting and standing at the same external time t. To say that Phillip is sitting at (p_1, t) and standing at (p_2, t) is not a contradiction.[10]

One may suspect that the contradiction can only be avoided if p_1 and p_2 are not simultaneous with each other. As Carroll [2011] sees a potential problem lurking here, it may be argued that because the two moments of Phillip's personal time are in fact simultaneous, they can be regarded as denoting one and the same moment. If they denote the same moment, the objection runs, the initial difficulty will emerge again: Phillip is both sitting and standing at the same moment of his personal time, as well as at the same external time.

In reply, I say that (p_1, t) and (p_2, t) are not simultaneous in respect of Phillip's personal time but only of external time. Let us start with the assumption that

● Phillip's sitting at (p_1, t) is simultaneous with his standing at (p_2, t).

To be sure, this implies that

● (p_1, t) is simultaneous with (p_2, t) in respect of external time.

However, it does not mean that

● (p_1, t) is simultaneous with (p_2, t) in respect of Phillip's personal time.

Any two moments of time denote one and the same moment only if they are simultaneous in respect of *that* time series. The two moments of Phillip's personal time do not denote one and the same moment, since they are not simultaneous in respect of his personal time but only of external time. Generally speaking, any moment of one's personal time can only be simultaneous with itself in respect of that personal time because those moments in the personal time are linearly ordered according to the physical process that the object in question undergoes. Hence, it is perfectly coherent to say that Phillip is sitting at (p_1, t) and standing at (p_2, t).

Relativising Phillip's property possession to different moments in his personal time is not an ad hoc strategy for endurantist eternalists, since they *must* adopt the same type of temporal relativisation in ordinary (non-time travel) cases after all, due to the problem of temporary intrinsics. As seen earlier in 2.2, endurantist eternalists cannot but abandon the notion of property possession *simpliciter*, admitting that any persisting thing can only have different properties relative to different times. (As a matter of choice, they may wish to relativise a property itself or a fact of property possession, but it would not affect the present point.) The notion of personal time seems to play no significant role in a normal case, but this is simply because it is assumed that personal time for a particular object and external time for other things are in accordance with one another, especially in a case where relativistic effects are so small that they can be ignored. When such effects are considered, every instance of property possession must be relativised to different moments of personal time for a given object.

Finally, although I believe that presentists can also make use of the distinction between personal time and external time[11], they should add that present property possession is not a relative matter. Consequently, the aforementioned contradiction is unavoidable: Phillip has the two incompatible properties (i.e. sitting and standing) *simpliciter*. Presentists might attempt to solve this problem by stating that, in a time travel case, a persistent thing can only have a property relative to time; however, such a move is poorly ad hoc. Moreover, if they abandon the idea of property possession *simpliciter*, then they must throw away their theoretical virtue altogether. Therefore, presentists should not believe in time travel into the near past.

3.3 Can Presentists Still Believe in Time Travel?

This nearly completes my argument for the incompatibility between time travel and presentism. After considering the two types of time travel, I admit that there is a coherent scenario that presentists could still believe in, which is as follows. Mr. X is a diehard presentist who has a time machine but is fully convinced by the argument of the present paper. Since he is a sci-fi lover, he is saddened to know that presentists can neither travel into the remote past to see historical persons nor travel into the near past to see his earlier self. After some consideration, he finally finds a solution. Without hesitation, he pushes the button on the time machine and vanishes. Immediately after this moment, he reappears out of nowhere but looks much older because he has spent 30 years in his personal time and has arrived at the departure time.

Now, although presentists may accept this scenario, it is not an interesting time travel story as we typically entertain it. Time dilation (though in much more moderate form) is actually observed as a relativistic effect.[12] Presentists have no problem with interpreting this phenomenon: they might state that things could persist and instantiate properties at different rates, or that they could persist constantly while instantiating properties at different rates; neither of which causes anything contradictory. To accept the phenomenon of time dilation does not make presentism compatible with other typical time travel stories. *A fortiori*, a mere relativistic effect should not count as an interesting case of time travel. Thus, my point still holds: presentists should not believe in time travel while recognising the phenomenon of time dilation.

This does not prohibit presentists from enjoying a time travel story as mere fiction. Some presentists, such as Crisp [2003: 215], think that presentism may not be a necessary truth. Other presentists, such as Sakon [2015], suggest that presentism is necessarily true if it is true, since the claim is that ontological and qualitative changes in things are *possible* even though there may be some worlds in which no changes occur. Both admit that some possibilities may be unfriendly to presentists; however, no presentists would concede that their thesis is *actually* false. Thus, it is safe to conclude that presentists should not think that time travel is possible.

4. Supplementary Comments

Although I have made a significant argument to establish the incompatibility between presentism and time travel, I consider the recent discussion on time travel from a neutral perspective so as to cover some loopholes. More specifically, I contemplate other manoeuvres to avoid the paradox of time travel that may or may not be available to orthodox presentists. First, I critically examine a strategy that utilises spatial relativisation rather than temporal relativisation and briefly mentions new ways of considering time travel.

4.1 Spatial Relativisation

It may be thought that, in a self-visitation case, one and the same thing exists in two places at the same time, having different properties *relative to these different places*. In particular, Phillip is sitting *here* at a certain time and standing *there* at the same time. This may be acceptable if the sitting Phillip and the standing Phillip are two different spatial or temporal parts of the same object. As we have seen, perdurantists readily choose this option, whereas endurantists explicitly deny the ontology of temporal parts. The question is whether endurantists could make sense of the self-visitation story by saying that the sitting Phillip and standing Phillip are different *spatial* parts of one and the same Phillip.

To be sure, any spatially extended object and its parts can have different properties in different places. However, this understanding of the self-visitation time travel is highly problematic in two respects. First, neither the visiting man nor the visited man would be identical to Phillip, but their mereological fusion should be taken as Phillip himself. Were this to happen, Phillip would have to transform himself radically, sometimes having two arms and two legs and sometimes four arms and four legs, which seems counterintuitive. To make matters worse, Phillip could not be regarded as a time traveller meeting his earlier self as the scenario would involve occasional self-fusion rather than self-visitation. At any rate, it does not count as a time travel story of the relevant sort.

Instead of thinking that the mereological fusion of the sitting Phillip and the standing Phillip has different properties in different places, one may suggest that one and the same Phillip is *wholly present* in each place he exists, sitting in one place and standing in the other at the same time. In my view, this could only be true of entities such as 'universals', which are said to be repeatable and wholly present in each place they are instantiated. Clearly, Phillip is not such an entity but a *concrete particular*, even though he has various properties regarded as universals. Even in the bundle theory, according to which any particular is nothing but a bundle of properties which are co-instantiated, the sitting Phillip and the standing Phillip are not taken as identical because they are *different* bundles of properties by hypothesis.

Miller [2006] has suggested that one and the same thing can be located in different places at the same time by using the idea of spatial relativisation. However, it seems to me that the argument begs the question in the present context; for it only shows that *if* self-visitation were possible, then spatial relativisation might work as a useful conceptual device to understand the hypothetical situation coherently. To motivate the spatial relativisation strategy, Miller also focuses on a case of fission, where one person branches into two. Even if spatial relativisation makes it intelligible to say that the two persons are identical, it remains open to discuss how this fission case should be understood. At least, there are two other possibilities: (i) Either person is strictly identical to the person before fission; or (ii) neither is identical to the person before fission. Of course, it depends largely on how the situation is described, but both options may be as good (or bad) as regarding the two persons as identical. Seen this way, the case of fission differs from that of time travel where self-identity is presupposed.

As noted earlier, endurantist eternalists have a way of making sense of the self-visitation story, which involves temporal relativisation of one's property possession to different moments of the personal time. If this temporal relativisation works as expected, no further relativisation is required to understand the story. Therefore, my diagnosis is that Miller's proposal of spatial relativisation is either begging the question or redundant for the present purpose because it assumes that self-visitation is possible beforehand and then asks how it should be understood coherently without using temporal relativisation. I do not oppose the notion of spatial relativisation itself and believe that it does work in some cases. It helps us to say, for instance, that it is raining heavily here but it is not there; or that some person X is famous in Japan but not in China. All I point out is that endurantists, whether presentists or eternalists, may wonder how useful spatial relativisation is in the case of time travel.

4.2 Non-Classical Time Travel

As in the fission case, time travel involves many strange scenarios. For instance, it has been argued whether time travel violates human freedom and the ability to act otherwise (Vihvelin [1996], Sider [2002], Kiourti [2008], Vranas [2010]), while other studies have focused on the basic principles in mereology (Effingham [2010], Effingham and Robson [2007], Smith [2009]). It may turn out that time travel is only possible in a fatalistic world in which a time traveller cannot act otherwise and/or in a lawful world where things must occur according to a certain type of mereology. This may eliminate some of what seems possible in time travel but not all possibilities.

Through the discussion of the present paper, I have assumed the classical notion of time travel and, for the sake of argument, agree with Lewis and other philosophers that some time travel stories are coherent. After all, time travel is not supposed to be what makes the impossible possible. However, one might challenge this assumption, shifting from the classical notion of time travel to a non-classical notion. For instance, Carroll [2011] offered his own solution to the self-visitation problem, according to which apparently incompatible properties (e.g. sitting and standing) are made compatible in the case of time travel. I think that the classical time traveller should resist such revisionist proposal: time travel is not supposed to be what makes the incompatible compatible.

In this vein, it is also worth noting the following point. According to the classical argument for the possibility of time travel [e.g. Horwich 1975 and 1987], a time machine is thought to be a device that *affects the past without changing it*: otherwise, it would produce a contradiction. Some philosophers, such as Goddu [2003, 2011] and van Inwagen [2009], have challenged this assumption and suggested that a time traveller could *rewrite* history. This issue has been taken up for recent discussions, none of which have reached a conclusion insofar as I can see. I have argued that presentists should not believe in the classical time travel (even though it is coherent in itself). I am not sure if they should (or can) believe in the non-classical time travel since it seems uncertain whether this is possible in the first place.

One may well doubt the assumption that time travel (classical or non-classical) is possible. If time travel itself turns out to be impossible, this does not falsify the validity of what I have argued: presentists should not believe in what is impossible. In this case, the argument would become redundant, but it is far from trivial to see how the idea of time travel contradicts the nature of time that presentists should endorse. However, if time travel is found to be in fact possible, then orthodox presentists should give up their view on time. My point is that presentists should not believe in such travel, regardless of whether one eventually obtains conclusive proof of the possibility or impossibility of time travel.[13]

5. Conclusions

I conclude that presentists should not believe in time travel. This conclusion is not intended as a simple refutation of presentism, but it can be used to articulate the basic premises of presentism and its worldview. For instance, Bigelow [2001], in defence of presentism, has claimed that people before the nineteenth century could not even entertain the idea of time travel and that no consistent time travel stories can be produced or consumed until the emergence of new metaphysics. Although his argument differs from mine, I agree that presentists should resist what he refers to as the 'spatialisation of time'.

During initial discussions on this topic, many prominent philosophers, such as Williams [1951] and Smart [1963], were also sceptical of the possibility of time travel and rejected it as 'modern fiction'. In my view, they were correct in stating that the nature of time makes time travel impossible, though it may neither be Williams nor Smart who should have made this point. Presentists can reasonably claim that time travel cannot actually occur.

Acknowledgements

Earlier versions of this paper have been presented on several occasions. I thank the audience, especially Takuo Aoyama, Akiko Frischhut, Tora Koyama, Kunihisa Morita, and Giuliano Torrengo for their helpful comments and suggestions. I also appreciate reviews from two anonymous referees, which helped me to improve the paper to a great degree. This work is a result of the research project supported by the Ishimoto Research Fund for Young Researchers 2014 and JSPS KAKENHI (Grant Number: 19H01187).

Notes

1. Roughly speaking, what I mean by the 'classical' notion of time travel is characterised by the idea that some time travel scenarios are *coherent*, as Lewis [1976] and Horwich [1975] have claimed. In the recent discussion, philosophers have challenged some of the assumptions that remained unsuspected for a long time. For instance, it has been taken for granted that a time traveller cannot change the past but can only *affect* it (because changing the past involves a contradiction), and this assumption is sometimes challenged. In the present paper, I assume the classical notion of time travel for the reason that the possibility of non-classical time travel is a topic of ongoing debate. I briefly mention the recent development in Section 4.

2. Ersatzist presentists may analyse past or future existence and property possession as existence at some (earlier or later) time and property possession at some time, respectively (but this does not mean that present existence and property possession are tenseless). For a relevant discussion, see Sakon [2015 and 2016].

3. Roughly speaking, whereas ontology concerns what there is, ideology asks what it means to exist.

4. Meyer's [2013] version of eternalism is difficult to classify. He advances a *modal* theory of time, according to which times are entities similar to (ersatz) possible worlds, while affirming the existence of past, present and future things. In this respect, his view should be distinguished from standard eternalism. For the sake of simplicity, I omit this option here.

5. Recent attempts to formulate presentism include Correia and Rosenkranz [2015], Deasy [2017], Fiocco [2007], McDaniel [2014], Orilia [2016], Sakon [2015] and Tallant [2014 and forthcoming], some of which may conflict with what I refer to as orthodox presentism. It is beyond the scope of the present paper to examine the feasibility of each attempt.

6. I do not simply argue that presentists cannot travel into non-present times. The argument may be thought as showing that presentists can travel into the distant past or future only to commit either suicide or mass destruction; however, such travel would not really be considered as time travel. For a relevant discussion, see Hales [2010, 2011], Hall [2014] and Licon [2011, 2012, 2013]. As we will see in the

next paragraph, I do not rely on any particular notion of suicide or mass destruction. The point is that either arrival time or departure time must be *ontologically privileged* (in the sense that only things at one of these times can exist *simpliciter*) if presentism is true.

7. It may be objected that, if Marie could travel back and meet her old friends again, there would be no problem. This may be true only if Marie could survive each time she pushed a button on the time machine. Unless Marie was somehow ontologically special, there would be no such guarantee. No time travellers are ontologically privileged.

8. Le Poidevin [2003: 177-8] also made a similar point.

9. As Effingham [2011] noted, perdurantist eternalists should address a particular theoretical problem in the case of self-visitation. In brief, the problem is that, while (intuitively) the visiting man and the visited man should count as Phillip's distinct temporal parts at the time of the self-visitation, their mereological fusion counts as his temporal part at that time, according to Sider's [2001: 60] standard definition of temporal part. Insofar as the visiting man and the visited man still count as different parts, this should not be taken as a contradiction but only indicates that perdurantist eternalists have some extra work for desirable consequences. Effingham himself provided his own solution to the problem, while Kim and Sakon [2017] offered another solution that uses the distinction between personal time and external time, which is discussed in the next paragraph.

10. Horwich [1975 and 1987: Ch. 7] has suggested a similar method for solving the problem.

11. *Pace* Sider [2005], I suggest that presentists can make use of the distinction if external time is taken as personal or proper time for the global object. If presentists believe in the world or the universe and can make sense of personal time defined by some regular physical process for each object, then they can accept the notion of external time. However, this issue would not affect the main point of the present paper; so much the worse for presentists in the case of time travel, if they cannot make use of the distinction.

12. For the use of GPS, it must be taken into consideration that there is some time gap between a clock on the earth and another clock on a satellite. Does this fact make a GPS user or the satellite a time traveller? Although there is no obstacle to call any present thing a time traveller, that would make the term trivial.

13. Recently, Wasserman [2018] offered a comprehensive examination of paradoxes of (classical and non-classical) time travel, including those I have mentioned.

References

Bigelow, J. 2001. Time Travel Fiction, *Reality and Humean Supervenience: Essays on the Philosophy of David Lewis*, G. Preyer and F. Siebelt (eds.), Lanham: Rowman & Littlefield Publishers: 57–91.

Benovsky, J. 2009. Presentism and Persistence, *Pacific Philosophical Quarterly* 90/3: 291–309.

Brogaard, B. 2000. Presentist Four-Dimensionalism, *The Monist* 83/3: 341–54.

Carroll, J. 2011. Self-Visitation, Traveler Time, and Compatible Properties, *Canadian Journal of Philosophy* 41/3: 359–70.

Correia, F. and Rosenkranz, S. 2015. Presentism without Presentness, *Thought* 4/1: 19–27.

Crisp, T. 2003. Presentism, in M. J. Loux and D. W. Zimmerman (eds.), *The Oxford Handbook of Metaphysics*, Oxford: Oxford University Press: 211–45.

Deasy, D. 2017. What is Presentism?, *Noûs* 51/2: 378–97.

Effingham, N. 2011. Temporal Parts and Time Travel, *Erkenntnis* 74/2: 225–40.

Effingham, N. 2010. Mereological Explanation and Time Travel, *Australasian Journal of Philosophy* 88/2: 333–345.

Effingham, N. and Robson, J. 2007. A Mereological Challenge to Endurantism, *Australasian Journal of Philosophy* 85/4: 633–40.

Fiocco, M. O. 2007. A Defense of Transient Presentism, *American Philosophical Quarterly* 44/3: 191–212.

Goddu, G. C. 2011. Avoiding or Changing the Past?, *Pacific Philosophical Quarterly* 92/1: 11–7.

Goddu, G. C. 2003. Time Travel and Changing the Past: (Or How to Kill Yourself and Live to Tell the Tale), *Ratio* 16/1: 16–32.

Hales, S. D. 2010. No Time Travel for Presentists, *Logos and Episteme* 1/2: 353–60.

Hales, S. D. 2011. Reply to Licon on Time Travel, *Logos and Episteme* 2/4: 633–36.

Hall, T. 2014. In Defense of the Compossibility of Presentism and Time Travel, *Logos and Episteme* 5/2: 141–59.

Hinchliff, M. 1996. The Puzzle of Change, *Philosophical Perspectives* 10: 119–36.

Horwich, P. 1975. On Some Alleged Paradoxes of Time Travel, *Journal of Philosophy* 72/14: 432–44.

Horwich, P. 1987. *Asymmetries in Time*, Cambridge MA: MIT Press.

Keller, S. and Nelson, M. 2001. Presentists Should Believe in Time-Travel, *Australasian Journal of Philosophy* 79/3: 333–45.

Kim, S. and Sakon, T. 2017. Instantaneous Temporal Parts and Time Travel, *Korean Journal of Logic* 20/1: 113–41.

Kiourti, I. 2008. Killing Baby Suzy, *Philosophical Studies* 139/3: 343–52.

Le Poidevin, R. 2003. *Travels in Four Dimensions*, Oxford: Oxford University Press.

Licon, J. A. 2011. No Suicide for Presentists: A Response to Hales, *Logos and Episteme* 2/3: 455–64.

Licon, J. A. 2012. Still No Suicide for Presentists: Why Hales' Response Fails, *Logos and Episteme* 3/1: 149–55.

Licon, J. A. 2013. Dissecting the Suicide Machine Argument: Insights from the Hales–Licon Debate, *Logos and Episteme* 4/3: 339–52.

Lewis, D. 1976. The Paradoxes of Time Travel, *American Philosophical Quarterly* 13/2: 145–52.

Lewis, D. 1986. *On the Plurality of Worlds*, Oxford: Blackwell.

Lewis, D. 2002. Tensing the Copula, *Mind* 111/441: 1–14.

McDaniel, B. 2014. A Defense of Lucretianism, *American Philosophical Quarterly* 51/4: 373–85.

Merricks, T. 2007. *Truth and Ontology*, Oxford: Clarendon.

Merricks, T. 1999. Persistence, Parts, and Presentism, *Noûs* 33/3: 421–38.

Merricks, T. 1995. On the Incompatibility of Enduring and Perduring Entities, *Mind* 104/415: 521–31

Meyer, U. 2013. *The Nature of Time*, Oxford: Oxford University Press.

Miller, K. 2006. Travelling in Time: How to Wholly Exist in Two Places at the Same Time, *Canadian Journal of Philosophy* 36/3: 309–34.

Monton, B. 2003. Presentists Can Believe in Closed Timelike Curves, *Analysis* 63/3: 199–202.

Orilia, F. 2016. Moderate Presentism, *Philosophical Studies* 173/3: 589–607.

Prior, A. N. 1970. The Notion of the Present, *Studium Generate* 23: 245–8.

Prior, A. N. 1968. Changes in Events and Changes in Things, in P. Hasle, P. Øhrstrøm, T. Braüner, and J. Copeland (eds.), Papers on Time and Tense (New Edition 2003), Oxford: Oxford University Press, 7–19.

Sakon, T. 2015. Presentism and the Triviality Objection, *Philosophia* 43/4: 1089–109.

Sakon, T. 2016. A Presentist Approach to (Ersatz) Possible Worlds, *Acta Analytica* 31/2: 169–77.

Sider, T. 2001. *Four Dimensionalism*, Oxford: Oxford University Press.

Sider, T. 2002. Time Travel, Coincidences and Counterfactuals, *Philosophical Studies* 110/2: 115–38.

Sider, T. 2005. Travelling in A- and B- Time, *The Monist* 88/3: 329–35.

Smart, J. J. C. 1963. Is Time Travel Possible?, *The Journal of Philosophy*, 60/9: 237–41.

Smith, D. 2009. Mereology without Weak Supplementation, *Australasian Journal of Philosophy* 87/3: 505–11.

Tallant, J. 2014. Defining Existence Presentism, *Erkenntnis*, 79, 479–501.

Tallant, J. (forthcoming). Presentism Remains, *Erkenntnis*.

van Inwagen, P. 2009. Changing the Past, in D. Zimmerman (ed.), *Oxford Studies in Metaphysics*, Vol. 5, Oxford: Oxford University Press: 3–28.

Vihvelin, K. 1996. What Time Travelers Cannot Do, *Philosophical Studies* 81/2&3: 315–30.

Vranas, P. B. M. 2010. What Time Travelers May Be Able to Do, *Philosophical Studies* 150/1: 115–21.

Wasserman, R. 2018. *Paradoxes of Time Travel*, Oxford: Oxford University Press.

Williams, D.C. 1951. The Myth of Passage, *Journal of Philosophy* 48/15: 457–72.

Zimmerman, D. 1998. Temporary Intrinsics and Presentism, in P. van Inwagen and D. Zimmerman (eds.), *Metaphysics: The Big Questions*, Oxford: Blackwell: 206–19.

（大阪市立大学）

自由応募論文

行為理由はなんのために
—鈴木雄大二論文と『心の論理』書評によせて—

金子裕介

Abstract

This article handles a series of articles written by Suzuki (2016a; 2016b; 2018), in which he put forward the anti-psychologism, a new standpoint of action theory. This standpoint, however, has lost the path Anscombe originally opened up, seemingly. Anscombe's point (called "Anscombe's motif" in this article) was: the agent him/herself responds, by revealing his/her original motive, to the question "Why did/do you do…?" Leaving this ground, in modern theories, one sees an unfamiliar idea like a normative reason flow into the debate on human action. We review this academic environment critically in terms of Kaneko (2017), whom Suzuki criticized in one of his papers (2018).

§1　はじめに

　本論文は，鈴木雄大が書いた二論文（鈴木 2016a；鈴木 2016b）と書評（鈴木 2018）を，書評で扱われた金子裕介（2017）＝筆者の立場から批判的に検討するものである．対照的な筆者の立場をとることで，反心理主義を標榜する鈴木の議論が鋭角的に切り出される．

　構成を前もって述べておこう．はじめに本論文の主題である行為理由が取り上げられる．それはアンスコムのもともとの問いを回顧する作業でもある（§2〜§3）．次にデイヴィッドソンによる欲求，信念／∴.行為という図式をふり返る（§4〜§5）．そしてそれに対する批判として登場した反心理主義を見てゆく（§6〜§7）．最後に，反心理主義者としての鈴木の議論を，筆者（金子）の立場から批判的に検討する．それはアンスコムのモチーフをふり返りつつ，そもそも行為論とはなんなのか，どうあるべきかを反省するきっかけを

2019年7月6日投稿，2020年5月16日再投稿，2020年12月19日再々投稿，
2020年12月31日審査終了

与えるだろう（§8〜§15）．

尚，本論文中の「筆者」，「拙著」といった表現は，ブラインドレフェリー終了後，書き換えられたものであることを断っておく．

§2　行為理由という問題圏

現代行為論（theory of action）が一体なにを目指して生まれたものなのか，それは自己充足的な分野なのか．こういったことについて，専門家[1]のあいだでも一致はないだろう．しかし，もし行為論から，カントや功利主義（といった倫理学）にいたる階梯が用意されたと聞いたなら，彼らは一律に時期尚早だと拒むかも知れない．筆者が『心の論理』でやったのがまさにそれであり，拒否反応を示したのが鈴木だった．

鈴木の批判は，筆者の行為理由（a reason for the action）の扱い方に対する不満から生まれている．行為理由とは，では，なんなのか．筆者（金子）と鈴木の争点を知るためにも，まずそこからふり返ってみたい．

§3　行為論のはじまり

「現代」と冠されている通り，行為論（theory of action）は比較的最近できた分野である．それはアンスコム（Elizabeth Anscombe 1919-2001）が「意図的行為とはなにか」と問うことで始まった．この問いにアンスコムが与えた答えは，かなり有名である．すなわち「なぜ A しているのか？」という問いを行為者が受け入れる場合，そのときに限り A という行為は意図的だと，アンスコムは解答し，定義した[2]．

たとえば「なぜポンプを動かしているのか？」と問うたとき「えっ？これはポンプだったのか！？」といった答えが返ってくるようでは，その行為（ポンプを動かしていること）は意図的とは言えない[3]．

問題はここからである．めでたくアンスコムの基準（定義）をパスし，「あそこの家の住人を殺そうとしているのさ」などと答えられたなら，それは行為理由（a reason for the action）とみなされる．

さて，この行為理由は，行為そのものに対し，どのような性格をもつのか．行為論以前に交わされていた自由意志についての論争，意志に対しカントやヒュームが念頭に置いた概念を踏まえるなら，行為理由は当然，原因（cause），つまり行為の原因だろう．

しかしアンスコムは，その考えを拒絶した．いわゆる反因果説（anti-causal theory of action）である[4]．これに対し，伝統回帰したのがデイヴィドソン（Donald Davidson 1917-2003）だった．彼は，行為理由は原因だ，と

言った．いわゆる因果説（causal theory of action）である[5]．

§4 欲求と信念のペア

もう少し，その後の展開をたどってみたい．因果説を唱えたデイヴィドソンは，行為理由をさらにpro attitudeとbeliefのペアに分けた[6]．因果説の立場を取ろうとも取るまいとも，このこと自体，アリストテレスの伝統に則ったことで，なんらおかしくない．アリストテレスといえばアンスコムが意図的行為の議論で手掛かりにした哲学者でもある[7]．

さてpro attitudeとは，積極的あるいは肯定的態度のことである．代表は欲求（wanting／desire）だろう．これはアリストテレスによって人間的欲求（ὄρεξις）と呼ばれたものに相当する[8]．簡単には「Bになってほしい」と表せばよい．

他方beliefは信念である．この呼び方は重要でない[9]．むしろ目的に対して手段を設定するところに本質（中心的な役割）がある．「A（手段）すれば，B（目的）になるとおもう」と言えばよい．要するにアリストテレスの目的論的倫理学[10]の影響なのであるが，アリストテレス自身，この行為理由の要素をβούλευσιςと名づけている．いい翻訳はない．思案と訳されることが多いようだ[11]．

アリストテレスは，この欲求と思案（信念）から，人間の行為選択（προαίρεσις）が説明されると考えた．デイヴィドソンの欲求と信念によるペア理論は，この延長線上にある[12]．

§5 実践的三段論法

以上の経緯から行為理由は，欲求，信念／∴行為という形で表されるようになった．いわゆる実践的三段論法（practical syllogism）である．

(1)　　Bになってほしい．（欲求）
　　　　Aすれば，Bになるとおもう．（信念）
　　　　――――――――――――――――――――
　　∴　Aする．（行為）

「∴」は「だから」と読めば，実感が持てるのではないか．

拙著『心の論理』では筆者（金子）独自の行為論が展開されるのであるが，その出発点となったのが，ここ（実践的三段論法）である[13]．心理状態を言語行為とみなすものの[14]，欲求と信念を行為理由とかんがえる姿勢は最後まで変えられない[15]．

§6　心理主義というレッテル

　鈴木は『心の論理』の書評を担当した際，こういった（デイヴィドソンに従う）筆者の考えを，心理主義（psychologism）といって批判し，拒絶した.
　心理主義という名は，欲求や信念が心的なもの（the mental）だからである. 決して心理「学」主義ではない. 心理学は心理法則という客観的法則を主張する自然科学である. 行為理由が欲求や信念といったところで，即座に心理学者のいう心理法則に包摂される（支配される）わけではない. むしろ筆者（金子）などは，そういった非法則性に欲求や信念の本質を求め[16]，人間の思考の自由を実現する非科学的な心理観に進もうとする[17].
　しかし，思考の自由だろうがなんだろうが，欲求や信念といった心的なものに行為理由を求めること自体が誤りなのだ. そう鈴木は言う. 引き合いに出されたのは，次の二つの事例である（論点をまとめたもので抜粋ではない）.

(2)　「なぜ飛び跳ねたのか？」という問いには，普通「鳥のフンを踏みそうだったからだよ」と答え「鳥のフンを踏みそうだと思ったからだよ」とは言わない.（鈴木 2016b, p.14）

(3)　「なぜオレのことを叩いたのか？」という問いには，普通「君の背中に虫がいたからだよ」と答え「君の背中に虫がいると思ったからだよ」とは言わない.（鈴木 2016a, p.2, pp.4f.）

つまり日常会話で行為理由を述べるとき「～と思った」という心理表現は余計である. 心理表現を外し「鳥のフンを踏みそうだった」「君の背中に虫がいた」といった事態（state of affairs），事実（fact）に言及することの方が圧倒的に多い. だったらしらじらしい心理表現など外してしまえばよい. それはいかにも技巧的な付随物[18]だ. こう考え，鈴木は反心理主義（anti-psychologism）を主張するに至った.

§7　対象論としての反心理主義

　反心理主義はダンシー（Jonathan Dancy 1946-）らによって比較的最近提唱された立場である[19]. それによれば行為理由は，欲求や信念といったものではなく，対象（object）である[20].
　対象とはなにか. 部外者はすぐに思うだろう. しかしこの点について反心理主義者の議論は安定していない. 事実（fact）[21]，事態（state of affairs）[22]，

命題 (proposition)[23], 目的 (end)[24], ……次から次へと重要な言葉が使われてしまっている[25]. その重要さ, 深刻さに気づいていないのは[26], ひとえに分析哲学の新興分野に散見される言語哲学そして記号論理学への研鑽の欠如のためではないだろうか.

鈴木の二論文 (鈴木 2016a；鈴木 2016b) を読むと, 本音は目的論への展開だと思われる. しかし「objectで対象も目的も考えられます」だったら, それはレトリックになってしまうだろう[27].

紆余曲折あって, 鈴木の議論は結局, 命題 (proposition) に落ちつく. つまり, 心理主義は命題的態度 (propositional attitude)[28]を, 反心理主義は命題を, 行為理由とする. それについて, 鈴木はこう述べる.

(4) 「pと思う」という信念態度はpへのいかなるコミットメントも含むものではない. 信念を使って行為理由を提示するとき行為者はpに関しては中立的なのである. (鈴木 2016a, p.10；論点をまとめたもので, 抜粋ではない.)

反心理主義, というより対象論の立場からすれば当然の発言なのであるが, ここで鈴木は言語哲学でいう, 指示的に不透明な文脈 (referentially opaque context) に足を踏み入れてしまっている[29].

指示的に不透明な文脈とは, まさしく命題的態度, 特に信念について論じられる性格で, 一般に難問として取り上げられることが多い. たとえば「私は, この殺人事件の犯人は頭がおかしいと思う」と言ったとき, 「私」[30]がその犯人が太郎である (この殺人事件の犯人＝太郎) と知っていなければ, 「私は, 太郎は頭がおかしいと思う」は導かれない.

信念の中身である命題の性格が問われているのだが, ここでは少なくとも「私」の知識が, それ (信念の中身である命題) に深い影響を与えてしまっている. 「私」はそれにおもいきりコミットしているし, 中立的ではあり得ない. だから, 鈴木 ((4)) のようには言えない.

ならば (命題でなく) 事態を問題にしている, と言って逃げるのか. 対象という得体の知れないものに頼るのか. 概念はどうなるのか……. こういった言語哲学から見れば次から次へと生じる問いに, 反心理主義者はあまりにも無防備に見える.

§8 対象に言及したからどうなるというのか

しかし, こういった批判は二次的問題を突いたものでしかない, とも考え

られる．反心理主義者の貢献は「〜と思った」という心理表現の不自然さ[31]
を指摘したところであり，心理表現を外した後の行為理由がなにを表すか
は，今後の探求課題だ，と言って済ませることもできる．

　だが，やはり行為理由から心理性を除外することの代償は大きいと言いた
い．鈴木が例として挙げた (2) と (3) を，筆者（金子）の土俵である実践的推
論[32]に落し込んでみれば分かる．

(5)　　　私は鳥のフンを踏みそうになった．
　　　　─────────────────
　　　∴　私は飛び跳ねた．

(6)　　　彼の背中に虫がとまった．
　　　　─────────────────
　　　∴　私は彼を叩いた．

三段論法になっていない，というのは問題でない．筆者は対話のレベルにおい
て，共有される情報は，省略されて然るべきだ，と考えている（金子
2017, sec.9）．

　論理学者の厳しい視点で見れば，論理的推論として (5) も (6) も更なる分
析が必要に思われるかも知れない．だが，そこにも問題はない．筆者は『心
の論理』で早い内から，そういった論理学的厳密性から手を切っている（金
子 2017, sec.14）．

　上のように図式化して生じる問題は，結局「だからどうした」ということ
なのである．アンスコムに倣えば，(5) や (6) として実践的推論を扱うこと
は「非常につまらない」[33]．

§9　責任転嫁

　次のアンスコムの例を見てほしい（変更を加えている）．

(7) 食堂で私はイスから飛び上がってしまった．「なぜ飛び上がったの？」
　　と尋ねられ，私は「窓に誰かの顔が現れたから……」と答えた．
　　(Anscombe 1957, sec.5；金子 2017, p.50)

これを実践的推論の形で表すと，こうなる．

(8)　　　窓に誰かの顔が現れた．
　　　　─────────────────
　　　∴　私はイスから飛び上がった．

どうだろう．(8) と，(5) や (6) との間に区別がつくだろうか．

つかないと思う[34]．「いや，そんなことはない．外面的な形式が似ているだけで，(5) (6) は理由[35]，(8) は原因[36]だ」．そう鈴木は反論するかも知れない．だがよく見てもらいたい．少なくとも (5) は，反射[37]の視点から，理由ではなく原因と言える．あるいは，プラットフォームで「私」が飛び跳ね，横にいた人を突き飛ばし，線路に落してしまった場合を考えてみればよい．「私」は (8) と同じように，責任転嫁先にある原因として (5) を述べるはずだ．

責任転嫁 (buck-passing)[38]と今言ったけれども，これこそ，(5) と (8) が共有し，更には (6) も共有し得る性格なのである．このことを次節で論じてみたい．

§10 反心理主義は偽装した因果説である

責任転嫁により，行為者は，行為理由を自分ならざるところに置く[39]．反心理主義者は，自分たちの立場が責任転嫁と呼ばれるなんて心外だろうが，そう（責任転嫁，あるいはデイヴィッドソンとは違った意味で因果説と）考えられる根拠がある．

こんな場面を思い浮かべてほしい．授業中しゃべっている生徒に「なにやってんだ！」と先生がどなりつける．すると生徒は何食わぬ顔で「黒板の字が見えにくいので隣の人に聞いていたんですよ……」と答える．要するに言い訳 (excuse) である．筆者（金子）は，責任転嫁の代表として言い訳を取り上げたが[40]，(6) のケースは，これに近い（(5) は (8) と同じく反射と言えるけれども，(6) の叩くことは反射でない．だが同じ位，授業中のおしゃべりは反射でない）．

たとえ正しい理由が差し出されても，納得の行かない場合がある．たとえば講義に学生が遅れて来た．先生が注意する．それに学生は「電車がストップしていたんですよ．仕方がないですよね?」と，平然とした顔で切り返す．

叩くという，ともすれば暴力的な（あるいは神経質な相手なら嫌がられる，あるいはセクハラなどに注意深い女性にも嫌がられる）行為について，(6) のケースは，果して納得の行く答え（行為理由）を与えているだろうか．仮に「彼」が，たとえ友人であろうと，叩かれたことを嫌だと思っていたなら，「背中に虫が止まっていたんだよ」という答えは，なにか腑に落ちないものがある[41]．まるで叱った生徒に，あるいは注意した学生に，言い訳をされたような納得の行かなさである．

正しい理由として外的事実に言及することは，まるで行為者の本心から動

機を乖離させるようだ．それは正しいがゆえに「非常につまらない」[42]．言い訳を平然とする学生の顔のような，つまらなさである．そうではなくて，ケース (6) だったら，「いや，君が虫に刺されたりしたら大変だとおもってね……」[43] とか，ここら辺の答えがほしいのである．開き直った自己正当化は要らない．

反心理主義者が，行為理由（規範理由）と考えているものは，アンスコムに言わせると心的原因 (mental cause) に近い．アンスコムの論述の不明確さも災いして規範理由と心的原因を並列するのは誤解を招くかもしれないが[44]，しかし，有名なポンプ操作の場面[45]で求められるのは，「あそこの家の住人を殺そうとしているのさ」という心情告白の答えである．「あそこの家の住人が戦争を計画しているからさ」という事態（あるいは命題など）に訴える答えではない．もしそれ（事態に訴えた答え）をしたら「アイツら（あそこの家の住人達）が悪い」という責任転嫁が伴うことになろう．この意味で，反心理主義者の考える行為理由は，原因[46]なのである．

§11 デイヴィドソンの議論は本当に因果説だったか

反心理主義者は，行為理由を原因とみなしている．そんな風に言うと，彼らはデイヴィドソンを槍玉にあげ，自分たちは因果説でないと主張するだろう[47]．しかし，デイヴィッドソンが本当に因果説を主張していたのかが，そもそも疑わしい．前節（§10）で提起された原因概念との違いをはっきりさせるため，ここで改めて，デイヴィッドソンの因果説を再検討しておきたい．

よく知られた通り，デイヴィドソンが因果説を基礎づけたのは以下の論法によってだった[48]．

(9) ① 行為理由には複数のものがあり得る．たとえば「なぜ違法駐輪したのか？」と問われたとき，「遅刻しそうで仕方なかった」と答えることもできるし，「きっと見つからないと思ったので確信犯でやっていた」と（正直に）も答えられる．

② ①の複数の理由の中から本音として，本当の理由がピックアップされる．

③ ②でピックアップされた本当の理由は，行為の原因とみなされる．

ここで問いたいのは，②から③への飛躍である．なぜ，本当の理由が，原因でなければならないのか．

　普通この脈絡で原因概念が使われる場合，今だったら脳科学でいう神経細胞の興奮[49]，昔だったら観念連合[50]が考えられるはずだ．しかし，デイヴィドソンは心的出来事（(9)でいう行為理由）に，法則性をもつ神経細胞の興奮との，その都度その都度一回切りの同一性[51]を想定することで，それ（心的出来事であり行為理由）に原因性を認めてしまった．いわゆる非法則的一元論（anomalous monism）である[52]．これをウルトラCと感嘆するべきか．それとも，原因概念の未規定さを利用したイカサマだというべきか．後者，というのがここでの見解である．

　原因とは，なによりもまず，制御不可能さ（uncontrollability）[53]を意味していなければならない．つまり，Aという出来事が起こったならば，「私」にはどうしようもない仕方で，Bという出来事が起こる．そして，これがポイントなのだが，この制御不可能さを認識するには本来，法則（一般化）は必要でなく[54]，単称因果（singular causation）[55]をいえば十分である．単称因果とは，たとえば，太郎がパンと手を叩いたら，次郎がビクッとした，というような個別的出来事間で，直感的に捉えられる，一回性の因果関係のことだ．単称因果のレベルにまで落したとき，原因概念の本質は，やはり「私」ではどうにもならない，つまり制御不可能な，世界の運行のありさまを言っているところにある．それは「私」抜きにして語り得るもの，という意味での客観性（objectivity）に他ならない．

　太郎がパンと手を叩いたら，次郎がビクッとした．これは「私」がどう思おうとも，抗いがたい仕方で成立する，「私」抜きの，客観的世界の運行である．神経細胞の興奮はもちろん，観念連合ということが考えられるのも，そういった視点においてである．筆者（金子）自身は科学的説明をたどる中，因果関係についてこのような洞察に至っている[56]．

　「私」の制御できない外部的な客観性に，因果関係，原因性の本質がある．こう考えたとき，デイヴィドソンのいう「本当の理由」は全然，原因ではない．それは，「私」の心に抱かれたものであり，また「私」によって，かつ「私」によってのみ（その働きが）制御されたものだ．デイヴィドソンは，なぜ原因性が法則性と一体化するのか，その科学哲学的な要点を見逃していた．そのため法則性を引きはがしたとき，単称因果がなんであるかを捉え損ねたのである．デイヴィドソンは，あたかも単称因果が，クルード（crude）な，つまり粗野で未定義の概念だと勘違いし，それを主観的な行為理由に同一視してしまった．こうして生まれたのが，彼の因果説（§3）なのであるが，それは因果（原因性）についての洞察を欠いた，偽りの因果説だと言わざるを得ない．

§12 反心理主義はアンスコムのモチーフから外れてしまっている

だから反心理主義者がデイヴィドソンを批判して，自分たちは因果論者ではない，と言ったとしても的外れなのである．原因概念は，デイヴィドソンのいう本当の理由（(9)）ではなく，むしろ，アンスコムのいう心的原因（§10）の方が的確に捉えている．そしてそのために，反心理主義は因果説なのである．実際，反心理主義者のあげる対象（object）は，法廷弁論などでおもいきり「原因」と呼ばれるだろう[57].

こう考えたとき，反心理主義者にとって悩ましいのは，心的原因とみなされ得る彼らの行為理由は，もはやアンスコムのいうそれ（行為理由）から大きく外れてしまっている，ということである．最後にそれを確認しておきたい．

§13 反心理主義者は因果説でも構わないと開き直れるか

たとえば，こんな会話を考えてほしい．

(10)　A：なぜブルートゥスはカエサルを殺したのか？
　　　B：カエサルは元老院を無視し独裁者になる勢いをみせたからだ．

（佐藤ほか2007，p.44）

反心理主義者は，こういった行為理由の提示にひどく当てはまる．「〜と思った」という心理表現を排除するのが彼らの立場なのであるが（§6），それは歴史的因果（causation in history）を語る際，ひどくしっくり来るのだ．実際，鈴木がよりどころとしているドレイ（William Herbert Dray 1921-2009）は，分析系の歴史哲学者として名を馳せた人物である[58].

歴史的因果を言うとき，カエサルが元老院を無視し独裁者になる勢いをみせた「とブルートゥスが思った」という言い回しは余計である．これは，歴史の説明における出来事の因果連関[59]，言い換えれば客観的連関の必要性から来る当然の結果である．これは心的原因について述べた責任転嫁（§9）とは，また少し違う話である[60]. ではそこからなにが見てとれるのか．歴史の叙述において行為理由が原因にすり替えられるとき起こっていることはなにか．

反心理主義は先に（§10で）因果説の汚名を着せられたが，そのとき開き直ってこう言うこともできた．「因果説と呼びたければ呼べばいい．(10)のようなやり方で行為理由を提供することの自然さ，翻って(2)（(5)）や(3)

((6))の仕方で行為理由を提供することの自然さは，否定できないはず
だ」．つまり「人間事象に原因概念を広げてもよいのなら，自分たちの立場
を因果説と呼びたければ呼んでもいい．それによる行為理由提供の自然さは
変わりないから問題ない」というわけだ．しかし，話はそう簡単には進まな
いだろう．やはり，(10)にはなにかが欠けているのだ．もう一度(10)を見
てみよう．一見自然にみえるそこには，なにかが欠けている．言うなれば，
行為者の不在である[61]．つまり，行為者であるブルートゥスはすでに死んで
しまっている．

　歴史上の人物の行為理由を探るとき，行為者の不在は揺るがぬ設定であ
る．そしてそのために，これが重要なのだが，歴史において語られる行為理
由は，生きている行為者に「なぜ……？」と問いかけるアンスコムのモチー
フ(§3)を完全に喪失してしまっている．これが歴史の叙述で起こっている
こと，ひいては反心理主義でも起こっている問題なのである[62]．

§14　規範理由

　行為理由は行為者本人の口から語られなければならない．現代行為論には
もともと，そういうモチーフがあった(§3)．だがそれが展開されるにつ
け，アンスコムのモチーフは見失われるようになった．現在盛んに論じられ
ている規範理由でも，この問題は見受けられる．

　規範理由は，鈴木が筆者(金子)の議論を一番誤解したところでもある[63]．
筆者は規範として，クリプキ(Saul Kripke 1940-)の議論かつそれだけを考
えていた[64]．しかし鈴木は，それを常識のレベルで考えてしまった[65]．常識
レベルであることは，規範理由という概念の弱点のひとつにもなっている．

　規範理由(normative reason)とは，客観的にみて「事実pが特定の行為e
に価値を与える」という意味で，pがeを正当化することである．より厳密
にいえば，その正当化におけるpのことを規範理由という[66]．

　たとえば(3)の場面で，私[67]が彼を叩くという行為は，彼の背中に虫がい
るという事実によって正当化される．このとき，彼の背中に虫がいるという
事実は，私が彼を叩くという行為に価値を与えるから，その行為の規範理由
になるのだ．行為に社会通念上「そうすべきだ」という認識を与えるのが，
規範理由としての事実の役割だと言える．

　こんな風に理解してもよいかも知れない．場面(3)で，私がボケっとして
いて彼の背中に虫が止まっているのに気づかなかったとき，第三者が「なに
やってんだ，彼の背中を叩け！」と言ったなら，それは私の行為(彼の背中
を叩くこと)に規範理由が与えられたことになる．このように規範理由を論

じるときには，行為者の外部にいる第三者の視点が取られる[68]．しかし，なぜ第三者なのか．ここにおいて，規範理由を扱う行為論の専門家は，やはり前節で懸念したこと，つまり行為者の不在に甘んじてしまっている．

§15　行為理由はなんのために

歴史的因果にはじまり（§13），規範理由（§14）や反心理主義（§6）に及ぶ現代行為論に広く見られるのは，行為者本人に行為理由を語らせる，というアンスコムのモチーフの喪失である[69]．

鈴木の例（(2) や (3)）でも確かに，行為者は居た．しかし規範理由を答えることで，行為者は，アンスコムのモチーフからの逸脱を見せていた（§10参照）．そのため，たとえその場に居ようとも，行為者は姿を消している．第三者視点が取られてしまっているのである（§14参照）．

なぜそうであってはならないのか．これを知ってもらうために，直感的な議論になってしまうが，こんな会話を思い浮かべてもらいたい．

(11)　A：なぜ彼は自殺してしまったんだろうか．
　　　B：借金が多かったし，おまけに会社もクビになってしまったからな．
　　　A：本当にそれだけの理由だったんだろうか．
　　　B：さあねえ……．本人に聞いてみないことには，分からないよ．

どうして本人に聞かないと分からないのか．AもBも確かに「彼」の自殺を説明[70]し得る理由を提供している．

しかし，AやBが提供しているのは規範理由でしかない．第三者視点で語られた原因，事態に過ぎないのである．

本人に聞いてみないと分からないのは，列挙された規範理由（借金，クビ）の中からどれかを選べとか，「彼」には隠された他の理由があったとか，そういうことを言っているのではない．「彼」の視点に立って，当時の心境を追体験してみなければ分からない，と言っているのである．

筆者（金子 2017, pp.87-88）は，その内面を描写するモデルを，デイヴィッドソンの心理主義的三段論法（§2〜§3で論じた (1)）の延長に構築している．功利主義的思考法によるものなのだが，それは，鈴木によって煩わしいものとして拒絶された．倫理（ethics／morals）が行為論に侵入して来ることを本能的に拒絶した，いかにも専門家らしい態度と言ってよい[71]．

行為論の専門家は，自分たちはメタ倫理をやっていると嘯く[72]．倫理学で使用される概念の分析をしているのであって，倫理学そのものに立ち入る必

要はない，と線引きしているのである．しかし，そうであってはならない．行為論と倫理学は同時進行でなければならない．そしてそこにおいてこそ，行為者本人に行為理由を語らせる，というアンスコムのモチーフも活きるのである．

§16 まとめ

以上，鈴木の反心理主義を批判的に検討しながら，現代行為論が持つ問題を見定めて来た．

本論文の内容は各節の見出しをたどることで分かるようにしている．ポイントは，反心理主義における対象概念の危うさの指摘（§7），心的原因の観点からそれ（反心理主義）を因果説とみなすところ（§8～§10）だろう．

原因概念の扱い（§11）がいささか唐突だと思った人も居るかも知れない．それは，科学的論述を突き詰めていって，はじめて得られる洞察である．あるいは脳科学に代表される自然科学（心理学を含む）と，哲学はどう違うのかを真剣に，というより深刻に考え，はじめて手に入る洞察である．結局それは，客観（自然科学）と主観（哲学）の対立とも言える．

もちろん，心の哲学や，進化論を含め自然科学に哲学的議論を帰着させようとする者には，そんな洞察はまやかしだろう[73]．しかし，アンスコムのモチーフから読み取られるのは，それとは切り離された主観の問題なのである．ひとことで言えば，それはやはり倫理としか言いようがない．

注

1. 行為論の専門家とは，笠木 (2016) が描写するような論争史を共有している研究者たちのことである．
2. Anscombe 1957, sec.5; 金子 2017, sec.6. 本論文の§と区別するため，引用文献中の節番号は sec. で表す．
3. 意図的ということで言えば，責任転嫁，不可抗力（制限不可能性）としての原因（デイヴィッドソンの因果説とは違う）を答えることも，アンスコムの基準をパスしたことにはなるまい．しかしこれは本論文の焦点でもあるので，後回しにする（§8以降参照）．
4. 「動機は行為を説明し得る．しかしそのことは，動機が原因であるという意味で，その行為を決定することにはならない」(Anscombe 1957, sec. 12)．
5. 「行為の本当の理由は，その原因である」(Davidson 1963, p.4)．
6. Davidson 1963, p.5; 金子 2017, sec. 8; 鈴木 2016a, p.2..
7. 具体的にいえば，実践的三段論法で行為理由を形作る際，アンスコムはアリストテレスを手掛かりにしていた (Anscombe 1957, sec. 42; 金子 2017, p.14)．

8. 金子 2017, p.141注5参照.
9. フォンウリクト (Georg Henrik von Wright 1916-2003) などは, consideration (what he considers...), thought, opinion といった表現を使っている (Von Wright 1972, pp.39-42).
10. 加藤の説明参照 (加藤1996, p.222).
11. 金子 2017, p.141注5.
12. Davidson 1970a, p.31; Aristoteles 300B.C. 1113a; 加藤 1996, pp.233-234; 金子 2017, p.141注5.
13. 金子 2017, sec.2.
14. この点 (心理状態を言語行為とみなすこと) についてだが, 言語化されない心的実体, かつ受動的動物的心理現象としての欲求や信念を避けようとするところに, 筆者 (金子) の狙いはあった (金子 2017, sec.44).
15. 主に功利主義的思考を表すため, それ (欲求と信念のペア理論) は, 筆者 (金子) の議論に応用されて行った (金子 2017, sec.68).
16. 但しデイヴィドソンのいう非法則性 (anomaly) とは違う (Davidson 1970b, p.207). 筆者 (金子) の言う非法則性とは, 結局のところ因果法則からの解放, もっといってしまえば法則性というより因果性からの解放である. 詳しくは§11で論じる.
17. こういった筆者 (金子) の心理観は, 思考=行為のテーゼ, つまり「人間の思考とは, 自己との対話として特徴づけられる行為に他ならない」という見解に基づいている (金子 2017, p.46). これに対する批判にも触れておきたい. 思考=行為のテーゼに対する鈴木の批判は, 以下の三点にまとめられる (鈴木 2018, p.90).

① 自己対話として意識されない実践的推論もある.
② 筆者 (金子) の議論では, 信念という心理状態を「～だと信じる」という言語行為, つまり出来事と同一視するなど, 状態と出来事の区別がついていない.
③ 心的なものが行為 (言語行為) だとしたら, それによって「手を上げる」などの行為を正当化するとき, 無限後退が起こるのではないか.

鈴木は①～③について筆者の議論には解答が見出せないと言っているが (鈴木 2018, p.90), そうでもない.
　①の反論をするとき, 鈴木は, 筆者 (金子 2017, sec.44) が「うずうずする」と描写した原始的, 動物的な感情を念頭に置いていると思われる. しかし筆者は, はじめから犬猫といった動物と人間の差異を強調しており (金子 2017, まえがき), その行きつく先が思考=行為のテーゼである. つまり, 自己対話として意識されない「動物的な」実践的推論は, 筆者の考える人間的思考ではない.

　②について，筆者は思考＝行為のテーゼを採用したときから，いわゆる内語（inner speech）に人間心理を同一視しており，このため（普通，静態的状態と考えられる）信念でも，思考の段階でははっきりと自分に言い聞かせることが必要になる．ゆえに出来事とならざるを得ない．つまり筆者の心理観において，心理「状態」というものは厳密な意味で存在しない．すべてが内語的な出来事になる．

　③について，まず鈴木は無限後退がどのようにして起こるのか例示しなければならない．他方，無限後退などと言いだす人は，いまだ心身問題ないし因果関係の枠組みに囚われているように見える．問題にしているのは，そこ（因果関係）ではなく，理由関係である．

　理由関係では，異種的なものの間で三段論法が組まれれば，それ以上の説明を求める必要はないと思われる．そもそもなぜ三段論法は三段なのか考えたことがあるだろうか．スイッチを捻りたかった／∴スイッチを捻った，といった同語反復的な理由づけを避けるため，三段なのである．信念という媒介項を挿入することにより，問題の行為を別の理由（目的である欲求）に仕向ける．これが三段論法の機能と言える．ここさえ認めれば，さらに無限後退うんぬんする必要はないと思われる．

　筆者が意志と行為の非因果性を述べた箇所に見出されるように（金子 2017, sec.47），行為理由と行為の関係は，同心円状に描かれたふたつの円のような関係にある．行為理由と行為は並存し得る．「学校に行こう」とおもいながら「学校に行く」ことになんら問題はない．「学校に行こう」という決心を一時的な出来事として一旦閉じ，それと切り離して「学校に行く」という行為を考えるから話がもつれてしまう．特に意志と行為との関係などは，どちらが先か後かといった因果的な時間推移性で考えるのではなく，理由関係というまったく別の関係で扱うべきではないか．

18.　英語のconcomitantを念頭に置いている．鈴木自身の表現ではない．付随「物」という表現が気になる人のために一応，補足しておく．

19.　鈴木 2016a, pp.3f.; 鈴木2016b, pp.14f.; 笠木2016, pp.1f. 従って反心理主義に基づき議論する場合，いまだマイナーな立場なため，あたかもそれが確立された見解であるかのように述べるのは不適切である．

　　　［金子は］いわゆる「作用－対象の二義性」として区別されるものを混同しているのではないかと思われる箇所が散見される．（鈴木 2018, p.89）

　　　たとえば心的状態が規範に服するものであることは広く受け入れられている．（鈴木 2018, p.90）

ともに反心理主義というマイナーな立場に基づいているにもかかわらず，あたかもすでに確立されたかのように論じられている（後者は§14で論じる規範理

由が念頭に置かれている）．こういった閉鎖的なやり方は控えるべきだろう．
鈴木の議論には，そういった箇所が他にも見受けられる．

　　二つの意志同士の間の関係が因果的であるということはむしろ行為論において標準的である．（鈴木 2018, p.89）

　　理由と身体動作の間に因果関係を想定することにさほど困難はない．心の哲学の領域では心身因果を理解するための理論的選択肢が複数用意されている．（鈴木 2016b, pp.14-15）

ともに典拠が欠如している．話せば長くなるのだったら，議論を引っ込めるか，ほかの論述を削除すべきしてスペースを作るべきである．

20.　鈴木 2016a, p.11；鈴木 2016b, p.11, pp.14-15.
21.　鈴木 2016a, p.9.
22.　鈴木 2016a, p.3；鈴木 2016b, p.15.
23.　鈴木 2016a, p.3.
24.　鈴木 2016b, p.15, p.17.
25.　筆者（金子）は早いうちから，対象を想定するような実在論あるいは二元論的な構図で，心理状態（筆者の考えでは言語行為）を理解することから手を引いている．一回目はオースティンについて論じたところ（金子 2017, pp.33f.），二回目はザングヴィルのところ（金子 2017, p.66）である．
26.　たとえば鈴木はこんな風に論じる．

　　心的態度の対象がより詳しく何であるかに関しては種々異論があるだろうが，ここではそれを命題とする見解と事態とする見解の二つを取り上げよう．命題は真であったり偽であったりするものであるのに対し，事態は成立したり不成立だったりするものであり，成立した事態（事実）は対応する命題を真にするもの（truth-maker）であると一般に考えられる．（鈴木 2016a, p.3）

それなりに言語哲学，記号論理学に習熟していれば，これがいかに危なげな論述か，すぐに分かるだろう．そしてこの危なげな文言を，自己批判的に追究したなら，反心理主義者のいう対象概念自体が崩れ去ってしまうかも知れない．
　確かに，トゥルースメーカーなどという用語を持ち出してきていることからも分かるように，鈴木は現在流行の分析的形而上学（秋葉 2014；倉田 2016）を念頭に置いていると擁護することもできる．しかし分析的形而上学は，行為論の求める感情や価値についての表現を充足する理論を提供できるだろうか．
　他方，トゥルースメーカーという発想には，やはりタルスキの意味論との連関が切り離せない（Raatikainen 2007, p.115; 秋葉2014, p.368注3）．だが筆者

（金子）の考えでは，タルスキの意味論は，意味論というより論理学の一流派である．そしてその実態はシミュレーションにすぎない．つまりそこから実在世界について学ぶことはなにもない（金子 2019, p.11, p.62, p.108）．

27. 行為理由を目的とすることは，アンスコムの「なぜ……？」という問いの形式に対する反論として，実は早々に問題にされていた．つまり「なぜ……？」ではなく「なんのために……？」と問うことで，心的原因ではない行為理由が答えとして得られるというものなのだが（黒積 1996, p.14, p.21），筆者（金子）はその問いの形式では欲求（〜したい），信念（〜とおもう）などの心理表現が得られないからダメだと言いたい（金子 2017, p.145注 1）．

　逆に「なんのために……？」に問いの形式が固定されるなら，それは反心理主義者にとって都合がよいかも知れない．だが行為理由を問う場面は，すべてその形式に納まるだろうか．納まらないだろう．筆者（金子）の考えでは「なんのために……？」という問いは功利主義的価値観を押しつけている．義務感に従い行為するカント主義者には，煩わしい問いと受け取られて終りなのである（金子 2017, sec.78）．

28. 命題的態度と言ったから，即座に心理主義にはならないことにも注意しなければならない（つまり鈴木が思うほど話は簡単に進まないということだ）．命題的態度とは，もともとラッセル（Bertrand Russel 1827-1970）が，信念について，悪名高い接着理論を擁護するために導入したのが始まりである（Russel 1912, chap. xii; Russel 1918, p.59）．ラッセルは信念が，対象（オセロやキャシオといった個体，愛するという普遍）を接着していると考えたかった．そこで信念は心的なものであるという固定観念を排除するために，命題的態度と呼んだのである（ibid.）．だから命題的態度は，もともと心理的というより，論理的なものなのである．

　他方，筆者（金子）はオースティンの言語行為論を採用したときすでに，命題的態度を$\vdash\downarrow B\,(p)$などとする論理分析（Searle 1975, p.354）から手を引いていた（金子 2017, sec.2, sec.14, sec.39）．言語行為が丸ごと規範に従うのであって，それを命題と心的態度に分ける必要はない．

　こう考えると（つまりラッセルや言語行為から考えると），「作用─対象の二義性」に訴えた鈴木による筆者への批判も（前注19），それほど効果がないように思えてくる．命題的態度において，そもそも作用（思うといった心的要素）と対象（命題など）など区別できるのか，というところに疑問が及ぶからである（この点は後の注31でも触れる）．

29. 飯田の説明がまとまっている（飯田 1995, p.45）．鈴木の議論では「知っている」に触れたところが近い（鈴木 2016a, p.5）．

30. 本論文筆者（私），鈴木など（彼）と混同しないように，以後，抽象的に用いられた表現として「私」，「彼」といった鍵括弧に入れた人称代名詞を使わせてもらう．但し，(2)と(3)，そして(5)〜(8)，§14は例外とする．

31. たとえ「〜と思った」を不自然だからと言って外したとしても，心理主義者

には，それは省略に過ぎない，と反論する余地が残されている（金子 2017,
sec. 38）．鈴木（2016a, p.9）は，この反論に予防線を引いているけれども，前
注28で論じたことを考慮に入れるなら，そう簡単には行かないと思われる．但
し本論文では，これ以上追究しないでおく．

32. 筆者（金子）の議論は実践的三段論法の形式に沿って進んで行く（金子 2017,
sec. 2）．§5で触れた通りである．

33. 金子 2017, p.50；Anscombe 1957, sec.11. 本文で「だからどうした」と言わ
れたが，これはアンスコムの「非常につまらない」という言葉に対応している
ことに注意してもらいたい．つまり「だからどうした」という文言は，アンス
コムの見解を代弁している．

34. 三段論法ではなく，二段になっている時点で，すでに似ている（区別をつけに
くい）．また，ここで推論というのは，行為理由（あるいは原因）と，行為との
論理的関係のことである（形式的に見て，結論が行為になるから「実践的」．
それ以上でも以下でもない）．§4〜§5 ならびに，金子 2017, sec. 2, passim 参照.
推論概念については，金子 2019, sec. 55 も参照．三段論法（syllogism）の形式
から外れたとき，（実践的）推論（inference, reasoning）という言い方をするの
は，ごく自然である．

35. 行為論の専門家は，規範理由と動機理由（説明理由）を分けるのだが（鴻
2016, pp.28-29; 鈴木 2016b, p.13, p.23注12），ここでは規範理由と考えればよ
い．規範理由とは，行為者本人を差し置いて（つまりペンキをフンと間違って
飛び跳ねてしまうような行為者の内面は無視して），第三者視点で，行為に結
びつけられた理由のことである．それは客観的に見て正当な事態（あるいは態
度を外した命題）と考えられる．後の§14参照．客観的事態や命題については，
先の§7も参照してもらいたい．

36. 後に述べられる通り，心的原因（§10），歴史的ないし法的な原因の類である
（§12〜§13）．

37. 反射（reflex）の特徴は，大脳を経由しないこと，そのために思考が介在しな
いことである（川島ほか 2006, p.185; 金子 2017, p.5 (-14)）．この反射の視点
で考えると，ケース（5）は，そもそも一フンをペンキと間違えたとか想定する
以前に（鈴木 2016b, p.14）一意図的行為になってないとも言える．つまり「な
ぜ……？」という問いに対し，アンスコムの基準をパスするという意味で
（§3），答えが与えられていない．後の注62も参照．ちなみに，アンスコム自身
は，反射について神経生理学的な洞察をしていない．非自発的（involuntary）と
いう哲学用語に甘んじてしまっている（Anscombe 1957, sec. 7）．

38. 価値の転嫁説（笠木 2016, p.2）は念頭に置かれていない．

39. 規範理由の外在主義（鴻 2016, pp.29-31）のようなことが考えられているので
はない．本文の議論から分かってもらえると思う．

40. 金子 2017, p.50. 鈴木は反心理主義において，弁解も行為理由に認められる
と言うが（鈴木 2016a, p.8），危険な方向性である．

41. 「もっと別のやり方があっただろう，教えてくれれば自分で追い払ったのに……」という「彼」の考えそうなことは，規範概念そのものにかかわっている．この点については§14で触れるに留める．

42. §8末尾で引用したアンスコムの言葉である．正当化や動機的力の対立ではなく（笠木 2016, p.1; 鴻 2016, p.27），正当化そのもののあり方を批判的に論じている．

43. 筆者の考えでは，ベネボランス（利他心）の快追求という功利主義的な欲求になる（金子 2017, p.87）．欲求という内面の告白だから，「虫に刺されそうになった」という客観的事態（あるいは態度を外した命題）と混同してはならない．

44. Anscombe 1957, sec. 10-11. アンスコムの論述の不明確さには「いかようにも反論できる」という点も含まれる．この問題は結局，アンスコムによる意図的行為の基準（§3）が絶対でも万能でもない，というところに行き着く．注37, 注62 参照．

45. Anscombe 1953, sec. 23; 金子 2017, sec. 7. §3で一度触れている．

46. 後に述べる通り，原因と言っても歴史的因果や法的因果の類である（§12〜§13）．今し方（§10で）見た「あの家の住人が戦争を計画しているからさ」という答えと，ブルートゥスのケース（10）との類似性に注目してもらいたい．

47. 鈴木（2016b, pp.8f.）自身がやっている通りである．議論の布陣が分かりにくくなって来たから，この辺で表にまとめておきたい（§2もふり返ってほしい）．

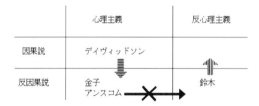

まず表中「向かって右側の縦縞上向き矢印」を見てもらいたい．これは今し方（§10）の議論を反映している．鈴木は反心理主義者だが，自分の立場を反因果説と認識している（鈴木 2016b, pp.13f.）．だが（今し方の議論により）因果説への移行が勧められる．但し心的因果，歴史的因果，法的因果といった意味においてである（§12〜§13）．

次に上掲表中「下側黒塗りの横向き矢印」を見てもらいたい．鈴木（2018, p.89）はアンスコムが反心理主義者であるかのように論じているが（つまり，その矢印に沿った移動を勧めているが），これは拒絶される（だから矢印にバツがついている）．鈴木の根拠は，アンスコムが実践的三段論法を命題的態度（心理主義）ではなく命題（反心理主義）によって構成されるべきだ，と説いたところにある（Anscombe 1974, pp.114f.）．しかしアンスコムの議論が，デイヴィッドソン（§4〜§5）や，（彼女が直接批判の対象とした）フォンウリクト（Von Wright

1972）を乗り越えているとは思えない．つまり，アンスコムは自分で導入した実践的三段論法の本質を見誤っていたのではないか，と考えられるのである（これは論理学的技術的な問題も含んでいる）．

　最後に上掲表中「向かって左側横縞下向き矢印」を見てもらいたい．デイヴィッドソンは自他共に認める因果主義者（causal theorist of action）だけれども，それが覆される．これから本文で論じられる通りである（§11）．筆者（金子 2017, sec.34）の議論も参照．

48.　Davidson 1963, p.9; 金子 2017, p.5, p.50; 信原 1999, pp.34f.; 鈴木 2016b, pp.16-17.

49.　筆者は，この点について，事細かに書いた経験がある（金子 2017, sec. 3-sec. 4）．

50.　カントやヒュームの時代，考えられていたのが，この意味での原因概念である．つまり，表象（Vorstellung／perception）がそのまま原因の効力（原因性）を持つと考えられる．これは脳科学に代表される神経生理学の発展が1950年以降だったことをふり返れば当然である．筆者による科学年表も参照（Kaneko 2016）．

51.　信原が，刹那的トークン（的）同一性と呼んだものである（信原 1999, pp.18f.）．

52.　Davidson 1970b, pp.213-214; Kaneko 2011, sec. 5.

53.　§9〜§10の文脈で言えば，責任転嫁をするときの「仕方がないですよね」という言い回しが制御不可能性を示唆する．自然科学における原因の制御不可能性と，歴史的ないし法的因果における原因の制御不可能性との間に若干の差異はあるが，本質は同じである．若干の差異とは，後者（歴史的ないし法的因果）では因果関係のみならず，それに対する信念（つまり因果関係に対する信念）がクローズアップされるため，客観性のレベルが一段落とされる，ということである．これは歴史的ないし法的因果では原因が，自然科学が扱うような非人為的出来事でなく，「アイツ（虫なども含む）のせいだ」と言いたくなる（擬人化を含む）行為だからである（特に例（6）は「虫が背中に止まったからだよ」と言い換えられる．例（5）は，注37でも述べた通り，自然科学的な扱いの余地が残されているので，擬人的な言い換えの必要はないかも知れない）．詳しくは別の機会に論じることにしたい．

54.　なぜ，この類の議論で必ず一般化や法則化が原因概念とセットになるのか．これにはヘンペル＝オッペンハイムスキーマの影響があったことは疑いようがない（Hempel & Oppenheim 1948, p.138）．デイヴィッドソンは the principle of the nomological character of causality という名前で，この見方を無批判に受け入れている（Davidson 1970b, p.208）．後の注59も参照．

55.　筆者の説明も参照（Kaneko 2012, sec.1）．

56.　金子 2017, sec. 4．これに比べると鈴木の「理由の因果説」と「理由説明の因果説」の区別は説得力がない（鈴木 2016b, p.6）．

57.　いわゆる法的因果（causation in law）である．ここではハート＆オノレが人間

相互間の交渉（interpersonal transaction）とした強調したものが念頭におかれている（Hart & Honoré 1985, p.2, pp.22-23）.

58. 鈴木 2016b, p.7, p.13; Danto 1965, pp.213-215.

59. ダントーは歴史の説明が因果的であることを認めている（Danto 1965, p.2, p.210）. 分析系歴史哲学は，科学哲学の流れで，自然科学の因果と歴史的因果の違いを明らかにしようとするのであるが，その際，手掛かりにされるのが，ヘンペル＝オッペンハイムスキーマ $\forall x\,(Fx \to Gx)$, $Fc / \therefore Gc$ である（前注54参照）. 果して歴史的因果を認識するのに，そのスキーマに現れる一般法則 $\forall x$ $(Fx \to Gx)$ が必要か否か，と問われる.

　法的因果についてだったが，筆者（金子）はこの問いに対し，ヘンペル＝オッペンハイムスキーマには納まらないものの，確率的な，というより確証的な一般化が必要であると答える（Kaneko 2012, sec .5（6））. 歴史的因果についてのダントーの答えも，これとほとんど同じである（Danto 1965, pp.212-213）. 前注53は，この議論を念頭に置いている.

60. しかしブルートゥス自身の口から（10）のBが語られたなら，そう（責任転嫁）ともなり得よう. ブルートゥスではなく歴史家が語るから，そう（責任転嫁）ではない，と言える.

61. 鈴木（2016b, p.21）が言っている「行為者の不在」とは違うことが，本文の議論から分かってもらえると思う.

62. ただ，生きている行為者に「なぜ……？」と問いかけるのではなく，アンスコムの基準をパスしている（§3），ということが重要である. 反心理主義の例でも，（2）（（5）），（3）（（6））のケースでは，確かに，生きている行為者に「なぜ……？」と問いかけている. しかし，それらはアンスコムの基準をパスする答えになっていない. なぜパスしていないと言えるのかが，責任転嫁と心的原因（§9～§10）を経て，歴史的ないし法的な原因に帰着させられた（§12～§13）. 次節では第三者視点という言い方もされている（§14）.

63. 前注19の鈴木の発言「たとえば心理状態が……」参照. 鈴木は筆者（金子）の議論をまとめるところで，筆者がクリプキの規範概念を取り上げたことに気づいていたにもかかわらず（鈴木 2018, p.87），規範を，規範理由で言われるそれに同一視してしまった.

64. 金子2017, 第Ⅱ部第一章.

65. 規範理由を論じる行為論の専門家には共通して，この嫌いがある（鴻 2016, pp.28-29）.

66. 鈴木 2016a, pp.7-8.

67. 見た目が悪くなってしまうので，注30に反し，ここでは「私」，「彼」といった表記は用いないことにする. 後の§15も同様とする.

68. 鴻が「べし」と言っているのがそれである（鴻 2016, pp.28-29）.

69. アンスコムの基準をパスしていなければならない，ということに注意してもらいたい（注62参照）. 規範理由では，たとえ行為者がそこに居たとしても，第

三者的な視点が取られるため（アンスコムのモチーフに従った答え手としての）行為者は不在だと言うこともできる.

70. 説明理由（動機理由），正当化理由（規範理由）の区別（鴻 2016, pp.28-29; 鈴木 2016b, p.13, p.23注12）すら効かない，という次元の話だということを理解してもらいたい.

71. 筆者（金子 2017, まえがき）が倫理を主題にすると断ったにもかかわらず，鈴木がそれをまったく考慮に入れなかったのは象徴的なことである. 鈴木自身はこんな風にコメントしている.「では本書副題にもある動機説で正確に何が意味されているのか，それは最後まで評者の理解できない点であった」（鈴木 2018, p.88）.「もし『[心の哲学のような現代哲学] とは違った話』なのだとしたら，どう違うのか説明が求められよう」（鈴木 2018, p.89）.「実践的三段論法を古典的な哲学者たちの思想の中に読み取ることで，どのような新しい論点が得られるのだろうか. 本書の後半を読んで，評者はその点に関する恩恵を被ることはできなかった」（鈴木 2018, p.90）.

72. 笠木 2016, p.1; 鴻 2016 p.27.

73. 筆者（金子 2017, pp.1-10）は科学的客観性あるいは因果性から引き離すことで，行為理由を主観の領域に根づかせようとしていた. それを鈴木は「心の哲学における物的一元論からの強力な議論をただ無視するということはできないだろう」と評している（鈴木 2018, p.89）. しかし，筆者は心の哲学を無視していない. §11で扱ったデイヴィドソンの非法則的一元論もそうだが，チャーチランド（金子 2017, p.145注55），ルイス（金子 2017, p.157注6）などをたどり，その楽観主義に違和感を覚えているのである.

楽観主義とは，つまり，心の哲学者は結局のところ，細部を現場の脳科学者に丸投げしている，ということである. たとえば鈴木 (2018, p.88 (1)) は筆者の脳科学批判を再批判するのだが，それは鈴木ではなく，脳科学者がやってはじめて説得力を持つ.（心の哲学が代表的であるように）哲学者が原因概念片手に通りすがりに批判したところで，細部を知らない者の観念的な批判に終ってしまう. 問題は，脳科学そのものを知っているかどうか，というところにある. そのためには科学そのものを学ぶ必要がある.

参考文献

Anscombe, G.E.M. (1957). *Intention*. Harvard U.P.
———. (1974). Practical Inference. [Anscombe (2006) 所収. ページづけもそれに従う.]
———. (2006). *Human Life, Action and Ethics: Essays by G.E.M. Anscombe*, ed. by M. Geach & L. Gormally. Imprint Academic.
Aristoteles. (300B.C.). *Ethica Nicomachea* with an English translation by H. Rackmman. Harvard U.P. [ページづけはベルリンアカデミー版による.]

Danto, A.C. (1965). *Analytic Philosophy of History*. Cambridge U.P.

Davidson, D. (1963). Actions, Reasons, and Causes. [Davidson (2001) 所収. ページづけもそれに従う.]

─────. (1970a). How is Weakness of the Will Possible? [Davidson (2001) 所収. ページづけもそれに従う.]

─────. (1970b). Mental Events. [Davidson (2001) 所収. ページづけもそれに従う.]

─────. (2001). *Essays on Actions and Events*. Oxford U.P.

Hart, H.L.A. & Honoré, T. (1985). *Causation in the Law, 2nd ed*. Oxford Clarendon Press.

Hempel, C.G. & Oppenheim, P. (1948). Studies in the Logic of Explanation. *Philosophy of Science, Vol. 15, No. 2*.

Kaneko, Y. (2011). The Normativity of the Mental: Zangwill and a Conservative Standpoint of Philosophy. *International Journal of Arts and Sciences, Vol.4, No.17*.

─────. (2012). The Confirmation of Singular Causal Statements by Carnap's Inductive Logic. *Logica Year Book 2011*. College Publication.

─────. (2016). The History of Biology and its Importance for Gender Studies. *Géneros, Vol.5, No.2*. Hipatia Press.

Raatikainen, P. (2007). Truth, Correspondence, Models and Tarski. *Approaching Truth*. College Press.

Russel, B. (1912). *The Problems of Philosophy*. Oxford U.P.

─────. (1918). *The Philosophy of Logical Atomism*. Routledge.

Searle, J. (1975). A Taxonomy of Illocutionary Acts. *Language, Mind and Knowledge, ed. by K. Gunderson*. Minnesota U.P.

Von Wright, G. (1972). On So-Called Practical Inference. *Acta Sociologica, Vol.15, No.1*.

秋葉剛史 (2014). 『真理から存在へ：＜真にするもの＞の形而上学』, 春秋社.

飯田 隆 (1995). 『言語哲学大全Ⅲ』, 勁草書房.

笠木雅史 (2016). 「現代行為論の展開」, 『科学哲学』第49巻2号. 日本科学哲学会.

加藤信朗 (1996). 『ギリシア哲学史』, 東京大学出版会.

金子裕介 (2017). 『新版 心の論理―現代哲学による動機説の展開』, 晃洋書房.

─────. (2019). 『論理と分析：文系のための記号論理入門』, 晃洋書房.

川島誠一郎ほか (2006). 『生物Ⅰ』改訂版, 数研出版.

倉田 剛 (2016). 「秋葉剛史著『真理から存在へ：＜真にするもの＞の形而上学』」, 『科学哲学』第49巻1号.

黒積俊夫 (1996). 「「何故？」と「何のために？」―アンスコム「実践知」論の検討」, 名古屋大学文学部研究紀要『哲学』第42号.

佐藤次高 (2007). 『詳説世界史』改訂版, 山川出版社.

鈴木雄大 (2016a). 「理由の反心理主義に基づいて行為の反因果説を擁護する」, 『科学哲学』第49巻1号. 日本科学哲学会.

─────(2016b).「行為の反因果説の復興」,『科学哲学』第49巻2号. 日本科学哲学会.

─────(2018).「金子裕介著『新版 心の論理―現代哲学による動機説の展開』」,『科学哲学』第51巻2号. 日本科学哲学会.

信原幸弘 (1999).『心の現代哲学』, 勁草書房.

鴻 浩介 (2016).「理由の内在主義と外在主義」,『科学哲学』第49巻2号. 日本科学哲学会.

(明治大学)

科学哲学 53-2（2020）

自由応募論文

知覚世界と脳科学
—前景効果と「心の自然化」—

古谷公彦

Abstract

The world of perception has the structural feature which we name the foreground influence. The influence clarifies the relation between the damages of brains and the conditions of the patients. Furthermore, the foreground influence explains the relation between the condition of the non-damaged brain and the looks of the world of perception. The foreground influence, which is not causal relation, makes landscape appear directly without representation. The information processing in brain operates as the foreground influence like many kinds of glasses. We will be able to realize the naturalization of mind only after we can clarify the physical nature of information and the virtual dimension which information processing produces.

はじめに

かつて脳の存在は一種のブラックボックスであり，神秘的な謎に包まれていた．20世紀の我が国が生んだ哲学者大森荘蔵は，ゼミにおける学生・院生の発言に対して「君の議論は大脳を神棚に上げている」といった言葉を述べたりしていた．その後の脳科学の発展の結果，現代では様々な「脳の不思議」が明らかにされ，脳は神棚から降ろされた感がある．しかし，そのためかえって大森が「脳産教理（脳の働きに<u>よって</u>心の働きが生まれる）」「世界脳産の教義（世界もまた脳の働きによって産出される）」(1994：208-9) と呼んだ考え方が生まれ，それが多くの脳科学者を含め，大多数の人々の間に根付いてしまっているかのように見える．残念ながら，そうした状況を払拭するような，脳科学の知見を踏まえた上で，脳の働きを哲学的に見渡しのきく

2018年11月5日投稿，2019年12月17日再投稿，2020年8月27日再々投稿，2020年12月27日審査終了

形で整理した議論には筆者は寡聞にして未だ出会えていない．しかし，大森が脳を神棚から降ろす意図で始めたと思われる議論が，一つの次元において，脳の不思議を一貫した形ですっきりと見渡しのきく眺望へと導いてくれる．そして，大森の教え子筋にあたる野矢茂樹が『大森荘蔵──哲学の見本』(単著)『大森荘蔵セレクション』(野矢共編)等において大森哲学の灯を継承し，『心という難問』において大森の議論を踏まえた上での独自の立場をまとまった形で提唱している．この著作は，大森の議論を引き継ぎながら，大森にはなかった独自の理論を展開し，他の現代哲学の議論とは一線を画すような議論を提示している．その意味で，大森哲学を継承したうえでの現代哲学における大きな成果であるということができる．ただ残念なことに，野矢の議論は肝心のところでその可能性を自ら閉ざしてしまった面があり，本稿で論じる脳科学と大森哲学との発展的相互作用の可能性を切り開き損ねてしまっている．とはいえ，野矢哲学では，大森哲学の段階では萌芽的なアイデアにとどまっていたものを本格的な理論装置へと発展させたものもある[1]．

　因みに，大森自身の議論は時期によって大きな変遷を示し，晩年には脳科学に根本的な疑問を提出する論文も書いてもいる[2]．こうした経緯を踏まえれば，本稿の前半は基本的に「中期大森哲学」と呼ばれる時期の議論を引き継ぎながら，その延長線上にある野矢哲学も含め，その理論装置を本稿なりの形で用いることで知覚世界と脳科学の関係を解明することを目指しているということができる．そして，後半では脳の情報処理を前景効果として捉えることがどのような位置づけとなるかを確認した上で，鈴木貴之が「意識のハード・プロブレム」に挑んだ著作 (鈴木 2015) と戸田山和久の力作『哲学入門』(2016) を手掛かりに，「心の自然化」「意識のハード・プロブレム」の解決への鍵を示していきたい．

1　前景効果と脳科学──知覚世界の構造的特性

1−1　大森＝野矢哲学と前景効果

　私の前に展らける世界は，私の身体，とりわけ感覚器官をやや漠然とした原点とする遠近法的構成を備えている．このような構成がパースペクティブ編成であり，私たちが日常的に経験している知覚世界のあり方である．つまり，知覚世界は身体，感覚器官 (そして脳) がある広がりをもった「原点」となる遠近法的，つまりパースペクティブ的編成をなしている．そして，サールの言う「一人称の存在論」(1998：42, 2004：79/2006：153) が前提とさ

れている描写に関わるこの知覚世界の構造的特性に関しては，主として独我論的ともいえる手法で一人称的な観点から世界の見え姿を解明してきた大森哲学こそが大きな手がかりを与えてくれる[3]．というのは，大森は前景効果と言うべき概念を導入し，この概念と物理的因果関係との違い，そしてそれら相互のあり方の関係を明らかにしようとしたからである[4]．まず，知覚世界における前景効果を明らかにするために大森は，赤いセロファン（大森1976：46），赤メガネ（1981：246, 1982：135）を透してみると，世界全体が赤味がかって見えることを問題にする．これは，ごく当たり前の日常的な身近な事実であるが，このことについて大森は次のように説明していく．私たちの視覚に関しては「何か半透明体があればその向こうの事物が「透けて見える」という透視（シースルー）効果，不透明体があればその向こうは遮蔽されて見えないという遮蔽効果がある.」そして「透視効果の場合，中間の半透明体に何か変化が起きれば，あるいはそれが除去されれば，その方向の視覚風景は当然変化する.」だから赤メガネなどを透してみる場合「壁に何らの物理的変化を及ぼす作用もないのに赤く変わって見える，ということに何ら「（作用伝播的）原因による説明」は不用」（1981：247-8）となる．そしてこの効果は「赤い液を眼球に注入し，さらに同じ赤化の効果を持つ薬物なり電気刺激なりを視神経，または皮質細胞に与える」場合も変わらない（1976：46）．そして「視神経や大脳は外部から見れば不透明体である．しかし健康な状態にあっての視覚風景においては透明に「見透されて」いる.」「しかし脳や視神経に異常が生じればそれは私の視覚風景の中でも不透明になりうるのである．そしてそれらより前方以遠の風景にも異常が生じる」（1982：134）．つまり脳が視覚風景を「因果的に生み出している」のではなく，脳が変化すればその部分を見透した向こう側の風景にも変化が生じるという効果があるだけなのであり，「同一の「実物」が異なる前景を「透して」見れば異なって見える，それだけのことである」（同135）としている．そして，この洞察は，脳と知覚世界の関係を捉えようとするときにきわめて重要なものとなる．この点は野矢茂樹もその重要性を強調し次のように述べている．「大森はこのことにきわめて重要な意義を見出した．青いサングラスをかけると風景が青くなる，この日常の事実，誰も否定できない平凡な変化のあり方が，物理学的な因果関係では語れない．その驚きが大森の脳透視論を支えている．そして大森は，まさにそれと同じ変化のあり方を脳と知覚の間に見てとったのである」（野矢 2016：279）．まさに前景効果こそが，知覚世界の構造的特性をなしており，この特性が脳科学の理解にとって決定的な役割を果たすことになる可能性を持っていた．しかしこの慧眼は残念ながら，大森

自身によってはほとんど活かされることはなかった．ただ，「脳や神経の如何なる変化がすなわち，外部風景の如何なる変化であるのか，それをわれわれはほとんど知らない，というだけである」（1982：135-6）という時代制約的な記述が残されているのみである[5]．しかし，21世紀の20年代に生きる現代の私たちには，脳に障害を負った様々な患者の人たちの症例研究の情報が与えられている．脳に障害を負うことによって，様々な症状を現出し，それに伴う知覚風景の変化について多くの事例が報告されているのである．

1-2 様々な脳損傷と前景効果としての諸症状

大森はまた「光学的見地からみるならば大脳は光学系の一要素なのである」（1981：251）とも述べているが，確かに脳には視覚的な情報処理を行う部位が広範にわたって存在し，また視覚に関する様々な情報処理が多くの部位で行われていることが分ってきている．例えば，ラマチャンドランとブレイクスリーの『脳のなかの幽霊』（大森が亡くなった翌年に原著が刊行され，さらにその翌年の1999年に日本語訳が出版された）には脳を損傷した人たち等の症例の呈する様々な「脳の不思議」が盛り込まれており，そこには次のように述べられている．「人間の脳には，像を処理する領域がいくつもあって，それぞれが複雑な神経ネットワークで構成され，像から一定の情報を抽出するよう特殊化している」（1999：102-3）．まず，「眼球から出たメッセージ」は「視神経を通って，脳の後方にある視覚皮質（一次視覚皮質と呼ばれる領域）に到達し，そこで「分類，編集の作業」が行われる．つまり「余分な情報や不要な情報が大量に処分され，視像の輪郭をはっきりさせる属性（縁$_{エッジ}$など）が強調される．」「こうして編集された情報は，人間の脳に30ほどあるとされている別々の視覚野に中継され，これらの視覚野のそれぞれが，視覚的世界の地図のすべて，あるいは部分を受け取る．」そうした領域は「それぞれが高度に特殊化して，視覚風景のさまざまな属性——色彩，奥行き，動きなど——を抽出しているらしい．これらの領域の一つあるいは複数が，選択的に損傷を受けると，神経科の患者に多数みられるたぐいの奇妙な心的状態に直面する」と述べている（同108-10）．このことは，脳の損傷がまさに前景効果として，「奇妙な心的状態」を出現させてしまうことを示している．

ラマチャンドランらはその一つとして「運動盲」の患者の例を挙げている．その女性患者には「側頭葉のMT野と呼ばれる領域に両側性の損傷があった．視力はたいていの点では正常だった．物の形を見分けることもできたし，人の顔もわかり，本も問題なく読めた．だが，走っている人や道路を

走行している車を見ると，連続的な動きがなめらかには見えず，静止したストロボ撮影のスナップ写真の連続のように見える.」そのため，「向かってくる車のスピードの見当がつか」なかった（同110）という．視覚において運動把握に関する情報処理を担うMT野の損傷が特殊な「遮蔽効果」を呈し，透明で安定的に運動をとらえることができた視野のあり方が変化をきたし，運動に関しての視覚情報を統合できなくなってしまうのである．そのため，連続的な変化をスムーズに把握することができなくなるという「即ち」の変化としての「運動盲」の症状が現れる．まさに前景効果の特殊な形であることを見事に示している.

　また，そのすぐ後には「色盲」の例が挙げられている.「色覚」に関わる「V4野と呼ばれる領域が両側とも損傷を受けると，患者は完全な色盲になる．（これは，もっとよくあるタイプの，眼のなかの色を感受する色素が欠損しているために起こる先天的な色盲とはちがう）」という（同書 110）．これもまた，色に関する情報処理を行う皮質の損傷による一種独特の遮蔽効果としての前景効果である.

　さらによく知られているのは，まさに遮蔽効果として「目が見えない」という意識をもたらしながら，何故か見えているかのような反応ができるという非常に特殊な「透視効果」を伴う「即ち」の変化を呈する「盲視 (blind sight)」と言われる不思議な症状である．視覚に関して基本的な処理を行う第一次視覚野に障害を負うと，「何が見えているのか全くわからないのに，目に映ったものに反応する」（ゲルダー 2013：45）つまり「視覚野を失ってもかなりの視覚能力（動きの感知や形の識別など）が残っている」（同46）ということである．こうした症例に詳しいワイスクランツは「二つの視覚経路が役割分担をしていると考えると，このパラドックスが解決すると述べている」（ラマチャンドラン等 1999：114）．つまり，「一次視覚皮質を失って盲目になったにもかかわらず，系統発生的に古い「方位」の視覚路は無傷で，おそらくこれが盲視を成立させていると考えられる.」「つまり，「見ている」と意識されるのは新しい経路だけで，一方の古い経路は，何が起こっているのかをその人がまったく意識していなくても，あらゆる行動に視覚入力を用いることができる」という（同114）．そして「一つの可能性として，古い経路が一種の早期警報システムとして保存され，ときに「方位」と呼ばれるものに関与しているのではないかと考えられる」という（同111）．一次視覚野の損傷が視覚の意識に関しては遮蔽効果を及ぼしながら，意識を伴わない別の迂回経路が視覚に基づく行動を可能にしているという一種独特の透視効果をもたらす前景効果と捉えることができる[6].

本田仁視は同じく1998年に出版された『視覚の謎』において，これらの症状に加えて，「飛び跳ねる世界——前庭系障害」「物の位置がわからない——視覚性定位障害」「二次元の視覚世界——立体視の障害」「意味を失った世界——視覚失認」「消えない視覚像——反復視」といった脳や関連器官における損傷が引き起こす様々な症状の報告を慎重な記述において紹介している（本田 1998）．その意味で様々な側面の情報処理を行う「色メガネ」がそれぞれの脳領域に備わっており，それらの絶妙な組み合わせのもたらす前景効果によって，透明な視界が安定的に広がっている状態が実現されていることがわかる[7]．

1−3　健常な脳における前景効果

ところで，脳が前景効果を呈するのは，障害を負った場合のみに限らない．というのは，近年の脳科学では，非侵襲的な形で健常な脳の働き方を画像化する装置（「機能的磁気共鳴画像装置fMRI」や「近赤外線分光法NIRS脳計測装置（日立の登録商標では「光トポグラフィ」）」等）が開発され，脳障害の症例ばかりでなく，健常者の脳の働き方の知見も蓄積され，それらが前景効果と確認できるからである．例えば，顔画像を見ているときに強く活動する「顔領域」なるものが側頭葉底部の特に「紡錘状回」と呼ばれる部分に見出されている（坂井 2008：46）．私たちが何かというと様々なものに関して人の顔を見て取るのは，この顔認識領域がよく働くためであるとされる．自動車のフロントの印象が車によってきつい感じであったり，ほんわかした感じであったりするのもしかり，また，心霊写真の多くがこの領域の「過剰反応」によって生み出されていると言われもするが，これはいわば，生得的な前景効果であるといえよう．そして，この顔領域が障害されると，本田の著作でも紹介されている，人の顔がわからなくなってしまう「相貌失認」という症状が出てくる．目が見えないわけではなく，ものの区別にも問題はない．問題は人の顔の見分けがつかないことだ，と坂井克之は述べている（同：46）．このことは顔領域における顔の認識が前景効果であることを確認させるものであるとともに，この相貌失認もまた別の形の前景効果であることが明らかになる．

この相貌は顔の認識に関わるものであるが，野矢茂樹は大森の「風景の相貌」（大森1976：32）の概念を発展させ，より一般的な「相貌論」を体系的に展開している．「世界の現われは，対象のありかたに加えて，空間と身体と意味という要因が絡みあった現象であ」り「空間と身体という要因から世界の現われを説明する試みを」「「眺望論」と呼」び，「意味という要因から世

界の現われを説明する試みを，「相貌論」と呼ぶ」(野矢 2016：70-1) と述べ
る．そして「知覚的眺望はなんらかの意味を持っている．意味に応じて異な
りうる知覚の側面を私は「相貌」と呼ぶ」と述べ (同197-8)，「知覚を取り
巻く時間性と可能性という要因を取り出すため，「物語」という言葉を用い
る」として「物語は現在の知覚を過去と未来の内に位置づけ」また，私たち
は「反事実的な可能性の物語も語りだ」し，「知覚はこうした物語のひとコ
マとして意味づけられる．物語に応じて異なった意味づけを与えられる知覚
のこの側面が「相貌」である」(同：200) とも述べる．そして知覚について
「概念・記述・思考・感情・価値・技術・意図という，いわば「知・情・意」
のすべての要素にわたって，それらが物語を開き，それによって相貌をもた
らす」と述べて (同：236) それぞれの要素についての説明を行っている．こ
れは本稿の議論からすると，「知・情・意」のすべては脳の情報処理と「即
ち」の関係にあると言えるから，まさに前景効果のあり方を体系的に説明し
てくれるものだということができる．野矢はまた「身体という要因から捉え
られた世界の現われを「感覚的眺望」と呼ぶ」とも述べているが，身体状態
(脳もその重要な一部) こそ典型的な前景効果をもたらすものであり，野矢
の議論はこの面でも生かすことができる．

2　脳の情報処理と「心の自然化」

2-1　前景効果としての脳の情報処理──「知覚はじかに立ち現われる」

　野矢は「脳状態に異常が生じて，眺望に異常が生じる場合は見透かし効果
であり，眺望が奪われてしまう場合は遮蔽効果と言えるだろう．」「ポイント
は脳状態の異常によって引き起こされる眺望の変化が物理的因果関係でない
ということにある．」「「見透かす」とは，それが物理学的な因果関係ではな
いということを自覚し強調したうえで，あるものごとが眺望に影響を与える
という事実を認めようとする態度の表明に他ならない」(2016：281) と述べ
ており，まさに本稿の言う前景効果とぴたりと合致する．ただ，残念なこと
に，野矢は「知覚を生み出す」という言葉にとらわれてしまって次のような
叙述にいたる．「なるほど神経や脳は感覚的眺望を生み出し，それによって
知覚的眺望の現われ方を変えうる．しかしそれは，知覚的眺望を生み出す力
ではない．」「遮蔽効果は知覚的眺望を経験できなくさせる．しかし，ある経
験を奪うことができるからといって，その経験を生み出しうることにはなら
ない．」「ここにおいて，私はやはり大森の用いたアナロジーに訴えたくな
る．サングラスやついたては知覚的眺望を変化させたり奪ったりする効果を

もつが，知覚的眺望を生み出す力はない．同様に，水晶体にも知覚的眺望を生み出す力はない．そして同様に，脳もまた」（同：287）と，脳には，知覚を生み出す力がないことを強調し，脳と知覚の関係にそれ以上ふれようとはしない．これを筆者なりに解釈すると，脳は異常をきたさない限り，透明であるため脳透視によって実在を直接認識できる，ということであり，そのため「空間という要因から捉えられた世界の現われ」としている「知覚的眺望」は「有視点的に把握された世界そのもの」（同：290）だとして，「素朴実在論への還帰」（同：243）を帰結することになるのだろう[8]．

　しかし，脳の情報処理がもたらす前景効果は否定することはできない．そこで，知覚における情報伝達，情報処理のあり方をあらためて考えてみよう．一見すると，少なくとも，眼の構造に関わるまでの光学的に説明可能な部分までは，比較的単純な情報伝達のあり方として前景効果をとらえることができるように思われる．そして，その情報伝達は物理的過程とほぼ同じ場所に重ね描きすることができる．それに対して，脳の情報処理による前景効果というものは，未だブラックボックス的側面を抱えており，様々な視覚野における情報処理と前景効果の関係は今後の解明に待たなければならないように思われるかもしれない．かつては，筆者もそのように考えていたが，実は，脳の情報処理もまたサングラスと同様の透視効果をもっていると考えることができる．脳の視覚に関する各領域が情報処理をしてさまざまな「メガネ」の役割を果たすことで，それらが組み合わさって安定的で透明な視覚風景を実現する情報抽出が行われるのである．サングラスをかけて物の色合いが変わって見えても「じかに」立ち現われていることに変わりがないのと同様に大脳の情報処理が前景効果をもたらしてもやはり物は「じかに」立ち現われていることになる．情報処理は情報抽出という形で風景がじかに立ち現われることを可能にしているのだということができるのである．つまり，メガネをかけることと，水晶体・網膜・視神経を情報が通過することがともに前景効果をもたらすならば，同様に第一次視覚野をはじめ様々な視覚野における情報処理もまた，前景効果をもたらすということに論理的な位置づけとして異なるところはないと言える．前景効果であるならば，やはり，知覚はじかに立ち現われているという点に変わりはないのである．そして，野矢の言う身体の条件が知覚に影響を及ぼすという感覚的眺望や先にふれた相貌論のあり方もまた前景効果である限り，知覚がじかに立ちあらわれる構造に影響を与えない．と同時に知覚がこのような前景効果を免れない，という点で筆者の立場から言えば，野矢哲学においては素朴実在論の「素朴」は当てはまりようがないのである．

そして，知覚がじかに立ち現われるということは，過去透視と大森が呼ぶ事態についてもいえる．というのは情報が抽出される限り，時間的な「ずれ」があったとしても知覚はじかに立ち現われるという構造はここでも成り立っているからである．「例えば，一光年のかなたで爆発がちょうど今から一年前に起きたとしよう．」「私はここでも「実物」解釈が可能であると考える．昨夜見えた閃光は一年遅れの「像」ではなく，一年前の爆発そのものである，と解釈しうるというのである．我々には過去が文字通り直接に見えているのだ，と．われわれの視覚風景の空間的奥行きは，同時に時間的奥行きでもある，と．」（大森1982：112-3）「今宵の今現在，過去の星がじかに見えている」「視覚風景は過去の透視風景であり，それは空間的奥行きとともに，それと連動する時間的奥行きをもつ」（同：vi）ことになる．「こうして，「像」解釈を拒否して「実物」解釈をとるとき，脳を透して過去を見る，という図柄が浮かびでてくる」（同113）わけである[9]．

2−2 「意識の自然化」と物理的世界における情報の位置づけ

2010年以降の日本の哲学界においては，野矢の『心という難問』と並んで，筆者の知る限り重要な著作があと二つ出版されている．一つは，意識のハード・プロブレムに果敢に挑んで「玉砕上等」という結果を自称している鈴木貴之の『ぼくらが原子の集まりなら，なぜ痛みや悲しみを感じるのだろう』であり，もう一つは「壮大な構想」を実現している戸田山和久の『哲学入門』である．本節は本稿のこれまでの議論を踏まえ，この二つの著作を手がかりにして，チャーマーズの「二相原則」にとらわれない物理主義からの「心の自然化」に向けて，知覚世界及びそれを成り立たせる構造の問題を考えていくことにしたい．

鈴木は，サールやドレツキに倣って「知覚状態や信念など，人間の心的状態は，他の表象が存在することを前提とすることなしに，志向性を持つ．これにたいして，文や絵画は，信念や意図などの心的状態をもつ人間が，それらを特定の仕方で生み出したり，利用したりすることで，はじめて志向性を持つ．このような観点から両者の志向性を区別すれば，心的状態がもつ志向性を本来的志向性，文や絵画がもつ志向性を派生的志向性と呼ぶことができる．この区別にもとづいて」「本来的志向性を持つ表象を本来的表象，派生的志向性を持つ表象を派生的表象」と呼ぶ（2015：129）．

この本来的志向性を物理主義的にとらえることによって，「本来的表象は，意識経験であるという見方」を提唱する（同158）．その見方によれば，「意識経験を持つことは，世界とある特定の仕方で関わることに他ならな

い．そしてそれは，本来的表象を持つことによって可能となるのだ」（同159）としている[10]．この見方によれば「意識経験において見出されるのは，経験主体がどのように世界を分節化するかに応じた，事物の性質だということになる．経験される性質とは，経験主体の表象システムのあり方に相対的な，外界の事物の性質」で「経験される性質は，物理的性質には還元できないもの」だとしている（同：172）．そして「物理的性質を持つ事物からなる環境のなかに本来的表象を持つ生物が存在するという，それ自体としては物理主義的に理解可能な事態が成立することによって，物理的性質に還元不可能な性質が，物理的世界の構成要素となる」と述べ，「このような考え方を，自然主義的観念論と呼んでもよいだろう」としている．「意識の自然化における物理主義者の真の課題とは，意識経験を他のものに還元することではなく，意識経験に物理的な世界における独自の身分を与えることなのだ」としている（同：178-9）．

　ここでいささか唐突に見えるかもしれないが，チャーマーズの『意識する心』第8章にあたる「意識と情報」と題された章に着目したい．そこには，「われわれが現象的に実現される情報空間を見いだすときは，必ず物理的に実現されている同じ情報空間が見つかる．そして，ある経験がある情報状態を実現するときには，同じ情報状態が経験の物理的基質に実現されている」と述べられ（同350），「情報空間のこの二重の生が，深いレベルの二重性に対応しているということは，ごく自然に想像できる.」「情報の二重実現に関わる原則を膨らましていくことで，物理的な領域と現象的な領域を結び付けることができるかもしれない」と（同352）「二相原則」を提起する．チャーマーズの用語法では，「経験」や「現象的」は意識における現われを示しているので，「意識に現れる情報状態」と「物理的に実現されている情報状態」とが対応しているという二相原則となる[11]．しかし，筆者には，このチャーマーズの二相原則は，経験＝現象的な領域（つまり，意識）と物理的な領域を分けてしまったうえで，両者を橋渡ししようということになり，あまりうまくいきそうもない方法論に思える．そして，鈴木の議論においても，情報という言葉を一切用いていないにもかかわらず，何故かこの二相原則的な発想にとらわれてしまっているようにも思われる．

　それに対して，先に挙げた『哲学入門』において戸田山はドレツキに倣いながら，物理的な領域に情報を位置づける手掛かりを与えてくれる．はじめに「意味，価値，目的，機能」といった「日常生活を営む限り，あるのが当然に思われるが，科学的・理論的に反省するとホントウはなさそうだ，ということになり，しかしだからといって，それなしで済ますことはできそうに

ないように思えてならないもの」を「存在もどき」と呼び，自らを唯物論者と宣言し，「存在もどきたちをモノだけ世界観に描き込むこと」という「スリリングな課題」が与えられていると述べる（2014：018-9）．このモノだけ世界観において，情報はどのように位置づけられるのか気になるところだが，戸田山は，情報に関するドレツキの次のような構想を紹介している．それは「(1) この世界は情報の流れとして捉えることができる．つまり情報は自然現象である．」「(2) したがって情報が流れるには解読者は必ずしも必要ない．情報は客観的存在者であり，その産出，伝達，受信に意識をもったエージェントによる解読を必要としない．(3) むしろ知覚とか知識の方を情報概念を元にして解明していくべきである」（2014：165-6）といったものであるが，まさにこの構想こそが「意識の自然化」につながるものだと筆者は考える．鈴木は，ドレツキの『心を自然化する』の訳者であり訳者解説で『知識と情報の流れ』にふれておりながら，自身の著作にはなぜか，この構想についての言及がない．この構想を積極的に取り入れていれば，鈴木は，「それ自体としては物理主義的に理解可能な事態が成立することによって，物理的性質に還元不可能な性質が，物理的世界の構成要素となる」などと言わずに「物理主義的に理解可能な仕方で情報が抽出され，その情報が意識の構成要素となる」といった簡潔な言い方ができたはずである[12]．因みに，鈴木はドレツキの翻訳書の訳者解説において，「表象主義によれば，われわれの経験とは，脳状態にほかならず，われわれの経験内容とは，脳状態の表象内容にほかならない」（ドレツキ 2007：251）と述べているが，本稿の議論からすると，知覚における脳の情報処理状態は前景効果をなし，対象はじかに立ち現われる，となり表象はいらないことになる．鈴木が本来的表象を備える生物のあり方を「自分自身と離れた世界のあり方に応じて，行動を変えることができ」「遠位の事物に対して行動できる」タイプとして，このタイプの「生物では，感覚器官の活動が別の内部状態に変換される．そして，この内部状態が，生物の行動を決定する．この内部状態が，本来的表象だ」（鈴木 2015：133-4）としている．遠位の物体に対する表象，という発想も動物が進化の過程で情報処理に特化した細胞である神経細胞を脳や各種神経系へと発達させ，その情報処理を高度化することで，前景効果を可能にしていく過程としてとらえていけば，じかなる立ち現われへと解消できるだろう．神経活動の情報処理が前景効果となり，遠位の事物がじかに立ち現われているとなれば，表象の居場所はなくなるのである[13]．

　戸田山の著作に戻ると，「志向的表象は因果連鎖の途中をすっ飛ばして最も遠くにある因果的先行者を表象することができるように思われる」という

事柄に関わる「ターゲット固定問題」(戸田山 2014：226) は，「志向的表象と自然的記号を区別し，志向的表象の成立には，」(情報を利用する役割を担う)「消費者が関わるということを理解すれば」解決するという．例えばある「視覚像は，それから因果連鎖をさかのぼっていって」対象「に至るまでの経路に生じているすべての事態，例えば視神経の興奮，網膜像，光子の流れなどについての局地的自然情報もぜんぶ入れ子にして運んでいる．一方，志向的記号でもあるような自然的記号は，その情報の一部だけを志向的に運ぶ．それが志向的に運ぶ情報は，それがその情報を運ぶために選択されてきたような情報，つまりそれを使う消費者が利用するような情報だけである」からだという (同227-8).

　この戸田山の説明は，分かりやすさが売りの著者の議論としては大変わかりづらいものである．志向的に運ばれる情報は，消費者が利用するような情報だけ，というのはどのようなことなのか分からない．むしろ，脳の情報抽出はデネットが言うように「しばしば指摘されることだが，知覚における脳の仕事とは，感覚器官に衝き当たるエネルギーの流れの中から，注目に値する特徴だけを抽出し，それ以外は取り除き，無視することである」(デネット 2019：201) ということなのではないか．膨大な情報量から，必要な情報を抽出することによって知覚において風景が「じかに立ち現われる」ことになるのである．

　ところで「意識の自然化」つまり，「世界のミクロ物理的なあり方が決まれば，世界のあり方がすべて決まる」という物理主義の把握の仕方が意識に関しても成り立つという (鈴木 2016：15-20) 議論についてみれば，意識を含めて心というものが「情報現象」であり，情報が物理学において適切に位置づけられ，その本性が少なくともその核心部分において解明されているのなら，ごく自然に受け入れられることになるはずである[14].

　ただ，筆者は肝心の「物理的な意味での情報とはそもそもどのようなもので，いわゆる「物理学の完全性」(クレイン 2010：72) においてのどのような位置に情報が所を得るのか，という問題」については寡聞にして説得力のある議論に出会えていない．思うに，物理学において存在するもののリストには，物質＝エネルギー，それらを成り立たせる，重力や電磁の「場」が入っているのみというのが，標準的な理解ではないだろうか．情報はその中にどの様な位置が与えられることが可能なのか．情報には，質量やエネルギーが備わっているのだろうか．備わっているとしたら，情報を担い，伝達するとされる光＝電磁波，その他の波動，粒子と区別されるような質量やエネルギーなのか．もしそうなら，担い手である，波動や粒子とどのような関

係にあるのか．逆に，もし質量もエネルギーも備わっていないのなら，情報は，物質＝エネルギーに対していかにして働きかけることができるのか．こうした問題が明らかになれば，これまで物理的事物と「心の作用」との関係として立ちはだかってきた諸問題，心身の相互作用，心的因果，スーパーヴィーニエンス，等々は「情報と物質＝エネルギーとの間の関係」もしくは「物質＝エネルギーに対する情報制御」の問題として読み替えられることとなる．そして，この様な読み替えが説得力のある形で実現され，物理学の枠組みが根底的な形で再編成されることによってはじめて「意識の自然化」，「心の自然化」が成し遂げられると思われる．

例えば，社会学の分野で早くから情報科学に着目し，その社会 (科) 学への適用を行ってきた吉田民人は『自己組織性の情報科学』において，情報を最広義，広義，狭義，最狭義の４つのレベルで定義を挙げている．物理的世界における情報のあり方に関わるのが，「最広義の情報」であり，「「物質－エネルギーの時間的空間的・定性的定量的なパタン」と定義される」ものである．また「「パタン」を「相互に差異化された＜差異の集合＞」と規定することもできる」という (吉田 1990：3)[15]．ただ，この定義で，可視光線も含めた電磁波がもたらす情報，特に５Ｇに象徴される高周波数の電磁波が瞬時にもたらす膨大な情報についてどのように説明できるのか，筆者には現状ではよくわからない．また先ほど挙げた，情報と物質＝エネルギーの関係にまつわる疑問ついても答えてくれているようには思えない．その意味で，今後の研究に待たざるを得ない，というところも確かにありそうである．しかし，情報について，現在の経験科学の研究法では決して明らかにしえない側面でありながら，意識のハード・プロブレムを解明していく上で，おそらくは避けては通れない問題に立ち向かう道を，哲学は切り開いていくことができる．それは，いわゆる「志向性」に関する不思議を解明する道である．

経験科学の方法論では，当然のことながら，３次元空間と時間次元 (相対論的に言っても，大森哲学の空間的時間的「奥行」の考えから言っても，４次元時空間と言いかえることができる) が前提とされている．私たちの生活も知覚世界や身体的なあり方は，この現実の４次元時空間での「ここ，今，この現実」を離れることはできない．知覚は脳を前景効果とせざるを得ない，この視点からの現在の有視点的世界把握であり，身体運動もこの身体が今，ここで行うものである．その意味で，感覚神経とその延長上の感覚野，運動野とその「指令」を受ける運動神経は，４次元時空間と切り離すことができない．そして自然科学としての経験科学の方法論もまた，４次元時空間を前提としている．

しかし，大脳には感覚野や運動野から相対的に自律して情報処理をする領野も多い．というよりも，人間精神の真骨頂は「ここ，今，この現実」を離れ，4次元時空間の束縛から自由になった情報処理活動にあると言える．未来の予測，過去の想起，想像や空想，とりわけ抽象的思考等を可能とし，科学技術はもちろんのこと，人類の膨大な文化・文明の蓄積を築き上げてきた「精神活動」はすべて，「知覚と運動の「ここ，今，この現実」への束縛」から解き離された脳の自律的な情報処理の結果生み出されてきたことは，言うまでもないことである．このような脳の自律的な情報処理は，物理的4次元時空間を「超え出る」もう一つの次元，情報が可能とするヴァーチャルな次元を生成することで，成立していると考えられる．つまり，知覚においてこそ情報の伝達は，物理的因果を通じて行われ，時間空間的制約がかかるが，ひとたび意味としてその情報が転換されれば，アンドロメダ星雲（戸田山2014：014）でも「カエサルがルビコン川を渡った」（サール 2006：210）でも，時空を飛び越えて志向することが可能となる．それは4次元時空連続体を「超出する」ヴァーチャルな次元が情報的に成立しているからである．

　クオリアの問題が解明困難であるのは，実は4次元時空間から離れられない知覚のレベルだけでとらえようとしてきたためだと考えられる．また，大森が脳透視に関して「「底」はどこにもない」と言いつつ「視覚風景にも」絶対零度や単調増大収斂数列のように「「底」はないが限界はある」（1982：133）と述べたことを改訂すべく，「脳の中のホムンクルス」の問題もヴァーチャルな次元の生成の解明に待たなくてはならない，と考えられる．ホムンクルスは4次元時空間における「頭の中」にはおらず，そこを「超え出たもう一つの次元から」4次元時空間を「眺める」ことによってはじめて無限後退に陥ることなく成り立つと言える．つまり，「意識のハード・プロブレム」の解法の鍵となるのは，脳が4次元時空間の物理的世界に密着している感覚入力−運動出力系から相対的に自律化して，物理的4次元時空間を「超出」するヴァーチャルな次元を生成することで脳が独特の情報的世界を実現するあり方を解明することにある．そしてこのことは，4次元時空間を前提とした経験科学ではなしえないことであり，哲学が主導していかざるを得ない問題である．そして，この発想がトノーニらの「統合情報理論」（マッスィミーニ，トノーニ 2015）か，渡辺正峰の「アルゴリズムによる生成モデル」（渡辺 2017）か，どちらと整合性を持つのか，それとも二つの理論をさらに深いレベルから統合するような発想が要請されるのかは，今後の課題であり，いずれにせよ本稿に続く形で，この巨大な課題群が控えていることは確かである．

注

1. 例えば，本稿では扱うことができなかった大森哲学の重要な議論として「重ね描き」に関するものがある．野矢茂樹は大森との議論を意図した論文集（野家編1984）において重ね描きを批判的に問題とし，それに対する大森の応答もあるが，筆者としては近年の野矢哲学の最重要な議論の一つである，「無視点的把握」と「有視点的把握」の対比を踏まえて，有視点的把握に対する無視点的把握の重ね描き，という議論を別の機会に試みる予定である．

2. 晩年の大森は「無脳論の可能性」「脳と意識の無関係」という二つの論文（1994所収）を著わし，脳科学の発展に伴って人々に浸透しつつある「脳信仰」に対する異議申し立てを行っている．その申し立ての内容は検討に値するものであるが，それは別の機会に行うことにしたい．ところで，野矢茂樹は『大森荘蔵——哲学の見本』において，野家啓一が「大森哲学を「前期」「中期」「後期」に区分している」ことを紹介し（2007：25），ほぼそれを踏襲しているが，本稿の前半は後期大森哲学の議論とはやや離れた形で論を進めることとなる．

3. 野矢は「大森は生涯経験主義者であり，かつ，ついでに言わせてもらうならば，独我論者であった」と述べている（2007：181）が，後半については筆者も同意見である．

4. ただ，大森自身はこの前景効果という言葉を用いておらず，時期によっていくつかの用語で言い換えており，それらは時期を追うごとに誤解を招きやすい用語となってしまっている．もともとこの前景効果の発想は大森によって「全体の一部に物理的変化（点位置変化）が起こることによって全体の相貌が，したがって他の部分の相貌が共変する」という「共変変化（または共変）」の一種として導入された．そしてこの時，大森は「脳の変化によって風景がその相貌を変えるのも」「因果的変化ではなく共変変化なのではあるまいか」（大森1976：45-7）と述べている．そして大森は後に，「脳変化は外部風景変化の原因ではあるが因果的原因ではない．私はそれを前景因と呼びたい」（1982：136）としているが，この時点から用語の混乱が始まるようである．原因でありながら因果的原因でない，という言い方が，後年の「傷害因果」（1994：212）「透視因果」（同：232）というさらに混乱を招く用語を呼び込むきっかけとなっていると思われる．前者は「脳細胞の一部に損傷を与えたときに視野に例えば視野欠損のような傷害が起るといった」ものであり（同：212），後者に関しては「過程の初発部に何かの変化があればその終端部にそれが及ぶのが通常の因果であるのに対して，前景の何かの変化はそのまますなわち背景の変化であるのが透視因果である」と述べ，その例としてお馴染みの赤メガネを挙げている（同：232）．こうしたことからもこれらを，大森が初めにこの効果にふれたとき「遮蔽効果と透視効果」と呼び，次にこの効果にふれたとき「前景因」と呼んだことを踏まえ，誤解を招くことの無い「前景効果」と呼びかえて混乱を取り除き，この言葉を用いて行きたい．

5. とはいえ，実は大森は『新視覚新論』の序文において「幻像は脳を因果的原因として生じるのではない．それは因果系列の逆方向の「逆透視」によっておこるのである．脳を前景として起きるのであり，脳は幻像のいわば透視前景因なのである」と述べており（1982：vii）本稿の議論の「先達」というべき叙述を垣間見せてもいる．

6. ラマチャンドラン等はさらに「「新しい経路」（一次視覚皮質を含み，意識体験につながるとされている経路）に入った情報は，再度二つの流れに分かれる」と述べ，「どこ」経路（又は「いかに経路」）と「何」経路の二つの経路の特徴を述べ，その損傷による症状に関しても説明を加えている（1999：115-119）．これらの症状もまた前景効果として説明できるが，話がかなり複雑になってしまうので，ここでは扱わないことにする．

7. フィッシュもまた「知覚に関わる病理現象」として「色盲」「運動盲」「半側無視」「相貌失認」「盲視（という言葉は使っていないが）」以外に「統覚型失認」「連合型失認」「同時失認」などをあげている（2014第8章「知覚と心の科学」）．これらもまた前景効果として無理なく把握できるものだ．ただ，同書ではこれらを前景効果として論じている知覚理論の紹介はない．大森の慧眼は未だに有効な議論として健在であり，それを継承する野矢の議論の独自性を確認することができる．また，フィッシュは「変化盲」や「不注意盲」も取り上げているが，これらは前景効果のみで説明がつくとは考えられないため，機会を作り，別途検討したい．

8. 実は，野矢哲学の到達点と言うべき眺望地図の作成（2016：157,266-8）においては，整合主義的眺望一元論というべき立場が提唱されているが，このことは別の機会に論じたい．

9. 因みに，大森哲学が試みたのは「世界とその対極としての「私」，という二極二元的な構図を，世界のあり方としての私，という構図に組み変えること」（同ii）であった．そのため，「私はいわば「心」という袋をひっくり返しにして「心の中」を世界の立ち現われに吐き出した」そして透視構造を備えた「風景がかくあること，そのことが私がここに居り，ここに生きていることそのことなのである．こうして「私」は抹殺され，私が復元されたのである」（同：vii-viii）という大森の叙述を蔑ろにして，「ある種の素朴実在論こそが大森の脳透視論ではないか」という査読者が提案した見解を本稿がとることはない．

10. この点筆者には，鈴木が意識のハード・プロブレムにおける「説明ギャップ」を「本来的表象は意識経験を生み出す」と"定義"することによってクリアできるかのように思ってしまっているように見える．

11. 山口尚（2014：72）によれば，チャーマーズは二元論を主張していることになっているので，二相原則で一向にかまわないのかもしれない．ただ，二元論であるなら「意識のハード・プロブレム」はプロブレムでなくなってしまいそうに思うのだが．

12. そして，鈴木自身の著作の第3章・第2・3節での「志向説を一般化する」「さらなる反例に対処する」における叙述（2015：66-85）もまた，筆者には志向説に関して成り立つというよりも大森の「知覚は世界の映像ではない．世界のじかの立ち現われである」（野家編1984：117）という立場や，知覚イメージを否定する野矢の自称「素朴実在論」の議論にこそ当てはまるように思える．

13. 太田紘史は鈴木の著作に対する書評論文（太田2020）において，やはり鈴木の見解に批判的な文脈で，クオリアについて「物体の赤さ（＝それが人間にとって赤として分節表象されること）は，その物体・環境・表象システム（＝人間）の物理的性質から構成されているのであり，それらの物理的性質を超えた何か新たなものを追加する必要はない」（155）と述べている．しかし残念なことに，物体や環境に関わる情報のあり方や，まさに情報処理機構としての表象システム（本稿の立場では前景効果とじかの立ち現れ），といった発想が太田にも見られない．

14. 信原幸弘は，後期ウィトゲンシュタインの「語の意味とは多くの場合，その使用である」という言葉を独特に解釈し，「語の意味は語の使用によって説明される．これは，いいかえれば，語の意味は語の機能によって説明されるということである」とする．そのうえで，「一般に，あるものの機能は，そのものがどのような状況で形成され，どのように利用されるかによって規定される」と述べ，そして「ある知覚経験がどのようなことを表象するかは，その機能のうちの形成の側面，すなわちその機能がどのような状況のもとで形成されることになっているかによって説明される」とする（2002：114-5）．そして，クオリアという難問を「クオリアを経験の機能に還元することは，その還元の筋道をたどっていけば，それなりの説得力をもつだろう．クオリアはたしかに経験の内在的特徴とみなすよりも，志向的特徴とみなす方が自然である．」「経験の志向的特徴は，経験の志向的内容に属する特徴である．」「また，経験の志向的内容は，語の意味との類比により，経験の機能から十分説明できると考えられる．したがって，クオリアは経験の機能に還元される．」（同118）「そしてこの経験の機能はおそらく脳のある部位の状態によって実現されることが経験的な探究によって確立されるであろう．こうしてクオリアを物的なものに還元することが可能になると思われるのである」（同135）と述べるが，このように機能に還元されれば，物的なものに還元される，という論理は，説得力をもつようには思えない．進化論を踏まえた機能の起源論的説明（戸田山2016：116）の方がまだしもに思えるが，筆者には物理学と進化論とは，遺伝情報はもとより，意識に関わる進化においては神経系による情報処理といった，情報を適切に位置づけずに，結びつけることはできないように思える．

15. 因みに「広義の情報とは，生命の登場以後の自然に特徴的な「システムの自己組織能力」と不可分のものと了解された情報現象であり，「意味をもつ記号の集合」と定義される．」「狭義の情報概念は，人間個体と人間社会に独自のものと了解された情報現象であり，「意味をもつシンボル記号の集合」を中核と

した，多くの自然言語でいうところの「意味現象」一般にあたる.」「最狭義の情報概念は，自然言語にみられる情報概念であり，狭義の情報概念に更に一定の限定を加えたものである」とされている（吉田1990：3-4）.

文献

チャーマーズ，デイヴィッド・J., 2001,『意識する心』林一訳，白揚社.

クレイン，ティム，2010,『心の哲学——心を形づくるもの』植原亮訳，勁草書房.

デ・ゲルダー，B. 2013,「盲人の不思議な視覚」，吉田正俊訳　別冊日経サイエンス編集部編『心の迷宮，脳の神秘を探る』日経サイエンス社.

デネット，ダニエル・C, 2018,『心の進化を解明する』木島泰三訳，青土社.

ドレツキ，フレッド，2007,『心を自然化する』鈴木貴之訳，勁草書房.

フィッシュ，ウィリアム，2014,『知覚の哲学入門』. 山田圭一監訳，源河　亨・國領佳樹・新川拓哉訳，勁草書房.

橋本圭司，2007,『高次機能障害』PHP新書.

本田仁視，1998,『視覚の謎，症例が明かす＜見るしくみ＞』，福村出版.

マッスィミーニ，マルチェロ，ジュリオ・トノーニ，2015,『意識はいつ生まれるのか』花本知子訳　亜紀書房.

野家啓一編，1984,『哲学の迷路，大森哲学，批判と応答』，産業図書.

信原幸弘，2002,『意識の哲学』岩波書店.

野矢茂樹，2007,『大森荘蔵——哲学の見本』，講談社.

――――, 2016,『心という難問』，講談社.

太田紘史，2019,「物理主義者であるとはどのようなことか. 鈴木貴之『僕らが原子の集まりなら,なぜ痛みや悲しみを感じるのだろう』を評して」『科学哲学』，52-1, p143-162.

大森荘蔵，1976,『物と心』東京大学出版会.

――――, 1981,『流れとよどみ』産業図書.

――――, 1982,『新視覚新論』東京大学出版会.

――――, 1994,『時間と存在』青土社.

大森荘蔵著，飯田　隆・丹治信治・野家啓一・野矢茂樹編，2011,『大森荘蔵セレクション』，平凡社.

ラマチャンドラン，S, サンドラ・ブレイクスリー，1999,『脳の中の幽霊』，山下篤子訳，角川書店.

坂井克之，2008,『心の脳科学』，中公新書.

Searle, John R. 1998, Mind, Language and Society. Basic Books.

――――, 2004, Mind Oxford University Press. 山本貴光・吉川浩満訳，2006,『マインド, 心の哲学』朝日出版社.

鈴木貴之，2015,『ぼくらが原子の集まりなら，なぜ痛みや悲しみを感じるのだろう』，勁草書房.

戸田山和久，2016，『哲学入門』ちくま新書.
山口　尚，2014，「意識の概念と説明ギャップ」　信原幸弘・太田紘史編『新・心
　　　　の哲学Ⅱ意識編』勁草書房.
信原幸弘・太田紘史編『新・心の哲学Ⅱ意識編』勁草書房.
吉田民人，1990，『自己組織性の情報科学』新曜社.
渡辺正峰，2017，『脳の意識，機械の意識』中公新書.

（公益財団法人　政治経済研究所）

書評論文

日本発の概念工学は実行に移せるか？
―戸田山和久・唐沢かおり編『〈概念工学〉宣言！』評―

植原　亮

Abstract

In this review essay, I examine the significance of *Conceptual Engineering Manifesto* edited by K. Todayama and K. Karasawa, which is the first book in Japan that explores a new field called "conceptual engineering" in collaboration with psychology. After presenting an overview of its aim, distinctive features, and contents, I make general comments on the possibility of the research program proposed in this book, mainly in the following respects: its feasibility as engineering; continuity, function, and nature of concepts. Through discussing, I also articulate further tasks for conceptual engineering to be addressed.

1．はじめに

　戸田山和久・唐沢かおり編 (2019)『〈概念工学〉宣言！』(以下「本書」と記し章番号と頁数で参照を行う) は，そのタイトルが示す通り，近年脚光を浴びつつある概念工学についての論文集であり，同時に国外の概念工学の動向とも異なる方向をも示している野心的な書である．以下では，本書の目的や内容を概観したうえで，本書の議論を，とくに全体の企図の実行可能性とそこから派生する論点を軸に検討していく．それを通じて本書の意義や概念工学今後の課題を明確化するのが私の目標である．

2．本書の目的と方針

　本書の全体的な企図の検討に先立って，それに必要な範囲で本書の概要を示しておくのが適当であろう．まず本節では，本書の目的と方針を確認し，

2020年6月30日投稿，2020年10月13日再投稿，2020年10月16日審査終了

次節でその内容を本書の構成に沿って具体的に押さえることにしたい（それぞれ若干の評価も適宜交えていく）.

　本書によれば，概念工学とは，概念を人工物の一種と捉えたうえで，人類の幸福な生存をはじめとする目標の実現に関わる有用な概念の創造や改定を行うエンジニアリングのことを言う（第1章）. たとえば，我々の幸福に大きく寄与している人権の概念は，歴史のある時点で生み出され，洗練を施されながら現代まで引き継がれてきたという意味で，概念工学の産物だと見なすことができる. 言うまでもなく，哲学は歴史的に概念の創造や改定に絶えず携わってきたわけだから，概念工学とはそうした作業にあらためて自覚的になるというスタンスのもとで構想される新たな研究プログラムだと言える.

　このような概念工学の土台を築く，あるいはまさにマニフェストとしてそれへの参加を呼びかけることが，本書の主要な目的にほかならない. そのために採られる方針に，本書の際立った独自性が見られる. 第一に，概念工学と言えそうな試みをまずは実際にやってみてから反省し，その内実と課題を検討することを通じて，この分野を切り開いていこうという方針である. この点は，同じく概念工学を主題とするH・カッペレンの著作『言語を修理する』(Cappelen 2018)とはきわめて対照的であり，本書の試みを興味深いものにしている. カッペレン著やそれをめぐる議論では，概念工学がごく最近になって提唱され始めたがゆえに，それがいったい何であるかについての合意が定まっていないという現状が反映されている. そしてそこでは，どちらかと言えばアームチェアな仕方で概念工学の定義や理論化，その限界画定といった作業が行われているが，これに対し本書の方針はアポステリオリズムないし方法論的自然主義の色彩を濃厚に帯びているのである.

　第二に，本書では，まずはやってみようというこの方針を実行に移す際して，哲学と同じく概念を研究対象とする心理学（とりわけ社会心理学）との協働が図られている. 何らかの現行の概念をターゲットに工学を試みるには，その概念を人々が現にどう捉えているのかに関する理解が前提となるため，心理学上の知見が大きな手助けとなる. 本書で扱われるのは，我々にとって非常に重要な，心・自由意志・自己という三つの概念であり，それらは哲学だけでなく心理学においても盛んに研究されてきただけに，両者の協働による概念工学の試みにとって格好の対象となる. また，そうした協働の試み自体がこれまで稀であったという意味では，本書自体が学際研究の実践の貴重な記録であるとともに，海外の議論には見られない独自性が発揮されているところでもある.

3．本書の構成と内容

本書は三つのパートからなる．はじめの「Ⅰ．原理編」では，概念工学を実践するための予備的考察として，編者の戸田山と唐沢がそれぞれ哲学と心理学の観点から，概念工学なる企図について解説する．戸田山は，知識の定義という認識論上の課題への取り組みが知識概念の概念工学として捉えられることや，道徳的責任なしの倫理体系——自動運転車を社会が受容する際に求められるかもしれない——の構築が概念工学の実践例として挙げられることを説明したあとで，概念工学の方法論的な特質や，それが概念を研究する分野である心理学との協働を必要とする理由を述べている（第1章）．唐沢は，人間の行動を生み出すメカニズムの説明を目指す心理学が，素朴心理学に由来する概念を加工することで探究の進展を図ってきたという意味で，概念工学の実践という側面を有しているということを，作り出した概念とその操作・測定との関係をめぐって生じうる問題とともに明らかにし，哲学との協働による概念工学を進めるにあたっても心理学の蓄積が大きく貢献できると主張している（第2章）．

次の「Ⅱ．実践篇」では，心・自由意志・自己という個別の概念に関して，それぞれ心理学の側からの問題提起と哲学の側からの応答とのペアからなる三つの章が設けられている．ともかくまずは実践してみる，という本書の方針が実行されるのはここである．

「心の概念を工学する」と題された第3章では，はじめに心理学の側から橋本剛明が心の知覚についての社会心理学の知見を概観する．ここでの心の知覚とは，何かを「する心」と主観的に「感じる心」の二つの性質——それぞれ「行為者性」と「経験性」と呼ばれる——を備えた存在として他者を捉える認知の働きを指す．橋本は，擬人化や非人間化（対立する外集団の成員を人間的な性質に劣る存在と見る傾向）といった現象の解説も挟みつつ，心の知覚が道徳性とも密接に関係することを論じている．

これを受けて哲学の側からは鈴木貴之が，心の知覚をめぐって概念工学が要請されうる状況（上述の非人間化など）を一般化して整理し，そこからもう一歩踏み込んで，心概念の概念工学の可能性と潜在的な問題点を検討している．すなわち，概念工学には探究対象の正確な把握を目指す「記述的な活動」と社会的な目的の実現などを目指す「実践的な活動」の二種類が含まれるが，両者がときに齟齬を起こしかねない点を考慮する必要があるし，また，心の知覚のように無意識的で自動的な心的過程によって生じるものについては，工学的介入の実現方法——たとえば環境設計ないしナッジ的な手法

——やその有効性の限界などが吟味されねばならない，というのである．

　第4章の主題は自由意志の概念工学である．ここではまず，心理学の側から渡辺匠が，人々が有する自由意志概念の内実に，自由記述や質問紙などの手法を用いて迫ることを目指した研究の知見を紹介し，それと決定論との両立可能性といった哲学的な論点との関連を明らかにする．そのうえで，すでに日本で行われている実験哲学の成果をも織り交ぜながら，自由意志が存在するという信念をもつことが主体に与える影響（社会への適合の促進など）とその概念工学的な含意について論じている．

　哲学の側からは太田紘史が，哲学的自由意志論が道徳的責任にまつわる実践を支えるに足るものとして自由意志概念を作り直すことを目標に含んでいる点で，もともと概念工学的な性格を色濃く有しているということを明快かつ説得的に主張している．哲学的自由意志論では，心理学によって明らかにされる自由と責任についての現行の概念が，たとえ部分的に決定論によって否定されてもなお責任帰属の実践が存続可能となるように自由の概念に修正を加える，という作業が行われているからである．太田はその論考を，こうした自由意志概念の工学に見られる，あくまでもこの自然的な世界の中で可能な自由を確保しようとする自然主義的な志向を，自由に関するカントの超越論的な議論との比較において浮き彫りにし，さらにそれが責任概念自体の修正さえ視野に収めた倫理学的な考察をも要請しうることを指摘して締めくくっている．

　第5章「自己の概念を工学する」に見られるのは，心理学側（遠藤由美）・哲学側（島村修平）双方からの果敢な試みである．遠藤は，日常的に我々が自己なるものに慣れ親しんでいるにもかかわらず，心理学においては統一された理論的な自己概念を確立するに至っていない現状について，W・ジェームズ以降の19世紀から現代までの自己に関する学説や研究法（神経科学的なアプローチも含む）などの発展の歴史を辿ることで，その原因を明らかにしている．遠藤によれば，それは自己の概念を正面から考察することなく，人々が自分のことをどう思っているかということと，自己なるもの一般をどんなものとして捉えているかということ，すなわち「自己概念」と「自己という概念」の区別を曖昧にしたまま研究が進んできたことにより引き起こされた困難であると言う（しかも素朴心理学の悪しき混入の危険も招いてしまっている）．そこで遠藤は，今後の自己研究の課題として，心理学領域内の議論・対話を通じた各知見の統合と哲学を含む心理学外の領域との接合によって自己という概念を構築する必要性を訴えている．

　島村は，我々のもつ自己という概念が現に果たしている機能に「私」とい

う語の考察を通じて迫ろうとするが，その際に採られるのは「私」の用法に
人為的に介入することで生じる言語実践の変化を——分析哲学者らしいとも
言うべき少々奇抜な思考実験を通じて——見きわめるという手法である．そ
うして自己という概念のポイントがつかめれば，望ましい工学的改良の方向
が見えてくるというわけだ．そのポイントとは，たとえば集団的な実践の中
で約束や決意の遂行が「私次第」であるとするコミットメントを引き受ける
といった点であり，自己の概念工学はそこでの「私次第」の範囲の改変，ひ
いては自由の領域の拡張を目指すものとなりうる．島村の力のこもった議論
は，語の使用への着目や思考実験といった分析的伝統の手法を概念工学に適
用してみせた実例としても興味深いものだ．

　「Ⅲ．展望編」では，編者の唐沢と戸田山が第Ⅱ部実践篇の各章をそれぞ
れの立場から丹念にレビューし，そのうえで各自の立場から今後の課題を提
示している（第6章・第7章）．この第Ⅲ部とくに戸田山の論考について
は，次節以降での検討に関わる内容が多いのでこれ以上は立ち入らないが，
本稿では触れられない論点にも検討が加えられているので，本書に関心を
持った方はぜひ参照されたい．

4．検討のための準備——概念工学の諸段階

　第Ⅱ部の実践篇の各章については編者らが的確にレビューしてくれている
ので，以下ではそれをなぞることは控えて，本書で提唱されている概念工学
の構想に私なりの観点から検討と評価を加えることを目指したい．それは何
よりもまず概念工学が工学の一種であるという点に関わっているのだが，本
節はその準備作業にあてることにしよう．

　私が本書全体から読みとった限りでは，概念工学には大きく以下の三つの
段階ないしは作業が含まれている（Cappelen and Plunkett 2020にも同様の段
階分けが示されている）．

①分析と評価：現行の概念の仕様・機能の分析や特定，および評価・査定
②改定：設定された目的に応じての概念の改定や加工
③社会実装：改定した概念の人々による受容と継続的使用を目指す取り組み

　これに照らすと，本書第Ⅱ部の哲学者サイドでは，島村が自己という概念
について主に①を，太田が自由意志の概念について①と②を，鈴木が心の概
念について①②に加えて③もある程度まで視野に収めた議論をそれぞれ行っ
ている，と見ることができるだろう（ただし①から③のどれを概念工学の中

心的な段階と見るかは執筆者により異なっている）．モノづくり工学で言えば，①は既存の製品の分析と評価を行い，問題点を見つける段階であり，②はその改善のために実際に手を加える段階である．③は社会に送り出す製品を人々が受け入れて使い続けてもらえるようにする段階であり，その達成も含めて工学の課題と捉えるわけだ．概念工学もまた，②で改定・加工した概念というプロダクトが③の社会実装の段階を経て現実に普及して初めて，工学としての使命を全うしたことになると考えられる．そうして当初の目的の達成と，それを通じてさらに上位の目的——人類の幸福な生存など——の実現が可能になるからである．

　もちろん以上は大雑把な整理にすぎず，詰めるべき細部は残されているけれども，検討のための準備としては十分だ．しかし，②についてはもう少し補足しておきたい．概念工学の任務を考えると，本来この段階には有用な概念を新しく創造する作業も含まれていてしかるべきだが，本書ではそれは扱われていない．本書で試みられているのは，自由意志や自己といった，あくまでも既存の素朴概念の改定・加工であり，だからこそ人々が現に持つ概念を研究対象とする心理学との効果的な協働が図れるのだとも言える．その意味では，本書に新概念の創造をも扱うことを望むのは無い物ねだりでしかない．とはいえ，科学でも哲学でも量子やスーパーヴィーニエンスといった新概念の創造が大事なのは間違いないから，本書で示された概念工学という構想の可能性を示すためにも，この点については今後の議論に期待したいと思う[1]．

　さて，いずれも概念工学にとって重要な①②③のうち，以下で私がとくに検討したいのは，まず③の中身およびそれと②の間にある懸隔，次いでいっそう根本的な②そのものの内実である．出発点となる問いはこうだ．かりに②をうまく突破できたとして，③を成功させるにはどうすればよいのだろうか．この問いに答えることは「改定した概念を社会実装するには，しかじかの方法を用いるべし」という形の規範の中身を特定することにほかならない．ここで重要なのは，その規範が現実に実行できるのかどうかが常に考慮されねばならないという点だ．次節ではこの点から検討を始めたい．そして，第6節で論じるように，それは②の内実とも深く関わってくる．

5．実行可能性

　一般に，工学を謳う哲学上のアプローチの特徴のひとつは「実行可能性」の要請にある．典型的には，認識論や倫理学上の規範を工学的観点から自然化しようとする試みに，提出される規範が現実に実行可能であることが求め

られる（「べし」は「できる」を含意する）．すなわち，我々の生物学的な特性や手持ちの資源により課される制約を考慮し，その制約内で目標を効率的に達成するのに適した解を特定せねばならないのである．ここで，そうした制約を明らかにするには自然科学が提供する経験的知見の参照が欠かせず，したがって自然主義の選択は不可避となる（e.g. 戸田山 2002: ch.9，植原 2017: ch.7）．それでは，工学が満たすべき実行可能性というこの要請に，本書が標榜する概念工学は——とくに改定した概念の社会実装を目指す③の段階に関して——どう応じているだろうか．

　これは本書のみならず，およそ概念工学なる企図全般について回る問題だ．そのことは先述のカッペレン著（Cappelen 2018）をめぐる議論からも分かるので，比較のためにも一瞥しておこう．

　カッペレンの見方では，概念工学とは言語をはじめとするさまざまな表象デバイスの評価と改良の営みのことである．そこでは「信念」や「女性」といった語の意味ないしは指示の仕方を変化させる試みが例として取り上げられ，パトナムやクリプキに代表されるタイプの指示の外在主義がその理論的基礎に置かれる．語の指示を変化させることを概念工学と呼ぶべきなのかは別途検討を要する点だが（ややこしいことに概念工学の対象は概念ではないともカッペレンは言うのだが），カッペレンの主張をめぐっては，とくに指示変化のコントロール可能性が先鋭的な争点となっている．指示の外在主義を採る限り，ある語の指示対象を決定するのは，その語の使用の歴史や世界自体のありようなど，総じて使用者にとっては外的な要因であって，その語に関する信念をはじめとする使用者の心的態度ではないことになる．だがもし語の指示の決定が使用者の手の届く範囲を超えていてコントロールできないなら，指示のあり方を意図的に変化させることを目指す概念工学という企てが一体いかにして可能だというのか．前節での整理を使うなら，かりに②の段階で概念の改定案が首尾よく提出できたとしても，では概念の受容と継続的使用を目指す③における実行可能性の要請はどうやって満たせばよいのか，という問題に突き当たってしまうのである．

　この問題についてカッペレン自身は「概念工学に要請される過程は，大部分が不可測であり（inscrutable），我々はそのコントロールを欠いているが，しかしそれを試み続けるであろうし，またそうするべきだ」（*ibid.*: 72）と述べている．けれども，概念工学におけるコントロールの欠如とその試みの継続とを同時に主張することの緊張は明らかであり，実際どうやって概念工学を実行に移せばよいかはカッペレン著では明確ではない．この問題を引き継いだS・コッホは，指示の外在主義をエヴァンズやデヴィットらの議論を援

用して補強したうえで，長期にわたる集団的なコントロールを通じてなら言語共同体における指示変化をもたらすことができると説いている (Koch 2018)．しかし，M・ドイチュが批判するように，ではそのためには具体的に何をどのようなステップで実行するべきか——ドイチュは「実装問題」と呼ぶ——についてはなお判然としないままだし，またドイチュによると，かりに内在主義的な指示理論を採用してもそれと同種の問題が生じてしまうという (Deutsch 2020)．このように，カッペレン流の概念工学が③の段階における実行可能性の要請を満たせるかの議論は決着を見ていない．

　実は本書に対しても，以上に関連する問いが山口尚 (2019) によって発せられている．山口は，第5章での太田の議論に，実行可能性に関わる次のような疑義を呈している．自由意志や責任にまつわる概念——あるいはそれと深く関係する責任帰属・非難・刑罰の実践——の枠組みは非常に堅固なので，人為的・意図的にその変化を引き起こすことは困難であり，たとえ変化するにしても個々人の思惑の範囲を超えた変化にしかならないのであるから，設計や改良といった概念工学的な発想には馴染まないのではないか，と．山口の疑義は，概念工学の三段階のうち主に②の改定に携わる太田に対し，③の社会実装の段階をどう捉え，両者の間にある懸隔をどう考えるのか，と問うものとして読める[2]．

　これに対する太田自身の応答は今後に期待するほかないものの，概念工学における社会実装の段階をどう実行するかについては，本書の他の執筆者が解答の方向を部分的に示しており，しかもそれはカッペレン著よりも実践的な示唆に富んでいて有益と思われる．第Ⅱ部の哲学側では，鈴木がこの問題に自覚的だ．すでに触れたように，鈴木は心概念の工学を進めるうえで考察すべき点として，その実現方法と有効性を取り上げている．かりに心の知覚が生得的で自動的なメカニズム（二重過程理論におけるシステム1）によるものだとすると，その制約のもとで可能な手立てを探らねばならない．鈴木が提案するのは，我々の知覚メカニズムに直接介入するのではなく，それを取り巻く外的な環境の加工を通じて変化をもたらす環境工学的な手法と，反省的な高次の認知メカニズム（システム2）に働きかける合理的説得の手法だが，それはまさに心概念の工学が満たすべき実行可能性の要請に応じるための提案として位置づけることができる．

　これを受けて唐沢はおおよそ次のように述べている (224)．概念工学が鈴木の言うように環境設計をも含む営みであるとするなら，その実現のための社会制度——たとえば新たな教育システム——の構築について検討することまで必要かもしれない．したがって，哲学と心理学の協働の先には，社会科

学や環境設計に携わる工学分野との連携も構想されねばならないかもしれない．そうして概念工学を拡大していく可能性については，今後のさらなる検討と模索が望まれる．

　戸田山も第7章で，鈴木の議論と自由意志に関する太田の議論とを結びつける形で，概念工学は様々な制約群の充足を目指す営みとして捉えられると主張し，その制約のひとつとして，生み出される概念が社会実装できることを挙げている．ここにも実行可能性への志向が見られるが，戸田山はさらに，個別の概念工学の企図において設定されている目的を実現する手立てが存在せず，それゆえ実行可能性が満たされない場合についても論じていて興味深い．戸田山によれば，そうした条件下ではむしろ目的の方の変更を試みる仕方で概念工学が進められる．たとえば，科学的知見とマッチしてしかも道徳的責任を支えるに足る自由意志の概念を作ることが現実には不可能だと判明したのであれば，道徳的責任の概念の方を工学して目的を変更する（科学的世界像との整合性という制約は外せない）という具合である[3]．本書の意義は，こうした踏み込んだ考察やラディカルな提言が見られる点にもあると言える．

6．概念の連続性・機能・本性

　ここまで論じてきた③の社会実装の段階における実行可能性の要請は，その前の②の段階にも制約を課すと考えるのが自然だ．すなわち，改定後の概念は実際に社会実装できる——現実に受容され継続的に使用してもらえる——ものでなければならない（ある種の理念の提案を目指すゆえに社会実装の可能性が度外視される場合を除く）．本書第Ⅱ部での哲学者たちの提案に実質をもたせるには，この制約を考慮に入れる必要があるだろう．そこでたとえば，改定後でも概念の用途が使用者に見てとりやすいようにすることでその充足を図るならば，現行の概念と加工後の概念との連続性を維持することが方針のひとつとなりうる．本書では戸田山がそうした意味での概念の連続性が重要なポイントになると述べており（35），だからこそ概念工学の開始にあたってまずはターゲットとなる改定前の素朴概念が現にどのように（どのような目的で）使用されているかを正確に把握・記述することが欠かせないと主張している（258）．

　ここで再びカッペレン著をめぐる議論に目を転じると，概念の連続性は概念工学の実質的な意味を問う根本的な論点として大きく扱われている[4]．ある問題を概念工学で解決しようとしても，対象とする概念にその連続性が改定の前後で途絶えてしまうほど大きく手を加えるのであれば，それは単に別

の問題を論じ始めただけであって，元の問題の解決とはとても言えそうにない．したがって，どんな範囲の改定なら適切なのかが見きわめられない限り，概念工学という企てそのものに疑いが差し挟まれざるをえない，というわけである．第4節でも述べたようにカッペレンは外在主義的な指示理論を採るが，実はその狙いのひとつは，人々の態度とは独立に語の指示対象を固定することを通じて概念の連続性を保ちたいというものなのであった（ただしかりにそれがうまく行っても，今度はコントロール可能性ないし実行可能性の問題に突き当たってしまう）．

このように，概念の連続性の問題は，本書が描き出す概念工学の企てが実行可能なのか，あるいはもっと一般的に，概念工学を用いた問題解決とはそもそも何をすることなのか，という問いと結びついている．では，この問題にはどのような手立てで応じればよいのだろうか．ひとつ有効と思われるのは機能に着目することだろう．元の概念の欠陥を補修し，目標達成の効率を向上させるべく概念を大幅に変えても，それが果たす機能が同じままであれば，改定を通じて概念の連続性は維持できると考えられるからである．

私の考えでは，機能という視点は，連続性の問題への対処に限らず本書にとって重要である．というのも，機能の視点を取り入れることにより，本書の議論は人工物の哲学との接合を果たし，その豊かな資源を利用した展開が可能にもなるからだ．概念工学の実行可能性について本書がカッペレン著よりも掘り下げた検討を行っている理由は，通常のモノづくり工学とのアナロジーを深める方向で構想されていること（第1章）に部分的には由来する．工学とは何よりも人工物に関わる学問であるから，機能に関する人工物の哲学の蓄積を取り込むことで，本書の議論はさらなる前進が図れるであろう．

そうした展開の一端を私なりに描き出してみよう（概念の連続性の問題にはすぐ後で戻ってくる）．まず，人工物のもつ機能としてここではR・ミリカンの固有機能の概念を援用する．ある人工物の固有機能は，一般にそれが何であるかを，つまりその種属を決定する重要な要素とされる．たとえば，特定のドライバーのトークンがまさにドライバーという種に属しているのは，当該の種の過去の成員がネジを回すという機能を果たしてきたがゆえに再生産されてきた，という複製の歴史に連なるものだからである．また，そうした複製の歴史は，ドライバーの安定的な供給や流通を可能にする体制が整備され，それを取り巻く環境内にネジが存在していなければ成り立たない．したがって，ドライバーのような人工物の種は，適切な歴史的配置を与えられて初めて固有機能を発揮しながら存続できるのである[5]．

次に，概念工学のプロダクトもまた人工物である限りは，概念の固有機能

や歴史的配置といった観点から，本書の議論も明確化や検討が行えるはずだ．本書では第5章で島村が，自己という概念が果たす機能ないしはポイントの分析を試みているが（①の分析と評価に当たる），これはドライバーとは異なり，自己という概念がそもそもどんな役割を担っているかが明らかではないからだ．島村は，自己という概念にはコミットメントの引き受けという実践上の機能が見出されると論じ，その議論を受けて唐沢は，概念工学には「概念の機能に着目し，その機能が発揮されるのはどのような状況下であるかをも明らかにすることが必要なのだ」(239) と述べている．こうした議論については，たとえば，島村が自己という概念に見出した機能がいかなる意味での機能として想定されているのかをあらためて問い，もしそれが固有機能を意図しているのであれば，果たして本当にそのおかげで現行の自己という概念が再生産され存続してきたのかが経験的に明らかにさればならない，という具合にいっそう精細な課題が立てられるようになる．あるいはまた，唐沢の言う概念の機能が発揮される「状況」の探究は，当該の概念の歴史的配置の側面をも捉えるものでなければならない，との指摘も可能になる．そのような探究を進めるためには，おそらく観念史や言語史に加えて法制史や経済史などとも結びついた協働作業が要請されるであろう．本書での島村の分析は，その出発点を与える発見法的な貢献として再定位されると思われる[6]．

　以上を踏まえて概念の連続性の問題に戻ると，さしあたり次のように主張できる．概念の固有機能に着目し，固有機能の同一性を保つことで改定の前後で概念の連続性を維持しようとするなら，その固有機能の発揮を支えてきた歴史的配置を含む外的・環境的要因の影響まで考慮されねばならない．他方で，外的要因に介入する環境工学タイプの概念工学は，概念の固有機能が保たれる範囲内であれば有効に進められると見込まれる．こうして，固有機能という視点からは，概念工学における制約の内実を明確化し，その実践が社会・制度設計まで含むとする，本書における鈴木や唐沢の主張を補完することができるのである．

　だが，ここで直ちにこう問われるに違いない——固有機能を備えた概念とは一体いかなる本性や構造を持つものとして捉えられているのか．言うまでもなくこの問いは，分析や評価，改定や加工，そして社会実装のターゲットである概念とは正確に言って何であり，したがって概念工学とはそもそもいかなる営みなのかといった，概念工学という構想の理論的基盤に関わる根本的な問題に直結している．

　こうした問いに答えるにはどうすればよいだろうか．本書の終わり近くで

戸田山は「概念そのものを科学し工学することを可能にする，『概念』という理論的概念の構築，すなわち『概念』概念の概念工学が必要である」(274) と述べている．この主張は，概念工学という企てについての吟味を徹底した末に辿り着いた卓見というべきであり，うまく実現できれば上記の問いにも答えられるようになるだろう．しかし，戸田山はそこで議論を切り上げているので，私としては，今ある哲学の資源を使ってこの方向をもう少しだけ先に進めるとどうなりそうかについて，ごく簡単に二点述べて本節を締めくくりたいと思う．

　第一に，概念の本性や構造と社会実装に関わる点として，Ｊ・プリンツの概念経験論と道徳哲学が援用できると思われる (Prinz 2002; 2007)．プリンツは，徳や正義といった道徳概念には快や是認の感じのような情動が構成要素として組み入れられている，と主張している．もしそれが正しく，一部の概念の実現には情動が不可欠の役割を果たしているとしよう．この場合，そのような本性ないしは構造をもちうるものとして「概念」の概念が改定され，また，そうした改定が施された「概念」概念のもとで概念工学の特定のプロダクトを社会実装するには，ある条件下では一種の感情教育が最も有効な手立てとなる，という可能性が見えてくるだろう[7]．

　第二に，「概念」という理論的概念の構築という点では，ミリカンの近年の議論を参照することもできる (Millikan 2017)．それによると，「概念」概念はあまりにも混乱を招くし，誤った理論によって措定された理論的対象であるため，消去されねばならない．その代わりにミリカンはuniceptなるものを提唱する．詳述は控えるが，ミリカンの見方によれば，多くの人々が共通してもつことができるものという古典的な意味での概念の特徴は放棄され，個人ごとに異なるuniceptとともに，語（名前）とそれが指示する対象が存在するだけだという．もしこれが正しい見方なら，戸田山の言う，概念の科学と工学を可能にすることを目指す「概念」概念の概念工学も，やがてはそれと合流し，その意外な帰結として，現行の「概念」概念の消去とその後継プロダクトの整備・構築・実装という課題を——その実行可能性については別途検討する必要があるけれども——引き受けねばならなくなるかもしれないのである．

7．おわりに

　以上，本書が提示する概念工学の構想について，主として工学としての実行可能性と，そこから派生する概念の連続性や固有機能などの観点から検討を加えてきた．検討を通じて，本書の議論を補完し，今後取り組むべき課題

をいくつか特定しつつ，概念工学という前進的な研究プログラムをアピールする本書の意義を明らかにすることができたのであれば，私の目標はひとまず達成されたことになる．本稿では私なりに本書の議論を展開させたところが何箇所かあるが，それもまた，そうしてみたくなるだけの魅力が本書にはあるということだと考えてもらいたい．

　最後に付け加えるなら，概念工学としての哲学という見方を提示し，哲学の自己像の変革を促すという意味で，実は本書は，哲学という概念をターゲットにした概念工学を目論んだものとも言える．ではその目論見はどのくらい達成されているのか——自らの現行の哲学観と照らし合わせながらこの問いに考えをめぐらせることも，刺激に満ちた本書を読み進める際の大きな楽しみとなるだろう[8]．

注

1. さらに，どこまでが現行の概念の改定でどこからが新概念の創造なのかという問題も論じられねばならないだろう．また，改定や創造に加えて概念の消去も我々の概念体系の変更という意味では概念工学に含まれうるし（cf. Nado 2019），あるいは本書でも鈴木（第3章）や戸田山（第7章）が述べているように，複数の関心や価値の間での調整や目的自体の変更もその一環として位置づけられうる．なお，改定を施した概念を既存の信念体系にどう位置づけるかも概念工学上の課題になりうるが，それについては丹治信春1999が定式化した「補償の原理」も参考になると思われる．

2. 山口が指摘するような実践上の困難とは別に，Chalmers 2011が指摘する，個人の信念体系における岩盤概念（bedrock concept）に手を加えることの困難も想定できるが，検討は今後の課題としたい．

3. だがこうした方向に対して，本文中で述べた山口の立場からは，自由意志の概念のみならず道徳的責任の概念もまた容易な人為的改変を許さないため，道徳的責任の概念工学は社会実装の段階において困難に直面するのではないか，といった反論が可能だろう（この点を指摘してくれた匿名の査読者に感謝する）．この反論に応じるには，第6節で述べるような法制史などの分野とも結びついた協働作業を通じて，道徳的責任の概念が人為的に改変された実際のケースはあるのか，あったとすればそれはいかなる条件においてなのか，を明らかにする課題にまずは取り組まねばならない，というのが私の暫定的な考えである（ただしそれは経験的な探究であるから，最終的には反論の方が正しかったということが判明する可能性は排除できない）．

4. Cappelen 2018, Prinzing 2018, Nado 2019など．ただしこのうちJ・ネイドーは，概念工学の実践として，概念の創造や消去，別概念への置換といった作業を重視することで，改定のような概念の連続性が問われる場面を限定しようと

している.

5. 人工物と固有機能についてはElder 2004, 植原2013: ch.4, 倉田2019: ch4などを参照. なお固有機能の視点からの概念工学に関する考察はThomasson 2020にも見られる.

6. ただし, ミリカン流の固有機能の見方をいっそう厳格に受け取るなら, 思考実験を駆使した島村の機能の分析は安全ではなくなるかもしれない. なぜなら, そこで想定されるような極端な状況では「私」という語を取り巻く歴史的配置まで変更されてしまい, その語の使用の (ミリカンの意味での) 標準条件が保たれなくなる結果として, 分析の対象としている「私」の固有機能も発揮されなくなってしまっているかもしれないという懸念があるからだ.

7. かりに概念そのものに情動的な構成要素がないにしても, 自分の現在の信念体系には愛着があるものなので, 概念変化を引き起こすには信念体系に対する情動的な態度をも変化させる必要がある, と論じることも可能である (この点に関連してThagard and Zhu 2003などをも参照).

8. 貴重なコメントを寄せてくれた匿名の査読者2名に感謝する. また本稿は, 関西大学2020年度学術研究員制度の成果の一部である.

文献

Burgess, A., Cappelen, H., and Plunkett, D. eds. (2020). *Conceptual Engineering and Conceptual Ethics*. Oxford University Press.

Cappelen, H. (2018). *Fixing Language: An Essay on Conceptual Engineering*. Oxford University Press.

Cappelen, H. and Plunkett, D. (2020). A guided tour of conceptual engineering and conceptual ethics. In Burgess *et al.* eds. (2020).

Chalmers, D. J. (2011). Verbal disputes. *Philosophical Review*. 120(4): 515-566.

Deutsch, M. (2020). Speaker's reference, stipulation, and a dilemma for conceptual engineers. *Philosophical Studies*. https://doi.org/10.1007/s11098-020-01416-z.

Elder, C. L. (2004). *Real Natures and Familiar Objects*. MIT Press.

Koch, S. (2018). The externalist challenge to conceptual engineering. *Synthese*. https://doi.org/10.1007/s11229-018-02007-6.

Millikan, R. G. (2017). *Beyond Concepts: Unicepts, Language, and Natural Information*. Oxford University Press.

Nado, J. (2019). Conceptual engineering, truth, and efficacy. *Synthese*. https://doi.org/10.1007/s11229-019-02096-x.

Prinz, J. J. (2002). *Furnishing the Mind: Concepts and Their Perceptual Basis*. MIT Press.

——— (2007). *The Emotional Construction of Morals*. Oxford University Press.

Prinzing, M. (2018). The revisionist's rubric: conceptual engineering and the discontinuity objection. *Inquiry.* 61(8): 854-880.

Thagard, P. and Zhu, J. (2003). Acupuncture, incommensurability, and conceptual change. In G. M. Sinatra and P. R. Pintrich eds. *Intentional Conceptual Change.* Erlbaum.

Thomasson, A. L. (2020). A pragmatic method for normative conceptual work. In Burgess *et al.* eds. (2020).

植原　亮（2013）『実在論と知識の自然化——自然種の一般理論とその応用』，勁草書房

————（2017）『自然主義入門——知識・道徳・人間本性をめぐる現代哲学ツアー』，勁草書房

倉田　剛（2019）『日常世界を哲学する——存在論からのアプローチ』，光文社新書

丹治信春（1996）『言語と認識のダイナミズム——ウィトゲンシュタインからクワインへ』，勁草書房

戸田山和久（2002）『知識の哲学』，産業図書

戸田山和久・唐沢かおり編（2019）『〈概念工学〉宣言！——哲学×心理学による知のエンジニアリング』，名古屋大学出版会

山口　尚（2019）「リチャード・ダブル，あるいは自由意志の概念工学のしかるべき限界について」，*Nagoya Journal of Philosophy.* Vol. 14: 19-30.

（関西大学）

書評論文

〈同じさ〉とは何か
―西郷甲矢人・田口茂『〈現実〉とは何か』(筑摩書房)の書評―

北島雄一郎

Abstract

'What is reality?' is a Japanese book whose authors are a mathematician and a phenomenologist. The authors examine the general structure of nature as well as our behavior. In the present note, we review its content from the perspective of identity, which is an isomorphic natural transformation according to the authors.

1　はじめに

　本書[1]は数学者と現象学者による共著で、様々な分野において「〈現実〉とは何か」という大きな問いを考察している。二人の研究分野が異なるにも関わらず調和の取れた考察がなされている。著者も「なぜこれほど話が通じるのか？」と思ったとのことである。そして、その理由は「数学や哲学を通して、いつも「現実」について考えている」(p. 13[2])からであると述べている。また、次のような記述もある。

　　　自然界に見られる現実の「一般構造」が、われわれ自身の行為や生といったレベルの出来事にもまさしく当てはまる。それらは結局、「同じ現実」について語っているのだから、そうなるのが当然ともいえるかもしれない。(p. 207)

　このように本書では、自然界の一般構造からわれわれの行為に関わる出来事まで一貫した視点を追求している。本書では自由や倫理に関しても興味深い議論を展開しているが、評者の力不足のためすべてを紹介することはできない。この書評では「可逆な自然変換を通じて、「同じさ」が成立する」(p. 142)という本書の主張を具体的に紹介していく。

　本書において著者は「同じさ」はあらかじめ与えられているものではなく「同じさ」を設定する必要があることを指摘し、可逆な変換という観点から「同じさ」を捉えることの重要性を説得的に論じている。2節では、「同じさ」に関わる本書の議論を紹介する。

　2節で紹介する本書のこうした議論だけからでも、可換な変換の観点から「同じさ」を捉えることの重要性が分かる。本書評では、この視点の重要性をさらに補強するために、3節以降で量子論の中の一つの理論である DHR 理論を取り上げ、2節で紹介した本書の観点から検討する。DHR 理論を検討する理由は、3節と4節で述べるようにこの理論は粒子を扱っているようにみえる

からである。一方、本書は量子論を粒子の観点から捉えることに否定的であり、「量子論においては、「粒子」の概念そのものが、もはや従来のような理解のなかには収まらないということが明らかになり、「粒子」の概念そのものを根本的に捉え直すことが求められている」（p. 25）と述べている。5節、6節、7節では、DHR 理論を粒子的な観点からではなく「可逆な自然変換を通じて、「同じさ」が成立する」（p. 142）という本書で提示されている観点から検討する。

本書評の目的は二つある。一つは「同じさ」に関わる本書の議論を紹介すること、もう一つは DHR 理論に枠組において本書の観点から「同じさ」を検討することによって本書の射程の広さを示すことである。3節以降は DHR 理論に関わる技術的な記述がなされることがある。そのような記述をする目的は、DHR 理論の技術的な内容を紹介することではなく、DHR 理論に対しても本書の哲学的な視点を適用できることを示すことによって本書で提示されている哲学的視点の適用範囲の広さを示すことである。

2 「同じさ」を中心とした本書の内容

本書は、第1章から第5章の章で構成されている。この節では、「同じさ」という概念を中心に一章ずつ紹介する。「可逆な自然変換を通じて、「同じさ」が成立する」（p. 142）という主張に最も密接に関連するのは、第3章である。

本書の第1章では、統計的法則における「同じさ」を扱っている。統計的法則は、一回きりの事象と考えることは難しい。試行を繰り返すことによって、ある傾向が得られる。試行を繰り返す場合、それらの試行が完全に同じであることはなく、例えば試行を行う場所や時間は異なる。しかし、求めたい統計的法則にとって重要でないとみなす違いは無視し、重要な点が同じであれば同じ試行とみなす。このようにあらかじめ同じ試行とは何かを設定した上で、同じ試行を繰り返すことになる。つまり、統計的法則を得るためには、同じ試行とは何かをあらかじめ決めておかなければならず、「どういう条件を設定するかを決めなければ、統計的法則それ自体が定まらない」（p. 53）。そして、「同じさ」に関する条件を変えれば統計的法則は変わる。このように「同じさ」は与えられるものではなく、どのような「同じさ」を考えるかを決めておく必要がある。こうした事態を著者は「問いがなければ答えはない」（p. 54）と述べていて、「問いかけ以前に何かがすでに定まっているという考え方は、そこで起こっている事態を記述するにはむしろ不適切である」（p. 53）ということを強調している。

第2章では、数学における「同じさ」を扱っている。例えば、「たろう、はなこ、ゆうすけ」は全員で何人であるかという問題を考えよう。このとき、た

ろう、はなこ、ゆうすけと数えてもいいし、ゆうすけ、はなこ、たろうと数え
てもいい。そして、どのような数え方であっても答えは 3 人となる（p. 75）。
この 3 人と言う答えを出すために、具体的に数えることは不可欠である。しか
し、3 人と答えた人が、たろう、はなこ、ゆうすけと数えたのか、ゆうすけ、
はなこ、たろうと数えたのかは分からない。こうした数え方は 3 人という答
えの中に現れることはできず、消えてしまっている。このように必ず選択し
なければいけないが選択した後は消えてしまうような選択を、著者は非規準
的選択とよんでいる。本章で扱われている非規準的選択の他の例は、1 + 1 と
いう問題である。10 進法で考えるとこの答えは 2 であり、2 進法で考えると
この答えは 10 となり、これらの答えは「同じ」である。この答えは、「特定
の記号の選択によらない」が、「その「同じこと」を、いっさい何の記号をも
使わずに数学的に扱うことはできない」（p. 77）。まずは、例えば 2 という記
号を選択しなければ、これが 10 と同じかどうかを考えることはできないとい
うことである。つまり、ある記号を非規準的選択をすることによって、「同じ
こと」について扱うことができる。「同じさ」が成立するには非規準的選択が
不可欠なのである。

　第 3 章では、日常生活における「同じさ」を扱っている。上でも述べたよ
うに、「可逆な自然変換を通じて、「同じさ」が成立する」（p. 142）という
本書の主張に最も密接に関連するのは、この章である。日常的な例を通して、
変換の可逆性から「同じさ」を捉えることができるということを論じている。
例えば、部屋にある机を考えよう。部屋の外に出て戻ってきたとき、机は同
じであると考える。この章で扱う問題は、「机のような物が「同じ」であるこ
とを、われわれはどうやって知るのであろうか」（p. 94）という問題である。
「見え方は様々だが、〈机そのもの〉は同じなのだ」という答えを著者はとら
ない。このような答えに対しては、「「現われ」と「本体」を厳密に区別する
なら、「本体」は原理上「現われない」ことになる」が、「「現われないもの」
について、われわれはどうやって知るのだろうか」（p. 94）という疑問を投
げかける。そして、現われに即したまま「同じ」ということを捉えようと試
みている。注目しているのは、視点の動きと現われの変化の対応と、動きを
逆にすると変化が逆になるという可逆性である。

　　　ある方向へ視点をずらせば、机の見え方も一定の仕方で変わる
　　が、元の位置に視点を戻せば、それに応じて、机の見え方も戻る。
　　もしそうでなかったとしたら、われわれは机の形が本当に変わって
　　しまったと思うだろう。（p. 96）

机の形が同じであるためには、元の位置に視点を戻せば机の見え方が視点

を動かさなかった場合と変わらない、つまり、可逆な変換となっている必要
がある。第3章で述べられているサイコロの例も引用しよう。

> 1の面から2の面に現われが変化し、ぐるぐる回していくと、
> 6→5と変化して再び1の面が見えてくる。今度は逆向きに回して
> みる。5→6→2と変化して、再び1が見えてくる。何度繰り返し
> ても、同様である。このようなとき、我々は「同じ」サイコロを手
> にしていると思う。実際に見ているのは、そのつどの多様な現われ
> なのだが、この多様な現われの連鎖のなかに、「可逆」ということ
> が起こっている。（p. 109）

　この例に基づいて、著者は「「多様な現われの間のプロセスの可逆性」こそ、
「同じもの」の正体である」（p. 109）と述べている。このように、机やサイ
コロの題材にして「同じさ」を変換の可逆性から捉えることができるという
ことを説得的に論じている。
　第4章では、なぜ「私」を実体として捉えようとしてしまうのかという問
題を考察する。著者によれば、絶えず変動する環境は我々にとって生きづら
いので、我々は確かさを求める。そのとき、時間的に変化するものの、時点に
よる差異を無視して「同じもの」が時間を貫いていると考え、実体的なもの
を求めてしまう。しかし、新たな現象が現われたら、こうした試みは挫折し
てしまう。第3章で述べられているように「同じさ」を考えるためには、実
体ではなく変換の観点から考える必要がある。変換の観点から考えると、「同
じさ」は変換の可逆性であった。

> 　新たな現象が現れるとき、それはこれまで見られていた可逆性
> を壊すものであるとしても、むしろそれが要素となって新たな可逆
> 性が見てとられうる。古い同じさに固着することは、このような構
> 造の新たな組み換えに対応できないということになる。新たな現
> 象とともに新たな可逆的構造が現実のなかに現われてきたとき、そ
> れに対して絶えず身を開いていくということこそ、ある意味でより
> 「確かな」生き方を可能にすると言いうる。（p. 170）

　この引用で述べられていることは、「同じさ」も変わっていくということで
あり、一つの「同じさ」に固着しないこと、例えば実体的なものに固着しな
いことの重要性である。
　第5章では、「科学における法則というものは「同じさを設定すること」に
依存している」（p. 192）という立場から、決定論を前提とする立場を批判し
ている。例えば、天文学は「同じさ」の度合いを十分に高めることによって決

定論的な法則を手に入れたといえる。この例を見ると、「同じさ」の度合いを高めていけば決定論的なモデルを手に入れることができるようにみえる。しかし、ただ単に「同じさ」の度合いを高めるだけでうまくいくわけではないということを著者は次のような例で説明している。

> ある患者について「平均余命」を考えるとする場合、その患者を「三十代の人間」の一人として考えるか、「男性」の一人として考えるか、あるいは「A市在住の三十代男性」の一人として考えるかなど、「どの母集団の一員として考えるか」によってその推測値はかならず異なってくるはずである。ではと言って、条件を強めれば強めるほど良いだろいうというわけにもいかない。「同じさ」の度合いはより高まるだろうというのは素朴な考えではあるが、一方でその母集団がどんどん少なくなるため、法則の信頼性が覚束なくなってくるからである。(p. 192)

我々は「同じさ」のバランスを取る必要があり、天文学はこのバランスを取った結果、決定論的になったわけである。「自然において決定論的な捉え方が妥当であると言えるのはむしろ特殊なケース」(p. 193) であり、決定論が絶対的なものであるわけではない。

以上、日常的な例を中心に本書の「同じさ」の考え方を紹介した。

1. 科学的法則を考えるためには「同じさ」を設定する必要があり、問いがなければ答えはない。

2. 「同じさ」が成立するには非規準的選択が不可欠である。

3. 「同じさ」を考えるためには実体ではなく変換を考える必要があり、「同じさ」は変換の可逆性である。

科学的法則を考えるためには「同じさ」を設定する必要があるのだが、本書ではこれを可逆な変換の観点から考えている。この節では日常的な例をもとに紹介したが、この観点の射程の広さを示すために、以下の節では DHR 理論とよばれる科学理論における「同じさ」を可逆な自然変換の観点から検討する。

3 DHR 理論における粒子

2節では、「同じさ」を中心に本書を紹介した。この節以降は、一見粒子的な状態を扱っているようにみえる DHR 理論 [3, 4, 5, 6] とよばれる量子場理論の一つの理論を取り上げる [3]。そして、どのような意味において粒子的な状態を扱っているようにみえるのかを説明する。

DHR 理論は、代数的場の量子論の枠組み [1] で展開される。代数的場の量子論では、有界な時空領域に観測可能量を割り当てる。観測可能量は C*代数の自己共役な元、状態は C*代数上の線形汎関数で表される。状態によって、観測可能量の期待値を計算することができる。

　2 節の最後の箇条書きの 1 で述べたように、理論を考える上で「同じさ」を設定する必要がある。量子論において重要な「同じさ」はユニタリ同値[4]である。2 つの表現がユニタリ同値とは、一方の表現における観測可能量に対して、もう一方の表現においても必ず一つの観測可能量が対応するというような条件である。このような条件を満たすとき「同じ」とみなされる。これは、代数的場の量子論に限らず量子論一般において、よく使われる「同じさ」である。

　この「同じさ」のイメージを説明するために、物体の長さを定規で測ることを考えよう。二種類の定規があり、一つの定規の単位は cm、もう一方の定規の単位は寸とし、一寸は 3.03cm としよう。身長が 3.03cm の子供の身長を単位が cm の定規で測ると 3.03cm となり、単位が寸の定規で測ると一寸となる。一対一に互いに対応するので、それぞれの長さの表し方は異なるが、同じ長さと見なすことができる。同様に、ユニタリ同値な表現は、表現が違っていても互いに一対一に対応するので同じとみなすことができる。

　通常の量子論は、ヒルベルト空間をもとに展開される。一方、C*代数をもとにした代数的場の量子論ではヒルベルト空間を仮定しない。両者を結びつけるのは GNS 構成定理 [12, 定理 3.34] である[5]。C*代数の元は、その C*代数上の状態から GNS 構成定理を通して、あるヒルベルト空間上の作用素として表現される。このような表現は、ユニタリ同値性をのぞいて一意である。特に真空を表す状態 [1, p. 10] から構成される表現は真空表現とよばれ、DHR 理論において重要な役割を果たす。

　DHR 理論において扱われる表現は、任意の有界な時空領域に対して、その領域と空間的に離れた領域において真空表現とユニタリ同値となるような表現である。この表現は、無限遠において真空状態となるような状態の表現ということもできる[6]。そして、このような状態の表現は、観測可能量から観測可能量への自己準同型写像と対応していて、この写像は局在可能と移動可能という性質をもつ [1, Thoerem 2.1.3] [7, Definitions 150 and 152]。さらに、局在可能で移動可能な自己準同型写像と真空表現を使って状態を定義することができる。つまり、局在可能で移動可能な自己準同型写像は、状態と対応している。上で述べたように、状態と表現は対応しているので、局在可能で移動可能な自己準同型写像を扱うということは、状態を扱っているというこ

とである。

　局在可能という性質は、有界な時空領域が存在して、その領域と空間的に離れた領域の観測可能量に対してこの自己準同型写像が恒等写像となるような性質、つまりその有界な時空領域以外は真空とみなせるような性質である。そして、このような自己準同型写像は、その有界な時空領域に局在しているという。このような性質をもつ場合、有界な時空領域においてのみ真空とは異なり、その外では真空となっている。粒子というものを有界な時空領域にあるものと考えると、局在可能という性質は粒子的な性質の一部と考えられる。

　しかし、局在可能という性質だけでは、粒子的な性質とはいえない。そのことを説明するために、2節で紹介した机の例と同様であるが、ここでの議論と関連が分かりやすい他の論文で述べられている例を引用しよう。

> 動いているボールを、われわれは「同じもの」と見なす。なぜそんなことが可能なのだろうか。ボールは刻一刻位置を変えている。それを別々の対象と見なすこともできるはずである。
>
> たしかに、ボールの位置は時間と共に変化する。しかし、ボールを位置 A から位置 B に持ち上げて、また位置 A に戻すとき、それは何もしなかったのと同じになる。このようなとき、われわれはこれを「同じボール」と見なす。これは必ずしも自明ではない。対象を持ち上げて、また下ろしたら、別のものになっていた、持ち上げて下ろしたら消えてしまった、といったケースも考えられる。ある操作と別の操作を合成したら、別のものになる方が、むしろ自然であるとさえ思えてくる。ある操作を相殺する別の操作がある、あるいはより一般的に、ある動きを相殺する別の動きがあるという稀な事態が生じているとき、われわれはそこに「同じさ」を見るのである。[11, p. 205]

　この引用文の中の二段落目の文章の中のボールを粒子に置き換えてみよう。粒子をある領域から他の領域に移動し再びもとの領域に戻したとき、これが何もしなかったのと同じになるようなとき、われわれはこれを「同じ粒子」とみなす。これに関連する性質が移動可能という性質である。ある有界な時空領域に局在している自己準同型写像 ρ を考え、これが移動可能という性質を満足しているとしよう。このとき、任意の有界な時空領域 $\mathcal{O}$ に対して、ρ とユニタリ同値な自己準同型写像 ρ' が存在して、ρ' は $\mathcal{O}$ に局在している。これは、ある有界な時空領域に局在している ρ を他の有界な時空領域 $\mathcal{O}$ に移動したと考えられる。そして、ρ' はもとの有界な時空領域に局在している ρ とユニタリ同値なので、$\mathcal{O}$ に移動してもとの領域に戻した場合と、何もしなかっ

た場合は同じになる。このように、局在可能で移動可能な自己準同型写像は、いろいろな時空領域に局在していても、この引用文の意味で「同じもの」とみなすことができる。DHR 理論で扱う表現は、局在可能で移動可能な自己準同型写像と真空表現で表すことができるのだから、粒子的な状態を扱う理論と考えることができる。

ある状態に対応する自己準同型写像のもとで有界な時空領域において操作を行うと、一般には違う状態に対応する自己準同型写像になる。DHR 理論の枠組みでは、操作を行うと、局在可能で移動可能な自己準同型写像 ρ は、違う局在可能で移動可能な自己準同型写像 ρ' に変換される。ρ と ρ' を関係づける絡作用素とよばれる作用素の集合は (ρ, ρ') と書かれる [1, p. 73] [7, Definition 154]。

この節で述べた DHR 理論の解釈をまとめると、次のようになる。一般には、粒子的な状態に対応した自己準同型写像 ρ に (ρ, ρ') の要素が作用し、他の粒子的な状態に対応した自己準同型写像 ρ' に変換されていく。ρ と ρ' がユニタリ同値という特殊の場合は、違う時空領域に局在していても「同じ」粒子的な状態に対応した自己準同型写像と解釈される。

4 DHR 理論における対象と射

本書において重要な役割を果たしているものの一つは圏論である。この節では、本書の観点から DHR 理論と圏論の関係を考える。

まず、圏に関する本書の直観的な説明を引用する。

> ある現われから別の現われへの「変化」と呼ばれていたものは、圏においては、「射」（morphism）と呼ばれる一種の「矢印」として扱われる。圏とは、ある種の射のネットワークである。(p. 99)

3 節で述べたことは圏論の言葉で述べることができる。ある局在可能で移動可能な自己準同型写像 ρ や ρ' は対象であり、ρ から ρ' への変換を表す絡作用素の集合を (ρ, ρ') と表記し、これが「射」となる [7, Definition 154]。こうした圏を $\mathcal{E}$ と書く[7]。3 節で述べたように、局在可能で移動可能な自己準同型写像は、粒子的な状態に対応するのであった。したがって、$\mathcal{E}$ は粒子的な状態を対象、粒子的な状態から粒子的な状態への変換を射とするような圏とみることができる。

実際にも、粒子的な状態のみが単独であるわけではなく、それに対する様々な作用があり、他の粒子的な状態に変化していく。このような変化を捉えるために、粒子的な状態に対応した対象 ρ を固定した上で、関手 $(\rho, -) : \mathcal{E} \to \mathbf{Set}$ を定義しよう [2, Example 1.2.8.d] [14, pp. 73-76][8]。この関手は、粒子的な

状態に対応した対象 σ に対して (ρ, σ) を割り当てる。DHR 理論の枠組みで述べると、ある有界な時空領域に局在した粒子的な状態に対応した対象 ρ を固定した上で、ρ から他の粒子的な状態に対応した対象 σ への変化の集合を考えている。これは、ρ を中心とした射のネットワーク、つまり、ρ から他の粒子的な状態に対応した対象になるような作用のネットワークを考えていることになる。

5 DHR 理論における自然変換

3 節と 4 節で、DHR 理論を粒子に関する理論であるかのように紹介してきた。4 節で導入した関手 $(\rho, -)$ も粒子的な状態 ρ から他の粒子的な状態になるような作用のネットワークであった。しかし、本書の立場から見れば、これは粒子という「静的・固着的な「絶対性」を体系に「読み込んでしまっている」」（p. 179）といえるだろう。2 節の最後の箇条書きの 3 で述べたように、「同じさ」を考えるためには実体ではなく変換を考える必要がある。

DHR 理論とは一見無関係な本書の A、B、C の会話の例も引用しよう（pp. 144-145）。

A 「私はこの本が好きなんです。」

B 「私もです！」

C 「私はそうでもないかな …」

この会話自体に違和感を感じる人はいないだろう。しかし、次のように私を W に変えると、「私」という言葉の特異性がわかる。

A 「W はこの本が好きなんです。」

B 「W もです！」

C 「W はそうでもないかな …」

この会話を見た人は、W という記号で同一人物を想像してしまう。そのため、この会話の意味はよく分からない。しかし、前の会話を見た人は、「私」という記号で同一人物を想像するのではなく、そのつど違う人物を指していると考える。A も B も C も「私」ということができるが、「私」という言葉の中身はそれぞれ異なっていて置き換え可能である。

W と「私」の違いは、W はある個体を固定的に指示しているのに対して、「私」と言うことは「無限に開かれた置き換え可能性のなかに自分自身を置く」（p. 147）ということである。このように、著者によれば「私」は変換や置き換え可能性として捉えられるものであり、何らかの実体として「私」という現実を捉えることはできない [9]。著者は、次のように述べている。

「私」という言葉で言い表されているものは、「個体的実体」と
してあるわけでもなく、「普遍的実体」としてあるわけでもない。む
しろ、そのように「実体」的な考え方にとらわれていると、「私」と
いうものの本質をつかむことができなくなってしまうのである。こ
れまで展開してきた考え方に従うなら、「私」というものは「置き
換え」や「変換」のなかにある。個体性も普遍性をも絶対化せずに、
「置き換え」という出来事のうちで、その両者が不可分に絡み合っ
ているさまを見てとったとき、「私」というものの本質がつかめる。
（p. 159）

　著者は「私」に関する議論が、粒子を実体として捉えることの問題点に関
する議論と似ていると指摘している（p. 158）。実際、この引用文の中の「私」
を「粒子」に置き換えると、この引用文は「粒子」について述べていること
に気がつくだろう。本書の立場から考えると、変換の観点から粒子を考える
必要がある。
　4節では、対象、射、関手しか考えていなかったが、「「自然変換」を定義
したいからこそ圏論が生まれた」（p. 127）という観点から考えても、対象、
射、関手を考えるだけでは不十分であるといえる。第3章において、自然変
換については次のように述べられている。

　　関手とは「圏から圏への関係づけ」であり、自然変換とは「関
手から関手への関係づけ」、つまり「関係づけから関係づけへの関
係づけ」である。（p. 118）

　　「個々の現われ」＝関手が生まれることが非規準的選択であり、
しかもそれが「その関手でなくてもよかった」「別な関手に変換可能」
ということを通じて非規準性が「消される」ということ、その構造
＝出来事が（...）自然変換に対応しているのである。（pp. 129–130）

　4節で述べた関手 $(\rho, -)$ を考えよう。この関手は、粒子的な状態に対応す
る自己準同型写像 ρ を、ρ から違う粒子的な状態に対応する自己準同型写像
への変換の集合への関係づけであった。この関手を考えるためには、まず対
象 ρ を選ぶ必要があった。しかし、ρ はたまたま選択されたにすぎないので、
関手 $(\rho, -)$ ではなく、他の対象 σ に基づく他の関手 $(\sigma, -)$ でもよかった。こ
の非規準性を消すためには、関手 $(\sigma, -)$ から関手 $(\rho, -)$ の関係づけ、つまり
関手 $(\sigma, -)$ から関手 $(\rho, -)$ への自然変換 [10] を考えなければならない [14, pp.
127-130]。

本書では、「「座標変換」を一般化したものが、関手から関手への関係づけ＝「自然変換」と呼ばれるもの」（p. 125）と述べている。

> 関手を構築することを「座標化」と喩えた。ある「座標化」から別な「座標化」への関係づけ、すなわち座標変換を考えることが重要な問題意識であるように、ある「関手」から別な「関手」への「自然変換」を考えることもまた重要である。（p. 125）

座標変換では、ある座標における点を他の座標における点に関係づけるだけでなく、ある座標における関係づけも他の座標における関係づけに関係づけている。同様に自然変換もある関手における関係づけを他の関手における関係づけに自然に関係づける[11]。

ここでは、対象 ρ を選び関手 $(\rho, -)$ を考えることが座標化にあたる。対象 ρ を選ぶという選択は非規準的選択である。他の対象 σ を選び他の座標化である関手 $(\sigma, -)$ を考えることができる。本書の立場に立つならば、関手 $(\sigma, -)$ から関手 $(\rho, -)$ への自然変換を考えることが重要になる。6 節で、このような自然変換を検討する。

6 DHR 理論における米田埋め込み

5 節で述べたように、本書の立場に立つならば、関手 $(\sigma, -)$ から関手 $(\rho, -)$ の関係づけである自然変換を考える必要がある。しかし、DHR 理論は対象 ρ から σ への射 (ρ, σ) を主に考えるが、明示的にはこのような自然変換は考えない。そのため、DHR 理論は一見本書の立場と折り合いが悪いようにみえる。しかし、米田埋め込み [2, Proposition 1.5.2] [14, pp. 131-135] に基づくと、そうではない。米田埋め込みに関して、著者は次のように述べている。

> 関手とは、まさに圏が圏に現れる、その「現われ」である。そして、その「現われの変化（動き・プロセス）」が自然変換ということになる。このようにして、関手を対象とし、自然変換を射とする圏を考えることができる。これを関手圏とよんでいる。実は、本質的にあらゆる圏はある関手圏の一部分と考えられることが知られている（米田埋め込み）。こうして、圏論の枠組みが綺麗に一周螺旋階段を登る（あるいは下へと降りていく）。（p. 127）

この引用の内容を DHR 理論の枠組みで述べると、対象 ρ から対象 σ への射は、関手 $(\sigma, -)$ から関手 $(\rho, -)$ への自然変換と同じとみなせる。もう少し丁寧に述べると、$\mathbf{Nat}((\sigma, -), (\rho, -))$ を $(\sigma, -)$ から $(\rho, -)$ への自然変換として、$N : \mathcal{E} \to \mathbf{Set}$ という関手を $N(\sigma) = \mathbf{Nat}((\sigma, -), (\rho, -))$ と定義すると、

関手 N から関手 $(\rho, -)$ への可逆な自然変換が存在する[12]。「可逆な自然変換を通じて、「同じさ」が成立する」(p. 142) という本書の立場からみると、$\mathbf{Nat}((\sigma, -), (\rho, -))$ と (ρ, σ) は「同じ」になる。

このように、自然変換は「「関手から関手への関係づけ」、つまり「関係づけから関係づけへの関係づけ」」(p. 118) という抽象度の高いものであるが、このように抽象度の高い関係づけは、対象から対象への関係づけである射と同じであるということである。引用文の比喩に従って述べると、射という地面から出発して関係づけという名の階段を登っていたら、いつの間にか下に降りていて射という地面に戻っていたというエッシャーの絵のような感じである。今の場合はだまし絵ではなく、下と上が可逆な自然変換の観点から同じになっている。

DHR 理論は主に、対象 ρ から対象 σ への射 (ρ, σ) を調べるが、今述べたように、米田埋め込みによればこれは $(\sigma, -)$ から $(\rho, -)$ への自然変換と「同じ」である。したがって、このような自然変換を明示的に扱っていなくても、米田埋め込みの観点から考えると、DHR 理論は本書の立場と折り合いが悪いわけではない[13]。

著者は、変換に関して次のように述べている。

> 「変換」をまたもや「絶対的」なものと捉えたならば、ただ問題を違うレベルに先送りしただけのこととなるのは明らかである。
>
> 要するにここで問いたいのは次のようなことである。「変換」に軸足を移したときに、われわれが得たものは単なるより高次の「確かさ」であり「コントロール可能性」なのだろうか？そこでわれわれが得たのは、むしろ「固定したものに固着しない」ということ、そこから「解放される」ということ、「自由になる」ということなのではないだろうか？(pp. 172-173)

米田埋め込みを通して、粒子的な描像に固着せずそこから開放され自由になることができるといえるだろう。

7　DHR 理論における様々な同じさ

本書の第 4 章では、「可逆な自然変換を通じて、「同じさ」が成立するというべきである」(p. 142) と述べられている。DHR 理論においても、可逆な自然変換が重要な役割を果たしている。

4 節で考えた対象は、ある有界な時空領域でのみ真空と異なるような状態であった。さらに、2 つの有界な時空領域があり、そこにおいてのみ真空と異

なるような状態を考える、つまり、二つの対象を考えることは自然であろう。これは、4節で述べた圏 $\mathcal{E}$ の積 $\mathcal{E} \times \mathcal{E}$ を考えることに対応する。

二つの有界な時空領域 $\mathcal{O}_1$ と $\mathcal{O}_2$ を考えよう。$\mathcal{O}_1$ と $\mathcal{O}_2$ でのみ真空と異なるような状態であったとしたら、この状態は、$\mathcal{O}_1$ と $\mathcal{O}_2$ を含むような時空領域 $\mathcal{O}$ においてのみ真空と異なる状態とみなすことができる。したがって、$\mathcal{E}$ と $\mathcal{E} \times \mathcal{E}$ は無関係ではなく、何らかの関係があることが予想される。

このとき、$\mathcal{E} \times \mathcal{E}$ から $\mathcal{E}$ への関係づけ、つまり、関手 $\otimes$ を考えることになる [7, Definitions 170, 176, and 178]。この関手は、ρ_1 と ρ_2 という $\mathcal{E}$ の対象に対して $\rho_1 \otimes \rho_2$ という $\mathcal{E}$ の対象を対応させるような関手 [7, Proposition 175 and Definition 176] である。この関手の操作は、二つの対象をひとまとめにするような操作である。そして、射の対応も定義されている [7, Proposition 177 and Definition 178]。

関手 $\otimes$ を定義すると、複数の関手を考えることができる。例えば、3 つの対象 ρ_1、ρ_2、ρ_3 を考えよう。まず、ρ_2 と ρ_3 を一つの対象 $\rho_2 \otimes \rho_3$ とみなした後 $\rho_2 \otimes \rho_3$ と ρ_1 を一つの対象 $\rho_1 \otimes (\rho_2 \otimes \rho_3)$ と見なす場合と、ρ_1 と ρ_2 を一つの対象 $\rho_1 \otimes \rho_2$ とみなした後 $\rho_1 \otimes \rho_2$ と ρ_3 を一つの対象 $(\rho_1 \otimes \rho_2) \otimes \rho_3$ と見なす場合は同じであると考えられる。なぜならば、これら 3 つの対象の捉え方が違うだけであるからである。DHR 理論においてこの 2 つの関手は可逆な自然変換で結びつけられる [7, Definitions 171, Proposition 181]。

真空を表す対象 ι と ρ_1 が有界な時空領域 $\mathcal{O}_1$ でのみ真空状態と異なる対象を考えよう。これらをひとまとめにした対象は、ρ_1 という状態と同じであるということであると考えられる。実際、DHR 理論においてこれらは可逆な自然変換で結びつけられる [7, p. 792]。$\rho_1 \otimes \iota$ と ρ_1 も同様である。

これらの「同じさ」は、同じであることが予想される「同じさ」であった。一見、同じであるように思われない「同じさ」もある。これは、反粒子に関わる。DHR 理論の枠組みで、真空状態に対応した対象 ι から反粒子に対応した対象 $\bar{\rho}$ と粒子に対応した対象 ρ が生成する変化を表す射 $R \in (\iota, \bar{\rho} \otimes \rho)$ や、反粒子に対応した対象 $\bar{\rho}$ と粒子に対応した対象 ρ が消滅して真空状態に対応した対象になる変化を表す射 $R^* \in (\bar{\rho} \otimes \rho, \iota)$ などが存在することが示される [1, Proposition 4.7.4][14]。$\bar{\rho}$ と ρ が生成したり消滅したりする射の振る舞いから $\bar{\rho}$ は ρ の反粒子と解釈される。DHR 理論の枠組みでは、反粒子は生成や消滅といった変換の観点から定式化されている。

このような ρ の反粒子に対応する対象 $\bar{\rho}$ とそれらに関わる射が存在するとき、任意の対象 ρ_1 を固定した上で、関手 $(\rho_1 \otimes \rho, -)$ と関手 $(\rho_1, - \otimes \bar{\rho})$ を考える。このとき、関手 $(\rho_1 \otimes \rho, -)$ から関手 $(\rho_1, - \otimes \bar{\rho})$ への可逆な自然変換 [15] が

存在する [8, Lemma 2.1] ので、「可逆な自然変換を通じて、「同じさ」が成立する」(p. 142) という本書の立場から見て、これらの関手は「同じ」となる。特に、ρ_1 を真空に対応した対象 ι とし、$-$ に ρ を入れると、(ρ, ρ) と $(\iota, \rho \otimes \bar{\rho})$ は「同じ」である。6 節で述べた描像に従うと、ρ から他の対象への変換と ρ から他の対象への変換の関係づけは、$\rho \otimes \bar{\rho}$ から他の対象への変換と ι から他の対象への変換の関係づけと「同じ」ということになる。

このように、DHR 理論においては様々な可逆な自然変換、つまり、様々な「同じさ」が整合的に同居している。この観点から見ても、可逆な自然変換の観点から同じさを捉える本書の立場は重要であるといえるだろう。

8 おわりに

本書で提示されている現実の捉え方を、「同じさ」を中心に紹介してきた。本書によれば、「同じさ」は設定する必要がある。著者はその中でも変換の可逆性の観点から「同じさ」を捉えることを重要であると考えており、2 節では机やサイコロを題材にとった議論を紹介した。

3 節と 4 節では、DHR 理論が粒子に関する理論のようにみえることを述べた。一方、本書では二重スリットの実験に関して次のように述べている。

> 実体化された粒子の描像では理解できない出来事についての実験なのだから、結果が「パラドキシカル」に見えるのは当然である。前提されている現実の描像自体を問題として吟味せずに、あたかも自然自体がパラドキシカルであるかのように述べ立てるのは、自然そのものをいたずらに神秘化することにほかならない。(p. 40)

5 節、6 節、7 節では、一見粒子的な理論にみえ本書の立場と折り合いが悪いようにみえる DHR 理論も「可逆な自然変換を通じて、「同じさ」が成立する」(p. 142) という観点から捉えることができることを確認した。このように、本書で提示されている考え方は適用範囲が広く重要であるといえる。

3 節以降では、DHR 理論を題材にとり本書の内容を紹介したので、本書が物理学にのみ関わる内容を扱っているように感じた人もいるかもしれない。そのようなことはなく、本書の主張の適用範囲の広さを示すために、一見本書の立場と折り合いが悪いようにみえる DHR 理論を非規準的に選択しただけである [16]。著者はもちろん他の科学理論も念頭に置いている。他の科学理論に接続するヒントを少なくとも三つは考えられる。

一つめは「問いがなければ答えはない」(p. 54) における「問い」の順序である [17]。本書では、このことを社会科学で使われる手法であるアンケートをもとに考察している。例えば、先に「魚の例をあげてください」、次に「ペッ

トの例をあげてください」と聞くと、魚の例としてマグロなどを答える確率が高いのに対して、順序を変えて先に「ペットの例をあげてください」、次に「魚の例をあげてください」と聞くと「グッピー」と答える確率が高くなる（p. 212）。問いに先立って答えがあるのであれば、このことは説明が難しく、「問いがなければ答えはない」という本書の主張はアンケートにも関わることを示唆しているといえるだろう。本書の附論では、「問い」の順序が重要となる非可換確率論の枠組みで囚人のジレンマにおける人間の現実の意思決定のあり方を考察しているが、これは本書の主張を社会科学に接続する試みと言える。

　二つめは実体に固着しないという姿勢である。実体に固着しないという姿勢は本書では徹底されていて、量子論に関わる議論においてよく出てくる波動関数という用語は、本書では使われていない。あくまでも評者の推測であるが、量子力学が波動という実体を扱う理論であると読者に思わせることを避けるため使わなかったのではないかと思う。量子力学において現れる非可換確率論を人間の意思決定に適用するという発想をするためには、量子力学を粒子や波動などの実体の理論であると考えていたら難しいであろう。人間の意思決定に関わる脳などの実体が量子力学に従うのかという問題が出てくるからである。非可換確率論を人間の意思決定に適用するという発想は、操作の非可換性に注目し実体に固着しないからこそ出てきたといえる。また、2節で紹介した机やサイコロの例でも、机やサイコロといった実体ではなくそれらに関わる変換の観点から「同じさ」を考察していた。だからこそ6節や7節で扱ったように、机やサイコロと関係がないようにみえるDHR理論に可逆な変換という視点を接続できたといえる。

　三つめは、この書評で扱った「同じさ」の観点からの分類である。DHR理論では、7節で述べた反粒子に関わる射 [7, Definition 214] [8, Definition 3.4] をもとに次元とよばれる不変量を定義し、それに基づいて対象を分類する。そして、その中にはフェルミオンやボソンと同様の振る舞いをする対象も含まれる。分類という行為は、他の科学理論においてもみられる。分類を扱う科学理論と本書で考えられている現実の一般構造を接続する方法の一つとしては、変換の観点から「同じさ」を設定し、この「同じさ」に基づいて分類するということであろう。

　本書は、様々な分野を横断するような現実の統一的な捉え方を読者に提示している。「〈現実〉とは何か」という問題に興味がある様々な分野の研究者に、一読、そして熟読を薦めたい。

謝辞

本稿は、文部科学省科学研究費補助金基盤研究 (C) （課題番号：20K00279）の助成を受けている。

注

¹ この書評では、本書という表記は常に文献 [13]、著者という表記は文献 [13] の著者を指す。

² 以下、本書 [13] の引用の際は、ページ数のみを表記する。

³DHR 理論が展開されている文献 [5, 6] のタイトルには「粒子の統計」という単語が含まれている。

⁴ ユニタリ同値の表現は、自然同値とみることができる [14, pp. 141-145][10, 第 7 章]。

⁵GNS 構成定理によると、C*代数 $\mathfrak{A}$ 上の状態 ψ に対して、ヒルベルト空間 $\mathcal{H}_\psi$ と $\mathfrak{A}$ の巡回表現 π_ψ、ヒルベルト空間上の巡回ベクトル x_ψ が存在して、任意の $A \in \mathfrak{A}$ に対して $\psi(A) = \langle x_\psi, \pi_\psi(A)x_\psi \rangle$ となる。さらに、$\{\mathcal{H}_\psi, \pi_\psi, x_\psi\}$ はユニタリ同値性をのぞいて一意である。

⁶「無限遠において真空状態となるような状態」という言い方は、[5] の Proposition A.1 に基づいている。

⁷ 対象をギリシア文字で表記することに違和感を感じる人もいるかも知れないが、文献 [1] では局在可能で移動可能な自己準同型写像をギリシア文字で表記していて、文献 [8] では対象をギリシア文字で表記しているので、この書評では対象をギリシア文字で表記する。

⁸ 関手 $(\rho, -) : \mathcal{E} \to \mathbf{Set}$ は、対象 σ に対して

$$(\rho, -)(\sigma) := (\rho, \sigma)$$

と定義される。$\mathbf{Set}$ は集合の圏である。射 $A \in (\sigma', \sigma'')$ に対応する射 $(\rho, A) : (\rho, \sigma') \to (\rho, \sigma'')$ は任意の $B \in (\rho, \sigma')$ に対して $(\rho, A)(B) := A \circ B$ と定義される [2, Example 1.2.8.d]。この関手は、$-$ に入れる対象 σ を選ぶと、射の集合 (ρ, σ) が定まるような関手である [2, Example 1.2.8.d] [14, pp. 73-76]。

⁹ 本書では、「私」の置き換え可能性の議論に続いて、カントによる「それが普遍的法則となることを同時に欲しうるような格率に従ってのみ行動せよ」という道徳法則も置き換え可能性の観点から考察している（pp. 149-157）。例

えば「他人を殺してはならない」ということを「自分が殺されたくない」ということの置き換え可能性として捉えている。そして、「みずからが置き換え不可能であるということそれ自体の置き換え可能性を理解したとき、われわれは自己の存在の根本的な倫理性に気づく」(p. 157) と述べている。このように「私」の置き換え可能性の議論は、粒子の議論のみならず倫理学の議論にもつながっている。

[10] 射 $A \in (\rho, \sigma)$ に対して、自然変換 $(A, -) : (\sigma, -) \Rightarrow (\rho, -)$ は、任意の対象 $\sigma' \in \mathcal{E}$ と $B \in (\sigma, \sigma')$ に対して、$(A, -)_{\sigma'}(B) = B \circ A$ と定義される [2, Example 1.3.6.c]。関手 $(\rho, -)$ を対象とし、自然変換 $(A, -)$ を射とする圏を考えることができ、このような圏は関手圏とよばれる（cf. p. 127）。

[11] 射 $A \in (\rho, \sigma)$ に対して、自然変換 $(A, -) : (\sigma, -) \Rightarrow (\rho, -)$ を考える。任意の $B \in (\sigma, \sigma')$、$C \in (\sigma', \sigma'')$ に対して、

$$(\rho, C) \circ (A, -)_{\sigma'}(B) = (A, -)_{\sigma''} \circ (\sigma, C)(B)$$

となっている。この式の意味で、自然変換 $(A, -)$ は $(\sigma, -)$ における関係づけを $(\rho, -)$ における関係づけに自然に関係づけている。

[12] 関手 N から関手 $(\rho, -)$ への可逆な自然変換が存在するという事実は、米田の補題の系である。[2, Theorem 1.3.3 and Proposition 1.5.2] をもとに、概略を述べておこう。ρ を対象とすると、関手 $N : \mathcal{E} \to \mathbf{Set}$ は任意の対象 σ に対して $N(\sigma) = \mathbf{Nat}((\sigma, -), (\rho, -))$ と定義される。ここで、$\mathbf{Nat}((\sigma, -), (\rho, -))$ は、$(\sigma, -)$ から $(\rho, -)$ への自然変換である。射 $A \in (\sigma, \sigma')$ に対して、対応する写像 $N(A) : \mathbf{Nat}((\sigma, -), (\rho, -)) \to \mathbf{Nat}((\sigma', -), (\rho, -))$ は、任意の $\alpha \in \mathbf{Nat}((\sigma, -), (\rho, -))$ に対して、$N(A)(\alpha) = \alpha \circ (A, -)$ と定義される。

写像 $\theta_{\rho, \sigma} : \mathbf{Nat}((\sigma, -), (\rho, -)) \to (\rho, \sigma)$ を、$\alpha \in \mathbf{Nat}((\sigma, -), (\rho, -))$ に対して

$$\theta_{\rho, \sigma}(\alpha) := \alpha_\sigma(1_\sigma)$$

と定義する。任意の $A \in (\sigma, \sigma')$ と $\alpha \in \mathbf{Nat}((\sigma, -), (\rho, -))$ に対して、

$$\theta_{\rho, \sigma'} \circ N(A)(\alpha) = (\rho, A) \circ \theta_{\rho, \sigma}(\alpha)$$

となるので、$\theta_{\rho, \sigma}$ は σ に関して関手 N から関手 $(\rho, -)$ への自然変換である。

対象 σ' と $B \in (\rho, \sigma)$ に対して、写像 $\tau(B)_{\sigma'} : (\sigma, \sigma') \to (\rho, \sigma')$ を任意の $A \in (\sigma, \sigma')$ に対して

$$\tau(B)_{\sigma'}(A) := (\rho, A)(B) = A \circ B$$

と定義する。任意の $C \in (\sigma', \sigma'')$、$A \in (\sigma, \sigma')$ に対して、

$$(\rho, C) \tau(B)_{\sigma'}(A) = \tau(B)_{\sigma''}(\sigma, C)(A)$$

となるので、$\tau(B)$ は自然変換である。

任意の $B \in (\rho, \sigma)$ に対して

$$\theta_{\rho,\sigma}(\tau(B)) = \tau(B)_\sigma(1_\sigma) = 1_\sigma \circ B = B$$

であり、任意の $\alpha \in \mathbf{Nat}((\sigma, -), (\rho, -))$ と $A \in (\sigma, \sigma')$ に対して

$$\tau(\theta_{\rho,\sigma}(\alpha))_{\sigma'}(A) = A \circ \alpha_\sigma(1_\sigma) = (\rho, A) \circ \alpha_\sigma(1_\sigma) = \alpha_{\sigma'} \circ (\sigma, A)(1_\sigma) = \alpha_{\sigma'}(A)$$

となるので、$\theta_{\rho,\sigma}$ は可逆である。

したがって、「可逆な自然変換を通じて、「同じさ」が成立する」（p. 142）という本書の立場から見て、$N(\sigma) = \mathbf{Nat}((\sigma, -), (\rho, -))$ と (ρ, σ) は「同じ」であるといえる。

[13]DHR 理論において、射は絡作用素であった。絡作用素自体が自然変換とみなすこともできる [14, pp. 141-145][10, 第 7 章]。

[14] 対象 ρ、対象 $\bar{\rho}$、射 $R \in (\iota, \bar{\rho} \otimes \rho)$、射 $\bar{R} \in (\iota, \rho \otimes \bar{\rho})$ が存在して、

$$\bar{R}^* \otimes 1_\rho \circ 1_\rho \otimes R = 1_\rho, \quad R^* \otimes 1_{\bar{\rho}} \circ 1_{\bar{\rho}} \otimes \bar{R} = 1_{\bar{\rho}}$$

が成り立つ [8, p. 106]。前者の式は、粒子 ρ があるところに、真空から反粒子 $\bar{\rho}$ と粒子 ρ が新たに生成した後、もとからあった ρ と新たに生成された反粒子 $\bar{\rho}$ が消滅し真空となり、新たに生成された粒子 ρ だけが残るという変化は、もとからあった ρ が何も変わらず ρ のままであるという変化と同じであることを示している。

[15] 対象 ρ、対象 $\bar{\rho}$、射 $R \in (\iota, \bar{\rho} \otimes \rho)$、射 $\bar{R} \in (\iota, \rho \otimes \bar{\rho})$ は、

$$\bar{R}^* \otimes 1_\rho \circ 1_\rho \otimes R = 1_\rho, \quad R^* \otimes 1_{\bar{\rho}} \circ 1_{\bar{\rho}} \otimes \bar{R} = 1_{\bar{\rho}}$$

をみたすとする。上の脚注で述べたように、そのような対象と射は存在する。

対象 ρ_1 と ρ_2 に対して、写像 $i_{\rho_1,\rho_2} : (\rho_1 \otimes \rho, \rho_2) \to (\rho_1, \rho_2 \otimes \bar{\rho})$ を任意の射 $T \in (\rho_1 \otimes \rho, \rho_2)$ に対して

$$i_{\rho_1,\rho_2}(T) := T \otimes 1_{\bar{\rho}} \circ 1_{\rho_1} \otimes \bar{R}$$

と定義し、写像 $j_{\rho_1,\rho_2} : (\rho_1, \rho_2 \otimes \bar{\rho}) \to (\rho_1 \otimes \rho, \rho_2)$ を射 $T' \in (\rho_1, \rho_2 \otimes \bar{\rho})$ に対して

$$j_{\rho_1,\rho_2}(T') := 1_{\rho_2} \otimes R^* \circ T' \otimes 1_\rho$$

と定義する。このとき、$A \in (\rho_2, \rho_2')$ に対して

$$(\rho_1, A \otimes 1_{\bar{\rho}}) \circ i_{\rho_1,\rho_2} = i_{\rho_1,\rho_2'} \circ (\rho_1 \otimes \rho, A), \quad (\rho_1 \otimes \rho, A) \circ j_{\rho_1,\rho_2} = j_{\rho_1,\rho_2'} \circ (\rho_1, A \otimes 1_{\bar{\rho}})$$

となるので、i_{ρ_1,ρ_2} と j_{ρ_1,ρ_2} は自然変換となっている。また、

$$i_{\rho_1,\rho_2} \circ j_{\rho_1,\rho_2}(T') = T', \quad j_{\rho_1,\rho_2} \circ i_{\rho_1,\rho_2}(T) = T$$

となるので、i_{ρ_1,ρ_2} は可逆である [8, Lemma 2.1]。したがって、「可逆な自然変換を通じて、「同じさ」が成立する」（p. 142）という本書の立場から見て、関手 $(\rho_1 \otimes \rho, -)$ と関手 $(\rho_1, - \otimes \bar{\rho})$ は「同じ」であるといえる。

[16] 本書評では、科学理論として DHR 理論を取り上げたが、この理論を絶対視することは本書の立場に反する。著者は「哲学者が、現在存在する科学的知見を絶対視してそれに依拠しようとするなら、むしろ当の科学者がそれを不適切だと見なすだろう」（p. 185）と述べている。実際、DHR 理論が扱えなかった自発的対称性の破れも扱えるような理論へ拡張する試みがある [9]。

[17] 本書では、「問い」より一般的に操作の観点から、操作の順序の非可換性に関して述べている（pp. 215-217）。そして、数値は可換な操作である観点を提示している。例えば、2 を「2 をかける」、3 を「3 をかける」という操作とみれば、$2 \times 3 = 3 \times 2$ ということは、これらの操作が可換であるということを表している。つまり、「数のシステムは操作のシステムの特殊例」（p. 216）である。

本書ではさらに可換な操作の集まりを、C*代数におけるゲルファント-ナイマルクの定理 [12, 定理 3.7] の観点から考察している。ゲルファント-ナイマルクの定理によれば C*代数のすべての元がすべて可換であれば、これらの元は複素数を値としてとる連続関数とみなすことができる。特に、観測可能量に対応するような自己共役な元は実数を値としてとる連続関数と見なすことができる。このことから、「可換な世界とは、すべてを数値を数値に還元できる世界であり、非可換な世界とは、数値に還元できないより一般な操作を含む世界」（p. 216）といえる。

文献

[1] H. Baumgärtel. *Operatoralgebraic Methods in Quantum Field Theory.* Akademie Verlag, Berlin, 1995.

[2] F. Borceux. *Handbook of Categorical Algebra: Volume 1, Basic Category Theory.* Cambridge University Press, 1994.

[3] S. Doplicher, R. Haag, and J. E. Roberts. Fields, observables and gauge transformations I. *Communications in Mathematical Physics*, Vol. 13, No. 1, pp. 1–23, 1969.

[4] S. Doplicher, R. Haag, and J. E. Roberts. Fields, observables and gauge transformations II. *Communications in Mathematical Physics*, Vol. 15, No. 3, pp. 173–200, 1969.

[5] S. Doplicher, R. Haag, and J. E. Roberts. Local observables and particle statistics I. *Communications in Mathematical Physics*, Vol. 23, No. 3, pp. 199–230, 1971.

[6] S. Doplicher, R. Haag, and J. E. Roberts. Local observables and particle statistics II. *Communications in Mathematical Physics*, Vol. 35, No. 1, pp. 49–85, 1974.

[7] H. Halvorson and M. Müger. Algebraic quantum field theory. In J. Butterfield and J. Earman, editors, *Philosophy of Physics*, pp. 731–922. Elsevier, Amsterdam, 2007.

[8] R. Longo and J. E. Roberts. A theory of dimension. *K-theory*, Vol. 11, No. 2, pp. 103–159, 1997.

[9] 小嶋泉. だれが量子場を見たか. 中村孔一, 中村徹, 渡辺敬二（編）, だれが量子場をみたか, pp. 65–107. 日本評論社, 2004.

[10] 圏論の歩き方委員会. 圏論の歩き方. 日本評論社, 2015.

[11] 田口茂, 西郷甲矢人. 圏論による現象学の深化 — 射の一元論・モナドロジー・自己. 現代思想, Vol. 48, No. 9, pp. 202–214, 2020.

[12] 梅垣壽春, 日合文雄, 大矢雅則. 復刊 作用素代数入門—Hilbert 空間より von Neumann 代数. 共立出版, 2003.

[13] 西郷甲矢人, 田口茂. 〈現実〉とは何か — 数学・哲学から始まる世界像の転換. 筑摩書房, 2019.

[14] 西郷甲矢人, 能美十三. 圏論の道案内. 技術評論社, 2019.

（日本大学）

科学哲学 53-2（2020）

書評論文

実体主義の新たな視点
—加地大介『もの：現代的実体主義の存在論』を読む—

秋葉剛史

Abstract

This is a review essay on Daisuke Kachi's *Agents: Contemporary Substance Ontology* (*sic*. Shunjusha, 2018). The book develops and partially defends an ontology that takes the category of substance as the most fundamental one. The author provides in it a new perspective on substance, which consists in characterizing substances as bearers of what he calls "substance modalities" (of which there are four kinds, that stem from the factors of essence, power, past persistence, and future persistence respectively). The first part of this review essay gives an extended overview of Kachi's book while the second discusses some problems it may face.

　伝統的に「実体」と呼ばれてきた個別的で具体的な対象（馬や机や原子など）の身分をめぐっては，現代の形而上学でも議論が続いている．一つの方向性は，「実体」を独自の存在論的カテゴリーとして認めず，何か別のカテゴリーに還元可能なものとみなす路線だ．例えば，実体をトロープの束として分析するSimons 1994，事態の複合体とみなすArmstrong 1997，関係構造に基づく一種のパターンとして説明するLadyman & Ross 2007など，この路線を支持する論者は少なくない．だが一方，実体というカテゴリーを改めて基礎的なものとして承認し，それを中心に据えた形而上学を構築しようという動きも（特に1990年代以降）活発化している．こうした「現代の実体主義」は，多かれ少なかれ明示的に，実体主義形而上学の祖とも言えるアリストテレスの議論を参照しつつ，その遺産の継承とさらなる理論化・体系化を目指すという形で展開されている．

　加地大介による『もの：現代的実体主義の存在論』（春秋社，2018年）は，この後者の見地から実体主義に新たな貢献をなそうとする意欲作だ．本

2020年9月2日投稿，2021年1月5日再投稿，2021年1月6日審査終了

295

書（以下，加地の前述書をこう呼ぶ）は，一貫した実体主義者として形而上学業界ではよく知られる著者が，長年の研究成果をふまえ世に送り出したものである．その中では，現代の（アリストテレス主義的）実体主義の最新の動向を伝えつつ，著者独自の観点から実体主義の発想を深化・発展させることが目指されている．著者がそこで提示する見解に最終的に同意するか否かにかかわらず，本書が現代の実体主義の可能性について考える上で必読の書であることは間違いないだろう．

　そのようなわけで本論文では，本書の内容を紹介した上で若干の批判的検討を行ってみたい．第1節（内容紹介編）では，本書の全体的な方針を確認した後，各章の内容を概観し，その意義について述べる．この箇所では分量の許す限りなるべく丁寧な紹介を心がけるので，本書の概要を知りたい方はここだけでも参考にしてもらえればと思う．第2節（批判的考察編）では，本書の議論に関して筆者が抱いた疑問や不満を五つほど挙げて論じる．なお以下では，丸括弧内のゴチック体数字により本書の頁番号を表すことにする．また本書で引用される著者以外の論者による表現も，著者自身の見解を代弁するものとして引用されていることが明らかな場合は地の文の表現と区別せずに引照する．

1. 内容紹介

1.1 全体の問いと答えの方針

　本書の内容を概観するに当たっては，最初にその全体的方針を確認しておくのが有益だ．ひとことで言うと，本書の主要課題は「ものであるとはいかなることか」という問いに答えることである (**3, 9**)[1]．なかでも，生物個体や分子といった「典型的な実体」にまずは焦点を絞り，その正体を深く理解することが本書の目的だとされる (**4f**)[2]．実体の特徴づけというこの課題は伝統的なものだが，それに対する本書の答えはある独特の切り口から与えられる．すなわち本書で実体は，「**実体様相**」と呼ばれる**数種の様相の担い手**として特徴づけられるのである (**5, 9, 263f**)．著者によると，この実体様相とは「ものに由来する」(**13**) という性格をもった独特の形而上学的様相であり，後述するようにその中には四つの種類がある．言語表現上は，それらは様相を表すための現代の標準的な道具立てである文演算子によってではなく，コプラによって表現される「コプラ的様相」として性格づけられる．そして本書によると実体は，まさにこうした様相を「まといつつ存在する」(**9, 14**) ものとして特徴づけられるのである．

　だがここで言う「コプラ的様相」（としての実体様相）とはいったい何のことか．おそらく多くの読者にとって最もなじみ深いと思われる時間的なコプラ的様相を例に説明しよう．背景となるのは，同一の実体に対して相容れない性質を帰属させる二つの言明，例えば「*a* is red」と「*a* is green」が，異なる時点ではともに真になりうる——つまり変化というものがありうる——ことをどう理解すべきか，という問題だ．この問題への答えとしては，「*a*」の表す対象を時点に相対化する道と，「red」などが表す性質を時点に相対化する道がまずはよく知られている（それぞれ四次元主義と三次元主義の標準解答）．だがこの二つに加え，「*a*」と「red」を結びつけるコプラ「is」を時点に相対化することで件の両立性を確保するという道もある（e.g. Johnston 1987）．これはつまり，対象が性質を例化する「仕方way」には様々な時間的様態があると考える道であり，これに従うと，例えば*a*はrednessを《今日的に−例化する》が，greennessを《十日前的に−例化する》，といった主張が可能になる．そしていま問題の「コプラ的様相」（この場合は時間的なそれ）とは，こうしたコプラの変様体によって表現され，対象が性質をもつ「仕方」の違いとして捉えられるような様相のことである．

　本書ではこのようなコプラ的様相（実体様相）として，いまみた時間的様相に属する「過去様相」と「未来様相」に，「本質様相」と「力能様相」を加えた四つが導入される．その詳細は後に回すとして，ここで重要なのは，これらの様相はいずれも，実体を実体たらしめる四つの主要な「要因」に各々の「源泉」をもつもの（**67f, 259**），あるいは，実体の基本的な「存在形式」（**59**）を反映したものとして位置づけられることだ．すなわち本書によると，実体は《本質》という要因を含んだものとしてある属性をある仕方でもち，《過去の持続》という要因を含んだものとして他の属性を他の仕方でもつ，等々のことが成り立つわけである．だがもしこれらの様相（属性をもつ仕方）が，実際に実体の主要な存在形式を反映しているとすれば，実体というものの正体はまさにこれらの様相に関する考察を深めていくことで明らかにできるはずだ．本書で行われるのは，こうした見通しの下で展開される実体の「様相的特徴づけ」である．

1.2　各章の内容

　以上の全体方針を念頭におきつつ，各章の内容をより具体的にみていこう．本書の本体部分は（総括と展望を行う第6章を別とすれば），第1−2章からなる前半部と，第3−5章からなる後半部に大きく分けられる．前半部では，本書における実体の特徴づけの要である「実体様相」の概要が示さ

れ，後半部ではその源泉と考えられる「本質」「力能」「(過去と未来の) 持続」の各々について解明が試みられる．

第1章では，まず上述の意味での実体様相 (コプラ的様相) が，一般に「形而上学的様相」と呼ばれる種々の様相全体の中でどのような位置を占めるかが説明される (9-15)[3]．そして，このような (コプラ的様相としての) 実体様相の存在を認める本書の立場は，たしかに様相論理を背景とする現代の様相論においては少数派であるものの，少し視野を広げれば決して孤立無援のものではないことが確認される．具体的には，哲学史の中では，アリストテレス，アクィナス，ミル，パースといった哲学者がコプラ的様相について肯定的に論じており (15-20)，様相論理が席巻した現代でも，フォン・ウリクト，マッギン，ジョンストン，ガルトン，ロウ，ヴェターらが同様の方向性を追求していることが示される (20-41)．

第2章では，いま導入した「コプラ的様相としての実体様相」というアイディアをさらに明確化することが目指される．この明確化が必要なわけは次のように理解できる．たとえ前章で与えたような考察により，上の意味での実体様相が存在するという点はひとまず認められたとしても[4]，現代の我々が「様相」として通常思い浮かべるのは様相論理の文演算子により表現される「事実様相」(ないし言語に定位して言えば「文的様相」) であるという点に変わりはない．しかもそうした様相の中には，実体様相と一見紛らわしい「*de re* (ものについての) 様相」と呼ばれるものもある．では，本書でいう実体様相 (コプラ的様相) はこうした事実様相 (文的様相) と正確に言ってどのように関係するのだろうか．

これに対する本書の答えは，実体様相と事実様相の間には一方が他方に還元されるという関係は (どちらの方向でも) 成り立たず，両者は非還元的に関係づけられる，という「いわば穏健な」(62) ものだ．そうすると問題はその「非還元的関係」の内実だが，著者によると各種の実体様相は，それぞれ特定の種類の事実様相 (特に対象固定的なそれ) の「根拠」になるという仕方でそれと関係する．この関係は，例えば次のような形の公理によって表される[5]：

(1)　$\alpha /_E a \rightarrow \Box (\alpha /_E a)$

(2)　$J\text{-pot-}a \rightarrow \Diamond (J\text{-occ-}a)$

(3a)　$K\text{-ret-}a \leftrightarrow P^* (K\text{-cur-}a)$

(3b)　$K\text{-pro-}a \rightarrow F^* (K\text{-cur-}a)$

以上はすべて公理図式で，「a」は個体定項により，「α」「J」「K」はそれぞ

れ適切な種類の述語により置き換えられるべき図式文字だ[6]．そして個体定項と述語を結合している「/₍ₑ₎」「-pot-」「-ret-」などの表現が様相コプラである[7]．これらの命題（図式）においては，前件が文演算子なしの原始文[8]——実体様相を表す——である一方，後件は文演算子つきの様相文——事実様相（の一種である対象固定的な疑似的 *de re* 様相）を表す——になっている．実体様相は，このように事実様相の十分条件（(3a) の場合は必要十分条件）になるという仕方でそれを「根拠」づけるとされるわけだ．

　ただしそれぞれの実体様相は，やみくもに事実様相の十分条件になるのではなく，各々の「源泉」に即した形で，異なる様相論理体系で表される事実様相を根拠づけるとされる (67)．具体的には，(1) に現れる「□」はS5，(2) に現れる「◇」はT，(3a) に現れる「P*」はS4，(3b) に現れる「F*」はS4.3，にそれぞれ従う文演算子である．つまり実体様相による事実様相の根拠づけには，その源泉に応じた特定の論理体系の指定も含まれているわけである．

　しかし，それぞれの実体様相の「源泉」とされる実体の各要因——本質，力能，（過去と未来の）持続——はより具体的にどう理解されるべきか．また，各種の実体様相によって根拠づけられる事実様相の論理が，それぞれ上述した体系のものになるのはなぜか．これらの問いに対しては，第2章の残り部分 (68-87) での準備的考察をはさみ，後半部の三つの章で回答が探られる．

　第3章では，実体様相の一つ目の源泉としての《本質》が主題的に考察される．ここで中心となる問いは，i) 実体の本質というものをどのように理解すべきか，ii)（そう理解された）本質に関わる実体様相はなぜS5の事実様相の根拠になるのか，の二つである．

　このうち問い i) に関しては，まず「本質」の概念に一定の役割を与える三つの立場，すなわち，必然性本質主義，質料形相的本質主義，定義的本質主義の三つが「現代的本質主義」として紹介される (92ff)[9]．そして最後の定義的本質主義（ファインおよびロウに代表される立場）が，最も大きな一般性，妥当性，応用性をもったものとして支持される (102, 107)．この立場によれば，ある対象の本質とはその実在的定義，つまりそれが「何であるか」の答えとなるものであり，その内容は当の対象が属する類種の系列を重層的に含み，最上類としてのカテゴリーを中核とする (69, 100f, 136-9)．著者によると，この定義的本質主義を他の二つの立場より支持すべき理由は次のようなものである．まず必然性本質主義の方は，（ファインらの議論が示すように）定義的本質主義からの一種の「帰結」とみなすことができる

(102f, 129ff). また質料形相的本質主義の方は，定義的本質主義が特に物的
実体に適用された場合の「局所的適用」（102）とみなしうる．というのも，
一般に実体の定義的本質とは，あるものの個体性・自己統一性を（他の個体
に拠らずして）成立させるものだが（107, 230），当の実体が特に「物的」で
ある場合，その個体性・自己統一性は時間と空間の中で実現される必要があ
り（124f），その時間空間的な統一性を成り立たせる契機——ここではロウ
とクーンズの考察をふまえ「力能的統一性を伴う空間的延長」（125）と解釈
される——は，実体の実在的定義によって要求される「質料的側面」として
理解できるからである（107, 127）.

　また上記の問いii）に関しては，ここまでの議論をふまえて次のような答
えが与えられる．実体の「本質」が一種の定義である以上，本質様相から帰
結する必然性は「広い意味での論理的必然性」とも言うべききわめて強力な
必然性であることになる．そしてそのような強力な必然性を表現する体系と
しては，任意の可能世界における必然性がそのまますべての可能世界におけ
る必然性となるS5が相応しい（138-41）.（またここでは割愛するが，この直
前の箇所（130-8）では本質様相とそれに伴う必然性命題の「アプリオリ性」
がなぜ成り立つかという点も説明されている.）

　第4章では，実体様相の二つ目の源泉としての《力能》が主題的に考察さ
れる．中心となる問いは再び，i）力能はどのようなものとして理解される
べきか，ii）（そう理解された）力能に関わる実体様相はなぜTの事実様相の
根拠になるのか，の二つだ.

　まず問いi）については，力能（および傾向性[10]）に関する「標準理論」と
呼ばれる立場が主な対抗馬として取り上げられる．この立場は，力能を「刺
激」と「発現」の間の反実条件法的な結びつきとして理解する．例えば，対
象aが《壊れやすさ》をもつとは，aがあるタイプの刺激（e.g. 床に落とされ
ること）に晒されたならばあるタイプの発現（i.e. 壊れること）が生じるだ
ろうということに他ならない，という具合である．これはたしかに力能に関
する標準的な見方と言えるが，本書ではいくつかの理由から（147, 156），そ
れに替えてロウやヴェターらの提唱する「代替概念」が支持される．この立
場によると，力能は発現のみによって個別化され，その様相的本性は必然性
よりも可能性に近い「潜在性」である（157, 184）．よって例えば，aが《壊
れやすさ》をもつとは，aがある（文脈に応じた）閾値以上の程度において
壊れることへと向かう潜在性をもつことに他ならない，ということになる
（75, 79）.

　またこの結論に至る過程で，関連する二つの論点が考察される．一つは，

いまふれた潜在性の概念によって形而上学的様相全般を還元しようという
ヴェターの試みだ (155-72). これに対する著者の態度はおおむね否定的
で，そのような還元は不可能であり (172)，潜在性はあくまで一つの種類の
形而上学的様相の供給源として捉えるべきだと論じられる (165ff). もう一
つは，上述した力能の代替概念の背景としてロウがとっていたとされる，因
果に関する「things-processモデル」という見方だ (152ff). このモデルは，
力能の標準理論の方と自然に結びつく因果の「two-eventモデル」と異な
り，因果を「実体的対象とプロセス」の間の関係として捉える. そして著者
はこの点でも，ロウの示した方向性を支持し，それが（非標準的ではあるも
のの）決して孤立したものではないことを示そうとする (155, 173-84).

　上記の問いii) については，ここまでの議論に基づき次のように論じられ
る. 力能様相から第一次的に帰結する文的様相は可能性だが，この可能性は
（単に論理的に排除されてはいないという意味での）薄い可能性ではなく，
現実性に準ずるようなきわめて強力な可能性（「客観的可能性」とも呼べる
もの）である. するとその裏返しとして，これに基づいて規定される必然性
はごく弱い意味でのそれになり，そうした弱い必然性を表現する様相体系と
しては，S5の対極に位置するようなきわめて原始的な体系であるTが適切
である (187f, 192f).

　第5章では，実体様相の三つ目と四つ目の源泉としての《過去持続（これ
までの持続)》および《未来持続（これからの持続)》の解明が図られる. 中
心となる問いはここでも，i) これらの持続はどのように理解されるべき
か，ii) (そう理解された) 持続に由来する実体様相はなぜS4およびS4.3の事
実様相の根拠になるのか，である.

　問いi) に関しては，まず実体の持続を（四次元主義者のいう「延続」で
はなく）あくまで「耐続」として捉えるという方針が確認され (82ff, 197f)，
この耐続が，「複数の瞬時的世界すなわち「時点」において貫時点的同一性
を保ちつつ個体として存在すること」(201) として定義される. この定義に
登場する「時点」ないし「瞬時的世界」は，ある種の現在主義を採用した上
で，「継起的に生成してはたちまち消滅していくような世界」(204) として特
徴づけられる. また，同じく定義に登場していた「貫時点的同一性」の方
は，R・テイラーの「純粋生成」の概念を援用しつつ「形而上学的な意味に
おいて歳を取る」(207) こととして説明される.

　続いて，こうした実体の持続を記述するための適切な論理体系はどのよう
なものか，という点が考察される (217-28). 特に比較対象になるのは，（こ
こでの議論の着想源である）時制と時相に関するガルトンの理論だ. 彼の理

論がもっぱら「できごと」を記述するものと想定されていたのに対し，著者はむしろ「プロセス」こそが実体的対象の持続様相が浮かび上がってくる重要な要因であるとする (223)．そして結果として，「プロセス論理」と呼ばれる形式——プロセス述語と個体定項が時相コプラにより結合されてできる命題の論理的ふるまいを記述するもの——が支持される．

問い ii) に関しては，次のように論じられる．まず，「これまでの持続」に由来する過去様相は（確定済みで覆せない事柄を表す）きわめて強力な必然性の一種と考えられるため，それに相応しい論理体系は，S5 から到達可能性関係の対称性を保証する公理だけを除いた S4 となる (232f)．一方，「これからの持続」に由来する未来様相は（まだ成否の確定していない事柄を表す）可能性の一種と考えられるため，S4 に到達可能性関係の稠密な直線性を保証する公理を加えた S4.3 が相応しい (235ff)．

最後の第 6 章では，本書における実体の特徴づけの要となった実体様相の全体像が改めて示され，いくつかの補足事項と今後の課題が述べられる (253-9)．また，実体様相の諸源泉の間には相互依存的な連関があることが強調される．すなわちそれらの間には，実体の存在に不可欠な定義的本質においては力能が中心的位置を占め，その力能は持続（耐続）する対象の実在を要請し，さらにその持続は本質を要請する，という絡み合いがあるとされる (259-63)．

以上の本論に続く二つの試論（分量的には 275-333 とかなり多い）では，本書で描き出された（どちらかと言えば伝統的で常識的な）実体像が，現代物理学の成果とどの程度調和するのかが検討される．試論 A では量子論，試論 B では相対性理論が取り上げられ，本書の実体像はどちらの理論とも少なくとも両立可能であることが論じられる．

1.3 本書の意義について

さて以上のような内容を含む本書については，様々な肯定的意義を指摘できるように思う．一つの意義としては（著者もふれているように），近年の海外の研究動向，特に実体主義に関するそれの紹介と解説という点を挙げられるが (8)，本書の意義はもちろんそれには尽きない．

まず総論的な観点から言うと，とりわけ目を引くのは，本書を導く全体的着想それ自体の独創性だ．「実体とは何か」に関する従来の議論のほとんどは，いくつかの個別の特徴 (e.g. 独立性，個別性，時空性など) をリストアップし組み合わせるという形のものであり，「実体様相」という統一的な観点からこの問いに答える本書のような試みは（筆者の知る限り）国内外を

問わずほぼ前例がない．この点において本書は，実体をめぐる議論にいわば新たな次元を開くものだと言うことができよう[11]．また「実体様相」の観点を中心に据えることで，ロウの種論理，ヴェターの潜在性理論，ガルトンの時相演算子理論というそれぞれ別個の文脈で提案されてきた諸理論を統合的に考察できることを示した点も，本書の独創的な総合として評価されるべきだと思われる（私見では，著者はこの点をもっと強調してよかった）．

　また本書には，各論としても興味ぶかい内容が豊富に含まれている．なかでも，質料形相論と定義的本質主義の関係をめぐる第3章の議論，非還元的様相実在論に関する（主に第4章の）議論，時相・時制論理の適切な形式に関する第5章の議論などは，個別にみても固有の価値をもつと思われる．さらに，本書の要である実体様相の概念に公理論的な定式化を与えたことも，今後の発展性を期待できる貴重な貢献だろう．

2. 批判的考察

　しかしそうは言っても，本書の議論に関して疑問点や不満点がないわけではない．本節ではそうした点を五つほど挙げ論じてみたい．ただし，あいにく論理学や物理学の話題は筆者には荷が重いので，以下では主に（狭義の）形而上学に関わる諸点について論じる[12]．

2.1 議論方法について

　批判的考察の一つ目は，本書の内容というよりも形式（論じ方）に関するものだ．それを述べるため，まずは本書の大枠のねらいを改めて確認しよう．

　上述のように，本書の中心となるのは「もの（実体）であるとはいかなることか」という問いである．そして本書では，この問いへの答えを探る中で，実体およびその要因などに関して様々な主張がなされる．例えば（大雑把な定式化では），実体は本質・力能・持続という要因を含む，実体の本質とはその実在的定義である，力能は発現のみによって個別化される，等々の主張である．いま便宜のため，本書で採用されるこれらの主張——全体として実体の特徴づけに結びつくと想定される——の集合を「T」と呼ぶことにしよう．このTに関して重要なのは，それが実体主義の理論として提示されていることだ．つまりTに含まれる各々の主張は，実体を「存在論的に最も主要な基礎的カテゴリーとして位置づける」(5) という実体主義のポリシーを展開したもの（少なくともそれと整合するもの）として意図されている．

　ではこの実体主義の理論Tは，どのようなねらいをもって提示されているのか．著者自身明言しているように，それは「概念分析」のためではない

(6)．つまり T を提示することで本書が目指しているのは，我々の日常的概念の内容を忠実に再現・要約するといったことではない．むしろ本書が意図しているのは，個体・因果・時間といった「実在の主要な要因と考えられる〔…〕側面の解明に寄与することによって，実在の本性に迫りうるような形而上学的理論を構築すること」(6) である．つまり T は，実在世界の基本的なあり方を優れた仕方で解明するための理論として意図されている．そしてそのような T を，実体主義を出発点として実際に成功裡に構築できることを示すことにより，いわば遡及的に実体主義を擁護することが本書の大きなねらいだと言える．

　以上をふまえると，本書で提示される T が満たすべき要件として，次の二つを取り出すことができる．第一に，T は最低限，実体主義の発想を首尾一貫した仕方で展開したものでなければならない．つまり T に含まれる各々の主張は，実体主義の基本ポリシーと合致し，また互いに整合的なものでなければならない（ねらいは実体主義の擁護なので）．しかしそれだけでなく，第二に T は，より積極的な利点や魅力をもった理論である必要がある．すなわち T は，実体主義者であろうとなかろうと，個体や因果や時間などの解明に取り組む者なら（おおむね）共通に受け入れるような何らかの中立的な美徳——既存の問題の解決能力，経済性，包括性，広く共有された直観との一致，等——を備えることで，当該の主題に関する他の理論より優れていると言えるようなものでなければならない（ねらいは実体主義の擁護なので）．

　本書の各箇所における議論（T にどの主張を含めどの主張を含めないかの選択）は，基本的にこの二つの要件のどちらかを意識したものとして解釈できるが，実のところ本書では，これらの要件はそれとして明示されておらず，各箇所でそのどちらが意識されているのかも必ずしも明確でない[13]．これが本書の論じ方に関して筆者が不満に感じる点だ．もちろん著者本人にとっては，自身の議論の意図はわかり切っていて記すまでもなかったかもしれないが，この点はやはり明示的であってほしかったと思う．というのも，ある議論（立場選択）が二つの要件のどちらを意識したものであるかによって，その議論の性格はずいぶん変わってくるからだ．一方で，第一の要件をもっぱら意識した議論はいわば「構築」段階のものであり，そこで目指されるのは，実体主義の発想をまずは真偽の評価が可能な具体的主張へと展開・分節化することである．それゆえこの段階では，著者は，実体主義の基本ポリシーと合致しまた内的整合性を損ねない範囲で，自身の採りたい見解をある程度自由に採用する（ひとまずテーブルに乗せる）ことができる．他方，第二の要件を意識した議論は「正当化」段階のものだ．つまりそこでは，何

らかの中立的な理由に基づき，自身の採ろうとする見解が他のものより採用
に値することを示すということが求められる．このような議論の性格の違い
をはっきりさせることは，本書で採用されている各見解がそれぞれどのよう
なものとして採用されているのか——著者の直観などを反映した当座の見解
としてなのか，中立的・理論的理由によって支持された見解としてなのか
——を明示することでもある．そしてそれを明示することは，実体主義の擁
護という大目標に向けて本書が何をどこまで達成したのかを明確にするため
にも重要だったのではないだろうか[14]．

2.2 本質が含む内容について

　形式面の不満はこのくらいにして，ここからはより実質的・内容的な疑問
を提起しよう．その一つ目は，実体の「本質」が含む内容に関する本書の見
解にはある種の緊張関係がみられるのではないか，というものだ．（これは
前述した第一の要件，特にTの内的整合性に関わる問題提起である．）

　上でみたように，実体の（実在的定義としての）本質は，それが属する類
種の重層的な内容を含み，その中核は最上類としてのカテゴリーだとされて
いた（137）．よって一見すると，例えば一頭の馬の本質には，アラブ種，ウ
マ，奇蹄目，有蹄類，哺乳類，脊椎動物等であることが含まれる，と考えて
よいようにみえる．しかし実際には，本質の内容は本書においてこれよりか
なり希薄なものとされている．というのも，「本質とは実体的対象の個体
性・単一性を成立させるような何か」（136）であり，「類種のレベルの中には
少なくともこのような〔個体性の成立の前提となるという〕意味で本質とは
言えないようなレベルも存在しうる」（137）からである．例えば，「水分子で
あるかアンモニア分子であるかとか，馬であるか牛であるかというレベルで
の相違は〔…〕本書で規定されるような意味での本質の一部とは言えない」
（137f）とされる（142も参照）．

　こうした立場が本書でとられる理由は，一方でよく理解できる．というの
も著者は，本質（とそれに伴う必然性）はアプリオリに把握可能なものだと
いう近年のアリストテレス主義者の見解に同意しているからである（91,
136f）．この見解をとる以上，経験的探究によってはじめて明らかになるよ
うな内容——ある実体がどの自然種に属するかに関する情報はその一例だと
思われる——を本質の一部に含めることはたしかにできないだろう．

　しかし本質から自然種レベルの内容を除くことは，他の箇所での叙述とは
あまり折り合いがよくないようにみえる[15]．というのも，（本質とは「何で
あるか」という問いへの答えだという主張を素直にとればそこに自然種レベ

ルの内容を含める方がむしろ自然にみえるのに加え，）本書において本質には，少なくとも二つの実質的な役割が与えられているからだ．その二つとは，一定の種類の力能を基礎づけ・要請すること（117ff, 127, 263），また，実体の実在性基準を与えること（132ff, 261f）である．これらの役割を実質的な仕方で果たしうるためには，本質はかなり豊かな内容を含まねばならないと思われる．例えば，《牧草を消化できる》や《銅分子とイオン結合できる》といった力能を要請できるためには，本質は単に《生物個体である》や《分子である》といったレベルの内容を含むだけでは不十分だろう．同様に，《二個の銅原子を含む》ことをその一部とするような実在性基準を与えられるためにも，本質は相応に下位の種の内容を含まねばならないだろう．このように，本質がどの程度の内容を含むかについての本書の叙述は，一定の緊張をはらんでいるようにみえる．

　もし「本質のアプリオリな把握可能性」と「本質の二つ（かそれ以上）の実質的役割」が実際に二者択一の関係にあるとしたら，筆者としては後者を保持することを勧める．本書でも述べられるように，そもそも本質とは，その実在性を認めることが「実在論の主張そのものであるか，ひょっとすると，実在論全般の「根拠」となりうるような」（98）何かだと思われる．だとすれば本質は，《私たちの精神から独立にそれ自体で確定した実在世界》という観念を前提に，あくまでそのような精神独立的世界を構造化している契機として認められるべきだろう．そしてそのようなものとしての本質に，アプリオリな把握可能性という認識的制約を課すことは，よほど強力な理由がない限り正当化が難しいように思われる．（103や136fでふれられる様相認識論上の論点は場合によるとそうした理由になるかもしれないが，いずれにせよさらなる議論の展開が必要だろう．）

2.3　力能と実体の関係について

　内容的な疑問の二つ目は，実体と力能の間の関係をめぐるものだ．ここで提起したいのは，この両者の関係に関する本書の見解が直面するかもしれない一つの困難である．（この論点は，以下の§2.4と§2.5で挙げる論点と同様，前述した第二の要件，すなわちTに含まれる主張の理論的正当性に関わる．）

　まず，実体と力能が本書でどう関係づけられていたかを確認しよう．第3章において実体は，何らかの意味で力能を含む「力能的統一体」（127）だとされていた．より詳しく述べるなら，実体は，実在的定義としての「形相」が時間空間内で「質料化enmatter」（123）されることで具体的実在に至るも

のであり，この質料化は，（不完全な素材や裸の個体などではなく）「力能的
外延」（124f）と呼ばれるものを契機としてなされる，というのが本書の立場
である．ここで「力能的外延」とは，ある力能を内在させ，それに境界づけ
られたものとしての空間領域のことであり，これはさらに，当の領域に局在
化している限りでの力能のこととして理解できるから，要は力能のトークン
（トロープ）のことだと考えてよいだろう（cf. 246）．よって実体は，こうし
た力能トークンを構成要素として含む統一体だということになる[16]．

　しかしこの両者の間の「構成要素」関係は，より正確にはどう理解される
べきか．一つのありうる見方は，力能トークンを実体の独立的な構成要素と
して捉えるものだろう．すなわち，力能トークンは実体に先立って存在可能
なものであり，実体はそれらが一定の関係に立つことではじめて存在に至
る，という見方である．だがこうした「ボトムアップ」的な見方は本書が支
持するものではなく（105），それが支持されない理由も推測がつく．なぜな
らこの見方の下では，実体は力能トークンに対して派生的なもの，それに依
存したものであることになり，これは実体を最も基礎的なカテゴリーとする
実体主義の方針に反すると思われるからだ．むしろ本書が支持するのは，力
能をあくまで実体のあり方の一部として，それに依存したものとして捉える
見方である（105, 184）．この見方——全体（実体）が部分（力能）に先行する
という「トップダウン」的ないし「全体論的」（105f）見方——は，おそらく
「本質」の概念を介して次のように展開できるだろう．ある実体aが，力能
トークンp1, p2, ...を含んでいるとしよう．いま問題の見方に従えば，《p1,
p2, ...の実在》はまさに《aの実在》によって根拠づけられたものとして理
解できる．なぜなら，aは（実体である以上）本質的にある特定の種Φの個
別例であり，それゆえ《aの実在》は《Φの個別例の実在》を含んでいるこ
とになるが，一般に種は一定範囲の力能を「要請」することをふまえれば，
《p1, p2, ...の実在》は，まさに問題の種Φがそれらのタイプの力能を要請す
るような種であったことの帰結として捉えられるからである．

　だがこのような見方は（たしかに実体主義の要求には適うかもしれない
が），次のような疑問を生じさせる．この見方によれば，各々の力能トーク
ンは「それが特徴づけるところの何ものか〔＝実体〕の存在を前提として初
めて意味を持つ」（105）のだから，それが属する実体が消滅した場合すべて
一緒に消滅しなければならないはずである．しかし一見したところ，ある実
体が消滅した後でもその力能の一部が残存している，とみえるケースは珍し
くない[17]．つまり上の図式的な例で言えば，実体aが消滅した後でも，aに含
まれていた力能トークンの一部——「p1」としよう——は残存しているよう

にみえるケースだ．こうした場合にも上の見方を貫こうとするなら，aの消滅後に存在しているのは実はp1とまったく同じタイプだが数的には異なるp1*だ，と言う必要が出てくるだろう（p1自体はaと一緒に消滅しているので）．このp1*については，aが存在していた期間中からp1と重なり合って存在していたと考えるか，aが消滅した瞬間にp1と入れ替わりで突如存在し始めたと考えるか，という二つの選択肢があるが，どちらも魅力的とは言い難い[18]．もちろんこの魅力的でない二者択一は，力能トークンが実体に依存していることを否定すれば避けられるが，それは本書が退けたかったはずの見方に戻ることだ．つまりここで著者は，少々難しい選択を迫られるようにみえる．

2.4 力能および因果に関する代替理論について

続いての疑問は，第4章で支持される，力能および因果に関する「代替理論」についてのものである．同章では，これらの代替理論をとるロウが「力能実在論者の進むべき方向性を示した」（149）とされているが，これは本当だろうか．少なくとも筆者は，力能実在論には共感するがロウの方向性をとる必要は感じない．以下その理由を説明しよう．

前述のように力能の標準理論によると，ある実体がある力能をもつとは，その実体が一定の「刺激」に晒されたならば一定の「発現」が生じるだろう，という反実条件法が成り立つことに他ならない．よってこの理論では，a）力能は刺激と発現のペアによって個別化される，b）力能の様相的本性は（条件的）必然性である，という二つのことが主張される．これに対し，本書が支持する力能の「代替理論」（ロウおよびヴェターの立場）は，a*）力能は発現のみによって個別化される，b*）力能の様相的本性は（条件的）必然性でなく可能性である，という二つを主張する（157）．

ではなぜ後者を支持すべきなのか．本書では，標準理論よりも代替理論の方がうまく説明や解釈ができるようにみえるポイントとして様々なものが挙げられている．すなわち，i）自発的・ランダムに発揮される力能のケース（147），ii）何の条件もなしに常時発揮される法則的力能のケース（75, 147, 156），iii）比較可能性および文脈依存性という力能の特徴（156），iv）確定可能determinableな力能に基礎性を付与するような自然な力能実在論（156），v）力能が発揮されているが表面に現れる変化が伴わないケース（176f），vi）力能の実効性と実体の活動性（77），といったポイントである．

だが実際は，これらのポイントはどれも，力能の標準理論の枠内で十分に説明や解釈ができるように思われる．次の二点に注意しよう．第一に，標準

理論の支持者はたしかに力能を反実条件法の形式で理解しようとするが，必ずしもそれを端的な条件法（AならばBだろう）で捉えようとはしない．むしろ多くの場合，力能は前件にさらに条件の加わった「条件つき力能conditional power」（AかつA'かつ…ならばBだろう）として捉えられる（Shoemaker 1980）．第二に，通常力能は（たいていは単純化のため）決定論的なものとして論じられるが，原理的には，確率的な力能を排除すべき理由はないと思われる（Bird 2007: 124f）．よって一般的には，力能は「AかつA'かつ…ならば，pの確率でBだろう」という形式で表せることになる（決定論的力能は$p＝1$となる特殊ケース）．こうした一般化は前述のa）とb）に若干の修正を要求するが，標準理論の枠組を逸脱するものではないだろう．そしてこのような力能理解を基にすれば，前段落で挙げられたポイントには基本的にすべて応じられると思われる．例えば，i）のケースは時間経過を条件とした確率的発現と考えることで，ii）のケースは実際には真に無条件の発現ではないことを指摘することで，それぞれ応じられるだろう[19]．

また代替理論には，一見もっともらしくない面もある．力能（タイプ）は発現のみによって個別化されるという主張a*）に注目しよう．これに従うと，例えば『平家物語』を諳んじられる人と本を見れば朗読できる人がもつ力能は（発現の点では同じなので）単に程度が違うだけの同じ力能ということになるはずだが，これは正しいだろうか．また，摂取者を死に至らせる青酸カリ水溶液の力能と，青酸カリを溶かせば摂取者を死に至らせる純水の力能も，単に程度差があるだけの同じ力能だと考えるべきだろうか．否定的な答えには控えめに言っても十分動機があると思われ，だとすればこうした例は，力能の個別化要因に「刺激」も含める標準理論に有利な材料になる．

さらに本書では，力能の標準理論と自然に結びつく因果論に対しても代替案が提示されている．この代替案を動機づけるのは，（本書では必ずしも明示的でないがおそらく）次のような考察だ．力能を「刺激」と「発現」の間の反実条件法的な結びつきとして捉える標準理論の下では，因果関係の方も，何らかの力能の「刺激」と「発現」の間に成り立つような関係として考えるのが自然だろう．これは因果関係を，刺激（原因）と発現（結果）という二つのできごとを項とする関係として捉える，因果の「two-eventモデル」だ（146）．しかし実のところ，このモデルは因果の最も重要な部分を取り逃してしまう．というのも，two-eventモデルが「原因」として認定する刺激は，実際は単にそれを機に生じる因果的プロセスの出発点ないしきっかけtriggerにすぎず，それが「結果」として認定する発現も，単にそのプロセスの終着点にすぎないからである（153）．つまりtwo-eventモデルでは，実体

の力能が徐々に発揮されることでもたらされる因果的貢献が，他の諸実体による貢献と総合されて全体的な変化が生み出される，という因果のいわば実質部分が捉えられていない (178, 181)．こうした実質を捉えるには，因果の「things-processモデル」への変換が必要だ．すなわち，因果を「原因として・の実体がその因果的力能を行使・発現するプロセスによってその力能の受容・者が変化するプロセスを〔…〕結果としてもたらす」(152. 強調引用者) という関係として捉えるモデルである．

　しかし，因果においては実体の力能とそこから生じるプロセスが重要であるという (それ自体ごく真っ当にみえる) 点は，何も因果関係の項を「実体－プロセス」としなくても十分認められるだろう．できごと因果論の枠内でそれをするには，単純に，ある種の因果関係は他のより基礎的な諸々の因果関係に依存していること，つまり，それらによって媒介されたり構成されたりしていることを認めればよい (cf. Bird 2010: 161)．例えば，ドミノ列の《1個目が倒れたこと》がその《100個目が倒れたこと》の原因であるとか，《私が外の降雨の様子を見たこと》が《私が部屋に留まったこと》の原因であるとかいった主張を考えよう．できごと因果論の支持者は，このような変化の記述があくまで「肌理の粗い略書き」(181) にすぎず，その出発点から終着点への推移が実際にはより基礎的な諸々のできごとの系列 (プロセス) によって媒介・構成されていること，そして，それら諸々のできごとはそれぞれ何らかの実体の力能の発揮として起こることを，問題なく認められる．(実際バードは，本書で言及されるtwo-eventモデルの後に「many-eventモデル」と呼びうるものを提示してこの方向性により具体的な示唆を与えている (Bird 2010: 166)．) 言い換えると，できごと因果論の支持者は，「変化するというできごとをその出発点と終着点だけで十分に特徴づけられると考えるヒュームと最近の論者」(178) が因果のすべてのレベルについて正しいと考える必要はなく，ある種の (というより実際は大部分の) 変化はそれを生み出すより根底的なメカニズムをもち，そのメカニズムにおいては力能が本質的役割を果たすということを認められるのである．

2.5　現在主義をとる必要性について

　最後の疑問は，第5章で支持される時間論上の立場に関するものだ．同章では，実体の「持続 (耐続)」が，異なる時点に存在するものの間の数的同一性 (貫時点的同一性) として定義された後，そこでいう「時点」の過去・現在・未来における存在性格 (実在性) をどう考えるかが考察されている[20]．この点について本書が支持する立場は，まず，各瞬間では現在の時点のみが

存在すると主張する点で，永久主義——過去・現在・未来の時点は同等の実在性をもつと考える——とは異なる（204, 210f）．だが同時にそれは，過去時点は未来時点にはないある種の実在性をもつと主張する点で，標準的な現在主義——過去と未来の時点は同等に非実在的だと考える——とも異なる（211f, 215）．要するに本書の立場は，現在時点にある種の特権性を認める点で「A論」の一種でありながら，過去と未来の非対称性を主張する点で標準的現在主義やスポットライト説とは区別される立場だと言える．

　過去と未来の非対称性というこの主張は，本書における持続様相と時間様相の解明の柱となるものであり（228ff），著者が是が非でも保持したいものだろう．だが周知のように，A論の枠内でこの非対称性を主張する立場には「成長ブロック説」もある．そして筆者の疑問は，本書の立場にとっては実はこの成長ブロック説をとる方が理にかなっているのではないかというものだ．

　そう考える理由の一つは，本書の立場で過去の実在性を確保するにはかなり無理がいるようにみえることである．著者によると，「過去時点の実在性は，形而上学的な意味での「年齢」を持っているところの実体的対象によって現在時点が構成されているということによって含意されるような実在性である」（211）．よって例えば，10年前の時点が（未来時点にはない）実在性をもつのは，10歳（以上）である何らかの実体的対象——例えば本書の著者——が現時点で存在するからである．だがこの考えに従うと，例えば90億年前の時点が実在的であるためにも，90億歳（以上）であるような何らかの実体が現時点で存在しなければならない．そのようなものが本当にあるのだろうか．本書で「実体」がかなり限られた種類の対象のみを指す（プロセスや堆積物などは含まれない）ことを考えると，その見通しは明るくないようにみえる[21]．また少なくとも，90億年以上の歴史をもつすべての可能世界でそのような「超高齢」実体が存在する必要はないだろう．これに対して成長ブロック説であれば，過去の時点が未来の時点にはない実在性をもつことは，前者の存在と後者の非存在という違いに訴えて単純に説明できる[22]．

　また本書が採用している時間に関する他のテーゼも，ことさらに現在主義の採用を要求するものではないように思われる．具体的には，時間が非分岐的（直線的）であること（216, 237ff, 249），現在が「生成した最新の時点」として過去にも未来にもない独特さをもつこと（202, 212, 249）は，成長ブロック説とも問題なく整合するだろう．

　もし成長ブロック説ではまずい理由があるとすれば，それは実体の持続に関して本書が三次元（耐続）主義をとっていることかもしれない．実際著者

は，本書の立場が成長ブロック説と対立する点として，後者が「過去世界に関しては四次元主義を標榜する」(249)ことを挙げている．しかし成長ブロック説は，しばしばそのような立場として理解されるとはいえ，必ずしもそう理解される必要はない．というのも，三次元／四次元主義の対立はあくまで実体（物質的対象）の持続の仕方に関わるものである一方，時間論上の対立はできごとやプロセスといった（誰もが非耐続的対象とみなす）対象の実在性と非実在性に関わるものとして理解できるからだ．実際サイダー2007は，時間の永久主義を確立した後で三次元／四次元主義のどちらをとるべきかを論じているが，もしある時点の実在性を主張することが即座にその時点に関して四次元主義をとることを意味するとしたら，こうした論じ方は意味をなさないことになってしまう．よって成長ブロック説の本質は，あくまで過去時点のできごとに対し（A論の枠内で）現在時点のそれと同等の実在性を認める点に求めることができ（実際例えばForbes 2016はそう定式化している），この立場は実体の持続に関する三次元主義とも組み合わせ可能だと考えることができるだろう[23]．そしてこれが正しいとすれば，本書が現在主義にこだわるべき理由はまだ与えられていないことになる．

おわりに

本論文では，加地大介による『もの』の紹介と批判的考察を行った．最後に結論的なことを言えば，筆者のみるところ本書は，実体を捉える新たな統一的視点の提供をはじめ多くの貴重な貢献を含んでいるが，実体主義の擁護という点ではいまだ多くの課題を残している．とりわけ，因果論や力能論において実体主義が何をもたらしてくれるのかは必ずしも明らかではないように思われる．もちろん，本書の議論が実体主義の擁護にとってはまだ道半ばであることは著者自身進んで認めることでもあるので (6, 361)，今後の著者（および他の実体主義者）による議論の展開を楽しみにしたい[24]．

注

1. これが主要課題であることは確かだが，本書はいわば裏テーマとして，形而上学的様相の解明（その全体像や構造，その中での実体様相の位置の明確化など）という課題にも取り組んでいる．実際，第1章と第6章それぞれの冒頭節をみる限り，本書の中心主題は形而上学的様相ではないかとさえ思えてくるし，その間には「非還元的・多元的様相実在論」(57, 64ff, 155-72, 184-6, 255f)いう実質的な立場も提示されている．
2. 「典型的実体」には，しばしば例に挙がる生物個体や分子などのほか，曖昧な

境界をもつ対象や複合的人工物 (127) なども含まれるようである.

3. この第1章第1節は多くの読者をひるませるかもしれないが, 最初に理解できずとも後で見返せばよいと開き直って先に進むことをお勧めする.

4. この意味での実体様相が存在するという想定の正当化は, 第1章での文献史的な考察に加え, その事実様相 (文的様相) への還元に反対する第2章の議論によっても与えられていると解釈できる.

5. ここで挙げた (1) は本質, (2) は力能, (3a) と (3b) は過去持続と未来持続, の実体様相にそれぞれ対応する (直感的な読み方は以下の註7を参照). なお本書では, ここでの (1) は [AE2], (2) は [AP＋], (3a) は [AR2＋], (3b) は [AF＋], とそれぞれ呼ばれている. これらを含む公理の一覧は本書の付録 (265-72) を参照のこと.

6. 大まかには, 「α」は類種を表す述語 (70), 「J」は潜在的と顕在的を区別できるようなプロセスや活動を表す述語 (77), 「K」はプロセスを表す述語 (223), によりそれぞれ置き換えられる.

7. 直感的には, 「$\alpha \,/_E\, a$」は「a は本質的に種 α の個体例である」, 「J-pot-a」は「a はプロセス・活動 J へと向かう (一定程度以上の) 潜在性をもつ」, 「K-ret-a」は「a はプロセス K に参与していた」, ということをそれぞれ意味する. 対応して, 「-occ-」は顕在性, 「-cur-」は現行持続, 「-pro-」は未来持続, のそれぞれの相において個体が属性をもつ仕方を表す様相コプラである. また「P*」と「F*」はそれぞれ過去と未来の文演算子で, 直感的な読み方は「～ということは現時点ないし過去のある時点において真である」, 「～ということは現時点ないし未来のある時点において真である」となる.

8. 本書で「原始文」と呼ばれる文は, 通常「原子文 atomic sentence」と呼ばれるもの――論理結合子や量化表現を含まない単純な文――におおむね対応する. ただし「原子文」という語はふつう文相互の独立性を含意するのに対し, 本書における原始文の間には形而上学的な関連性が成立することから, 独立性の含意を避けるため「原始文」という表現を用いると説明されている (335 n.2).

9. 大まかには, 必然性本質主義とは「X の本質＝X がすべての可能世界でもつ性質」とする立場で (93), 質料形相的本質主義とは「X の本質＝X の顕在性 (形相) と潜在性 (質料) の複合体」とする立場 (94).

10. 本書で力能と傾向性は統一的に扱われるので, ここでも区別しないことにする.

11. もちろん結果としては, 本書の特徴づけは従来のリストアップ型のそれと重なる部分が大きいだろうが (263), それを導き出すための新たな視座を提示したことは本書の固有の貢献と言ってよいだろう. なおこの着想は, 30年以上前の著者の修士論文にまで遡るものであるらしい (361).

12. 本論文では立ち入らないが, 著者も挙げる「なぜ実体様相は四種類なのか」 (59, 68ff) という点はさらに考えてみるべきものだと思われる. 同様に, 本書

で採用される諸主張は実際どの程度まで実体主義を必要とするのか（実体主義と整合的だとしても他の立場でもよい可能性はないのか），また，実体を最も主要なカテゴリーと位置づけるとはそもそもどういう意味か（具体的に何をしたらそれをしたことになるのか），といった点も筆者としては気になった.

13. そのようなわけであくまで筆者の解釈になるが，もっぱら第一の要件を意識したものとして読めるのは，現実性と現在性 (57, 189ff)，実体の活動性 (77)，物的実体の全体論 (105)，物的実体の質料形相論的側面 (124)，個体性の原理と同一性・実在性基準 (132-6)，性質二元論 (192)，耐続主義 (82f, 126, 197ff)，現在主義（変遷的世界説）(202-16)，純粋生成の非分岐性 (216, 240)，実体とプロセスの関係 (224)，について論じられる箇所などである. 一方で第二の要件を意識したものとして読めるのは，定義的本質主義を支持する箇所 (102-7)，力能の代替理論を支持する箇所 (147, 156ff)，形而上学的様相の潜在性への還元に反対する箇所 (155-72) などだ.

14. また議論の仕方についてもう一点付け加えれば，注力のバランスとして，第二の要件に関わる正当化段階の議論（自身の見解の支持理由の明確化やその吟味，ありうる反論の検討などの作業）はもっと念入りに，そしてより多くの見解に関して行ってほしかった. もちろん物事には順序があり，本書ではまず著者の抱く実在像を具体的に描き出す作業を優先的に行ったということだとは思うが (cf. 6, 361)，少なくとも筆者には実体主義をとることの根本的な動機からしてあまり響いてこなかったので.

15. 本質の希薄化という懸念には著者もふれているが (138)，そこでの回答は少なくともここで提起する問題への答えとしては十分でないと思われる.

16. 本書ではこうした力能のトロープに加え，時空的・構造的性質のトロープも認められている (192).「力能的外延」はおそらくこれらも含んだものだと思われる.

17. 例えば一頭の牛が死んだ後も，そこに残る物体を叩けばそれまでと同じ音がするだろうし，写真を撮れば同じ像が映るだろう. Cf. Denkel 1997.

18. もっとも後者については，トロープは随時生成しては消滅していく「継起的」対象 (205f) だから問題ない，と応答されるかもしれない. しかし，トロープをそう捉えるのはあくまで一つの選択肢であり (cf. Ehring 2011; Chrudzimski 2006)，また，たとえ継起的対象だとしても依存先が突如として変わるのはやはり奇妙だと思われる.

19. 残りについても見通しだけ言うと，iii) には本書でも言及されるマンリーとワサーマン自身による応答，iv) には Bird 2007: 21ff や Gillett & Rives 2005 の議論がある. v) は前件の複雑化からの当然の帰結だし，vi) については条件つき力能の帰属もあくまで単項的であることの指摘によって応えられるだろう.

20. ちなみに「時点」は，「いくつかの実体的対象に関して〈何らかの精神独立的な意味で同時的に〉成立していると言える事柄の総体」(203) と定義されている.

21. さしあたり二つの応答が考えられるがどちらも容易な道ではない．一つは，宇宙全体を一つの実体と考える道だが，これは言うまでもなくかなり実質的なコミットメントだ．もう一つは，過去の実在性を単一の実体の年齢によってではなく複数の実体による「年齢継承」（例えば現在10歳の実体が誕生した時点である実体が50歳だったとすれば60年前の時点は実在的と言える等々）によって確保する道だ．しかしこれだと，少なくとも本文中で引用した説明は放棄されているし，またいかなる実体も存在しないような過去時点は存在しないという（もっともらしくないように思われる）帰結は依然として残る．

22. 一般に，過去命題の真理付与者truthmakerを与えることは現在主義よりも成長ブロック説の方が無理なくできる．本書247頁では，「*K*-ret-a」と「L* (*K*-ret-a)」と「P* (*K*-cur-a)」の同値性に訴えて，aの消滅後でもaに関する過去命題が真になる仕組みが説明されているが，そこでのポイントはあくまで命題の真理性の保証であって真理付与者を与えることではない点に注意されたい．

23. 著者が挙げる成長ブロック説の「存在論的な不安定さ」（249）も，以上の理解によって解消するだろう．

24. 本論文の作成過程では二名の匿名査読者から多くの有益な指摘をいただいた．記して感謝する．

参考文献

Armstrong, D.M. 1997. *A World of States of Affairs*. Cambridge UP.

Bird, A. 2007. *Nature's Metaphysics*. Oxford UP.

Bird, A. 2010. Causation and the Manifestation of Powers. In A. Marmodoro (ed.), *The Metaphysics of Powers*. Routledge: 160-8.

Chrudzimski, A. 2008. Enduring States. In C. Kanzian (ed.), *Persistence*. Ontos: 19-31.

Denkel, A. 1997. On the Compresence of Tropes. *Philosophy and Phenomenological Research* 57: 599-606.

Ehring, D. 2011. Tropes. Oxford UP.

Forbes, G. 2016. The Growing Block's Past Problems. *Philosophical Studies* 173: 699-709

Gillett, C., Rives, B. 2005. The Nonexistence of Determinables: Or, a World of Absolute Determinates as Default Hypothesis. *Noûs* 39: 483-504.

Johnston, M. 1987. Is There a Problem About Persistence? *Proceedings of the Aristotelian Society*, Suppl. 61: 107-35.

Ladyman, J., Ross, D. 2007. *Every Thing Must Go*. Oxford UP.

Shoemaker, S. 1980. Causality and Properties. In P. van Inwagen (ed.), *Time and Cause*. D. Reidel: 109-35.

Simons, P. 1994. Particulars in Particular Clothing: Three Trope Theories of Substance. *Philosophy and Phenomenological Research* 54: 553-75.

サイダー，T. 2007. 『四次元主義の哲学』，中山康雄ほか訳，春秋社.

（千葉大学）

Otsuka, Jun: *The Role of Mathematics in Evolutionary Theory*.
Cambridge University Press, 2019 年

　「自然という書物は数学の言葉で書かれている」というガリレオの言葉を引くま
でもなく，近代科学と数学の間には密接な関係がある．この点は進化生物学も変わ
りない．メンデルやフィッシャーの時代から数学は遺伝や進化を解き明かす上で欠
かせない知的道具だった．しかし振り返ってみると，数学と科学（進化生物学）の
関わりについてはいくつかの哲学的疑問が立ち上がる．数学はどのようにしてこの
世界を描写できるのか．数学は科学の中でどんな役割を果たすのか．なぜ数学はこ
れほど役に立つ道具なのか．

　こうした問いは進化生物学にとって重大である．なぜなら，ハーディ・ワイン
バーグの法則やプライス方程式のような進化生物学の基本法則は，いくつかの前提
からの数学的帰結を表すにすぎないように見えるからだ．これはこれらの法則が原
理的に進化生物学以外の分野にも適用可能なことを意味し，その自律性を脅かす．
さらにこれは進化生物学の経験科学としての地位も脅かす —— もしその根本的な法
則がア・プリオリなものなら，どうして進化生物学が経験的知見を積み重ねて予測
を行えるのか．本書は，国際的に活躍する著者がこうした問いに迫った本である．

　本書は六つのセクションからなる．第一節では上述の本書の核となる問いを説明
する．第二節ではこの問題に対する生物学の哲学における「定説」を描写する．こ
の説では，集団遺伝学などの法則を「演繹的に導出される法則」と「具体的対象に
適用する際にとられる解釈」に分割し，前者は確かに非経験的だが，後者の解釈を
通じて経験的な内容が吹き込まれるとする．

　適応度を例にとる．適応度とは，生物個体（の集まり）が次世代に繁殖可能な生
物個体をどれくらい残せるかの尺度である．しかし，もしこの値が実際に繁殖可能
になった個体数でしか測れないなら，「適者生存」という進化論のスローガンは
「生存者生存」という同語反復になる．これに対してミルズとベイティは適応度の
傾向性解釈を提起した（1979 年）．この解釈では適応度を傾向性と考える．すると
塩の分子構造からその水溶性を推定できるように，生物の性質（走力や免疫力）か
ら個体数のデータなしにその生物の適応度が推定できる．

　この解釈は同時に進化論の法則に対する見方も提供する．進化論の法則のいくつ
かは適応度の変数を含み，具体例に適用する際にはそこに数値を代入する．すると
法則自体は前提条件から演繹的に導出されるが，具体的な適応度の値は経験的探究
の成果として得られる．ゆえに進化生物学は全体として経験科学としての自律性を
保つことができる．

　しかし今世紀に入って「定説」に対する反論が出てきた（第三節）．それがア
リューなどの提起する統計主義（statisticalism）である．統計主義では，進化論の
仕事は進化的変化の原因をさぐることではなく，進化的変化の統計的動向を追うこ

とだけである．彼らの議論の一つはこうだ．「定説」では，生物の形質分析によって適応度の値がわかるとされる．しかし統計主義者によれば，形質分析でわかるのはどちらの形質がより適応的かだけで，生物個体全体の適応度の具体的な値まではわからない．そうした値を知るには実際の生き残り・繁殖の統計データのみが役に立つ．この意味で統計主義者にとっては，進化論の法則は各世代の生き残り・繁殖の統計的関係だけを扱う純粋に統計的な法則なのである．

しかし第四節冒頭で著者は，「定説」と統計主義はともに進化論について「二分法」的前提を共有することを指摘する．すなわち，両陣営とも「進化論は〈ア・プリオリで演繹的な推論を通じた進化的法則の数学的定式化＋パラメターの経験的推測を通じた定式化の具体例への適用〉からなる」という見方を前提する．この見方は論理実証主義に由来するが，著者はこれとは違う見方を，クワインの議論やパトリック・スッピースのニュートン理論を公理化する試みに見いだす．もちろん進化論を同様に公理化することは困難だが，この試みの意義——科学理論の論理的構造を吟味して導出に潜む隠れた前提を明るみに出す——は大きいと著者は考える．

この試みを因果グラフ理論 (CGT) の助けを借りて展開するのが本書の核となる第五節である．CGTは，確率と因果の関係を説明する理論であり，ジュデア・パールなどにより前世紀末に作られた．この理論では変数間の因果関係を有向グラフで表し，そうした変数間に成り立つ確率分布に因果構造が与える影響を見る．著者は育種家方程式（ある表現型の世代間の平均値の変化を選択の強さと遺伝率から算出する）を題材に，CGTを用いて，この方程式の導出には因果関係に関する前提があることを指摘する．例えばこの方程式は個体の表現型がその適応度に影響することを前提するが，もし表現型と適応度の両方に影響を与える交絡因子が存在すると，この方程式は成り立たない．つまり育種家方程武は純粋な数学的導出関係ではなく，因果に対する想定を含むのである．

このことは上の二分法に反省を迫る．CGTはア・プリオリとア・ポステリオリな性格を同時に持つからである．CGTの理論的帰結は確率論とグラフ理論等の公理から導出される一方で，CGTの公理の中には（マルコフ条件のように）普遍的に成り立つとは言えないものがある．つまりCGTは (i) ア・プリオリ・演繹的-対-経験的の区別と (ii) 形式的構造-対-解釈の区別をクロスする可能性を示して，両者が常に重なりあうという二分法的前提を乗り越えているのである．

このようなCGTの性格はクワインのホーリズムから解釈できる．周知の通りクワインは，論理・数学的部分と経験的部分を一元的に包括するものとして科学理論を理解する．CGTは進化論の中でア・プリオリな議論と経験的な議論を架橋することで，確率論などの核や個別の集団に関する経験的仮説といった進化論の多彩な構成要素をつなぐ役割を果たすのである．そしてこれは「なぜ・どうやって数学が進化的プロセスを説明できるのか」という先の問いへの回答を提供する．というのは，この像は数学の説明力はあくまで理論的ネットワークの中で作用することを示

す（したがって「なぜ」の問いの意義は薄いと著者は判断する）一方で，どのように数学が（他の理論的要素の助けを借りて）説明するかを描写するからである．

では「なぜ科学において数学を使うのか」「数学が科学で果たす役割は何か」という元々の問いはどうなるのか．著者は二つの答えを与える（第六節）．数学の役割の一つは，言葉で表現された仮説のロジックや前提を明確にすることで，その仮説が本当にうまくいくのかはっきり示すことである．もう一つは研究対象を形式的に表現することで，その構造を個々の事例の細部にとらわれることなく研究できるようにすることである．したがって数学は科学の中で理論の検証および理論の構築という二つの局面で役割を果たすのである．

このように本書は，「定説」と統計主義者の論争を手際よく整理しながら，それを題材にして科学哲学の中心問題に迫り，さらにこの問いに対して説得力のある解決案を提案する．また生物学の自律性や生物学法則の地位といった生物学の哲学の伝統的な問題にも結論を出す．本文60ページ足らずの小著ながら，本書の射程は実に長い．これを可能にした著者の手腕は称賛に値するものであり，生物学の哲学だけでなく科学哲学一般に関心のある読者，さらに現場の科学者にも薦められる．

しかし本書の議論を仔細に見ると，疑問に思う点もある．一例は四章における統計主義論争の整理である．先述のように著者の診断は両陣営に共通する二分法的前提の中に問題を見いだすものだ．著者は四章後半でこの問題の歴史的淵源をさぐり，解決のヒントを（クワインと並んで）スッピースの議論に求める．しかし，上の診断とスッピースから著者が得る教訓は微妙にピントがずれているように思える．

著者がスッピースから科学理論の前提-帰結関係を析出することの重要性を引き出したことはすでに見た．著者はこれと，数式の解釈に重きをおく両陣営との違いを強調する．しかしこれが先の問題（二分法）と解決策（CGT）を結ぶ線上にどう位置づけられるのか今ひとつわからない．例えば著者は二分法を前提とすると，進化論における数学の役割を明らかにするという目標を持っていた両陣営は解釈を重視することになったと述べるが（33頁），数学の役割の解明が両陣営の主目標だったか疑問が残り，二分法から両陣営の解釈重視的態度が導き出せるかわからない．

むしろスッピースが一階述語論理という貧弱な道具では量子力学などの複雑な科学理論の公理化は困難だと主張したことを考えると，彼からの第一の教訓は，科学理論の複雑さの強調，およびそれを貧弱な形式的道具立てで分析することの危険性ではないか．この下で考えると二分法の問題の核心は，CGTを含まない貧弱な道具立てで進化生物学の法則を分析したので，その経験性を主張するために解釈に過剰な比重を置かざるを得なかったことだと解釈できる．この読み方では，両陣営の解釈重視は真の問題（貧弱な道具立て）の結果として表れるむしろ「症状」である．するとスッピースは二分法的前提とは別の視角から本書の問題の解決に教訓を与えていると考えることはできないだろうか．

最後に本書の出版の我々に対する意義について述べたい．戦後日本の科学哲学

（特に個別科学の哲学）は基本的に輸入学問であり，かつ欧米の哲学者との交流はおおむね一方向的だった．例えば最初期の科学哲学会（Philosophy of Science Association）の隔年次大会では故・長坂源一郎氏（南山大学）が発表していたが（1968年，70年），その後は90年代終わりまで日本からの発表はほとんど見られない．また現代日本の研究者が（わたしを含めて）欧米の科学哲学界にインパクトを与える形で著作を出版することはほとんどなかった（吉田敬氏の*Rationality and Cultural Interpretivism*（Lexington Books, 2014）は例外の一つである）．

　その中で本書はケンブリッジ大学出版局という世界的な学術出版社から出版されたという点で特筆すべきものである．その意味で，この本は戦後日本の科学哲学の一つの到達点を示している．今後も，世代を問わず著者の軌跡に続く者が出てくることを期待したい．

（網谷祐一）

飯田隆『日本語と論理―哲学者，その謎に挑む』
（NHK出版，2019刊）

　本書のタイトルにある「謎」とはひとことで言えば，「日本語に論理学が適用で
きるか」という問いであり，特に日本語の量化とはどういうものなのかについて，
哲学（言語哲学）と言語学（形式意味論）が交差する領域で思索を続けてきた著者の
現在の考えが，バランスよく解説されている．本書は新書の形で表向きは一般の読
者を対象に，著者のいつもの平易で明晰な言葉で書かれていて，記号や式のたぐい
はいっさい登場しない．しかし，本書で論じられている「謎」はどれも手強いもの
であり，おそらく論理学のバックグラウンドがある哲学や言語学の専門家であって
も，決してすいすいと読めるものではない．評者は何度も立ち止まり，著者が挙げ
ている以外の例を考え，ときに式を書きながら，ようやく著者の思考の流れに追い
つくことができたような気がする．また，本書を通して論理学の標準理論と呼ばれ
るもの―すなわち，述語論理―の考え方のポイントが解説されているものの，
ひょっとしたら論理学のバックグラウンドがない読者にとっては，特に第1章から
第4章までは，どうしてこんなことが問題になるのだろうと思う箇所がいくつもあ
るかもしれない．その意味で本書は，述語論理にある程度なじみのある読者（例え
ば，教科書的な自然言語の文を論理式に翻訳したり，含意関係を判定したりといっ
た経験のある読者）を対象として，「日本語における量化」という問題について深
く考えるきっかけを与えるという性格のものになっている．

　本書の出発点にある問題意識は，「あとがき」を読むとよくわかる．それは量化
と記述という論理学や言語哲学で中心的な役割を果たす道具をどうやって日本語で
説明するか，という問題である．例えば全称量化の場合，日本語では「こども全員
が笑った」や「どのこどもも笑った」のように異なる表現がありうる．その違いは
何かと聞かれたら，どう答えたらよいのだろう．記述の場合，それはもともとラッ
セルにより英語の定冠詞で始まる名詞句のことを意味していたのだから，冠詞をも
たない日本語にはその意味での「記述」というものは存在しないことになる．で
は，日本語における記述とはいったい何なのか．記述に相当する日本語の表現はそ
もそも存在するのか．量化や記述について日本語で人に説明するとき，われわれは
ふつう居心地の悪さを感じつつも，日本語と論理学の言語との間の「ゆるい」関係
に注意しながら，様々な工夫や手立てを講じて，なんとか相手を納得させようとす
る．論理学を教えるという目的にとっては，冠詞がなく，単数形と複数形の区別を
もたない日本語は実に頼りない手段である．教わる側からすると，論理学の言語を
学ぶことで，もともとの意味に惑わされず，「ある」とか「すべて」とかいった表
現の新しい使い方を身につけると言った方がよいかもしれない．しかし，そこで立
ち止まって，論理学と日本語との間にどのような関係があるのかを正面から考えて
みよう，というのが本書のテーマであり，またそれはデイヴィドソンやモンタギュー

が切り開き，特に英語を対象としてさまざまな実りある分析を生み出した形式意味論の問題でもある．

　日本語における記述とは何かという問いは，いま述べたような形では提示されていないが，本書の第1章のトピックのひとつである．この章では「こどもが笑った」というごく単純な文を元にして，明示的な量化を伴わない「こども」のような名詞句（裸名詞句）の分析が展開されている．この「こども」には，特定のこどもを指す用法（確定的用法）と不特定のこどもを指す用法（不確定的用法）があり，著者によれば，両者は「こどもが笑った」という文を「笑ったこどもがいる」という存在文に言い換えることができるかどうかで区別される．もし言い換えることができるなら，「こども」は不確定的に用いられており，言い換えることができないなら，「こども」は確定的に用いられている．つまり，著者の立場は，日本語には裸名詞句の二つの用法として，英語の確定記述と不確定記述の区別に対応するものが存在するというものである．ただし，こういうところで話が少し複雑に（つまり，面白く）なるのだが，ここで「いる／ある」という動詞には所在・存在・所有という三通りの意味を区別する必要があることに注意が喚起される．「笑ったこどもがいる」の「いる」は，「公園にこどもがいる」の「いる」（所在の「いる」，すなわち2項述語としての「いる」）とは違って，述語論理における存在量化に対応する意味で解釈される必要がある．

　確定・不確定の区別とならんで第1章で論じられているのは，日本語に可算名詞と不可算名詞の区別はあるかという問いである．英語の場合，可算名詞は数詞を直接取る（*two children*）のに対して，不可算名詞は数詞を直接取らず，*one bottle of water*のように，別の名詞を介する必要がある．一方，日本語の場合，わずかな例外を除いては名詞は数詞を直接取ることができず，「三人のこども」「二杯のビール」のように助数辞を介する必要がある．こうした違いに基づいて，「日本語の名詞はすべて不可算名詞（質量名詞）である」という説（質量名詞仮説）を唱える論者もいる．これに対して著者は，質量名詞仮説は間違いであり，日本語にも可算名詞と不可算名詞の区別は存在すると説得的な仕方で主張する．その議論は，助数辞の分類，個体化の問題から真理条件と含みの区別まで，多岐にわたる論点を含むものである．まず助数辞として，「人」「頭」のような分類辞，「缶」「箱」「切れ」のような単位形成辞，「メートル」「円」のような計量辞の三種類が区別され，これを見分ける方法が提示される．また単位形成辞と計量辞が文の真偽に影響を与える（例えば，「お酒を二合飲んだ」と「お酒を二升飲んだ」では真理条件が異なる）のに対して，分類辞は真理条件に寄与しないとされる．これは，分類辞ではなく名詞自体に個体化の原理が備わっているという考え方である．その上で，日本語の可算名詞とは，助数辞の中でも分類辞を取る名詞であるという著者の主張が提示される．ここからさらに，この主張に対する一見したところの反例として，例えば「たまご三個分」といった「分」による量化（可算名詞の不可算的用法）が取り上げられ，

また分類辞「つ」「個」について興味深い考察が与えられている.

著者のもうひとつの重要な主張は, 日本語には可算名詞と不可算名詞の区別はあるが, 単数と複数の体系的な区別は存在しないというものである. 日本語の述語（例えば先ほどの「こども」）は, 単数のものにも複数のものにも当てはまる数中立的な述語である. このことは, 論理学を日本語に適用する際に大きな問題を提起する. 第1章では, メレオロジーによって標準的論理（述語論理）を拡張する立場と, 論理を変更し, 指示や述語, 量化といった基本装置が数に関して中立的であるような「複数論理」を採用する立場とが紹介されている.

こうして, 日本語名詞句の意味論的分析のいわば骨格を提示した後, 第2章から第4章まで日本語における量化が論じられる. 第2章では「三人のこどもが笑った」のような数量名詞による量化が取り上げられ, そこでは例えば, 「ケーキを三個食べてよい」（許可）は「三個以下」という意味なのに, 「ケーキを三個食べなければならない」（義務）は「三個以上」という意味になるのはなぜか, という数と様相にまつわる問題が検討されている. 可能世界を用いたさらに詳しい分析（言語学者クリス・ケネディに由来する分析）が付録（様相的文脈の中の「三人のこども」）で示されているが, これはさすがに専門家向けの内容になっている. ただし, そこではマクロな言語理解とミクロな言語理解という示唆的な区別が導入されていることを付け加えておきたい. 第3章では「大部分のこどもが笑った」のような比例的な量化, 第4章では「だれか」や「どの学生も」のような不定詞による量化が論じられている. 不定詞と「も」や「か」による量化, 「こそあ」系列の指示詞, 不定詞を含む疑問文という互いに関連する現象を統一的に扱う枠組みが提示され, 量化から指示, 疑問文へと分析が拡張される. 第5章は「こどもはよく笑う」のような総称文を扱っており, 他の章とは独立に日本語総称文のさまざまな話題への導入としても読むことができる内容になっている. 全称文と総称文の区別に始まり, 総称文の悪用から, 事象文と属性文の区別, 総称文と属性文の時制の問題（なぜ過去の人物について「ソクラテスは哲学者だ」のような無時制の文を使うのか）まで, 幅広い問題が論じられている. その詳細はぜひ本書を参照してほしい.

本書を読んで考えさせられることは多い. 日本語から見ると, 英語を中心に展開されてきた言語哲学の議論や常識はいったいどうなるのか. 本書が扱っているような日本語の基本的な現象から入って言語哲学や形式意味論を解説するとどうなるだろう. 「現在のフランス国王 (*the present King of France*)」のように英語を挿入するぎこちなさに悩まされることなく, 「いる／ある」, *the* と同じくらい考える価値があるかもしれない (p.125-6) と言われる「の」, あるいは不定詞と「か」や「も」といった日本語の表現を題材として, 述語論理や言語哲学の基本概念を導入するとどうなるだろうか. 本書はそういう可能性について考えをめぐらすきっかけを与えてくれる.

（峯島宏次）

飯田隆『虹と空の存在論』
（ぷねうま舎，2019年刊）

　本書は「虹は出来事である」という大胆な主張とその正当化を中心とする第1～4章と「空」の存在性格を分析する第5章から成る．本書の特筆すべき一つの特長は，哲学史・存在論・知覚論・言語哲学・科学哲学等の多彩な哲学的分野のみならず科学史・文化史・文学等にまで及ぶ広範な考察が，高水準で融合的に展開されていることである．そして何よりもその最大の功績は，これまで殆どの哲学研究者が目もくれなかった「虹」と「空」という日常的対象が興味深い存在論的考察の主題となりうることを示し，「気象の存在論」とでもいうべき魅力的な研究領域を開示したことにある．

　私は幸運にも，このような飯田の研究が「公共的出来事」として発生した講演の現場に居合わせて触発され，その後虹を主題とする論文を二本書いた．私がこの書評を担当するのは恐らくそうした事情に由来し，また本書中の広大な考察領域を取扱う力量は持ち合わせていないので，以下では専ら「虹の存在論」に書評の焦点を絞らせていただく．

　冒頭で氏の主張が「大胆」だと述べたが，その理由は（氏の認識に反して）これまで「虹は出来事だ」と主張した者は恐らくいないと思うからである．アリストテレス，デカルトらが果たして具体的個体としての「出来事」というカテゴリーを認定していたか，という問題は措くとしても，後述するように彼らがそのような主張をしていたとは私には思えない．また，そのような主張を行った現代の哲学者として氏が唯一名指しているスクリュートン（p.158-9）にしても，私の読解では，彼は虹を「無基盤的（ungrounded）」という意味での「純粋な（pure）」何ものかの事例としては想定しているが，その「何ものか」を（彼が解釈する限りでの）音のような「出来事」だとまでは主張していない．そのことは，彼が虹を光として捉えながらも出来事的な「波」ではなく「無基盤的傾向性」としての「光子」になぞらえていることからも明らかである．光子はどちらかと言えば粒子という「物」であり，また傾向性も性質ではあっても決して「出来事」ではない．

　飯田の大胆さを得心していただくために，まずは氏の主張の要諦をしっかり確認しておこう．

　第一に，氏が想定している「出来事」とは「もの」の一種としての「対象個体」と対比される「事象（こと）」の一種としての「出来事個体」である（p.61）．氏は「出来事個体」と述べない理由を「『出来事』については『対象』のような多義性がないので」と述べているが（p.225註2），私見では，まさしく「対象」に多義性があるがゆえにこそ「個体」を省略すべきではなかった．というのも，氏自身がフレーゲ的用法として紹介しているように（p.221）往々にして「対象」は「個体」という意味で用いられるので，氏が「虹は対象個体ではない」と述べるときに否定さ

れているのが虹の「もの性」ではなく「個体性」であるかのごとく錯覚されがちであると同時に，「虹は出来事だ」という氏の主張は「個体」に関してなされているということが忘れられがちだからである．そこで以下では，両者を「物個体」と「出来事個体」という形で対比させることとする．

　第二に，もう一つ氏が行っている重要な区別は「現象的存在」と「実体的存在」の対比である．氏は前者の特徴（後者の特徴はその否定）を二つ挙げているが，ここでは以下の論旨に関係する「誰か，あるいは何かに現れる（現象する）ことによってのみ存在する」（p.113）という特徴のみに着目すると，この対比は直接的には観測者依存性の有無に関する区別であって存在論的「カテゴリー」の区別ではない．そのことは，氏が両者を「存在」というカテゴリー中立的な語を用いて表していることにも明らかである．したがって，個体に対して先ほどの区別を適用するならば，少なくとも原理的には「現象的物個体」「現象的出来事個体」「実体的物個体」「実体的出来事個体」という四種類に分類できることになる．

　そしてこれらの点は，氏が採用する「現象」と「実体」の対比が，哲学のとある文脈では自然かもしれないが日常的・科学的文脈では（そして時に哲学的文脈でも）むしろ異例である可能性を示唆する．というのも，これらの文脈では「現象」「実体」のいずれも観測者独立的に捉えたうえで，発光現象・超伝導現象等の「こと的」存在者と物体・素粒子等の「もの的」存在者とのカテゴリー的対比を表す場合が多いと思うからである．

　以上のような確認を踏まえて私が飯田による虹の存在論に関して抱く主な疑問は，次の二つである：

(1) 氏は，「あの虹」等の語によって指示される個体を従来とは異なる個体に変更すべきだという改訂主義的「提案」を行っているのか，それとも従来の指示個体を維持したうえでその個体の「分析」を行っているのか？

(2) 「知覚される世界から客観的実在へ」と向かう自然科学的探究の結果，虹が「物個体」から「出来事個体」として捉えられることになったという氏の見方は適切だろうか？

　これらの疑問の要点を理解していただくために，不遜ながら，氏の虹の捉え方を私自身の虹の捉え方と対比しつつまとめてみると，次のようなこととなる：

〈飯田〉虹という物個体は実在しない．なぜなら，そのような「物」は（存在論的）錯覚の所産だからである．実在するのは，虹という（無数の出来事個体から構成され，短期間に広範囲で生じる）「複雑な（公共的）出来事個体（およびその構成要素としての雨滴の集団・太陽光線・正常な観察者等）」である．（p.72）

〈加地〉虹は実在しない物個体である．なぜなら，そのような「個体」は（存在論

的) 錯覚の所産だからである．実在するのは，(光線の反射・屈折等によって) 虹という物個体の錯覚を観測者に引き起こす「水滴という物個体の集団」であり，(錯覚された) 虹は観測地点と相対的に定まる「水滴集団の部分」に位置する．

　疑問 (1) については，虹についての飯田のこのような主張内容や「虹の知覚に共通に現れる七色の光のアーチ」(p.120)，「日常の語法とは異なる」(p.225 註 5) 等の表現に鑑みる限り，氏は改訂的提案をしていると思われる．氏がそのような提案を行う一つの理由は，改訂によって観測者たちが厳密な意味で「同じ虹」を見たと言えることになるからである (p.72)．確かにそれは一つの利点であるが，多くの代償も伴う．例えば，もはや虹自体は七色でもアーチ型でもなくなるし，「虹が二本出ている」等とも言えなくなる．
　氏が主張するように，「七色の光のアーチ」は観測地点次第で見えている位置が厳密には違うので「数的に」同一だとは言えない．しかし虹の重要な特徴の一つは，同時に見えている限りどこからでもほぼ同じ色・形・大きさで見えるということである．本来の虹のそのような「質的」同一性こそが「同じ虹を見た」ということの実質を十分に表しえており，あえて「虹」という語の用法を改変してまで厳密な意味での虹の数的同一性を確保しなくてもよいのではないだろうか．
　飯田の提案の第二の問題点は，アリストテレス，デカルト，ニュートンらが想定していた「個体」がそのような改訂的な意味での虹だとは全く思われないということである．彼らが想定していた虹はあくまでも「七色の光のアーチ」だろう．そのような虹が空の彼方に発生するという自然「現象」は太陽から水滴集団を経て観測者にまで至る光線のどのようなプロセスの結果として生ずるかということを彼らは科学的に解明したのだが，だからと言ってそのプロセス自体が虹だと主張しているわけではないだろう．実際，氏が p.52 に掲載しているデカルトの『気象学』の挿絵をデカルト自身に示して「どれが虹なのか」と尋ねれば，そこに描かれている二本のアーチを指さすだろう．
　さらに言えば飯田自身についても，特に虹の知覚について論ずる文脈で，現象的存在である七色のアーチは虹という出来事個体の＜見え＞である，と主張している際の「個体」は (色はともかく) 少なくとも「アーチ型」の出来事だと思われる．氏は雷と同様に出来事個体としての虹も色を持つと主張するのだが，それらの出来事が色を持つのだとしたら，雷の形がぎざぎざの直線であるように，その場合の虹の形はアーチ状だということになるだろう．仮にその場合にも氏が改訂的な意味での複雑な公共的出来事個体としての虹全体がアーチ型で見えていると主張しているのだとしたら，それは誤りだと私は思う．なぜなら，各観測者が見ている虹の位置は，その観測者を中心点として一定角度の範囲内で広がっていくアーチ型と水滴集団が交わる断面的部分として特定できるからである．デカルトらはその部分においてどのようなことが起きているかを解明したのであり，また，七色のアーチが出来

事個体の見えなのだとすれば，あくまでもその部分で生じている複雑な出来事個体の見えなのである．

　もしも氏が意図している虹が今示したようなアーチ状の「実体的」出来事個体だとするとそれは無数の可能的観測位置に対応して無数に「実在」することになってしまうので，もはや一つ二つと数えられる「個体」だとは言えないだろう．また，移動しつつある特定の観測者によって見られている虹は四次元的延長を持つ一つの延続的出来事個体ということになるだろうから，（四次元主義者の意味でではあるが）虹が「移動する」ことになってしまうだろう．

　そして飯田に対する以上の疑問 (1) は，自然に次の疑問 (2) に連なっていく．氏は「対象個体に虹をなぞらえることが，洋の東西を問わず広く行われてきたことは，本書のはじめで見たとおりである．アリストテレスに始まり，デカルトとニュートンで一応の完成を見る，虹の科学的説明においては，虹は繰り返し生じる出来事としてとらえられている」と主張している (p.66) が，虹を物個体になぞらえていたとしてもそのような虹が発生するということ自体は「繰り返し生じる出来事」として捉えられていただろう．科学的解明によって判明してきたのは，第一に＜そのような出来事に参与している（広義の）「物」が，一見して思われるようなアーチ状のマクロ的「物体」ではなく水滴というミクロ的物体の「集団」であること＞，その次に＜そのような出来事は光線を一定の角度で反射させたり屈折させたりする各水滴の力能に起因すること＞，さらには＜虹が七色の帯となるのは，水滴が光の波長に応じて分光させる力能を持っているからだ＞というように，むしろ公共的「現象」としてのその出来事（個体）の背後にある「実体的」（物）個体の正体と力能をより明確化していったことなのではないだろうか．水滴の大きさ次第で虹の色や寿命がどう変わるか，幻日虹・花粉光環等の類似現象をもたらす氷晶・花粉等と水滴の仕組みはどう異なるのか，といった科学的研究は，いずれも氷晶・花粉・水滴等の物個体に関する研究でもあるだろう．

　以上の理由により，私自身は飯田の大胆さについていけないところが大きい．とはいえ，私に誤解や混乱があるのかもしれないし，実は氏と私の主張に大差はないのかもしれない．実際，多くの者にとって（ひょっとしたら氏にとっても）上のような論争は「（とても小さな）コップの中の嵐」の典型のように思われるだろう．しかし，私自身は虹の存在論が「小さな」主題 (p.238) だとは思わない．そして哲学の世界のとても小さな住人としては，このような魅力的な空間を創出してくれた氏に感謝して止まないのである．

（加地大介）

倉田剛著『日常世界を哲学する――存在論からのアプローチ』
（光文社，2019年刊）

　本書は優れた社会存在論の入門書である．その理由はまず，われわれにとって実に身近な事例が取り上げられている点にある．職場や学校など至るところで問題になっている「ハラスメント」，いろいろな場面でのふるまいのさいにわれわれが気にかける「空気」，アイドルグループや内閣といった「集団」，時計などの「人工物」，医療や教育や娯楽といった「サービス」，ムーミンなどの「虚構のキャラクター」――こうした事例は初学者を哲学的議論に誘うのに効果的だろう．他方で本書は研究者にとっても刺激的だ．一連の事例の分析は比較的最近の文献まで参照しながら進められているので，この分野の動向を知るのに有益である．そしてそれらの分析のいずれにおいても興味深い哲学的見解が提示されており，本書を読めば，それらの見解の是非をめぐっていろいろ考えたくなるに違いない．

　倉田の哲学的立場は，まずは反物理主義と特徴づけられよう．社会には物理的特徴に尽くされない複雑な存在論的構造があるというのが，本書から読み取れるメッセージの一つである．

　とあるチェーンの喫茶店に出かける．カウンターで300円を支払い，コーヒーを購入する――何の変哲もない日常生活の一コマと言ってよいだろう．しかしこれは，本書で日常のあり方を存在論的に探求することの意義を示すために持ち出されている事例だ．倉田が強調するところでは，こうした日常生活はもっぱら物理的特徴によるだけでは理解できない――ある喫茶店が個人経営でなくチェーン店であることは建造物の特徴だけで説明できるわけではないし，商品の購入ということには3つの金属片を褐色の液体と交換すること以上の何かが含まれている．ではいったい，そうした日常生活を理解するにはどんな要素が必要となるのか．それを明らかにしつつ日常世界がどのように成り立っているのかを示すことが，本書の課題とされる．

　しかしだとすると，何がその課題を進めるための手がかりになるのか．そこで本書が注目しているのが，日常の社会的なあり方である．いま触れたような事例は，われわれ一人ひとりの相互的な関係を通じて形成される社会的な営みとして理解できるだろう．そしてそれは物理学によっては説明されない．こうして日常世界の存在論を探るための基盤を得ることができる．われわれの日常的な営みは，社会を背景にして――人々のあいだでなされるさまざまなやりとりを通じて――成り立つのであり，そこに目下の課題を進めるための手がかりがあるのだ．

　こうした反物理主義的なスタンスは本書の基軸をなす．本評の冒頭に挙げた各事例の分析は物理的な特徴に依拠することなく，社会的な次元に定位してなされている．それらの分析はきっと今後の議論の的になるだろう．私自身はとくに本書の前半部に興味を惹かれた．第1章から第3章の議論のベースには特徴的な哲学的主張――全体論的アプローチ――があるので，以下ではそれについてすこし詳しく述べることにしたい．

第1章ではハラスメントを主な題材として社会的事実の構造を明らかにすることが試みられているが，そこは集合的な心的態度を導入する議論として捉えることもできる．社会的事実の構造を分析するために倉田はフレーム原理とアンカー原理という二つの原理を持ち出す．ざっくり言うとフレーム原理とはある事実がどのような事実によって基礎づけられるかを述べる原理であり，アンカー原理とはそうした事実間の関係のなかでどれが採用されるかはわれわれの承認によって決まるという原理である．たとえば上司が部下に適正範囲を超える長時間労働を強いたという事実はパワハラ行為をしたという事実を基礎づけると言えるが（フレーム原理），しかしそれではまだパワハラ行為が成り立つための条件を述べただけでしかない．パワハラ行為は，そうした事実間の関係が成り立つようにすることをわれわれが承認することで（アンカー原理），はじめて存在するようになる．「われわれが承認する」というところがポイントである．「われわれ」という集団的なあり方をした存在者が承認という心的態度をもつことが，社会的事実の成立にとって不可欠というわけだ．

　心的態度が集団に帰属させられるという主張は，集団の心をテーマとする第3章でより積極的に展開されている．倉田がここで手がかりとするのはダニエル・デネットの志向的スタンスの戦略である．つまり倉田によれば，集団に志向的スタンスを適用することで有効な説明と予測を導き出しうる．そうした説明や予測は集団のメンバーたちの心的態度をもとに説明や予測をするアプローチよりも効率的であり，それゆえ集団はある意味で心をもつと言えるわけである．たとえば「球団Cはチームの若返りを望んでいる」という言明は文字通りに受け取られるべきであり，それは球団の個々のメンバーの心的態度の総和などとして理解するより，球団そのものが願望をもつと理解するほうが簡潔で効率的な説明ができるからだ．以上の二つの章では，集団に関する現象を個人に関する現象に基づいて説明しようとする個人主義的アプローチに懐疑的な立場，すなわち全体論的アプローチの主張が具体的に展開されていると言えよう．

　あいだの第2章では，デイヴィッド・ルイスの慣習論を手がかりとして，われわれが読んだり読まなかったりする空気の分析がなされている．ルイスはゲーム理論の知見を踏まえて，慣習を各個人の相互の期待に基づく行動の規則性として分析した．倉田によると空気はそうしたルイス的慣習として理解できるのであり，そしてそれは伝統的な道徳哲学が論じてきた規範性，たとえば事実から導き出すことはできないと説かれてきたたぐいの規範性とは区別される．そうした規範性の身分について，本書ではそれ以上の議論は控えられている．しかし，もしそうした規範性が重視されるべきであるなら，それを扱いきれていない点にルイス的なアプローチの限界を見いだしていると解釈することもできるだろう．さらにルイス的アプローチが個人を基本にしていることを踏まえれば，個人主義的アプローチの困難を指摘することで全体論的アプローチを間接的に擁護しているとも捉えられるように思う．

　日常世界のあり方を追求する本書にとって，全体論的アプローチの支持は注目するべき特徴である．よって本書を読むときには，全体論的アプローチの是非が一つ

の重要な検討点になる．そこで本評でも，その点に関して一つの論点提起をしてみよう．と言っても，一連の事例を倉田と別の仕方で説明しようというわけではない．そうではなく，とくに存在論の観点を重視するならば，全体論的アプローチの展開にあたってさらに論じるべき問いがあるということを指摘したい．それは本書では通りすがりに言及されているが (p.93)，詳細には検討されていない問いである．

　倉田の議論では説明可能性としての合理性に重点が置かれている（第3章がとくに顕著である）．説明上は集団に心的態度を帰属させるのが理にかなっているがゆえに，集団が心をもつことをある意味で認めようというわけだ．それは哲学的には重要な帰結をもつだろう．つまり，企業や政府など集団を単位として議論を展開する社会科学は，個人に関する心理学的研究に還元されることなく，自律的に成り立つという帰結である．これはこれで検討点となりそうな論点だが，いま取り上げたいのはそれとはまた別の論点である．すなわち，それでは集団はメンバーである個人とどのような仕方で関係しているのか．

　集団という存在者は諸個人から構成されるものと理解されるべきなのか．それとも，そうした諸個人以上のものとして存在すると理解されるべきなのか．倉田の見解に従えば後者の考え方をとるのが当然と思われるかもしれないが，必ずしもそうではない．説明上は集団に言及するのが合理的だとしても，存在論的には集団を諸個人の和や集合として考えることがなお可能だからである．

　メンバーチェンジを繰り返す集団を考えよう．メンバーが変わったとしても，説明上は引き続き同じ名前の集団に言及することができる（たとえばアイドルグループはメンバーチェンジによって解散したと見なされたりしない）．しかしそのさい，その集団は厳密には別の集団になったのだろうか．それとも同一の集団であり続けているのだろうか．「別である」とする選択肢がある点に注意してほしい．その考え方のもとで構成メンバーは集団にとって本質的となるだろう．諸個人の和や集合として違いがあるとき，集団としても同一でないというわけだ．こうした見解は，集団ひいては社会の存在論的なあり方を考えるさい，個人の存在が重要な役割を果たしていることを示唆している．すると倉田の議論を受けてなお，集団の存在論的な基礎という役割を個人に担わせる余地があるのではないか（またもしそうであるなら，集団を個人の和という「物体」として捉える物理主義的な見解を提示することもできるかもしれない）．あるいはそうした見解は間違いで，全体論的アプローチにおいて個人の存在を真剣に受け止める必要はないのだろうか（とはいえ集団のあり方を検討するときにメンバーのことを考えないというのは不自然のように思われる）．倉田の全体論的アプローチにおいて個人や集団がどのような存在論的身分をもつのかが気になるところである．

　このようにさらなる論点提起をしたくなるのは，本書が良質の入門書だからであろう．読むとその先にどのような議論が展開できるのかを考えたくなるのだ．社会存在論における種々の問題を考えるための第一歩として，本書を薦める．

（谷川　卓）

村田純一『味わいの現象学—知覚経験のマルチモダリティ』
（ぷねうま舎，2019年刊）

　モルトバーでスコッチウイスキーを味わう経験について考えてみよう．ボリュームを抑えた音楽が流れる薄暗い空間で，滑らかに輝くウイスキーの色合いを眺め，嗅ぎ，味わい，ティスティングノートを考える．こうした知覚経験においては，さまざまな感覚様相が相互に影響を及ぼしたり結びついたりして働いている．この「知覚経験のマルチモダリティ」が本書のテーマである．村田純一氏は，メルロ＝ポンティを中心とした現象学とギブソンの生態心理学を主な手がかりとしつつ，アリストテレスといった古典から現代の哲学的・科学的知覚研究の成果まで横断的に参照しながら，マルチモーダルな知覚経験の本性を明らかにしようと試みる．この書評では，まず村田の各章の議論を要約し，その後にいくつかコメントを付けていく．

要約
　第一章では，知覚経験のマルチモダリティをめぐる課題が提示される．私たちが枝を触っているのか見ているのかを容易に区別できるように，視覚，聴覚，触覚といったそれぞれの種類の知覚経験は，その感覚様相に固有の在り方を示している（p.36）．他方で，腹話術に示されるように，ある感覚様相の経験が別の感覚様相の経験に決定的な影響を与えていることもある．この「分離しながら共働している」（p.45）という感覚のあり方をどう理解すればよいのか．
　第二章では，その課題に対する答えが提示される．この章で展開される多角的で豊かな議論を乱暴にまとめるならば，村田は「マルチモーダルな経験をもつとき，私たちはどのようにして特定の感覚様相の経験を他から区別しているのか」，「それぞれの感覚様相はどう違っているのか」，「それぞれの感覚様相はどう結びついているのか」という三つの問いに取り組むことを通じて，感覚様相が「分離しながら共働する」ありようを記述していると言えるだろう．
　では，マルチモーダルな経験をもつとき，私たちはどのようにして特定の感覚様相の経験を他から区別しているのか．村田によれば，それぞれの感覚様相に対応する知覚的探索システムのうちどれに注意が向くかに応じて，どの感覚様相が浮かび上がり他が背景となるのかが決まる．ここでの知覚的探索システムとはギブソンの生態心理学に出てくる概念であり，それらを調節・操作することで知覚を成立させるものである．たとえば視覚なら「眼-頭部システム」が，触覚なら「手-身体システム」などがあげられる．「それぞれのマルチモーダルな知覚経験をひとつの支配的な感覚様相の経験として規定させるのは，その都度の関心のあり方であり，注意の向け方なのである」（p.102）．
　では，それぞれの感覚様相はどのように違っているのか．村田は，どの感覚様相

の経験も「環境内の対象に向けられる」という志向性を共通構造としてもつことを強調しつつ，シュトラウスを援用して，それぞれの感覚様相は「より志向的か，より受苦的か」という軸にそって位置づけられ比較されると述べる (pp. 74-82).「受苦的」とは「対象からの影響を受け取る」や「自己の身体のあり方に気づいている」といった意味であり，ある経験が志向的と受苦的のどちらに寄っているかは，その経験において対象のあり方と自己のあり方のどちらがより主題化されているかで決まる．ここでは，視覚がもっとも志向的とされ，そこから聴覚，嗅覚，味覚と並び，触覚や痛覚がもっとも受苦的とされる．なお，「志向的-受苦的」という評価軸はdeterminableなものであり，「対象に向かう様式」や「対象からの影響を受ける様式」にかんしてより細かい現象学的区別を導入することで，それぞれの感覚様相の特徴をより正確に特定できるとされる．

　では，それぞれの感覚様相はどのように結びついているのか．それぞれの感覚様相は特有の射映構造をもち，そうした射映構造を通じて対象に向けられる．たとえば視覚なら，コーヒーカップのある面の視覚的な現われはその裏側の予期的な視覚的現われ（＝隠れた視覚的現われ）を伴っており，そうした射映構造を通じてその経験はコーヒーカップについてのものになる．さて，複合的な経験においてコーヒーカップの視覚的な現われとコーヒーの香りの嗅覚的な現われがどちらもある場合には，その視覚的な現われと嗅覚的な現われは，どちらも同じくコーヒーに向けられている．このように共通の対象へと向けられた感覚様相の連合は，性質結合型のマルチモダリティと呼ばれる (p.60)．これに加えて，それぞれの感覚様相それ自体もマルチモーダルな射映構造をもつ．たとえばコーヒーカップのある面の視覚的な現われは，その裏側の予期的な視覚的現われを伴うだけではなく，予期的な味覚的現われも伴う．多くの場合，それぞれの感覚様相の経験はこうしたマルチモーダルな射映構造を通じて特定の対象に向けられている．特定の感覚様相の射映構造のなかに他の感覚様相が溶け込むこのマルチモダリティは，性質融合型と呼ばれる (p.63)．なお，味わいの経験の議論においては，味覚的・嗅覚的な現われが向けられている対象そのものが咀嚼などを通じて刻々と変化していくという点が強調され，性質創出型のマルチモダリティと呼ばれる (p.141)．まとめると，それぞれの感覚様相の結びつき方には，少なくとも性質結合型，性質融合型，性質創出型の三種類があるとされる．

　上記のように「分離しながら共働する」という感覚様相のあり方について一般的な説明を与えたのち，村田はそれぞれの感覚様相の詳細な現象学的分析へと進む．第三章ではこの本のタイトルにもなっている味わいの経験が，第四章では嗅覚経験が，第五章では（特に色知覚を中心とした）視覚経験と聴覚経験が，そして第六章では触覚経験と痛み経験が主題として論じられる．どの章でも，それぞれの知覚経験の多元性やマルチモダリティが鮮やかに描き出される．

　味わいの経験は，たとえば咀嚼のプロセスを通じて食物がモダリティ横断的にさ

まざまな現われ方を示しながら一つのものとして経験されるという点で，「射映構造の多感覚的なあり方を示している典型例」(p. 135) とされる．また，味わいの経験にとっては舌や口の動きが適切に導かれることが不可欠であり，そうした導きに触感や自己受容感覚が利用されていると指摘することから，味わいの経験にとっての運動や身体の重要性が確認される．

　嗅覚経験についての分析は，「視覚経験と違い嗅覚経験には環境内の対象は現れてこない」という主張と，「嗅覚は経験的な生にとってそれほど重要ではない」という主張に反論することを通じて展開していく．前者の主張への反論を通じて，一般に考えられているよりも嗅覚経験は志向的であると論じられる．後者の主張に対しては，嗅覚を失った人々の報告を手がかりに，嗅覚は「人生に彩りを添え，味わいをもたらし，生きる意味を与えてくれるもの」(p. 178) と論じられる．

　第五章では視覚経験と聴覚経験がまとめて論じられる．村田によれば，視覚経験と聴覚経験はどちらも「離れた対象を知覚する志向的経験」(p. 182) であり，視覚経験においては物体が「色をもつ」ものとして現れるのに対し，聴覚経験においては「音を発する」ものとして現れてくる．また，村田は色や音の現われにはさまざまなモードがあることを強調する．色には，物体の色としての「表面色」や，空の色などの「面色」や，グラス内の液体の色などの「空間色」や，また一種の錯覚現象としての「残像色」といった多様なモードがあるとされる．同様に，音にも物体が振動することで生じる音や風船が割れるときに生じる音，そして一種の錯覚現象としての「耳鳴りの音」などでモードの違いがあるとされる．そして，こうした多様性を真剣にうけとらず色や音を単一の存在論的カテゴリーに押し込もうとする試みが強く批判される．

　第六章では触覚経験と痛みが論じられる．村田は，触覚経験も他の感覚様相と同様に射映構造を通じて環境内の対象に向かう志向的側面があることを確認しつつ，触覚の特殊性として「世界，身体，そして自己といった私たちの生活を支える根本概念の理解にとって，触覚や，触覚と不可分な自己受容感覚が決定的に重要な役割を果たしている」(p. 277) という点を強調する．村田によれば，私たちの経験的な生にとって，さまざまな感覚様相のなかでもとりわけ触覚が重要なのである．痛みの経験について，村田は「痛覚失調症候群（痛みを感じるがそれを嫌がらない状態）」などに言及して痛みにもさまざまなモードがあることを確認しつつ，注意が世界に向くことを阻害し痛み自身へと向けようとする，典型的な痛みの自己参照的な性格を強調する．これが痛み経験がもっとも受苦的なものとして位置づけられる理由となる．

コメント

　村田は，知覚経験のマルチモダリティを反省することで，現代の脳科学や認知科学で広く受け入れられている問題含みの考え方を予防できると主張する (p.130)．

そうした考え方には，「特定の刺激に対して特定の感覚器官が存在し，そしてさらに特定の感覚現象が対応する」という要素主義 (p.12)，「知覚的認識において脳は断片的な感覚データを統合する役割を果たす」というバインディング説 (p.126)，「感覚現象が脳のなかで生じる」とする脳内生起説 (p.130) が含まれる（「要素主義」以外のラベルは私が便宜的に付けたものである）.

　だが，村田のこの主張には二つの問題があると思われる．第一に，要素主義とバインディング説が現代の認知科学で一般に受け入れられているかは議論の余地がある．まず，外的刺激と感覚現象のあいだに一対一対応が成立すると考える現代の認知科学者はきわめて少数だろう．神経活動と感覚現象のあいだにある程度の相関が成立すると考えることは現代でもまだ一般的だが，これはここで取り上げられている要素主義とは異なる立場である．さらに近年では，バインディング説を否定する認知科学者も少なくない．たとえばJacob Howhy (*The Predictive Mind*, 2013) らが提唱した予測誤差最小化理論では，知覚的認識における脳の役割は，断片的な感覚データを統合して世界の表象を構築することではなく，前もって構築されている世界のモデルを感覚データと照らし合わせて修正することだとされる.

　第二に，バインディング説と脳内生起説が知覚経験のマルチモダリティと対立するかどうかも明らかでない．たしかに，刺激と感覚現象の一対一対応を措定する要素主義は，知覚経験のマルチモダリティと正面から対立するだろう．しかし，バインディング説と脳内生起説は，知覚経験がマルチモーダルであることと両立すると思われる．というのも，それぞれの感覚様相に属する情報の統合の結果としてマルチモーダルな知覚経験が成立すると考えることにも，マルチモーダルな経験が脳内で生じると考えることにも，少なくとも一見して不整合な点はないからである．確かにギブソンやメルロ＝ポンティは，バインディング説や脳内生起説を拒否しているようにみえる．したがって，村田による知覚経験のマルチモダリティの現象学的分析のうち特に彼らに依拠した部分は，バインディング説や脳内生起説と相性が悪い．だが，村田の分析の中核には，バインディング説や脳内生起説に対して中立的なもの―たとえば，感覚様相が「志向的‐受苦的」という軸によって区別できることや，感覚様相の結びつきに性質共同型，性質融合型，性質創出型の三種類があることなど―も含まれている．したがって，ポジティブな述べ方をするならば，バインディング説や脳内生起説を受け入れる科学者にとっても，村田の与える知覚経験のマルチモダリティの現象学的分析は大いに示唆的でありうるだろう.

　私見では，本書の最大の魅力は，さまざまな経験をめぐるきわめて豊かな現象学的分析に導かれて，新たな問いが次々と浮かび上がってくる点にある．その例を二つ挙げてこの書評の結びとしたい.

　村田によれば，味わいの経験は「志向的‐受苦的」の軸のだいたい中間に位置づけられている．これはつまり，日常的な味わいの経験では「口の中にある対象の味わい」と「口のなかに広がる味わいの感覚」のどちらも主題的に現れうるというこ

とだろう．では，こうした志向的な側面と受苦的な側面のどちらが前景になるか
は，どういう条件によって決まるのだろうか．たとえば，固形物をかみ砕きながら
食べるときと，液体物を飲み込むときで，有意な違いがあるのだろうか．また，こ
れらの側面のどちらが強く現れるかは，味わいの対象の審美的評価と関係するのだ
ろうか．こうした問いに取り組むことで，味わいの現象学をさらに展開させること
ができるだろう．

　また，村田は「コーヒーの匂いを楽しみながら，紅茶を飲むことはなんら珍しく
はない」と述べる (p. 157)．これは私にとって驚きであった．コーヒーの匂いを楽
しみながら紅茶を味わうとは，かなり特殊なマルチモーダルな経験だと言えるので
はないか．一般的にコーヒーを飲む経験がマルチモーダルだと言われるときには，
同じ対象に向けられた味覚的な現われと嗅覚的な現われが違和感なく結びついてい
る．そして，それぞれの現われが別の対象に向けられているときには，それらがな
めらかに融合することは一般的でないと思われる．たとえば，コーヒーの匂いに満
ちたカフェで紅茶を頼んだようなケースでは，私はコーヒーの匂いを嗅ぎながら紅
茶を味わうことになりかねないが，このときのコーヒーの匂いはむしろ紅茶の味わ
いを阻害するものとして現れてくると思われる．だが村田の例は，コーヒーに向け
られた嗅覚的な現われと紅茶に向けられた味わいがうまく融合しうることを示唆す
る．考えてみると，その種のケースは確かにある．外国の街角のカフェで周囲の客
の話し声とそこからの眺めが心地よく結びつき，不思議なまとまりをもつマルチ
モーダルな経験が生まれることなどは私にも理解できる．この経験の志向性は「周
囲の客と眺めのそれぞれに向けられている」と述べることではうまく捉えられない
と思われる．なぜなら，その経験の志向的対象はもっと融合的な何かであるように
感じられるからだ．こうした特殊なマルチモーダル経験は，さらなる分析を行う価
値があるだろう．

（新川拓哉）

2020年度石本賞選考結果報告

「石本賞」選考作業部会長

岡田光弘

　石本賞は，石本新氏のご遺族の寄付金をもとにした事業の一環として2006年度に創設されました．各年度一度，当該年度から遡って過去3年間に『科学哲学』に掲載された論文で，掲載決定時点に40歳未満である著者によるものの中から優秀な論文を一篇選び，その研究活動を支援・奨励することを目的としています．

　これまでの受賞作は次の通りです．

第一回	青山　拓央	「時制的変化は定義可能か 　　　　—マクタガートの洞察と失敗—」
第二回	三平　正明	「フレーゲ：論理の普遍性とメタ体系的観点」
第三回	前田　高弘	「知覚経験の対象としての性質」
第四回	大塚　淳	「結局，機能とは何だったのか」
第五回	山田　圭一	「ウィトゲンシュタイン的文脈主義 　　　—壊れにくい知識モデルの構築をめざして—」
第六回	小草　泰	「知覚の志向説と選言説」
第七回	佐金　武	「現在主義と時間の非対称性」
第八回	大西　勇喜謙	「認識論的観点からの実在論論争」
第九回	秋葉　剛史	「Truthmaker原理はなぜ制限されるべきか」
第十回	細川　雄一郎	「反事実条件文推論の動態論理による形式化」
第十一回	北村　直彰	「存在論の方法としてのTruthmaker 理論」
第十二回	榊原　英輔	「What Is Wrong with Interpretation Q? : A Case of Concrete Skeptic's Alternative Interpretation of Algebra」
第十三回	鴻　浩介	「理由の内在主義と外在主義」
第十四回	李　太喜	「選択可能性と「自由論のドグマ」」

　そして，今年度の受賞作は次に決定しました．

高谷　遼平　「主張内容を合成的に導く：一般合成性に基づく単純な意味論観の擁護（「科学哲学」52巻1号掲載）

以下，この論文についての作業部会の評価を報告します．

　合成的意味によって発話者の主張内容を理解するという，単純な合成的意味論観に対し，近年，否定的議論がなされてきました．高谷論文では，文脈と値踏みの状況を区別するカプラン流の二重指標意味論の枠組みをベースにして，文の意味論的値と主張内容が一致しない場合があるとする「同一性否定論証」の議論を厳密に分析したうえで，意味論に「言語環境」を付け加えるという，パギン＝ウエスタートの「一般合成性」の考え方を採用すると，内包オペレータや量化子に関して論じられてきた「同一性否定論証」が回避できることを示しています．一般合成性概念の広範囲の適用可能性というパギン＝ウエスタートの主張に対してそれを裏付ける成果となっており，同時に，合成的意味論の役割についての伝統的理解を擁護する主張となっています．

　内包的表現に関するフレーゲの研究をその祖とみなして，表現の出現している環境に応じて意味論的値が変化するという立場から，それらを取り込んだ合成性としての「一般合成性」概念がパギン＝ウエスタートらにより形式的に定式化されました．これらの先行研究では，内包的表現の広い範囲でこの考えが有効であるとの主張がなされてはいたものの，引用文などの具体例（これについてもフレーゲ自身も論じています）などの限られた例に対してのみ有効性が示されていました．一般合成的意味論を用いると同一性否定論論証を回避できるという高谷論文の成果は，一般合成性概念の広範囲な有効性を示すものであり，意味論の合成性についての根本的考察への新たな契機を与えるものだと言えます．

　内包オペレータとしてではなく非内包的量化子として取り扱う場合は同一性否定論証を回避できるとするキングらの先行研究（例えば，alwaysを量化子として取り扱う場合）についても，高谷氏は，同一性否定論証の論証構造からは逃れられていないことを示したうえで，他方で，「言語環境」を加える一般合成的意味論では，オペレータが現れる場合の同一性否定論証回避の議論構造が量化子の場合にも妥当することを指摘しています．同一性否定論証とその回避について，オペレータと量化子の両方の場合に議論構造の対応を示したことは，高く評価できます．

　表現の出現する環境を持ち出す手法は，パギン＝ウエスタートも強調しているようにフレーゲの間接的意味などの理論の延長線上とも言えますが，本高谷論文ではフレーゲに対するデイヴィドソンの批判を回避する道も言及されており，有意義で独自の議論になっています．

カプラン流の二重指標意味論に「言語環境」を付加することで，拡張された「合成的」意味と主張内容が一致するとみることを明らかにしていますが，ではそれがなぜ意味論の「合成性」と言えるのかについては，紙面の制約からか，短くまとめられているのみでした．「学習可能性論証」に依拠した一般合成性の正当化にとって「言語環境の有限性」が重要であるというパッケルンの議論に触れて，言語環境の有限性に対する短い補足が与えられています．また，カプラン流の二重指標意味論での「文脈」指標の付加も「合成性」と言われるから，それと「類比的」に「言語環境」をさらに加えても「合成性」と言える，と述べられています．意味論の「合成性」とはなにかという問いにとって興味深い言及が並んでいますが，この拡張的「合成性」の意味論的「合成性」としての正当性については，さらなる展開の余地が残されているというコメントが委員から出されました．本論文の合成的意味論擁護の動機について著者は，擁護できなければ，「意味論的に決定される主張内容と語用論によるその拡張というグライス以来の描像を維持することが困難になる」からだと述べています．しかし，そもそも意味論/語用論を維持あるいは放棄するという問題性自体も重要であり，意味論の枠組み維持ということだけでは見失われる問題群もあると思われます．意味論/語用論問題も視野に入れた将来の研究も著者に期待したいという委員の意見もありました．

　いくつか残された課題もあるものの，一般合成性の有効性を正面から検討すべく，同一性否定論証回避という課題に挑んで，厳密な分析を通じて，回避できることを示したという本論文の主要成果は，一般合成意味論分野全体にとって基盤的成果としての意義を持っていると言えますし，また，同一性否定論証の論証構造の明確化などいくつもの独創的捉え方や成果が示されていますので，本論文はこれらだけで十分に高く評価されるべきであるという結論になりました．

　次に，選考の手順と経過を簡単に報告しておきます．今年度の石本賞対象論文総数は11篇であり，5月8日から1カ月間，編集委員会各委員に候補論文推薦を依頼しました．この編集委員会段階で推薦があった論文は6篇でした．この6篇の推薦論文決定後に，編集委員長が作業部会長を兼ねる4名からなる令和2年度石本賞作業部会を立ち上げ，選考作業を開始しました．作業部会内の協議と第1回目の投票結果により，4篇に絞り，これらが本年度石本賞最終ノミネート論文となりました．なお，最初の作業部会内協議で，

既に石本賞の受賞歴を持つ著者の単著論文については，石本賞の趣旨に鑑み，その後選考に残さないこととしました．1回目投票は順位もコメントも付けずに，各委員が3篇を挙げる形で行ない，投票後に集計して上位4篇に絞りました．令和2年度石本賞最終選考にノミネートされた論文は次の4論文です．

石田知子　　「「遺伝情報」はメタファーか」
　　　　　　　　　　　　（自由応募論文：「科学哲学」52巻1号掲載）
木下頌子　　「種名の指示の理論に基づく形而上学的方法論の評価—芸術
　　　　　　作品の存在論を手がかりに」
　　　　　　　　　　　　（若手研究助成成果報告：「科学哲学」52巻1号掲載）
高谷遼平　　「主張内容を合成的に導く：一般合成性に基づく単純な意味
　　　　　　論観の擁護」
　　　　　　　　　　（「科学哲学」（自由応募論文：「科学哲学」52巻1号掲載）
三木那由他　「「意図の無限後退問題とは何だったのか」」
　　　　　　　　　　　　（自由応募論文：「科学哲学」52巻1号掲載）

　これらの論文4篇について，作業部会メンバーそれぞれが独立に順位付とその理由を付ける形式で，第2回の投票を行いました．投票後，順位を数値化して全員の評価結果を集計したうえで，作業部会メンバー全員で議論し総合評価を形成しました．この結果，作業部会として高谷論文を令和2年度石本賞に推薦することとなりました．

　審査の過程で，高谷論文以外の3論文にも高いオリジナリティが確認できました．ただし，成果の完結度と論文の完成度という点において高谷論文が最も優れていると評価されました．なお，三木論文については，52巻1号掲載決定以降に関連するテーマの著書を準備・出版されており，そこでは一段と高い完成度・完結度となったという指摘も作業部会委員からありましたが，石本賞の趣旨から対象論文のみを評価対象としました．最終ノミネート論文である三木論文，石田論文，木下論文は今回は石本賞に選ばれなかったものの，それぞれに対して高い評価・順位付けをした委員がおり，いずれも大きな発展の可能性をもつ研究であるという共通の認識を作業部会委員間で持ちました．

　なお，編集委員会推薦6論文の著者のなかに作業部会長の所属していた大学院研究科出身者がいましたので，審査の公平性の検証の立場から，作業部

会での2回の投票にあたっては部会委員4名全員と作業部会長を除いた3名の2つの集計を行ないました.2回の投票のいずれの結果でも4名の結果と3名の結果に変わりはありませんでした.

本年度の石本賞作業部会メンバーは以下の4名でした.
岡田光弘(部会長),金杉武司,清塚邦彦,山田友幸

投　稿　規　程

1．テーマ

　科学哲学および関連諸領域に関するもの．但し，関連諸領域の専門的な内容を扱うものに関しては，専門分野以外の会員も原稿の主旨が理解できて，関心を抱きうるようなもの．

2．投稿資格

（1）当年度までの会費を納入済みの日本科学哲学会会員に限ります．

（2）同一著者が同時に2篇以上を投稿したり，投稿中の原稿の審査結果が出る前に別の投稿をすることは認めません．

　　ただし，単著論文と（他の会員との）共著論文は投稿可能です．また，共著論文については，共著者（会員に限る）が異なる場合は複数の論文を投稿可能です．

（3）原稿は未公刊のものに限ります．他誌（外国語誌を含む）に投稿中のもの，掲載予定のものも投稿することはできません．また，本誌掲載後（投稿中も含む）は他誌への投稿を禁じます．

　　※非会員との共著原稿の場合は，共著者のなかの会員は上記の投稿資格を満たすようにしてください．

3．原稿の種類
 (1)「論文」
  (1-1)「自由応募論文」：会員が自らテーマを自由に設定した通常の論文.
  (1-2)「サーヴェイ論文」：特定分野での現在の研究状況・研究課題を紹介し，会員への情報提供に資することを狙いとする論文. 但し，編集委員会の判断で，著者の了解を得た上で「自由応募論文」として投稿されたものの中から採用することもあります.
 (2)「研究ノート」：オリジナルな着想について，なお細部の詰めは残っているとしても討論に付して，会員からのコメントを求める論文.
 (3)「討論」：本誌に掲載された論文（書評等を含む）についてのディスカッション.
 (4)「提言」：研究，教育，学会活動に関する意見，提案.
4．使用言語
 「論文」，「研究ノート」，「討論」，「提言」は日本語もしくは英語とします.
5．原稿の書式
 (1) ブラインド・レフェリー制を徹底するため，原稿の著者を特定しうる表現（例えば，「拙著」，「拙論」）は使用しないでください.
 (2) 著者氏名や所属については，投稿用調書にのみ記述し，原稿には一切記述しないでください. また表紙を添付する必要はありません..
 (3) 注は，本文末に一括してください.
 (4) 書誌情報は注に記さずに，注の後に文献表を設けてまとめて記してください.
 (5)「論文」冒頭には，論文タイトル（日本語論文の場合には英語のタイトルも）および英語100語程度の「アブストラクト」を記してください.
 (6) 投稿時の1行の字数，1ページの行数は自由ですが，読みやすい形式としてください. 但し，原稿作成にTeX形式を使用する場合は，必ず本学会ウェブサイトに掲載されているテンプレートを用いて原稿を作成して下さい.
 (7) 文字サイズは，題名や注を含め，すべて10.5ポイントとします. さらに英語原稿の場合は，フォントはcenturyかtimes（それがない場合は，類似のフォント）としてください.
6．原稿の分量
 (1)「論文」の長さは，原則として和文の場合2万字以内（ただしアルファベット等の半角文字は0.5字と換算してよい），英文の場合は8,000語以内とします. いずれの場合も，必ず字数ないし語数を論文の末尾に付記してください. この字数には，題名，アブストラクト，数式，表，注，文献表など一切を含めて下さい. 初回投稿時に制限字数を超えたものは審査対象としません.
   なお，字数・語数のカウントが難しい場合は，1行34字×35行（本学会ウェブサイトに掲載されているテンプレートはこの形式になっています）の書式で20ページ以内に収められた原稿を提出することでも字数制限を満たしたものとみなします. この場合，原稿が指定の書式に従っていることを必ず末尾に付記して下さい.
 (2)「研究ノート」「提言」は和文5,000字，英文2,000語以内，あるいは指定の書式で5ページ以内，「討論」は和文3,000字，英文1,200語以内，あるいは指定の書式で3ページ以内とします. その他の点については「論文」と同様です.
7．提出様式
 (1) 投稿の際には，次の (a)(b) を事務局に提出してください. 両方が揃ったときに，正式な投稿として受け付けます.（なお，手書きで執筆の方は，個人で対応していただくか，あるいは事務局にご相談下さい.）
  (a) ワープロないしTeXテンプレートで作成した原稿をPDF形式に変換し，PDFファイルの

みをメールで送付（マイクロソフトワード形式の場合はワードファイルの送付でも可）．
メールが使用できない方は，Windows用フォーマットのメディア（CD・フラッシュメモリーのいずれか）に保存した上記ファイルを郵送．
   (b) 本学会ウェブサイトに掲載されている「投稿用調書」に所定事項を記入してメールで送付，あるいは1部を郵送．
 (2) いただいた投稿原稿に文字化けやフォーマットのくずれの恐れがある場合などは，論文本体をプリントアウトしたものを送付願う場合があります．該当する場合は投稿後事務局より連絡いたします．

8．投稿受付
随時，投稿を受け付けます．

9．投稿先
メールの場合：日本科学哲学会事務局 philsci@pssj.info　宛．件名を「『科学哲学』投稿」としてください．
郵 送 の 場 合：当年度の「日本科学哲学会事務局」宛．表に「『科学哲学』投稿」と朱書してください．

10．審査
掲載の可否は，学会誌編集委員会がブラインド・レフェリー制により判定します．原稿によって審査の進行状況が異なりますので，審査結果の通知は随時行います．ブラインド・レフェリーによる審査は，投稿された「論文」，「研究ノート」，「討論」，「提言」について行います．編集委員会の審議を経て本学会より執筆を依頼した原稿（招待論文，書評，その他）については，原則としてブラインド・レフェリーによる審査は行いませんが，編集委員会より修正等の提案のコメントをつけることがあります．ただし，以下の場合には，依頼原稿でも，投稿された「論文」と同様のブラインド・レフェリー制による審査が行われます．
 (1) 依頼した書評が，「論文」として扱うのが適切な内容となった場合．
 (2) 依頼した招待論文の著者が，「論文」としての審査を希望した場合．

11．掲載決定原稿
掲載が決定した原稿については，次の（a），（b），（c）を事務局に提出してください．
   (a) A4用紙に印刷した原稿1部を郵送．
   (b) 原稿のワープロ用ファイルと（可能ならば）確認用PDFファイルをメールで送付．メールが使用できない方は，メディア（CD・フラッシュメモリーのいずれか）を郵送．
   (c) 本学会HPに掲載されている「著作権に関する承諾書」に所定事項を記入・捺印して1部を郵送．

12．校正
編集委員会による審査を経ていますので，校正時に大幅な修正は認められません．字句の訂正など，軽微なものにとどめてください．校正は2校までとします．

13．原稿料と抜刷
原稿料は差し上げません．抜刷は30部無料，31部以上は有料（10部につき1,000円）です．抜刷を31部以上希望する場合は，校正刷返却時に印刷会社へお申し込みください．

14．提出物の返却
掲載の可否にかかわらず，応募原稿やメディアは返却しません．

15．著作権規程
『科学哲学』に掲載された論文の著作権については「日本科学哲学会 著作権規程」（平成20年10月18日制定）にそって処理されますので，そちらも投稿の際にご参照ください．

これは投稿規定には当たりませんが，ご投稿いただいた後，即日の返信等はできかねます．ご投稿から10日経っても当会事務局からの返信メールが届かない場合は，メール送受信のトラブルの可能性もありますので，恐れ入りますが当会事務局メールアドレス philsci@pssj.info <mailto:philsci@pssj.info> までお問い合わせください．

日本科学哲学会会則（現行）

1997年11月15日改正
1998年 4 月 1 日施行
2010年11月27日改正
2011年 4 月 1 日施行
2016年11月19日改正
2016年11月19日施行

第 1 条　本会は日本科学哲学会（欧文名 Philosophy of Science Society, Japan）と称する.

第 2 条　本会は科学哲学および関連諸領域に関する研究の推進と交流を目的とする.

その目的を達成するため，次の事業を行う.

1　年次大会および研究会の開催.

2　機関誌の発行.

3　その他目的達成に必要な事業.

第 3 条　本会の会員は正会員，準会員，賛助会員，名誉会員とする. 入会，退会，身分の変更に関しては理事会の承認を必要とする.

1　正会員は四年制大学卒業もしくはそれと同等の資格ありと理事会が認定した者とする.

2　準会員は前項（第3条1）に該当しない個人とする.

3　賛助会員は本会の趣旨に賛同する個人もしくは団体とする.

4　正会員のみが，評議員および役員の選挙権および被選挙権を有する.

5　以下の三項のいずれかに該当する70歳以上の正会員は名誉会員となることができる.

但し，以下のいずれかに該当する者でも，本人の希望があれば正会員の身分にとどまることができる.

(1) 会長を務めた者

(2) 理事を 4 期12年以上務めた者

(3) 本会に対して特段の功績があると理事会が認定した者

名誉会員には，以下の条項が適用される.

(1) 名誉会員は，学会費を免除される.

(2) 名誉会員は，選挙権および被選挙権を有しない.

(3) 名誉会員は，機関誌に論文を投稿すること，並びに年次大会において研究発表を行うことができる.

(4) 名誉会員には，機関誌，プログラム等が配布される.

第 4 条　本会は毎年一回定例総会を開催する. ただし，必要がある場合には臨時総会を開くことができる. 総会の召集は理事会の決定により会長がこれを行う. 定例総会においては，年間事業報告，および会計報告が行われなければならない.

第 5 条　本会に評議員会をおく. 評議員会は会長が召集し，本会の重要事項を審議し，その活動を助成する.

1　評議員は会員の選挙によって40名を選出し，その任期は 3 年（4月1日から 3 年後の 3 月31日まで）とする.

2　任期開始時に満70歳以上となる者は，評議員選挙における被選挙権をもたない.

3　評議員会は毎年一回これを開催する. その他必要に応じて開催することができる.

第 6 条　本会に下記の役員をおく. 役員は，会長，理事，監事とし，その任期は 3 年（4月1日から 3 年後の 3 月31日まで）とする. 再選を妨げないが，会長および監事は通算 2 期まで

とする．任期開始時に満70歳以上となる者は，役員選挙における被選挙権をもたない．

    1 会長 1名 会長は本会を代表し，会務を統率する．会長は理事の互選によって選出される．会長においてその職務の執行に支障あるときは会長代行をおくことができる．会長代行は理事の中から選出され，かつ，理事会の承認を得るものとする．また，会長代行の任期は会長の任期を越えないものとする．

    2 理事 18名 理事は会長を補佐し，本会の運営に当たる．理事は評議員の互選によって選出される．会長はこのほかに事務局担当理事，および総務担当理事各1名を追加指名することができる．

    3 監事 2名 監事は本会の会計を監査し，その結果を総会において報告する．監事は評議員の互選によって選出される．

第7条 役員はすべて無給とする．会務の遂行を助けるため，幹事，または有給の事務職員をおくことができる．

第8条 顧問として学識経験者若干名を理事会の推薦によって，会長がこれを委嘱することができる．

第9条 本会に下記の委員会をおく．

    1 学会誌編集委員会

    2 年次大会実行委員会

    3 その他，必要に応じて，企画委員会など各種委員会をおくことができる．

    4 各委員会委員および委員長は理事会の議を経て，会長がこれを任命する．

第10条 本会会費は年額 正会員6,000円，準会員3,000円，賛助会員は一口10,000円以上とする．

第11条 会費未納2年におよぶ者は，選挙権および被選挙権をもたない．

第12条 会費未納5年以上の会員はこれを除名することができる．

第13条 本会に事務局をおく．その担当期間は原則として3年とする．

第14条 本会の会計年度は，毎年4月1日から翌年3月31日までとする．

第15条 この会則の改正は，理事会の発議にもとづき，評議員会および総会の議を経て，これを行う．

付則1 評議員選挙規程

    1 選挙は会員の郵送による無記名投票をもって行う．

    2 投票は学会事務局より送付する投票用紙によって行う．

    3 40名以内連記とする．40名をこえて記入したものは無効とする．

    4 開票は，会長から委嘱された会員（評議員を除く）若干名の立会いの下に事務局において行う．

    5 最下位当選者が複数となり，評議員当選者が40名をこえる場合には，女性と若年者をこの順で優先する．

付則2 理事選挙規程

    1 選挙は評議員選挙当選者の互選とし，郵送による無記名投票をもって行う．

    2 投票は評議員選挙後に，学会事務局より送付する投票用紙によって行う．

    3 18名以内連記とする．18名をこえて記入したものは無効とする．

    4 開票は，会長から委嘱された会員（評議員を除く）若干名の立会いの下に事務局において行う．

    5 最下位当選者が複数となり，理事当選者が18名をこえる場合には，女性と若年者をこの順で優先する．

付則3 監事選挙規程

1 選挙は評議員選挙当選者の互選とし，郵送による無記名投票をもって行う．ただし，理事は監事を兼ねることはできない．
2 投票は理事選挙後に，学会事務局より送付する投票用紙によって行う．
3 2名以内連記とする．2名をこえて記入したものは無効とする．
4 開票は，会長から委嘱された会員（評議員を除く）若干名の立会いの下に事務局において行う．
5 最下位当選者が複数となり監事当選者が 2 名をこえる場合には 女性と若年者をこの順で優先する．

付則 4 　会長選挙規程
1 選挙は理事選挙当選者の互選とし，郵送による無記名投票をもって行う．
2 投票は理事選挙後に，学会事務局より送付する投票用紙によって行う．
3 1名記入とする．1名をこえて記入したものは無効とする．
4 開票は，会長から委嘱された会員（評議員を除く）若干名の立会いの下に事務局において行う．
5 当選者が複数となった場合には，女性と若年者をこの順で優先する．

日本科学哲学会研究倫理規程

2010年11月28日制定
2010年11月29日施行

目的
第 1 条　本規程は，日本科学哲学会（以下，「本学会」という）会員の研究方法と成果公表等に関わる遵守事項を定め，学会としての研究倫理上の社会的責任を果たすことを目的とする．科学哲学研究・教育の健全な発展のために，本学会は，「日本科学哲学会研究倫理規程」を制定するとともに，全会員に対して，知的不正行為の防止の必要性を強く訴えるものである．

会員の遵守事項
第 2 条　会員は，研究の自由を前提に，以下の事項を遵守しなければならない．
1． 本学会の運営にあたって，会員は，常に公正を維持しなければならない．とりわけ，本学会へ投稿される論文，本学会での発表の希望，および石本基金諸事業への応募に関して，その審査にあたる会員は，公正を保った審査を行わなければならない．
2． 会員は，研究成果の発表に際して，著作権を侵害する行為，とりわけ，剽窃・盗用を行ってはならない．同じく，名誉の毀損など，人権侵害を行ってはならない．
3． その他，本学会諸規程に違反してはならない．

調査委員会の設置
第 3 条　会員は，第2条に挙げられた事項に対する侵害（以下，「不正行為」という）と思われる行為に関して，本学会事務局に訴えることができる．
第 4 条　不正行為の訴えがなされた場合，事務局はそのことを速やかに理事会に報告し，理事会は，第1条の目的を達成するために，調査委員会を設置して調査を行うこととする．
第 5 条　調査委員会は，理事会において指名された若干名の委員をもって構成する．

調査委員会の役割

第 6 条 　調査委員会は，必要があれば訴えを受けた会員からの弁明の聴取も含めて，公正な調査を行い，設置から3ヶ月以内に，不正行為の有無に関する報告書を理事会あてに提出するものとする．

第 7 条 　調査委員会委員は，調査事項について守秘義務を負う．

処遇の決定

第 8 条 　調査委員会の報告を受けて，理事会は，訴えを受けた会員に関する処遇を決定する．不正行為が認定された場合の処遇は，(1) 不正が軽微であるために不処分，(2) 役員・評議員・各種委員の資格停止，(3) 学会誌への投稿，学会発表申し込み，および石本基金諸事業への応募禁止，(4) 会員の資格停止，(5) 除名，のいずれかとする．ただし，(2) と (3) は重複することができる．

第 9 条 　処遇の決定は，理事会において，次の手順で行う．

1．初めに，(1) の不処分とするのか，それとも (2) 〜 (5) のいずれかの処分を行うのかを，審議，決定する．その際，処分を行うという決定のためには，出席理事の3分の2以上の賛成を必要とする．

2．前項の審議において，処分を行うと決定された場合には，次に，(2) 〜 (5) のうちのいずれの処分を行うのかを，審議，決定する．その際，(5) 除名の決定のためには，出席理事の3分の2以上の賛成を必要とする．

第10条 　不正行為が認定され，処分を受けた会員は，理事会の決定に不服がある場合，処分の通知を受けた日から1ヶ月以内に，異議申し立てを行うことができる．異議申し立てがあった場合には，理事会は速やかに再調査を行うものとする．

第11条 　調査の結果，不正行為の事実が存在せず，訴えが悪意によるものであると判明した場合には，理事会は，訴えを起こした会員に対して，第8条に準じた処遇を行う．

第12条 　不正行為が認定され，処分を受けた会員が所属する研究機関等から要請があった場合には，理事会は，異議申し立て期間の終了後に，当該機関等に対して，不正行為に関する報告書を交付することができる．

改正・廃止の手続き

第13条 　本規程の改正・廃止は，理事会において原案を決定し，評議員会および総会の議を経て，これを行う．

◆日本科学哲学会に関するお問い合わせは下記にお願い致します．

〒 192-0397 　東京都八王子市南大沢 1-1 　東京都立大学大学院人文科学研究科哲学事務室内

日 　本 　科 　学 　哲 　学 　会

振 　替 　 00170 - 2 - 55326
e - m a i l :　p h i l s c i @ p s s j . i n f o
URL: http://pssj.info/

編集後記▶53巻2号は多くの投稿論文に恵まれた．自由応募論文，特集テーマ応募論文，書評論文を含めた査読付き論文は10編となった．編集委員会からの依頼論文と依頼書評記事を含む構成となった．今後とも多くの投稿論文があることを期待したい．また，既刊論文英訳制度による出版も本年度の後期に実現した．

　オープンサイエンスの方向に向かって早期にJ-Stage上でも本誌の論文を掲載することを心掛け，本年度53巻では一定の実績を作ることができた．オープンサイエンスの方向をさらに推し進めるべく，本誌掲載論文をより流通しやすくする枠組み作りについて検討しているところである．

　編集後記で昨年以来話題にしてきたことだが，新型コロナウィルス感染問題の影響を受けて多くの学術界の会合も遠隔形式が主流になっている．本学会で行われた初めての遠隔会議形式の大会が本年度行われ，成功したといえる．遠隔会議に参加すると改めて対面形式での会合の優位点も確認できる気がする．逆に，対面では気づかなかった遠隔のよさにも気づくように思う．新型コロナウィルス感染問題が一段落した後も，遠隔形式のよい点と対面形式のよい点を両方活かしていくようなハイブリッド形式が学術界会合の主流になっていくのかもしれない．

科学哲学　2020 年度　53 巻　2 号　　　ISSN　0289-3428

2021 年 3 月 31 日　第 1 刷発行

編　集　日　本　科　学　哲　学　会
発　行　〒 192-0397　東 京 都 八 王 子 市 南 大 沢 1-1
　　　　東京都立大学大学院人文科学研究科哲学事務室内
印　刷　株　式　会　社　文　成　印　刷
　　　　〒 168-0062　東 京 都 杉 並 区 方 南 1-4-1
発　売　（ 株 ）駿　河　台　出　版　社
　　　　〒 101-0062　東 京 都 千 代 田 区 神 田 駿 河 台 3-7